Diakonieschwestern

Die Autorin

Ulrike Gaida war viele Jahre als Krankenschwester tätig, arbeitete nach dem Studium der Geschichtswissenschaften als pädagogische Mitarbeiterin in der Bildungs- und Gedenkstätte Haus der Wannsee-Konferenz und promovierte über „Bildungskonzepte der Krankenpflege in der Weimarer Republik".

Ulrike Gaida

Diakonieschwestern

Leben und Arbeit in der SBZ und DDR

Mabuse-Verlag
Frankfurt am Main

Bibliografische Information der Deutschen Nationalbibliothek

Die Deutsche Nationalbibliothek verzeichnet diese Publikation in der Deutschen Nationalbibliografie; detaillierte bibliografische Angaben sind im Internet unter http://dnb.d-nb.de abrufbar.

Informationen zu unserem gesamten Programm, unseren AutorInnen und zum Verlag finden Sie unter: www.mabuse-verlag.de.

Wenn Sie unseren Newsletter zu aktuellen Neuerscheinungen und anderen Neuigkeiten abonnieren möchten, schicken Sie einfach eine E-Mail mit dem Vermerk „Newsletter" an: online@mabuse-verlag.de.

Der Druck dieses Buches wurde durch die freundliche finanzielle Unterstützung der Evangelischen Kirche Berlin-Brandenburg-schlesische Oberlausitz und des Diakonischen Werkes der Evangelischen Kirche Berlin-Brandenburg-schlesische Oberlausitz e. V. möglich.

© 2015 Mabuse-Verlag GmbH
Kasseler Str. 1 a
60486 Frankfurt am Main
Tel.:   069 – 70 79 96-13
Fax: 069 – 70 41 52
verlag@mabuse-verlag.de
www.mabuse-verlag.de

Satz: Björn Bordon, MetaLexis, Niedernhausen
Umschlaggestaltung: Marion Ullrich, Frankfurt am Main
Umschlagfoto: Archiv des Evangelischen Diakonievereins Berlin-Zehlendorf e. V. (ADV)

Druck: Beltz, Bad Langensalza
ISBN: 978-3-86321-286-5
Printed in Germany

Inhaltsverzeichnis

Grußwort *von Barbara Eschen*

„Es ist alles Geschichte. Also ich sehe mein Leben (…) inzwischen mit meinen gut 80 Jahren als eine Geschichte, die sich abgespielt hat, und ich war mitten drin." So antwortet eine 1933 geborene Diakonieschwester, gefragt nach den Auswirkungen des Mauerbaus 1961 auf ihr Leben und Arbeiten in der DDR.

Ja, die hier zu Wort kommenden Schwestern haben ein Stück Zeitgeschichte erlebt und wirken durch das vorliegende Forschungsprojekt daran mit, Geschichte zu schreiben. Denn schon ein Großteil der heute berufstätigen Schwestern, erst recht die derzeitigen und künftigen Auszubildenden, kennen die Lebens- und Arbeitssituation in der DDR nicht mehr aus eigener Erfahrung. Die O-Töne ihrer alt gewordenen Mitschwestern gewähren ihnen einen lebendigen Einblick in eine besondere Phase des sozialen Protestantismus, die von der Kirchengeschichtsschreibung bislang kaum beleuchtet wurde.

Das beginnt bei dem Spagat, aufgrund der unterschiedlichen Systeme zwei eigenständige organisatorische Gebilde schaffen zu müssen und dennoch am Selbstverständnis einer gesamtdeutschen Schwesternschaft festzuhalten. Formale Struktur, Anstellungsträgerschaft und Verwaltung wurden separat geregelt. Weil der gemeinsame Besuch der Schwesterntage im Heimathaus des Diakonievereins im Westberliner Zehlendorf nicht mehr möglich war, bekamen die Schwesterntage im Ostberliner Weißensee einen besonderen Stellenwert. Auch Räumlichkeiten und Kontakte im Diakonischen Werk in der Schönhauser Allee beförderten den Austausch zwischen Ost und West. Eindrücklich berichten Schwestern aber auch von den Mitteln und Wegen, wie die ganz persönliche, informelle Kontaktpflege von Schwestern aus Ost und West gelang, wenn es als Verabredung im Gottesdienst in der Ostberliner Marienkirche etwa hieß: „Tante Mariechen hat Geburtstag und freut sich, wenn sie uns sieht."

Das Bild, das sich durch die Vielstimmigkeit der persönlichen Erfahrungsberichte ergibt – 44 Diakonieschwestern der Geburtsjahrgänge 1924–

7

1969 wurden interviewt – ist differenziert. Es entzieht sich der Schwarz-Weiß-Malerei und der schematischen Bewertung. War es schmerzhaft, dass in den 1950er Jahren in zahlreichen städtischen Kliniken der DDR den konfessionellen Schwestern gekündigt wurde, so wurde es als ähnlich enttäuschend und unverständlich erlebt, dass nach 1990 Einrichtungen wie das traditionsreiche Anna-Hospital in Schwerin geschlossen wurden und dass viele Berufsbiografien vorzeitig abbrachen. War man einerseits froh und dankbar, wieder als gesamtdeutsche Schwesternschaft beieinander zu sein, so fiel es manchen doch schwer, dass man sich nun nicht mehr so gut kannte und nicht einmal dasselbe Vokabular verwendete. Auch dass der Nachwuchs in diakonischen Kliniken nach der Wiedervereinigung eher leistungsorientiert ausgewählt wurde und die gemeinsame Glaubensgrundlage nicht mehr dasselbe Gewicht hatte wie zur DDR-Zeit, in der Kirche und Diakonie oftmals als „Insel" erlebt wurden, wird rückblickend bedauert. Manches änderte sich hingegen gar nicht. Um Pflegesätze gekämpft wurde hüben wie drüben, damals wie heute.

Mir als „Wessi" hilft die Lektüre dieser unterschiedlichen, sehr subjektiven und persönlichen Schilderungen, mir ein facettenreiches Bild von einem speziellen Kapitel Diakoniegeschichte zu machen. Dieses Ergebnis eines qualitativen Forschungsansatzes ergänzt andere Formen der historischen Aufarbeitung, die ich ähnlich wie das Projektteam für wünschenswert halte. Mein herzlicher Dank gilt den Schwestern, die ihre Erinnerungen zugänglich gemacht haben, und den Verfasserinnen, die diese Schätze gehoben haben. Gerade in der jüngeren Generation wünsche ich dem Buch Verbreitung. Es möge als Anregung dienen, mit den Zeitzeuginnen auch das direkte Gespräch zu suchen, so lange sie am Leben sind. Denn diakonisches Handeln geschieht in Gemeinschaft, und jede Gemeinschaft schreibt auf ihre Weise Geschichte.

Kirchenrätin Barbara Eschen
Direktorin des Diakonischen Werkes
Berlin-Brandenburg-schlesische Oberlausitz

Vorwort *von Constanze Schlecht und Jan Dreher*

Vor 120 Jahren – gut ein Jahr nach der Gründung des Evangelischen Diakonievereins Berlin-Zehlendorf e. V. – entschlossen sich die ersten Schwestern dazu, einen stärkeren Zusammenhalt als bis dahin zu wagen. Leben miteinander zu teilen und füreinander einzustehen, war ihnen wichtig. Das Zeichen, das ihnen als geistlicher Gemeinschaft dafür als richtig und grundlegend erschien, war die erste Einsegnung, die am 6. Oktober 1895 stattfand.

120 Jahre nach der ersten Einsegnung, das sind 120 Jahre gelebte Schwesternschaft. Diese veranlassten uns dazu, den Blick zurückzuwerfen. Dabei fiel unser Blick auf die jüngere deutsche Vergangenheit.

Miteinander zu leben ist ohne den gesellschaftlichen Kontext undenkbar. Die Geschichte der Schwesternschaft festzuhalten, sich mit ihr auseinanderzusetzen, um für die Zukunft zu lernen, bedeutet deshalb auch immer, die Menschen in ihrer jeweiligen Zeit zu sehen und aus dieser heraus ihr Handeln zu verstehen.

Zwei unterschiedliche politische Systeme haben Deutschland in den Jahren 1945 bis 1989 geprägt. Zwei Systeme, die Einfluss auf unsere Schwesternschaft und unser Miteinander genommen haben. Zwei Systeme, die Menschen geprägt und ihre persönliche und berufliche Entwicklung entscheidend beeinflusst haben. Zwei Systeme, in denen Menschen Zwischenräume gesucht und gefunden haben, um Brücken zu bauen und Fäden nicht abreißen zu lassen. Zwei Systeme, in denen Menschen aus ihrem Glauben heraus gearbeitet, gehandelt und gelebt haben. Zwei Systeme, in denen Menschen durch Mauern getrennt waren und dennoch das Gespräch nie haben abreißen lassen.

In dem Bewusstsein, dass Geschichte auch unser Heute prägt, sollte mit diesem Forschungsauftrag der Blick auf die eine Seite der Mauer gewagt werden: hin zu den Schwestern, die in der Deutschen Demokratischen Republik gelebt haben. Bereits auf dem ersten gemeinsamen Schwesterntag am 25. April 1990 hatte der damalige Vorstandspfarrer und Direktor des Evangelischen Diakonievereins, Pastor Hanns-Christoph Henckel, in seinem Vortrag ausgeführt: „Entwicklungen einer Generation können nicht durch kurzfristige Beschlüsse beiseitegeschoben werden, können aber in Zukunft zu neuen Entwicklungen führen. Dazu brauchen wir Lebensgeschichten der älteren Schwestern und Initiative der jüngeren in gemeinsamer Übung."

Uns war wichtig, die Schwestern selbst zu Wort kommen zu lassen, ihnen Aufmerksamkeit und Gehör zu verschaffen. Ihr unterschiedliches Lebensalter hat ihr jeweiliges Erleben und ihre persönliche Geschichte geprägt. Ihre Lebensleistung in dieser besonderen Zeit darf nicht vergessen werden. Sie muss für unsere ganze Schwesternschaft und darüber hinaus zugänglich gemacht werden und zugänglich bleiben. Junge Menschen sollen aus erster Hand erfahren können, was bis heute in unserem schwesternschaftlichen und gesellschaftlichen Zusammenleben wirkt. Dass wir mit dem Auftrag zu diesem Buch Schätze heben könnten, haben wir gehofft. Welch großer Reichtum uns dabei zufallen würde, haben wir höchstens geahnt.

Unser großer Dank gilt daher zuerst all den Schwestern, die bereit waren, sich einem Interview zu stellen, Fragen zu beantworten, aus ihrem Leben zu berichten und uns damit an ihrer persönlichen Geschichte teilhaben zu lassen. Unser großer Dank gilt Schwester Dr. Ulrike Gaida, die mit der Leitung dieses Forschungsprojektes die Verantwortung für all das, was mit der Realisierung desselben notwendig wurde, übernommen hat. All jenen, die ehrenamtlich gereist sind, Fragen gestellt, Abschriften gefertigt und gegengelesen haben, die sich unermüdlich eingesetzt haben und ohne die dieses Buch niemals hätte realisiert werden können, gilt unser großer Dank: Schwester Ilse Lorenz, Frau Oberin Ellen Muxfeldt, Schwester Margret Rüsen und Schwester Regina Sümnich.

Dass unsere Schwesternschaft die Jahre der Trennung in zwei deutschen Staaten als *eine* Schwesternschaft erleben konnte, ist maßgeblich unseren Vorgängerinnen und Vorgängern im Amt des Vorstandes des Evangelischen Diakonievereins, ihrem Engagement, ihrer Fantasie, unmenschliche Grenzen zu überwinden, und ihrem Weitblick zu verdanken. Mit großer Hochachtung denken wir daher an Frau Oberin

Hanna Erckel, Frau Oberin Hanna Schomerus, Frau Oberin Ursula von Dewitz, Frau Oberin Annemarie Klütz, Frau Oberin Margret Gramzow, Frau Oberin Helga Heß und Herrn Kirchenrat Fritz Mieth, Herrn Pastor Dr. Werner Bellardi, Herrn Pastor Dr. Reinhard Neubauer, Herrn Pastor Hartmut Warns und Herrn Pastor Hanns-Christoph Henckel. Ganz besonders ist Herrn Pfarrer Werner Braune zu danken, der als geistlicher Kurator der Diakonieschwesternschaft in der DDR zur Seite stand und sie auch nach außen vertrat. In gleicher Weise danken wir Frau Oberin Lisbeth Wüllenweber, Frau Oberin Elli Schulze, Frau Oberin Dorothea Demke und Frau Oberin Anne Heucke welche die Diakonieschwesternschaft in der DDR leiteten und maßgeblich dazu beitrugen, dass der Gesprächsfaden nie abriss.

Der Blick auf die eine Seite der Mauer prägt dieses Buch. Lassen Sie uns diesen Blick nutzen, um miteinander ins Gespräch zu kommen, den Reichtum unserer unterschiedlichen Biografien zu entdecken und daraus Mut zu schöpfen für unser Morgen. Denn: Auch dieser Abschnitt der Zeit zeigt uns, dass Gott am Wirken ist, uns festhält und uns segnet. Mit dieser Zuversicht gehen wir unseren Weg. Und wir werden hoffentlich – in einem neuen Projekt – in absehbarer Zeit den Blick auf die andere Seite der Mauer tun, um unsere Sicht auf die Jahre 1945 bis 1989 zu vervollständigen. Allerdings wird dieser Blick nur ganz, wenn wir es noch einmal wagen, uns der Geschichte ab 1933 zu stellen.

Diesem Buch wünschen wir viele Leserinnen und Leser – in unserer Schwesternschaft und darüber hinaus.

Constanze Schlecht
Vorstandsoberin des
Evangelischen Diakonievereins
Berlin-Zehlendorf e. V.

Jan Dreher
Kaufmännischer Vorstand des
Evangelischen Diakonievereins
Berlin-Zehlendorf e. V.

Einleitung *von Margret Rüsen*

Im Jahr 2015 feiert Deutschland den 25. Jahrestag seiner Wiedervereinigung. Eine Generation ist herangewachsen, die die Zeit der Teilung nicht mehr aus eigenem Erleben kennt. Was für Deutschland als Ganzes gilt, hat seine Parallele in der Schwesternschaft des Evangelischen Diakonievereins Berlin-Zehlendorf: Auch sie war über Jahrzehnte geteilt, musste sich in der DDR eine eigene Struktur und Verwaltung geben, und wenngleich auch die Kontakte zwischen Ost- und West-Schwesternschaft mit viel Fantasie und Kreativität gepflegt wurden und weitestgehend das Bewusstsein *einer* Schwesternschaft erhalten blieb, so gingen die Entwicklungen doch unterschiedliche Wege. Das Anliegen des Interviewprojektes, aus dem dieses Buch hervorgeht, ist es, die Erfahrungen von Diakonieschwestern in der ehemaligen DDR zu dokumentieren, zu würdigen und für kommende Generationen bewusst und nachvollziehbar zu machen. Es versteht sich als ein Beitrag zur Erforschung der konfessionellen Krankenpflege in der DDR.

Das Projekt

Seit dem Sommer 2013 traf sich eine Arbeitsgruppe von fünf Diakonieschwestern unter der Leitung der Diakonieschwester und Historikerin Dr. Ulrike Gaida zur Vorbereitung und Durchführung des Projektes. Das Vorhaben wurde im Dezember 2013 in der Zeitschrift „Die Diakonieschwester" vorgestellt und Schwestern, die in der DDR gelebt und gearbeitet hatten, wurden hier aufgefordert, sich für ein Interview zur Verfügung zu stellen. Etliche Diakonieschwestern meldeten sich daraufhin, andere wurden gezielt angesprochen. Hinsichtlich der Altersspanne, der Lebensumstände und der Tätigkeitsbereiche sollte so eine möglichst breit gefächerte Gruppe von Interviewpartnerinnen gewonnen werden. Ab Februar 2014 wurden mit insgesamt 44 Diakonieschwestern Interviews geführt und aufgezeichnet. Alle bis auf eine hatten zwischen 1945 und 1990 in der ehemaligen DDR gelebt und gearbeitet. Diese eine Schwester wirkte im Rahmen ihrer Aufgaben in der „Diakonieschule" in Berlin-Zehlendorf an der Kontaktpflege zwischen Ost- und West-Schwesternschaft mit. Auch der ehemalige geistliche Kurator der Diakonieschwesternschaft in der DDR, Pastor Werner Braune, damaliger Direktor der Stephanus-Stiftung und Vorsitzender des Hauptausschusses der Diakonie der DDR (Innere Mission und Hilfswerk), erzählte in einem ausführlichen Interview über die Situation der Schwesternschaft und der kirchlichen Einrichtungen in der DDR aus seiner Perspektive.[1]

Die Geburtsjahrgänge der interviewten Diakonieschwestern bewegen sich zwischen 1924 und 1969. Bis auf eine Schwester, die medizinisch-technische Assistentin war, haben alle anderen die Kranken- oder/und die Kinderkrankenpflege erlernt und darüber hinaus teilweise weitere Aus- und/oder Weiterbildungen absolviert. Die Tätigkeitsbereiche der Befragten reichen von Krankenhäusern, Einrichtungen für Menschen mit Behinderungen, Altenheimen, Gemeindepflegestationen, Heilstätten, Verwaltung bis zur Leitung der Schwesternschaft. Einige der Diakonieschwestern trugen Verantwortung für Ausbildung und Unterricht, in Kirchengemeinden sowie in der Geschäftsstelle des Diakonischen Werkes in der DDR[2], in der acht Landeskirchen und Freikirchen vertreten wurden. Die Mehrzahl der befragten Schwestern ist ledig, dreizehn von ihnen sind verheiratet.

Die Mitglieder der Arbeitsgruppe, Ulrike Gaida, Ilse Lorenz, Ellen Muxfeldt und Regina Sümnich, nahmen Kontakt zu den Interviewpartnerinnen auf, besuchten sie an ihren Wohnorten und führten Leitfaden gestützte Interviews (siehe Anhang) durch. Der Leitfaden strukturierte die Gesprächssituation im Interview, half dabei, Erinnerungsmuster aufzubrechen und den Fokus der Erzählung auf das Alltagserleben zu richten. Die Interviews wurden nach einheitlich festgelegten Regeln wörtlich transkribiert. Dies übernahmen größtenteils Ilse Lorenz und Regina Sümnich; wenige Interviews wurden auch extern in Auftrag gegeben.

---

1 ADV Zeitzeugenarchiv.
2 Die Geschäftsstelle des Diakonischen Werkes in der DDR befand sich in Berlin-Prenzlauer Berg, Schönhauser Allee 59.

Margret Rüsen legte ein Zeitzeugenarchiv an. Darin archivierte sie die Tonträger und die Transkripte, übernahm Aktenrecherchen im Archiv des Evangelischen Diakonievereins und stand den Interviewpartnerinnen für Rückfragen zur Verfügung. Alle Interviewpartnerinnen erhielten das Transkript ihres Interviews zugesandt mit der Bitte, etwaige Übertragungsfehler (z. B. bei Personen- oder Ortsnamen) zu korrigieren. Dabei ergab sich in Einzelfällen die Bitte, bestimmte Aussagen nicht zu veröffentlichen. Diesem Wunsch wurde selbstverständlich entsprochen. Anschließend wurden die Interviews nach Themen systematisch analysiert.

Für die Auswertung wurden zudem Akten aus dem Archiv des Evangelischen Diakonievereins Berlin-Zehlendorf e. V. (ADV), eine Tonaufnahme aus dem Jahr 1977 von Oberin Martha Wilkens (1895–1983), ihr Tagebuch aus dem Jahr 1945 sowie relevante Literatur verwandt (Literaturliste). Berücksichtigt wurde auch ein Interview mit Regina Sümnich, die zu DDR-Zeiten in Prenzlau als nicht konfessionell gebundene Krankenschwester gearbeitet hat und im Jahr 1995 Glied der Schwesternschaft des Evangelischen Diakonievereins wurde. Zudem stellten einige der interviewten Diakonieschwestern schriftliches Material wie Dokumente, Lehrbriefe und eigene Fachartikel sowie historische Zeitungsausschnitte zur Verfügung.

Die Zusammensetzung der Projektgruppe aus Diakonieschwestern bot den Vorteil einer vertrauensbedingten Offenheit zwischen Interviewerinnen und interviewten Schwestern und die Kenntnis interner Gegebenheiten, die eine Auswertung der Interviewinhalte vereinfacht. Zur Objektivierung der Ergebnisse fehlte jedoch die kritisch beobachtende Außenperspektive. Aus diesem Grund fand ein regelmäßiger Austausch zwischen der Projektgruppe und drei versierten Historikerinnen als externen Beraterinnen statt. Dr. Petra Fuchs (Berlin), Dr. Sylvelyn Hähner-Rombach (Stuttgart) und Dr. Ulrike Winkler (Trier) begleiteten die Arbeiten kritisch.

Dass auch unter der Prämisse einer möglichst objektiven Auswertung die Interviewaussagen auf subjektiven Erinnerungen basieren, liegt in der Natur der Sache: Nicht nur erleben Menschen Situationen unterschiedlich, wobei vor allem die situationsbegleitenden Emotionen die Erinnerung prägen, sondern Gedächtnisinhalte erfahren auch durch nachfolgende Eindrücke sowie bewusste und unbewusste Bewertungen Veränderung. Auch gruppen- oder gesellschaftsspezifische Sichtweisen und Deutungsmuster spielen eine nicht unerhebliche Rolle. Insofern ist, wie bei jeder qualitativen Forschung, die Gesamtschau, basierend auf den unterschiedlichen Interviews in Kombination mit den weiteren Quellen, bedeutsam. Diese Verknüpfung erwies sich aber auch in umgekehrter Richtung als unentbehrlich, da sich die schriftliche Überlieferung stellenweise als weniger ergiebig darstellte als erwartet. Vermutlich wurde vieles nicht verschriftlicht oder so verschlüsselt niedergelegt, dass es der „Übersetzungshilfe" durch Interviewaussagen oder der gezielten Nachfrage bei „DDR-sozialisierten" Schwestern bedurfte.

Der Evangelische Diakonieverein Berlin-Zehlendorf e. V. und seine Schwesternschaft

Gegründet wurde der Evangelische Diakonieverein als „Verein zur Sicherstellung von Dienstleistungen der evangelischen Diakonie" am 11. April 1894 in Elberfeld, heute Wuppertal, von dem Theologen und Leiter des Predigerseminars in Herborn, Prof. Dr. Friedrich Zimmer (1855–1919).[3] Anders als bei den Diakonissenmutterhäusern war es nicht Ziel des Vereins, eine Schwesternschaft zu gründen, sondern vielmehr Frauen eine Berufsausbildung und damit eine Selbständigkeit zu ermöglichen. Friedrich Zimmer sah zum einen die unbefriedigende Situation der Töchter „gebildeter Stände", zum anderen den Bedarf an ausgebildeten Schwestern sowohl in Krankenhäusern als auch in Gemeinden sowie die allgemeine soziale Not seiner Zeit. Beeinflusst durch die Frauenbewegung beschloss er Ausbildungsstätten, die „Diakonieseminare", für christlich geprägte junge Frauen ohne den Zwang der Bindung an ein Mutterhaus zu schaffen.

---

3 ADV H 639.

Das erste Diakonieseminar für Krankenpflege nahm am 1. Juli 1894 seinen Lehrbetrieb in den Städtischen Krankenanstalten in Elberfeld unter der Leitung von Oberin Anna Margarethe van Delden (1858–1938) auf. Die eigentliche Gründung der Schwesternschaft vollzog sich erst eineinhalb Jahre später, am 6. Oktober 1895, mit der ersten Einsegnung von elf Diakonieschwestern in der Kirche in Werdorf bei Herborn. Hiermit war der „Schwesternverband" gegründet. Dadurch erlangten die Schwestern, neben Lebensinhalt und -unterhalt durch die berufliche Tätigkeit in der Diakonie, den Rückhalt einer tragenden Gemeinschaft.[4] Da die Zahl der Bewerbungen für eine Krankenpflegeausbildung stieg und der Bedarf von Krankenhäusern an ausgebildeten Schwestern hoch war, wurden bald auch in anderen Städten Diakonieseminare eingerichtet. Neben die Ausbildung in der Krankenpflege traten die Erziehungsarbeit und die „Wirtschaftsdiakonie" (Küchen- und Hauswirtschaftsleitung). Später waren Diakonieschwestern auch in zahlreichen weiteren sozialen und kirchlichen Berufsfeldern tätig.

Im Verlauf der 120 Jahre ihres Bestehens entwickelte sich die Schwesternschaft des Evangelischen Diakonievereins vielfältig. Gemäß dem Motto von Friedrich Zimmer: „Wir wollen dem Herrn dienen, indem wir den Bedürfnissen der Zeit dienen", wandelten sich die Aufgaben und Strukturen. Während der Schwesternschaft zunächst nur ledige evangelische Frauen angehörten, war es später möglich, als verheiratete Schwester mit Anbindung an die Schwesternschaft im Verein zu bleiben. Seit 1993 gehören verheiratete Frauen und Mütter mit vollen Rechten zur Schwesternschaft. Auch das früher übliche gemeinsame Leben im Schwesternwohnheim bildet heute eher die Ausnahme. Das Selbstverständnis, „Leben und Beruf als Diakonie im Auftrag Jesu Christi" zu verstehen[5] sowie die Verbundenheit im christlichen Glauben und im schwesternschaftlichen Netzwerk sind jedoch geblieben. Dieses Netz-

---

4 ADV H 350 A, H 344 und H 342 A.

5 Das Selbstverständnis der Diakonieschwester, Berlin 1998; und: Ordnung der Schwesternschaft, Präambel, Berlin 2001.

werk konkretisiert sich zunächst in regionalen Zentren, den „Bezirken". Diese entsprechen auch der historisch gewachsenen dezentralen Struktur der Schwesternschaft. Zentrum eines Bezirkes ist meist ein größeres Krankenhaus, in dem in der Regel die „Bezirksoberin" als Pflegedirektorin tätig ist. Zum Bezirk gehören jedoch auch die weiteren Einsatzorte des Evangelischen Diakonievereins in dieser Region (z. B. weitere Krankenhäuser, Senioreneinrichtungen, ambulante Pflege) sowie die dort lebenden Diakonieschwestern. Der „Bezirksschwesternrat" ist das gewählte Vertretungsgremium der Diakonieschwestern des jeweiligen Bezirks. Hier werden wichtige Dinge des schwesternschaftlichen Lebens vor Ort und Fragen der Schwesternschaft insgesamt beraten. Einmal im Jahr treffen sich Vertreterinnen der einzelnen Bezirksschwesternräte im Heimathaus in Berlin-Zehlendorf zum „Hauptschwesternrat". Ein weiteres zentrales Treffen ist der mindestens einmal jährlich in Berlin stattfindende Schwesterntag, zu dem alle Diakonieschwestern eingeladen sind. Nach Absolvierung verschiedener Kurse zur diakonischen Bildung können Schwestern in einem Gottesdienst in „das kirchliche Amt der Diakonie" eingesegnet werden. Eingesegnete Schwestern können am Schwesterntag in die „Verbandsschwesternschaft" aufgenommen werden, die quasi den inneren, in besonderer Weise verantwortlichen Kern der Schwesternschaft darstellt. Der Schwesterntag ist gleichzeitig das Beschlussgremium der Schwesternschaft, ein Forum des Informationsaustausches und ein fröhliches Begegnungsfest, somit ein wichtiger Baustein des überregionalen Netzes. Weitere Elemente des Netzes sind die Informations- und Kontaktpflege vom „Heimathaus" aus. Dieses ist nicht nur die Verwaltungszentrale, sondern vor allem zentrale Begegnungsstätte für die Schwesternschaft. Hier werden beispielsweise diakonische Kurse, fachliche Fortbildungen und Tagungen für die verschiedenen Zielgruppen der Gemeinschaft und andere Interessierte angeboten.

Nach dem Mauerbau im Jahre 1961 war es den Diakonieschwestern in der DDR nicht mehr möglich, zu den gemeinsamen Treffen nach Berlin-Zehlendorf zu kommen. Daher fand zusätzlich zum Schwesterntag in Zehlendorf nun jeweils am Folgetag ein Schwesterntag in der DDR statt, zunächst einige Jahre in Wittenberg, ab 1966 in Berlin-Weißensee in der Stephanus-Stiftung.[6] Auf diese Weise blieb der Kontakt weiter lebendig: Wenn schon die Schwestern aus dem Osten nicht mehr nach West-Berlin kommen konnten, so gingen die Schwestern aus dem Westen nach Wittenberg bzw. Ost-Berlin. Alle Veranstaltungen der Schwesternschaft, wie beispielsweise Hauptschwesternrat, Konferenz der Oberinnen und diakonisch-schwesternschaftliche Kurse, fanden nun für die Schwestern aus der DDR separat dort statt; Tagungen jedoch so weit möglich unter Beteiligung aus dem Westen.

Die Situation der Diakonieschwestern in Ostdeutschland

Die gegen Ende des Zweiten Weltkrieges einsetzende Flucht und Vertreibung aus den Gebieten im Osten betraf auch sehr viele Diakonieschwestern und die von ihnen betreuten Kranken, denn etwa ein Drittel aller Arbeitsfelder lagen dort. Darunter befanden sich große Krankenhäuser wie die Städtischen Krankenhäuser in Danzig und Stettin sowie etliche kleinere Häuser in Pommern, Ostpreußen, Schlesien sowie zahlreiche Gemeindeschwesternstationen. Außerdem waren einige Krankenhäuser, in denen Diakonieschwestern gearbeitet hatten, schwer bis gänzlich zerstört, so etwa auf dem Gebiet der sowjetischen Besatzungszone (SBZ) und späteren DDR die Kinderklinik in Dresden, das Städtische Krankenhaus in Cottbus und das Städtische Krankenhaus Magdeburg-Altstadt. Ausweichkrankenhäuser wurden mehr oder weniger notdürftig eingerichtet, beispielsweise in Schulen, Gemeindehäusern, leer stehenden Gebäuden und nicht selten in einfachen Baracken.

Gekennzeichnet war die erste Nachkriegszeit zudem von einer allgemeinen Mangelsituation, die neben verschiedensten anderen Nöten auch die Ausbreitung von Infektionskrankheiten begünstigte. So fehlte es insbesondere dort, wo die Flüchtlingsströme aus dem Osten ankamen, an Krankenbetten und an medizinischer und pflegerischer Versorgung. Zudem mussten Krankenhäuser neu mit Schwestern besetzt werden, in

---

6 ADV H 1312.

19

denen zuvor NS-Schwestern gearbeitet hatten.[7] So wurden die bereits seit 1896 mit Diakonieschwestern besetzten Städtischen Krankenanstalten in Magdeburg-Sudenburg, in denen den Diakonieschwestern 1935 gekündigt worden war, wieder übernommen.[8] Das Gleiche geschah im Kreiskrankenhaus Seehausen/Altmark, in dem bereits von 1920 bis 1939 Diakonieschwestern gearbeitet hatten.[9] In Güstrow übernahmen Diakonieschwestern 1945 das Städtische Krankenhaus, zu dem auch das Schloßkrankenhaus gehörte.[10] Auch der Pflegedienst im Kreiskrankenhaus in Hagenow[11] und im Stadtkrankenhaus in Glauchau wurde Diakonieschwestern übertragen sowie das in einem ehemaligen Erholungshaus eingerichtete Krankenhaus in Tabarz. In Häusern, die zuvor nicht ausbildeten, wurden Krankenpflegeschulen eingerichtet; etwa in den städtischen Krankenhäusern Mittweida (1945) und Arnstadt (1946). Doch bald schon wendete sich aufgrund der politischen Situation die Lage, und der staatliche Druck bewirkte, dass konfessionelle Schwesternschaften aus kommunalen Häusern weichen mussten, sei es, dass direkt der Gestellungsvertrag mit der Schwesternschaft gekündigt wurde oder dass sich die Schwesternschaft ihrerseits aus politischen Gründen zur Kündigung des Vertrags gezwungen sah. Kündigungen kamen zwischen 1948 und 1969 beispielsweise in folgenden, mit Diakonieschwestern arbeitenden Häusern vor: Glauchau (1948),[12] Potsdam (1949),[13] Cottbus (1949),[14] Magdeburg-Sudenburg (1950),[15] Lauchhammer (1950),[16]

---

7 Kracker von Schwartzenfeld: Auftrag und Wagnis, S. 64 ff.; und: Katscher: Krankenpflege und das Jahr 1945.
8 ADV H 1420.
9 ADV H 234.
10 ADV H 551.
11 ADV H 633.
12 ADV H 396.
13 ADV H 231.
14 ADV H 218.
15 ADV H 1420.
16 ADV H 109.

Erfurt (1951),[17] Merseburg (1951),[18] Magdeburg-Altstadt (1953),[19] Schönebeck/Elbe (1953),[20] Ilmenau (1953),[21] das Heim für gehörlose Mädchen in Halle (1953),[22] Bitterfeld (1954),[23] Arnstadt (1958),[24] Wolfen (1958),[25] Güstrow (1961/62),[26] Mittweida (1968)[27] und Bad Elster-Krankenhaus (1969)[28]. Als einziges staatliches Krankenhaus mit Krankenpflegeausbildung blieb den Diakonieschwestern noch das Kreiskrankenhaus Hagenow, das 1977 aber auch aufgegeben werden musste.[29]

In einzelnen Fällen übernahmen „freigestellte" Diakonieschwestern die Pflege in Krankenhäusern in Westdeutschland: So wechselte beispielsweise im Jahr 1951 fast der gesamte Schwesternkreis aus Erfurt nach Mülheim an der Ruhr. Insgesamt verlagerte sich die Arbeit von Diakonieschwestern in der DDR in den kirchlichen Bereich, zu dem neben konfessionellen Krankenhäusern, kirchliche Gemeindeschwesternstationen sowie Altenheime und Einrichtungen für Menschen mit Behinderungen zählten. Gerade letztere überließ der DDR-Staat bevorzugt den kirchlichen Trägern. Dennoch wurden auch einige dieser Einrichtungen angefeindet bis hin zur Enteignung, so etwa im Jahre 1953 die Neinstedter Anstalten im Ostharz, worüber in Kapitel 4 Näheres berichtet wird. Ähnliches betraf auch nicht mit Diakonieschwestern besetzte, aber der Evangelischen Kirche gehörende Einrichtungen, bei-

---

17 ADV H 1425.

18 ADV H 227.

19 ADV H 1416 und H 877 (05.05.1953: Bericht betr. Krankenhaus Magdeburg-Altstadt).

20 ADV H 264.

21 ADV H 128 und H 877 (05.05.1953: Bericht betr. Krankenhaus Ilmenau).

22 ADV H 118 und H 877 (05.05.1953: Bericht betr. Halle, Burgstraße 29, Heim für gehörlose Mädchen).

23 ADV H 305.

24 ADV H 1291.

25 ADV H 291.

26 ADV H 1489.

27 ADV H 1293.

28 ADV H 1497.

29 Vgl. auch Kapitel 2.

spielsweise: erstens die Pfeifferschen Stiftungen zu Magdeburg-Cracau, zweitens das Bethlehemstift „Hüttengrund" bei Hohenstein-Ernstthal in Sachsen, ein Erholungsheim für Tbc-gefährdete Kinder, genesende Mütter sowie ein Alters- und Rüstzeitheim, und drittens das Rüstzeitenheim Krummenhennersdorf bei Freiberg in Sachsen. Die Hoffnungstaler Anstalten Lobetal bei Bernau in Brandenburg wurden im Mai 1953 polizeilich überprüft, jedoch nicht beschlagnahmt.[30]

Kontaktpflege und Verwaltung

Um die bedrohten Arbeitsfelder des Diakonievereins in Ostdeutschland zu unterstützen, hatten bereits im Jahr 1946 einige der westlichen Schwesterngruppen Patenschaften übernommen. Ab 1949 wurde die Zuordnung vom Heimathaus systematisiert und immer wieder den jeweiligen Bedürfnissen angepasst. Nicht nur Krankenhäuser und Heime wurden einbezogen, sondern es entstanden auch Patenschaften zwischen Kirchengemeinden, in denen Diakonieschwestern als Gemeindeschwestern tätig waren. Die Patenschaften beinhalteten neben der materiellen Unterstützung vor allem die Pflege der zwischenmenschlichen Kontakte.[31] Darüber hinaus stellte das Diakonische Werk der Evangelischen Kirche Deutschlands (in der BRD) jedes Jahr einen bestimmten finanziellen Betrag zur Verfügung. Über die Schwesternschaft wurden persönliche „Patenschaften" vermittelt, über die die finanziellen Leistungen in Form von individuellen Geschenken den in Ostdeutschland lebenden Diakonieschwestern zugutekamen. In der Praxis hieß das, dass die Schwester im Osten sich von ihrer Patenschwester im Westen etwas wünschen konnte.

---

30 Braune: Abseits der Protokollstrecke, 2009, 74 f.; und: Verband Evangelischer Diakonen-, Diakoninnen und Diakonatsgemeinschaften in Deutschland (Hrsg.): „Vierzig Tage in der Wüste", 2013; und: Verband Evangelischer Diakonen-, Diakoninnen und Diakonatsgemeinschaften in Deutschland (Hrsg.): Umbrüche 1953, 2013.
31 ADV H 1333.

Wie bereits erwähnt, wurde aufgrund der Teilung Deutschlands eine eigene Verwaltung der Schwesternschaft in Ostdeutschland nötig. Zunächst war bei Kriegsende die „Ostzone" vom Heimathaus in Berlin-Zehlendorf gut zu erreichen, weit besser als die drei „Westzonen", die nun über die gegen Ende des Krieges bereits geschaffene Zweigstelle in Göttingen betreut wurden. 1948 wurde allerdings vorsorglich Oberin Elise Wüllenweber (1888–1980)[32], Bezirksoberin in Magdeburg, zur Bevollmächtigten des Vorstandes ernannt, um selbständig Verwaltungsaufgaben zu übernehmen. Superintendent Hülsen (1893–1967) wurde geistlicher Kurator der Schwesternschaft.[33] Im Zuge der Währungsreform kam es 1948 zur Einführung unterschiedlicher Währungen in Ost- und Westdeutschland. Aufgrund dessen war es auf Dauer nicht mehr machbar, alle Zahlungen der Arbeitgeber an die Schwesternschaft beziehungsweise der Schwesternschaft an die Schwestern über das Heimathaus abzuwickeln. 1950, nachdem Diakonieschwestern aus dem Städtischen Krankenhaus in Magdeburg-Sudenburg entlassen worden waren, richtete Oberin Wüllenweber im Evangelischen Säuglingsheim in Magdeburg die „Zweigstelle Magdeburg des Evangelischen Diakonievereins" ein. Über diese „Zweigstelle", die weiterhin auf Weisungen aus dem Heimathaus arbeitete, liefen ab 1951 die Zahlungen. Ab 1953 wurde diese Situation kritisch, und es musste zumindest äußerlich eine getrennte Verwaltung für die Schwesternschaft im Osten geschaffen werden. So wurde aus der Zweigstelle des Vereins deren Verwaltungsstelle in der DDR. Um die Arbeit der Schwesternschaft innerhalb der DDR nicht zu gefährden, durfte in der Bezeichnung weder der Begriff „Verein" noch der Ort „Zehlendorf" genannt werden. Auch musste die Schwesternschaft in der DDR sich formal eine von Berlin-Zehlendorf unabhängige Struktur geben. Fortan hieß sie nun „Diakonieschwesternschaft". Sie stellte sich als eine Fachabteilung unter den Schutz des Dia-

---

32 Genannt „Lisbeth".

33 Vortrag von Oberin Schulze auf dem Schwesterntag am 17.04.1991 in Berlin-Weißensee, in: ADV W 6849.

konischen Werkes der Evangelischen Kirchen in der DDR[34] und erhielt eine Arbeitsstelle in einem dem Centralausschuss räumlich angegliederten Altenheim in der Schönhauser Allee in Berlin.[35] Dort fanden „inoffizielle" Ost-West-Treffen statt, zum Beispiel Treffen mit dem Vorstand des Diakonievereins aus Berlin-Zehlendorf.

Zunächst konnten noch gemeinsame Konferenzen abgehalten werden, was 1961 mit dem Mauerbau endete.[36] Die Aufgaben der Verwaltungsstelle in Magdeburg, die seit dem Ruhestandsbeginn Oberin Wüllenwebers im Jahr 1951 von Oberin Elli Schulze (1914–1999) geleitet wurde, wurden erweitert und eine separate Ost-Oberinnenkonferenz gebildet. Die DDR-Verfassung von 1968 erklärte die Mitgliedschaft in Institutionen, die außerhalb des Staatsgebietes der DDR lagen, als illegal. Dies betraf einerseits die Mitgliedschaft in der EKD für die Kirchenmitglieder in der DDR, weshalb im Juni 1969 der „Bund Evangelischer Kirchen in der DDR" (BEK) gegründet wurde, es betraf jedoch gleichermaßen die Schwesternschaft des Evangelischen Diakonievereins. Somit wurde die „Diakonieschwesternschaft in der DDR" ab 1968 juristisch eine selbständige, von Berlin-Zehlendorf unabhängige Gemeinschaft.[37] Ihr Rechtsträger war nun das Diakonische Werk des Bundes Evangelischer Kirchen in der DDR. Ab April 1968 übernahm Ephorus (später Oberkonsistorialrat) Lic. Paul Wätzel das Amt des „geistlichen Kurators" für die Diakonieschwesternschaft.[38] Aus einem Aktenvermerk von Oberin Ursula von Dewitz vom 16.09.1974 geht hervor, dass Pastor Werner Braune[39], damaliger Landespastor für Diakonie in Mecklenburg, dieses

---

34 Dieses hieß vorher: Centralausschuss für Innere Mission der Deutschen Evangelischen Kirche.

35 ADV H 1421.

36 Vgl. Vortrag von Oberin Schulze auf dem Schwesterntag am 17.04.1991 in Berlin-Weißensee, in: ADV W 6849.

37 Gesetzesblatt der DDR, Teil II Nummer 122 vom 22.12.1967. Kopie in: ADV W 6849.

38 ADV W 6672.

39 Werner Braune wurde 1936 in Lobetal geboren. Nach dem Studium der Theologie in Berlin Vikar in der Prignitz und der Niederlausitz, anschließend Landespfarrer für

Amt zum Oktober 1974 übernehmen würde, da die Schwesternschaft in Not sei und er sie als „profilierte Schwesternschaft" erhalten wolle.[40]

Mit dem Ruhestand von Oberin Elli Schulze (1914–1999) wurde zum 1. Januar 1979 Oberin Dorothea Demke Leiterin der Verwaltungsstelle in Magdeburg. Diese wurde nun nach Wittenberg verlegt, da Oberin Demke gleichzeitig Oberin des Paul-Gerhardt-Stiftes in Wittenberg war. Die Verwaltungsstelle blieb in Wittenberg, bis Oberin Demke die Pflegedienstleitung des Paul-Gerhardt-Stiftes an ihre Nachfolgerin, Oberin Hella Meyer, übergab. Mit ihrem Weggang von Wittenberg im Sommer 1989 zog die Verwaltungsstelle wieder nach Magdeburg zurück. Dass es im selben Jahr noch zur politischen „Wende" in der DDR kommen würde, ahnte zu diesem Zeitpunkt in Magdeburg niemand. Der „Fall" der Mauer kam für viele überraschend und war ein meist beglückendes Erlebnis. Bereits ein Jahr nach dem Umzug der Verwaltungsstelle nach Magdeburg, am 13. Oktober 1990, gaben der Vorstand des Evangelischen Diakonievereins, der Hauptschwesternrat und die Oberinnenkonferenz der Diakonieschwesternschaft der ehemaligen DDR eine gemeinsame Willenserklärung ab. Darin heißt es:

> „Wir haben uns immer als eine Schwesternschaft verstanden und wollen auch im vereinigten Deutschland eine Schwesternschaft sein. Es war nur die politische Teilung Deutschlands und die damit

---

Diakonie in Mecklenburg. Von 1979 bis 2001 Direktor der Stephanus-Stiftung in Weißensee und Vorsitzender Hauptausschusses des Diakonischen Rates vom Diakonischen Werk – Innere Mission und Hilfswerk – der Evangelischen Kirchen in der DDR. Für seinen Einsatz für die Menschenrechte in der DDR erhielt Pastor Werner Braune unter anderem das Bundesverdienstkreuz.

40 ADV W 6672. Ursula von Dewitz führte aus: „Ich machte ihn darauf aufmerksam, daß er wahrscheinlich in Wittenberg unsere Belange sehr bald wird vertreten müssen, wenn es zu Verhandlungen über Einzelverträge und Schwesternschaft kommt." Vgl. auch ADV W 7413, Protokoll vom Schwesterntag in Berlin-Wilhelmshagen, 02.11.1974, in dem Oberin Elli Schulze vermerkt, dass Oberin Anne Heucke den „Landespastor Braune als neuen geistlichen Kurator" begrüßt.

verbundene gegensätzliche politische Entwicklung, die zu unterschiedlichen Strukturen in der Ost- und der West-Schwesternschaft geführt hatte. Wir nehmen uns vor, bis zum 31.12.1991 den Prozeß zur Überwindung dieser Unterschiede abzuschließen."[41]

Nachdem im April 1991 die „Wiedervereinigung der Diakonieschwesternschaft in den neuen Bundesländern mit der Schwesternschaft des Evangelischen Diakonievereins in den alten Bundesländern" beschlossen worden war, wurde die Verwaltungsstelle im November desselben Jahres aufgelöst und ihre Aufgaben wieder in das Heimathaus in Zehlendorf integriert.[42]

Rentenfragen und das Jahr 1975

1974 kam es zu einer einschneidenden Veränderung der rechtlichen Stellung der Diakonieschwestern. Zur Erklärung ist vorauszuschicken, dass Diakonieschwestern keine „Arbeitnehmerinnen" im üblichen arbeitsrechtlichen Sinne sind. Vielmehr sind sie Mitglieder einer kirchlichen Gemeinschaft und arbeiten aus „caritativen Gründen" auf vereinsrechtlicher Grundlage. Das heißt, sie haben keinen Arbeitsvertrag mit der Einrichtung, in der sie tätig sind, sondern sie werden über einen Gestellungsvertrag, den die Schwesternschaft mit der jeweiligen Einrichtung abschließt, vom Diakonieverein beschäftigt. Dennoch sind Diakonieschwestern in der Bundesrepublik und der DDR wie normale Arbeitnehmerinnen pflichtrentenversichert. In der DDR waren sie dies nur bis 1958.[43] Danach erfolgte, außer bei den Schülerinnen, gemäß der „Macher-Verordnung" für „kirchliche Beschäftigungsverhältnisse", die „auf Lebenszeit" angelegt waren, eine freiwillige Rentenversicherung.[44] Diese frei-

---

41 ADV W 6849.
42 Vgl. „Die Diakonieschwester", 88. Jg., 3/1992, 59.
43 ADV: W 5155.
44 Gesetzblatt der DDR Teil I Nr. 8/1958, Seite 84.

willigen Versicherungsjahre wurden zunächst voll als Versicherungszeit anerkannt.

Gemäß einer Bestimmung von 1972 sollten dagegen für die Berechnung der Mindestrente nur noch die Jahre der Pflichtversicherung gelten. Diskutiert wurde daraufhin, ob künftig die Verfahren der freiwilligen Versicherung grundsätzlich in Frage gestellt werden würden. Nach entsprechenden Beratungen in der Konferenz der Oberinnen und Seminarleiterinnen sah sich die Diakonieschwesternschaft deshalb gezwungen, das System der Gestellungsverträge in der DDR aufzugeben.[45]

Ein Sonderschwesterntag der Diakonieschwesternschaft im November 1974 in Berlin-Wilhelmshagen verabschiedete die geänderten Ordnungen der Schwesternschaft. Dabei betonte Oberin Heucke[46] abschließend, dass „trotz Strukturveränderung Schwesternschaft weiter gelebt werden soll" und man in zwei Jahren mehr darüber wissen werde, „wie sich die neue Form bewährt" habe.[47] Auf dieser Grundlage wurden ab dem Jahr 1975 einzelne Arbeitsverträge zwischen den Schwestern und ihren Arbeitgebern geschlossen, um ihre Altersversorgung nicht zu gefährden. Neu war, dass jede Diakonieschwester in der DDR einen individuellen Arbeitsvertrag erhielt. Diese Verträge regelten das neu definierte Arbeitsverhältnis. Dazu kam ein Zusatzvertrag, in dem schwesternschaftliche Belange, wie das Tragen der Tracht, die Freistellung zur Ausübung schwesternschaftlicher Aufgaben und vieles andere mehr geordnet wurden. Zur Unterstützung von Gemeinschaftsaufgaben zahlten die Schwestern fortan, gestaffelt nach Zugehörigkeitsjahren, einen Schwesternschaftsbeitrag. Für die Schülerinnen galt entsprechend ein

---

45 ADV: W 5155 und W 5059.

46 Oberin Heucke war ab 1972 Referentin für weibliche Diakonie und Schwesternschaftsfragen in der Geschäftsstelle der Inneren Mission und Hilfswerk, Berlin, Schönhauser Allee 59. Zudem übernahm sie seit 1979 zusammen mit Oberin Dorothea Demke und Pastor Werner Braune die Leitung der Diakonieschwesternschaft der DDR. Zusätzlich übernahm sie Aufgaben für den Verband der Evangelischen Diakonie in der DDR.

47 ADV: W 5059: Protokoll des Schwesterntages in Berlin-Wilhelmshagen am 02.11.1974.

Ausbildungsvertrag, abgestimmt auf die Regelungen der konfessionellen Ausbildung, und eine Zusatzvereinbarung. Wenn möglich, wurde eine zusätzliche Vereinbarung zwischen der Schwesternschaft und der Einrichtung geschlossen, in der dem schwesternschaftlichen Leben Raum gegeben wurde.

Konzept und Aufbau der Arbeit

Erstmalig werden in der vorliegenden Arbeit die Lebensumstände und die Arbeitserfahrungen von Diakonieschwestern in den unterschiedlichen Tätigkeitsfeldern in den Blick genommen. Inwieweit sich die schwesternschaftlichen Strukturen und die für die Pflege typischen Arbeitsabläufe im Osten Deutschlands von denen im Westen unterschieden, kann in dieser Arbeit nicht hinreichend ergründet werden. Die Ausführungen geben vielmehr rein deskriptiv die subjektiven Aussagen der befragten Schwestern wieder.[48] Diese waren zeitabhängig und beziehen sich auf die DDR-spezifischen politischen Situationen sowie deren Auswirkungen auf die Schwestern. Die Jahre 1953, 1961 und 1989 waren meist von besonderer Bedeutung. Die ältesten der interviewten Schwestern konnten noch aus der Kriegs- und frühen Nachkriegszeit berichten.

Um die zitierten Interviewaussagen für die Lesenden in einen nachvollziehbaren Zusammenhang zu stellen, werden den einzelnen Kapiteln jeweils kurze Sachinformationen vorangestellt. Bewusst werden die Ausführungen der Interviewten als solche nicht interpretiert, da jede Aussage ein authentisches Mosaiksteinchen zum Ganzen liefert. Obwohl die Mehrzahl der Schwestern in Krankenhäusern tätig war, wurden auch die Arbeitsfelder außerhalb der Kliniken berücksichtigt, um die Vielfalt der Einsatzgebiete und damit die Unterschiedlichkeit der beruflichen Erfahrungen lebendig werden zu lassen.

---

48 Teilweise wurden nach Rücksprache mit den betreffenden Schwestern Anonymisierungen vorgenommen, die im Zeitzeugenarchiv des Evangelischen Diakonievereins hinterlegt sind.

Das Buch beginnt mit dem Themenbereich „Nachkriegserleben" (Kapitel 1), fährt fort mit dem Themenbereich „Politische Repressionen" (Kapitel 2) und thematisiert anschließend die Aspekte „Arbeiten, Wohnen und gemeinsames Leben" (Kapitel 3). Es folgen Ausführungen, die sich mit den beruflichen Erfahrungen von Diakonieschwestern außerhalb der Kliniken, beispielsweise in der Arbeit mit behinderten Menschen oder in der kirchlichen Sozialarbeit (Kapitel 4), beschäftigen. Abschließend kommen die Diakonieschwestern mit ihren Erlebnissen in der „Wende"-Zeit (Kapitel 5) zu Wort.

Margret Rüsen
Diakonieschwester

1. Lebensumstände der Diakonieschwestern in Ostdeutschland

Am 8. Mai 1945 endete der vom nationalsozialistischen Deutschland ausgehende Eroberungs- und Vernichtungskrieg, der im Herbst 1939 mit dem Überfall auf Polen begonnen hatte. Die bedingungslose Kapitulation gegenüber den vier Siegermächten Sowjetunion, USA, Frankreich und England führte laut den Beschlüssen der Londoner Konferenz vom 14. September 1944 zu neuen Grenzen, vier Besatzungszonen und die mit einem Sonderstatus in vier Sektoren geteilte Stadt Berlin. Die Zerstörungen in Deutschland und Europa waren enorm; zu beklagen waren viele Millionen Tote. Die meisten der Ermordeten waren jüdischen Glaubens, Sinti und Roma oder Menschen mit Beeinträchtigungen gewesen. Viele von ihnen stammten aus Ost- und Südosteuropa, insbesondere aus Polen und der Sowjetunion. Rund elf Millionen Soldaten befanden sich am Ende des Krieges noch in alliierter Gefangenschaft, und zahllose Überlebende aus den Konzentrations- und Arbeitslagern sowie Fremdarbeiter, Verschleppte und Evakuierte kämpften um ihr tägliches Überleben. Viele der Überlebenden waren noch Kinder und Jugendliche, und die Mehrheit der Erwachsenen war weiblich. Deutschland stand noch jahrelang nach der Befreiung von der nationalsozialistischen Diktatur am Rande einer Hungerkatastrophe.[49] Die spezifischen Belastungen, unter denen die Menschen im Osten Deutschlands, in der sowjetisch besetzten Zone (SBZ), zusätzlich litten, waren die Zerstörung traditioneller Handelsbeziehungen, beispielsweise zum Ruhrgebiet und nach Oberschlesien sowie das Fehlen von Rohstoffen wie Kohle und Erz für den Aufbau einer neuen industriellen Produktion. Wirtschaftlich stimulierende Zahlungen, wie die des Marshall-Plans im Westen, kamen dem Osten nicht zugute. Während der Aufbauphase des neuen Staates kam es zudem zu dramatischen Arbeitskraftverlusten durch Abwanderungen in die westlichen Besatzungszonen, die Demontageverluste

---

49 Greschat: Die evangelische Kirche, 2001, 11.

waren höher als im Westen, ebenso die zu erbringenden Reparationsleis-
tungen.[50] Nicht zuletzt seien die besonderen Umstände der Integration
der Flüchtlinge und Vertriebenen im Ostteil Deutschlands erwähnt:[51]
Die SBZ/DDR hatte im Verhältnis zur ortsansässigen Bevölkerung „die
größte Zahl von Flüchtlingen und Vertriebenen aufzunehmen"; so war
hier fast jeder vierte Bewohner im Jahr 1949 Flüchtling oder Vertrie-
bener.[52] Im Gegensatz zum Westen wurde in Ostdeutschland die For-
derung nach Assimilation der Flüchtlinge erhoben, während im Westen eine Rückkehr in die Heimat als Möglichkeit im Raum stehen blieb.
Die Umsiedlerpolitik der SBZ/DDR stieß bei den Betroffenen durch die
Gleichzeitigkeit von verordneter Assimilation und gefordertem Heimat-
verzicht auf Ablehnung.[53] Die Selbstbezeichnung als „Flüchtling" stand
stets im Gegensatz zur in der SBZ/DDR politisch verordneten Bezeichnung „Umsiedler"[54] oder „Neubürger". Doch in der Alltagssprache blieb
die Bezeichnung „Flüchtling" weiterhin im Gebrauch.[55]

Der Kalte Krieg verdrängte in Ostdeutschland bald das Thema der
Integration dieser zwangszugewanderten Menschen, und der „sowjet-
zonale Umsiedlerbegriff" wurde durch die „Sprachpolitik der DDR"

50 Wehler: Deutsche Gesellschaftsgeschichte, 2008, 89. Dagegen hält Helga Grebing die
These aufrecht, dass das Scheitern des Sozialismus in der DDR nicht auf deren ökono-
mische Rückständigkeit oder gar auf die „Ausplünderung" durch die Sowjetische Besat-
zungsmacht zurückgeführt werden kann. In: Grebing: Geschichte der sozialen Ideen in
Deutschland, 2000, 516.
51 Vgl. Benz: Legenden, Lügen, Vorurteile, 1995, 83–88; Schwartz: Vertriebene, 2004;
Holz: Evakuierte, 2003.
52 Holz: Evakuierte. 2004, 6 f. Der so genannte „Formelkompromiß" des Begriffspaa-
res von „Flüchtlinge und Vertriebene" wird häufig benutzt, auch wenn er die Erfahrungen von „Zwangsumgesiedelten" oder von „heimatlosen Heimkehrern" ausschließt. In:
Schwartz: Vertriebene, 2004, 3. Vgl. auch Holz: Evakuierte, Flüchtlinge und Vertriebene
auf der Insel Rügen 1943–1961, 2003.
53 Imke Sturm-Martin: Rezension über: Schwartz: Vertriebene, in: www.H-Soz-Kult,
13.12.2004.
54 Über die „Klippen der Terminologie" vgl. Schwartz: Vertriebene, 2004, 3–6.
55 Holz: Evakuierte, 2004, 10.

bald durch „Sprachlosigkeit" ersetzt.[56] In den meisten Familien in West-
und Ostdeutschland wurde über die Barbarei der Nationalsozialisten
geschwiegen. Im subjektiven Erleben wurde das Ende des Zweiten Weltkriegs von vielen Zeitgenossen als ein Zusammenbruch und nicht als
Befreiung empfunden.[57]

1.1 Nachkriegserleben

In den Interviews mit Diakonieschwestern wurden der Nationalsozialismus und das Ende des Zweiten Weltkrieges mit seinen Folgen als ein
Einschnitt in die eigene persönliche Entwicklung beschrieben. So erinnerten sich beispielsweise die älteren der befragten Schwestern an die
Verluste naher Angehöriger durch Tod und an Gewalterlebnisse. Vergewaltigungen wurden von keiner der in diesem Interviewprojekt befragten Schwestern berichtet. Doch nach 60 Jahren des Schweigens über
die an ihr verübte Gewalt, berichtete die Diakonieschwester Margarete
Boeters 2007 in einem Buch über ihr Schicksal.[58] Zudem belegen neu-
ere Forschungen zur Diakoniegeschichte vielfach Vergewaltigungen.[59]
Häufig genannte andere Themen der Erinnerungen im Interviewprojekt waren Hunger, zahlreiche Ortswechsel, bedrängende Wohnverhältnisse sowie intensive Fremdheitsgefühle. Letztere wurden häufig durch
Anfeindungen und Ausgrenzungen der ortsansässigen Bevölkerung ver-
stärkt, die ebenso wie die Flüchtlinge unter Verlusten und Entbehrungen
litten. Nicht immer gaben sie bereitwillig von dem Wenigen, was zum
Leben blieb, ab. Ein damals gängiger ironisch-distanzierender Merksatz
der Einheimischen über die Eigenarten der Flüchtlinge wird im Stadt-
museum der Kleinstadt Havelberg in Sachsen-Anhalt gezeigt. Er lau-

---

56 Schwartz: Vertriebene , 2004, 4.

57 Hülsemann: Wer waren eigentlich die Juden? In: Bode: Nachkriegskinder, 2005, 206–
217, 210 f.

58 Boeters: Mein langer Weg, In: Drößler et al. (Hrsg.): Erzähl mir für morgen, 2007,
93–97.

59 Lieselotte Wolff in: Neumann: Die Westfälische Diakonenanstalt, 2010, 295.

tet: „Wir kommen aus dem Osten und suchen einen Posten. Die Papiere sind verbrannt, den Führer haben wir nie gekannt."[60] Die hierin ausgesprochenen Unterstellungen und Vorurteile verstärkten bei den Neuankömmlingen die generelle Verunsicherung. Ein ausgeprägtes Bedürfnis nach materieller Sicherheit und existentieller Stabilität waren die Folge.

Oberin Liselotte Katscher (1915–2012) erlebte das Ende des Zweiten Weltkrieges in Cottbus. Sie erinnerte sich:

> „Am 15. Februar 1945 um die Mittagszeit war der Angriff auf Cottbus. Er traf uns zu einem Zeitpunkt, da die Russen schon bei Forst standen und das Krankenhaus bis unter das Dach mit schwerkranken Flüchtlingen belegt war. Nach dem Angriff gab es keinen einzigen Raum auf dem ganzen Gelände mehr, der noch benutzbar gewesen wäre. Es ist nie festgestellt worden, wieviel Menschen ums Leben kamen. Wir wollen hier unserer Schwestern und Schülerinnen gedenken, die wir auf dem Cottbusser Friedhof betten mussten. Die letzte wurde erst drei Wochen nach dem Angriff zufällig von Straßenarbeitern gefunden."[61]

Auch Oberin Martha Wilkens erlebte im Mai 1945 Schreckliches. Sie wanderte zu Fuß durch Mecklenburg, um einzelne Diakonieschwestern zu besuchen und kam Anfang Mai 1945 nach Demmin. Die Stadt war der Roten Armee kampflos übergeben worden. Oberin Wilkens berichtete, dass noch nach der Übergabe der Stadt Hitlerjungen vier russische Offiziere „rücklings erschossen und die Peenebrücke gesprengt" hatten. Die Rote Armee reagierte mit Gewalttaten, Plünderungen, Vergewaltigungen sowie Brandstiftungen. Ein Großteil der dortigen Bevölkerung tötete sich durch Ertränken in der Peene und Tollense.[62] Oberin Martha Wilkens traf die schwer misshandelten Diakonieschwestern im Städti-

---

60 Prignitz-Museum Havelberg.
61 ADV H 614.
62 Vgl. Huber: Kind, versprich mir, 2015.

schen Krankenhaus der Stadt an: „Sie hatten Furchtbares durchgemacht [und] waren von den Russen alle drei schwer gequält worden, was man im Einzelnen nicht schriftlich schildern kann."[63]

Mehr als die Hälfte der für dieses Buch interviewten Schwestern hatte aufgrund ihres Alters den Zweiten Weltkrieg noch direkt miterlebt; von ihren Erfahrungen in der Kriegs- und Nachkriegszeit handelt der folgende Abschnitt.

Oberin Anne Heucke (*1924) erlebte das Kriegsende im Mai 1945 auf dem Weg von ihrem letzten Arbeitsdienstlager,[64] als sie mit ihrer Freundin zu Fuß nach Parchim, einer Kleinstadt in Mecklenburg, unterwegs war:

„Da waren die Straßen voll mit Flüchtlingen, mit LKWs, mit Militär [...] es war schlimm, und ein LKW-Fahrer, der hielt in unserer Nähe und guckte aus dem Fenster raus und sagte: ‚Wo ist Deutschland?' Dieses Wort, das war für mich eigentlich der Beginn, dass dieser Krieg vorbei war."[65]

Der von Oberin Heucke gebrauchte Begriff „Flüchtlinge" war, wie oben erwähnt, in der späteren DDR politisch nicht erwünscht, dennoch empfanden die interviewten Diakonieschwestern die Menschenschlangen, die in Richtung Westen zogen, als Flüchtlingsströme. Ihre persönlichen Verluste beschrieb Oberin Heucke in knappen Worten, denn neben dieser eben zitierten Beobachtung fremder Menschen auf der Flucht, erlebte sie auch persönlich, wie es sich anfühlte, das eigene Haus und vorübergehende Unterkünfte immer wieder verlassen zu müssen, denn „wir waren inzwischen auch enteignet." Ihr Vater kam für drei Jahre in

---

63 ADV: Schwesternakte Martha Wilkens, Bericht Mai 1945.
64 Zum Thema „Reichsarbeitsdienst": vgl. Benz, Wolfgang: Vom freiwilligen Arbeitsdienst zur Arbeitsdienstpflicht. In: Vierteljahreshefte für Zeitgeschichte 16 (1968) 4, 317–346.
65 Interview mit Anne Heucke am 11.02.2014.

russische Gefangenschaft, und sie wurde „aus dem Haus [...] mehrfach von den Russen vertrieben. Wir sind oft umgezogen."

Schwester Rosemarie Koop, wie Oberin Anne Heucke zu Kriegsende 21 Jahre alt, fand ebenfalls ungünstige Umstände vor. Ihre Familie war in Schwerin bei einer befreundeten Familie untergebracht, doch die Raumnot dort führte zu einer insgesamt angespannten und gereizten Atmosphäre. Insgesamt erinnerte sie sich an die Nachkriegszeit als „große Notzeit", in der sie jeden Tag Brot aufsparte, es trocknete und nach Hause schickte, denn „meine vier Geschwister mussten ja auch ernährt werden". Ihre Mutter hatte in der Notunterkunft keine Möglichkeit zu kochen. Bei dem vor Ort wohnenden Onkel von Schwester Rosemarie konnte die Mutter immerhin im Backofen „irgendwelches zusammengebrautes Mittagessen" zubereiten und Brot aus Zuckerrübenschnitzeln backen.[66]

Auch Schwester Heidi Fromhold-Treu, die das Kriegsende als 17-Jährige erlebte, erinnerte sich an mehrfach erzwungene Ortswechsel, die sie nach Mecklenburg brachten: „Wir sind eine baltische Familie seit Jahrhunderten, siedelten erst um in das Posener Gebiet, flüchteten 1945 und landeten in Mecklenburg. Wir landeten durch die Flucht in einem kleinen Dorf und hatten dort sozusagen leere Hände."[67] Schwester Margret Roch wurde als 13-Jährige im Februar 1945 zum sogenannten „Bahnhofsdienst" am Neustadter Bahnhof in Dresden eingeteilt, als durch alliierte Luftangriffe auf Dresden rund 25.000 Menschen starben und große Teile der Innenstadt sowie der Infrastruktur Dresdens zerstört wurden. Sie erinnerte sich: „Ich hatte gerade in der Nacht, wo der Angriff war, 13. Februar [...] keinen Dienst. Die Klassenkameraden von der Parallelklasse, die da in der Bombennacht Dienst hatten, da sind einige in den Trümmern geblieben."[68]

---

66 Interview mit Rosemarie Koop am 08.04.2014.
67 Interview mit Heidi Fromhold-Treu am 19.03.2014.
68 Interview mit Margret Roch am 26.08.2014.

Schwester Rosmarie Schrickel war 14 Jahre alt, als ihr Elternhaus in Leipzig „ausgebombt" worden war. Seitdem lebte sie mit ihrer Familie südlich von Leipzig in dem kleinen Ort Werben. Schwester Rosmarie hatte in Leipzig während des Zweiten Weltkrieges ihre Lehrstelle verloren und arbeitete einige Jahre lang in der Landwirtschaft.[69]

Für Schwester Freia Erbach, die bei Kriegsende 16 Jahre alt war, war nach der Flucht der Familie der Neuanfang in Schwerin extrem schwierig, weil ihr Vater linksseitig gelähmt war und daher massive Probleme bei der Arbeitssuche hatte. In Schwerin wurde ihre Konfirmation, die durch die Kriegswirren verschoben worden war, nachgeholt. Danach zog die Familie nach Wismar, wo Schwester Freia einen Schulabschluss nachholen konnte. Sie erinnerte sich, wie auch Schwester Margot Schorr (*1932), an die Ausgabe von Lebensmittelmarken und die sehr schwierige Ernährungslage. Schwester Freia ging beispielsweise von Schwerin aus auf das Land, um „Kartoffeln [zu] stoppeln, Rüben [zu] verziehen" und um andere Lebensmittel zu hamstern, wie es damals hieß. Schwester Freia lebte mit ihren Eltern beengt und einfach. Doch konnte sich ihre Familie einige Hühner und Kaninchen halten, um die eigene Ernährungssituation zu verbessern. Da Schwester Freias Vater kein Nationalsozialist gewesen war und sich zudem auf der Stettiner Werft hochgearbeitet hatte, erhielt die Familie einige zusätzliche materielle Vergünstigungen.[70]

Oberin Dorothea Demke erinnerte sich an ihre Flucht, die sie als 15-Jährige erlebte. Mit einem „Flüchtlingszug" kam sie 1945 aus dem niederschlesischen Bunzlau in das Osterzgebirge. Sie erinnerte sich, dass sie dort „sehr freundlich von den Menschen aufgenommen" wurde. Doch der Bürgermeister des Ortes bat die Familie, möglichst bald einen anderen Ort zu suchen, „weil diese kleine Ortschaft im Erzgebirge ein-

---

69 Interview mit Rosmarie Schrickel am 24.04.2014.
70 Interview mit Freia Erbach am 09.04.2014. Die Vorzüge wurden nicht genauer benannt.

fach nicht mehr wusste, wie sie die Menschen ernähren sollte."[71] So zog die Familie weiter zum besten Freund des Vaters, einem Pfarrer und Superintendenten nach Hohenmölsen bei Weißenfels.

Schwester Ulrike Steffler war 1945 14 Jahre alt, als sie mit ihrer Familie aus Schlesien flüchtete. Die erste Station der Familie war Karlsbad, ein bekannter Kurort im Westen Tschechiens, doch dort konnte die Familie nicht dauerhaft bleiben: „Es war schwierig. Wir haben da sehr gehungert und haben dann erst versucht, wieder nach Schlesien zu kommen. Aber das war dann ja alles zu."[72] Die nächste Station von Familie Steffler war das Dorf Lorenzkirch im Landkreis Meißen bei Strehla in Sachsen. Schwester Ulrike arbeitete über ein Jahr lang bei einem Bauern im Nachbardorf Tschepa: „Und das war eine sehr, sehr schwierige Zeit. Die hatten nun das Gefühl, sie müssten mir mal zeigen, was Arbeit ist." Schwester Ulrike schätzte sich dennoch glücklich, weil sie etwas zu essen hatte, während ihre Eltern mit den anderen Geschwistern hungern mussten. Die Familie entschloss sich, „mit einem kleinen Handwägelchen" in die Nähe von Bitterfeld weiterzuziehen, in der Hoffnung auf eine freie Pfarrstelle für den Vater. Diese Hoffnung zerschlug sich jedoch, und Schwester Ulrike ging 1946 weiter zu ihrem Neffen nach Düben im Kreis Wittenberg. Hier half sie in einer Klinik für Tuberkulosekranke den dort beschäftigten Schwestern, für ein warmes Mittagessen als Lohn.

Schwester Marianne Göhler (*1931) aus dem Erzgebirge lebte mit ihrer Familie seit 1938 in Dresden. Ihr Vater war 1940 an der Westfront in Frankreich gefallen und Schwester Marianne war diejenige, die den Brief mit der Todesnachricht öffnete. Der Verlust des Vaters war jedoch nicht alles, was Schwester Marianne in dieser Zeit verarbeiten musste. Ebenso belastend war für sie auch der Umgang mit der sehr geforderten Mutter, die sich allein um die jüngere, an Arthritis erkrankte Schwester kümmerte und dann selbst in einem Klinik-Sanatorium Patientin wur-

---

71 Interview mit Dorothea Demke am 02.04.2014.
72 Interview mit Ulrike Steffler am 30.06.2014.

de.[73] Schwester Marianne kam daher mit ihrer Schwester zu Verwandten in Dresden, wo sie den Luftangriff vom 13. Februar 1945 erlebte. Später kamen sie zur Patentante, einer ehemaligen Diakonieschwester. Diese war mittlerweile verheiratetet und lebte mit ihren drei Kindern in Stettin. Das Wohnhaus in Stettin wurde jedoch durch eine Sprengbombe zerstört:

> „Wir sind dann nach dem ersten Angriff erstmal in die Klinik, wo [die Tante] früher gearbeitet hatte. Dann [...] in ein Auffanglager, das war ja in den Städten vorbereitet, auch mit Verpflegung und Stullen, mit was zu trinken und Karten, mit denen man seine Angehörigen benachrichtigen konnte. Ich glaube, ich habe drauf geschrieben: ‚Haus kaputt, aber wir leben!' damit meine Mutter auch informiert werden konnte. Und sind dann aus der Stadt raus.[74]

Weitere Ortswechsel folgten. Schwester Marianne kam schließlich wieder nach Dresden zu ihrer Tante, die als Krankenschwester des Deutschen-Roten-Kreuzes im Drei-Schichtsystem arbeitete. Sie teilten sich in der zerstörten Wohnung, in der Fenster, Türen und Öfen beschädigt waren, mit anderen ausgebombten Dresdnern den vorhandenen Wohnraum. Improvisationstalent und gegenseitige Rücksichtnahme waren im Zusammenleben gefordert, zumal Strom und Gas nur zu bestimmten Zeiten verfügbar waren.[75]

Schwester Inge Schreiber kam 1939 in Querfurt in Thüringen zur Welt. Sie wuchs ohne den Vater, der „eingezogen" war, in einem Mehrgenerationenhaus auf. Hier wohnte sie zusammen mit zahlreichen Verwandten: „Bei uns gab es keine zugeschlossenen Türen. Es war also ein ganz offenes Haus. Wir Kinder konnten nach der Schule nachher immer

73 Brief von Marianne Göhler vom 23.07.2015.
74 Interview mit Marianne Göhler am 26.05.2014.
75 Brief von Marianne Göhler vom 23.07.2015.

irgendwo Mittag essen, wenn unsere Mutter nicht da war. Wir haben eine gute, behütete Kindheit gehabt."[76]

Schwester Edith Bendin kam aus einer bäuerlichen Familie, die eine kleine Landwirtschaft in Mecklenburg besaß, die die achtköpfige Familie allein bearbeitete. Die Kinder der Familie kannten, so erinnerte sich Schwester Edith, „überhaupt keinen Komfort" und erledigten alle anfallenden Arbeiten ohne kritisches Nachfragen:

> „Das hat uns auch Spaß gemacht. Und, ja, ich habe das auch gut verkraftet. Einmal habe ich mich ein bisschen beschwert: Da wurde an meinem Geburtstag ein Schwein geschlachtet. Das fand ich nicht so gut, weil man da gar keine Zeit für sich hatte. Aber Kindergeburtstage, das gab es überhaupt nicht."[77]

Schwester Erdmute Walter war zwölf Jahre alt, als die Wohnung der Familie Ende Februar 1945 in Leipzig ausgebombt wurde und sie fortan in einer „winzigen Wohnung" leben musste. Ein Jahr lang musste sie mit ihrer Schwester jeden Abend zum Schlafen woanders hingehen: „Das war manchmal ganz schön gruselig im Winter!" Auch der Schulbesuch war für Schwester Erdmute problematisch, denn in der Höheren Mädchenschule, die sie in Leipzig besuchte, fühlte sie sich „unter all den Bürgerlichen" nicht wohl.[78]

Schwester Gerda Kiesels Familie kam aus Westpreußen. Ende 1945 landeten sie nach der Flucht Richtung Westen in der Kleinstadt Damgarten in Mecklenburg. Belastend war für die damals 13-Jährige die Suche nach einer Ausbildungsstätte, denn nach ihrer Erfahrung hatte man damals als Flüchtling „sowieso wenig Chancen [...] einen der wenigen Ausbildungsplätze zu [be]kommen."[79]

---

76 Interview mit Inge Schreiber am 24.06.2014.
77 Interview mit Edith Bendin am 21.08.2014.
78 Interview mit Erdmute Walter am 09.04.2014.
79 Interview mit Gerda Kiesel am 30.04.2014.

Das Kriegsende bedeutete für Schwester Elisabeth Kuske (*1933) und ihre Familie den Verlust des elterlichen Pfarrhauses in Westpreußen. Zudem war ihr Vater am Kriegsende in russischer Gefangenschaft. Durch diese Umstände wurde sie sehr früh erwachsen:

„Auf der Flucht [...] im Zug, saß meine Mutter mit den vier kleineren Kindern und ich hab draußen [...] am Ende des Waggons auf das Gepäck aufgepasst. Und in dieser Nacht, es war Nacht, bin ich eigentlich erwachsen geworden, mit 12 Jahren. Da war auch die Jugend im Grunde vorbei, die Kindheit sowieso. So richtig, so richtig nachgeholt, das Schöne einer Jugend, habe ich im Ruhestand durch Reisen und Kultur in Potsdam."[80]

Schwester Margot Schorr war 13 Jahre alt, als der Krieg vorbei war. Sie erinnerte sich daran, dass sie in den ersten Nachkriegsmonaten großen Hunger litt:

„Wir hatten viel Hunger. Es war so, dass zum Beispiel in den ersten Monaten in der Schule ein Krankenhaus eingerichtet worden war und da halfen zwei Klassenkameradinnen von mir aus, die sagten, komm doch, die können noch jemanden brauchen, denn kriegen wir da einen Teller Mittag. Und ich ging auch da hin und hab dort auch mitgegessen und dann war ich zuhause nicht mehr am Tisch, einer weniger."[81]

Zusätzlich sammelte Schwester Margot als Heranwachsende nach Kriegsende in Stahnsdorf und Sputendorf bei Berlin wilde Früchte und Ähren, um die Ernährungssituation der Familie zu verbessern:

---

80 Interview mit Elisabeth Kuske am 17.06.2014.
81 Interview mit Margot Schorr am 02.04.2014.

„Dann haben wir Holunderbeeren gesammelt und in manchen Straßen in Kleinmachnow waren Ebereschen gepflanzt, aber die veredelten, die man essen konnte. Die Ebereschen sind normalerweise bitter, und das war eine veredelte Art, da waren die Früchte ein bisschen größer, ein bisschen heller, und ich glaube, das Laub war auch heller, jedenfalls [...] haben [wir daraus] Marmelade gekocht."[82]

Lebensmittelkarten waren bereits von den Nationalsozialisten eingeführt worden. Sie hatten in der SBZ bis zum November 1945 weiter Gültigkeit. Die sowjetische Militäradministration (SMAD) führte sie nach einem neuen Verteilungssystem weiter. Dieses richtete sich nach dem Wohnort und dem sozialen Status des Besitzers und war in fünf Kategorien eingeteilt. Die Höhe der Versorgungssätze legte die SMAD fest. Den schlechtesten Versorgungssatz, die Kategorie 5, erhielten solche Menschen, die weder Schwerstarbeiter noch Funktionäre, Arbeiter oder Angestellte waren, die also zur „Sonstigen Bevölkerung" gerechnet wurden, also Rentner, Schwerbehinderte, Kinder, Nichterwerbstätige und ehemalige Mitglieder nationalsozialistischer Organisationen. Diese sogenannte „Sonstigen-Karte 5" hieß in der Bevölkerung auch „Friedhofskarte" und wurde 1947 abgeschafft. Wer im Jahr 1945 davon leben musste, hatte „zum Sterben zu viel und zum Leben zu wenig."[83] 1947 lagen die Ernährungssätze der deutschen Bevölkerung in allen Besatzungszonen noch bei rund siebzig Prozent des vom Völkerbund angegebenen Existenzminimums, Erwachsene erreichten selten das volle Leistungsvermögen und 80 % aller Kinder galten als unterernährt. 1947 wurden die sogenannten „Hungerrationen" dann angehoben und erreichten amtlichen Angaben zufolge zwischen 1.500 und 2.200 Kilokalorien täglich. Bis 1948 unterschied sich die Lebenssituation in allen Besatzungszonen kaum.[84]

---

82 Interview mit Margot Schorr am 02.04.2014.
83 Kaminsky: Wohlstand, Schönheit, Glück, 2001, 18.
84 Kaminsky: Wohlstand, Schönheit, Glück, 2001, 19.

Der Gegenwert der Karten konnte nach den Erinnerungen der befragten Diakonieschwestern erheblich variieren. So erhielten die Berechtigten nach Schwester Margot Schorrs Erinnerung beispielsweise in Babelsberg für einen Kartenabschnitt 500 Gramm Brot, während es in Kleinmachnow nur 100 Gramm Brot gab. Aus diesem Grund ging Schwester Margot zu Fuß von Kleinmachnow nach Stahnsdorf und weiter „quer über die Autobahn" bis nach Babelsberg, um dort die größere Brotration in Empfang zu nehmen. Denselben langen Fußweg legte Schwester Margot einige Wochen dann später nochmals mit einem ihr bekannten Jungen zurück: „Da sind wir zu Fuß nach Babelsberg mit dem Rucksack und den Lebensmittelkarten, und ich muss sagen, da waren kaum noch Russen, es war Mitte Mai, Juni, und ich hatte keine Angst, wir sind heil damit nach Hause gekommen."[85]

Voll Neid hörte sie, dass es in Zehlendorf, dem amerikanischen Sektor, Lebensmittel aus Heeresbeständen gab. Zu dem verbreiteten Hunger kam für viele der Schwestern eine ungewohnte räumliche Enge als Belastungsfaktor hinzu: „Wir waren sehr enge beieinander, denn es waren keine guten Zeiten [...] und es war nicht immer ein gutes Miteinander und geprägt von wirtschaftlicher Not",[86] resümierte Schwester Christine Eichler die Nachkriegszeit.

Auch für Schwester Else-Marie Kaiser, die 1945 acht Jahre alt war, waren es sehr schwere Zeiten, denn sie war „in der Landwirtschaft groß" geworden.[87] Nach 1945 lastete in der SBZ „ein ganz straffes und schweres Abliefersoll auf den Bauern" und wenn ein Bauer das Soll nicht einhalten konnte, drohten ihm Gefängnisstrafen, völlig unabhängig davon, wie eine Ernte ausgefallen war:

„Ich weiß noch sehr gut, dass wir sehr unter dieser Last gelitten haben. Und immer in Angst waren, dass man das nicht schaffte.

---

85 Interview mit Margot Schorr am 02.04.2014.
86 Interview mit Christine Eichler am 29.03.2014.
87 Vgl. Wehler: Deutsche Gesellschaftgeschichte, 2008, 101 ff.

Und dass eventuell da irgendwelche Schwierigkeiten kamen. Und in der Zeit sind ganz viele Bauern nach dem Westen gegangen. Aus dem Grund, weil wirklich Gefängnisstrafe oder irgendwelche Strafen folgten."[88]

Schwester Else-Marie Kaisers Mutter war ab 1947 allein mit ihrer Tochter für die kleine Landwirtschaft zuständig. Als 1950 das Wohnhaus der Familie durch ein Unglück abbrannte, mussten sie in der Folge die Landwirtschaft in „Treuhandschaft" übergeben. Durch den Brand fehlte der Familie das Futter für das Vieh, das zu der Zeit allein einhundert Schweine umfasste:

> „Ja und meine Mutter, die musste ja aus dem Haus raus. Irgendwohin, damit der Treuhänder eine Wohnung hatte. Und ich bin dann eben zur Oberschule gegangen. Weil auch Verwandte geraten hatten, wenn ihr jetzt in diese Landwirtschaft geht, und es passiert was, dann kann das als Sabotage ausgelegt werden [...] da ist es besser ihr haltet euch zurück. [...] wir hatten Angst. Angst, Angst."[89]

Schwester Hella Meyer lebte vor dem Zweiten Weltkrieg auf der Ostseeinsel Usedom in Peenemünde. Dort arbeitete ihr Vater als Angestellter bei der Heeresversuchsanstalt der Wehrmacht, bis im Jahr 1943 ein Angriff der Alliierten die Wohnsiedlung der dort Angestellten zerstörte. Familie Meyer zog daraufhin in die Nähe von Greifswald, bis Ende des Jahres 1944 das V2-Werk in den Südharz ausgelagert wurde. Im Januar 1945 zog die Familie erneut um, diesmal in die Nähe von Nordhausen. Im April desselben Jahres kamen zuerst amerikanische, dann russische Soldaten in den Ort. Nachdem die Grenzen zwischen der Sowjetischen Besatzungszone und den anderen drei Zonen gezogen worden waren,

---

88 Interview mit Else-Marie Kaiser am 03.07.2014.
89 Interview mit Else-Marie Kaiser am 03.07.2014.

lag der Wohnort der Familie Meyer fünf Kilometer von der Zonengrenze entfernt, die Westzone war fast mit Händen zu greifen. Gegen eine Auswanderung in den Westen entschied sich die Familie deshalb, weil der Vater seine Mutter in der Nähe wissen wollte. 1953 begann der Vater eine theologische Ausbildung auf der Predigerschule in Wittenberg und erhielt im Anschluss eine Pfarrstelle in der Nähe von Zeitz:

> „Mein Vater hat sich gut gefühlt in seiner neuen Funktion, und meine Mutter hat sich auch sehr gut in die neue Situation und als Pfarrfrau, die ja auch viele Aufgaben mit sich bringt mit Frauenkreisen und Gemeindekreisen, eingelebt. Und hatte dann auch ihre Bekannten, wir hatten Garten und hatten Platz, sehr schön."[90]

Schwester Liselotte Schenk erinnerte sich daran, dass die Familie in der Nachkriegszeit „sehr viel Hunger" hatte; obwohl ihre Mutter jeden Abend eine Suppe für die Familie kochte. An Sonntagen gab es dazu etwas Brot, das die Mutter extra für diesen Tag aufgespart hatte und das oft noch „mit Bettlern, die an unsere Tür klopften", geteilt wurde. Zwar erinnerte sich Schwester Liselotte wie die anderen befragten Diakonieschwestern ihres Alters an den ständigen Hunger der Nachkriegszeit, doch gleichzeitig wurde ihr bewusst, welche Kraft ihr die im Elternhaus spürbare geistliche Gegenwelt zur Not im Alltag gab:

> „Ja, diese Zeit war geprägt durch Hunger, aber auch durch gute Erfahrungen, denn wir haben doch sehr intensiv am Gemeindeleben teilgenommen. Mein Vater und meine Mutter machten unglaublich viele Gemeindebesuche, und jeder Sonntagnachmittag gehörte der Gemeinde auch. Und dann stellten sie immer einen Zettel an eine Blumenvase: Vergesst die Hühner nicht! Wir hatten drei Hühner geschenkt gekriegt. Und das war unser Bestes. Wir hatten jeder ein Huhn. Das war ganz herrlich. Und die

---

90 Interview mit Hella Meyer am 07.04.2014.

durften nicht geschlachtet werden. Die waren eben immer nur da, und das waren unsere Haustiere. Und dann abends gehörte immer der Abend der Familie. Einen Sonntagabend durften wir singen. Meine Eltern waren sehr musikalisch und spielten beide Geige und mein Vater auch Klavier, aber meistens haben wir vierstimmig gesungen. Und ich durfte meistens den Alt übernehmen, aber manchmal auch den Tenor und meine Mutter und meine Schwester Karin den Sopran. Das waren wunderbare Abende, die ich nie vergessen werde. Und den 2. Abend, da las mein Vater immer Plattdeutsch vor: John Brinkmann, Fritz Reuter. Und diese Abende sind mir auch unvergesslich."[91]

Der Gemüsegarten der Familie trug dazu bei, dass sie „irgendwie immer über die Runden" kamen. Stolz war Schwester Liselotte darauf, dass sich ihre Eltern für Menschen in Not engagierten. Beispielsweise traten sie für die Beerdigung von zwei Flüchtlingen ein, die bei dem Versuch, über die Ostsee aus der DDR zu fliehen, ums Leben gekommen waren:

„Und kein Mensch, auch die anderen Pastoren nicht, wollten diese beiden beerdigen. Und mein Vater sagte: ‚Ich mach das.' Und meine Mutter hat irgendwoher Blumen aufgetrieben. Und so wurden diese beiden Gestorbenen von meinem Vater beerdigt."[92]

Schwester Monika Findeisen war am Kriegsende erst fünf Jahre alt. Sie wohnte bei ihren Verwandten, empfand die Atmosphäre innerhalb der Familie als sehr positiv und resümierte, sie sei „sehr behütet aufgewachsen".[93]

Schwester Babara Roch war am Ende des Zweiten Weltkrieges noch im Kleinkindalter, gerade zwei Jahre alt. Ihre Eltern waren selbständige

---

91 Interview mit Liselotte Schenk am 10.04.2014.
92 Interview mit Liselotte Schenk am 10.04.2014.
93 Interview mit Monika Findeisen am 07.04.2014.

Gastwirte und betrieben eine Mineralwasserherstellung. Die Nachwirkungen des Krieges waren auch in ihrer Familie deutlich zu spüren, doch „Hunger habe ich nie erlebt", erinnerte sie sich im Interview. Die Familie besaß nämlich eine Kuh, eine kleine Landwirtschaft sowie „einen riesengroßen Garten".[94]

Schwester Margret Höhn wurde am Ende des Zweiten Weltkrieges, im April 1945, geboren. Ihr Vater war im März 1945 in Kolberg als Soldat gefallen, und ihre Mutter hatte sich entschieden, bei dem Großvater zu bleiben, der dann aber

„Angst hatte, dass sie dann weggeht. Aber sie hat gesagt, sie bleibt bei ihm und hat ihn dann bis zu seinem Tode 1985 versorgt. Und dadurch bin ich doch ein bisschen geschützter aufgewachsen. Mein Großvater war selbständiger Handwerker, war Kirchenältester dort in Satow bei Rostock. Und dadurch habe ich doch eine gewisse beschützte Kindheit gehabt. Natürlich hat mein Großvater das teilweise ein bisschen anders gesehen mit der Jugend, und dass er dann teilweise ein bisschen streng war. Aber ich habe es einfach nicht anders gekannt und habe es auch so akzeptiert."[95]

Schwester Maria Fischer (*1948) erinnerte sich sehr gerne an ihre Kindheit in Sachsen. Geboren in Dresden, mit einem Vater, der eine Pfarrstelle hatte, konnte die Familie im Oktober 1948 auf das Land nach Blankenstein bei Wilsdruff zwischen Meißen und Dresden ziehen:

„Und dort habe ich meine Kindheit verbracht. Eine sehr schöne Kindheit mit viel Freiheit. […] Und in Blankenstein […] ein großes Pfarrhaus mit einem großen Obstgarten, mit einem großen Gemüsegarten, mit einem Feld, große Scheune. Also, ja, fast ein kleiner Bauernhof. Und da haben wir dann als Kinder natürlich

---

94 Interview mit Barbara Roch am 25.05.2014.
95 Interview mit Margret Höhn 30.06.2014.

auch sehr viel mithelfen müssen. Also wir hatten Tiere. Aber für meine Eltern war es eben halt schön, wir waren dann quasi Selbstversorger. […] Und in der Zeit hab ich also auch diese Dorfgemeinschaft als sehr schön empfunden. Wir konnten spielen. [...] Wir sind zum Spielen gegangen und unsere Eltern wussten eigentlich nicht wo. Nur wenn es läutete, hatten wir wieder auf der Matte zu stehen. Und das haben wir dann auch gemacht. Gleich hinter der Kirche war ein großes Tal, das Triebischtal. Und dort war unser Hauptspielplatz auf diesem Schlossberg. Da hat früher mal eine alte Burg gestanden, deswegen Schlossberg. Ja, und da bin ich zur Schule gekommen. Und da hatte ich es sehr gut, weil die Schule ja gleich neben dem Pfarrhaus war. […] Meine Urgroßmutter väterlicherseits lebte mit im Haushalt. Die hat dann also sehr viel mitgemacht, weil meine Mutti […] die war Kantorin, sie hat den Kirchenchor geleitet, sie hat die ganze Buchführung gemacht, sie war Sekretärin von meinem Vater. Und wie gesagt, sie hatte also ein unendliches Arbeitspensum. Und das war eigentlich fast gar nicht zu schaffen. Wenn ich das heute noch zurückverfolge, das ist einfach Wahnsinn, wie sie das alles gemeistert hat. Und da war es eben halt gut, dass die Großmutter noch mit im Haus war. Obwohl man natürlich aus heutiger Sicht auch sagen muss, manchmal war es auch, Mutter und […] Schwiegertochter, war dann manchmal auch ein bisschen schwierig. Also das will ich mal jetzt nicht so verschweigen."[96]

Oberin Barbara Ide wurde im Jahr 1956 geboren. Sie erinnerte sich an den großen Bauernhof der Eltern und an deren Enteignung im Zuge der sogenannten Bodenreform von 1960. Aus diesem Grunde war es der Familie wichtig, dass keines der Kinder einen landwirtschaftlichen Beruf ergriff.

---

96 Interview mit Maria Fischer am 07.08.2014.

„Wir haben in unserem eigenen Haus weiter gewohnt, waren mietfrei, aber es war die LPG [Landwirtschaftliche Produktionsgenossenschaft] in unserem Haus und hat in den Stallungen weiter Vieh und in den Stallungen das Leben betrieben, wie es vorher war, es gehörte uns aber nicht. Wir hatten dann ziemlich große Schwierigkeiten mit der LPG, weil mein Vater nicht bereit war, in die LPG zu gehen und meinem Vater das auch wichtig war, dass meine Eltern uns so erzogen haben, dass keiner von uns in der Landwirtschaft war. Das war mir für mich als Kind immer sehr prägend in Erinnerung. Meine Geschwister sind, also meine Schwester hat studiert, das war zu DDR-Zeiten schon sehr schwierig, meine Mutter hat da sehr drum kämpfen müssen. Und meine Brüder, der älteste ist Elektromeister und die anderen sind Maurer geworden, ganz bewusst, um dann nicht in der LPG auf unserem eigenen Land und auf unseren eigenen Feldern wirtschaften zu müssen oder dahin zu gehen. Also das war, glaub ich, die Besonderheit."[97]

Schwester Felicitas Bach (*1958) hatte den Zweiten Weltkrieg und die große Not der Jahre danach nicht persönlich erlebt. Sie und ihre vier Brüder hörten jedoch häufig von beiden Elternteilen von der Schwere dieser Zeit. So war es beispielsweise den Eltern sehr wichtig, beim täglichen Abendgebet mit den Kindern stets auch die Bitte zu äußern, es möge keinen Krieg mehr geben. Ausdruck für die Gegenwärtigkeit des Krieges in ihrer Kindheit war für Schwester Felicitas ein Erlebnis aus den frühen 1960er Jahren: Im immer noch stark zerstörten Dresden wurde die Hochzeit der Tante sowie ein vorausgehender Polterabend gefeiert. Die Kinder waren stark beeindruckt von den Ruinen und Schuttbergen der Stadt und den Erzählungen des Vaters über den Krieg. Sie projizierten das Gehörte auf die aktuelle Geräuschkulisse der Feier und deuteten diese im Halbschlaf als einen Luftangriff:

---

97 Interview mit Barbara Ide am 05.04.2014.

„Jedenfalls wurden wir als relativ kleine Kinder natürlich abends ins Bett gesteckt und erlebten dann nachts plötzlich ein lautes Gepolter und Gekrache in diesem Haus, in dieser Wohnung. Und standen im Bett und schrien: ‚Mutter, Mutter, die Bomben kommen wieder.' Dabei war das das Getöse vom Polterabend. Aber das passte nun in die Geschichte von dem Krieg und den zerstörten Häusern gut rein."[98]

Die Erinnerungen der befragten Diakonieschwestern über die Erlebnisse der Nachkriegszeit enthalten vielfach Berichte über Flucht, Hunger und Angst. Die älteren der befragten Schwestern erlebten im Zweiten Weltkrieg, während der Kapitulation Nazideutschlands und in der Nachkriegszeit die Notwendigkeit, sich gut an äußere Zwänge anzupassen. Diese Fähigkeit zur Anpassung stand jedoch konträr zum eigentlich alterstypischen, rebellischen Verhalten Jugendlicher. Die Kinder erlebten zudem schwache und verunsicherte Eltern und entwickelten eine starke Sehnsucht nach materieller Stabilität und neuen ideellen Gewissheiten. Das typische Klima des Schweigens in den Nachkriegsjahren prägte das Unbewusste vieler Kinder und der ihnen dann folgenden Generationen.[99]

1.2 Berufswahl

Krankenschwestern im Allgemeinen, und nicht nur die interviewten Diakonieschwestern, hatten nach dem Zweiten Weltkrieg das Problem zu bewältigen, „langsam wieder zu einer Normalität in der Krankenpflege zu kommen".[100] Bei den meisten der älteren Diakonieschwestern standen nicht die Berufswünsche, sondern wirtschaftliche Notwendig-

---

98 Interview mit Felicitas Bach am 11.06.2014.
99 Vgl. Brenner: Kinder der Verlierer, 2010; Bode: Nachkriegskinder, 2015; Jetter: Mein Kriegsvater, 2004; Hanika: Das Eigentliche, 2010; Ortheil: Die Erfindung des Lebens, 2009; Scheub: Das falsche Leben, 2006; Timm: Am Beispiel meines Bruders, 2003.
100 Katscher: Krankenpflege 1945–1965, 1997, 7.

keiten im Vordergrund. Sehr schwer war der Einstieg in die Ausbildung für die jungen Frauen vor allem dann, wenn es an finanzieller Unterstützung durch die Eltern fehlte. Insofern waren die Berufswünsche der späteren Diakonieschwestern häufig bereits vor der konkreten Entscheidung davon bestimmt, „eine finanziell möglichst wenig aufwendige Ausbildung zu wählen".[101]

Viele der befragten Diakonieschwestern kamen aus religiös geprägten Elternhäusern und wünschten sich, im Bereich der Evangelischen Kirche zu arbeiten oder sie konnten aus politischen Gründen den staatlichen Bildungsweg nicht einschlagen. Die unterschiedlichen Wege der interviewten Diakonieschwestern zur Berufsfindung sollen im Folgenden zeigen, wie die individuellen Entscheidungen sowohl vom Elternhaus als auch von den damaligen gesellschaftlichen Faktoren beeinflusst wurden.

Schwester Rosemarie Koop (*1924) erzählte, sie habe sich schon als Jugendliche gewünscht, Gemeindeschwester zu werden und habe sich auf dieses selbstgesteckte Ziel lange gefreut. Zuerst plante sie, als Kaiserswerther Diakonisse in Ludwigsluster Stift Bethlehem zu arbeiten, weil sie dort bereits Praktika absolviert und sich dabei wohl gefühlt hatte. Die Ehefrau des zuständigen Pastors forderte sie jedoch auf, sich diesen Berufswunsch noch einmal gut zu überlegen. Sie beriet auch ihre Eltern und forderte diese auf, den Lebensweg einer Diakonisse mit dem einer Diakonieschwester kritisch zu vergleichen. Schließlich überredete die Frau des Pastors Schwester Rosemarie „lieb und freundlich", Diakonieschwester zu werden, „worüber ich ein halbes Jahr mit mir rumkämpfte, während ich im Arbeitsdienst war".[102] Als Schülerin kam Schwester Rosemarie Koop dann in das Städtische Krankenhaus in Magdeburg-Altstadt. Nach dessen Bombardierung arbeitete sie in der als Ausweichkrankenhaus umfunktionierten Heil- und Pflegeanstalt Uchtspringe. Diese war im Nationalsozialismus ab 1940 eine sogenannte Zwischenanstalt der „Euthanasie"-Mordaktion „T4" für die Tötungsanstalten in

101 Katscher: Krankenpflege 1945–1965, 1997, 8.
102 Interview mit Rosemarie Koop am 08.04.2014.

Brandenburg und in Bernburg gewesen.[103] Schwester Rosemarie erinnerte sich:

> „Es war im Grunde in Uchtspringe eine erschütternde Zeit, weil man wusste, dass alle Häuser frei gemacht wurden durch die Nazis, weil man wusste, dass die geistig- und geistes- und psychisch kranken Leute da herausgeholt waren, und die Häuser für unsere Patienten frei wurden, und ein Haus nach dem anderen belegt wurde. [...] Die sind bestimmt alle in die Euthanasie gekommen. Das hat natürlich auch uns wehgetan, dass die Häuser auf diese Weise frei gemacht worden sind. [...] in diesen Häusern haben wir ganz viel Schlimmes erlebt."[104]

Oberin Anne Heucke erinnerte sich, dass sie als Jugendliche zwei Jahre nach dem Krieg und nach vielen Ortswechseln „natürlich etwas erleben" wollte. Es gelang ihr, als Praktikantin im Berliner Botanischen Garten zu arbeiten. Obwohl sie hungerte, war für sie diese Zeit „eine gute Zeit", doch musste sie nach einem Vierteljahr aus familiären Gründen zurück nach Parchim. Dort arbeitete sie in einer Gärtnerei. In ihrer Freizeit sang sie im Kirchenchor, wo sie von einer Evangelisation hörte. Obwohl sie nicht wusste, was das war, ging sie dorthin. Als dort zur Arbeit in der

---

103 Gustav Nagel (1874–1952), hieß einer der Patienten in Uchtspringe, den auch Schwester Rosemarie kennenlernte. Er galt als ein „Sonderling", predigte gegen die Judenverfolgung, überlebte das KZ Dachau und die Anstalt Uchtspringe in der NS-Zeit und starb 1952 nach erneuter Einweisung in die Nervenheilanstalt Uchtspringe an Herzversagen. Vgl. auch Metz: gustaf nagel, 2001; und de Mildt: Tatkomplex, 2009, 311–324. Hier werden die Gerichtsentscheide des Landesgerichtes Magdeburg vom 14.02.1948, 2 Ks11/47, gegen Beschuldigte, zwei Krankenpflegerinnen, zwei Krankenpfleger, einen Landesamtmann und einen Obermedizinalrat, dokumentiert. Ein Pfleger und eine Pflegerin wurden zu sechs Jahren, eine Krankenpflegerin zu vier Jahren Gefängnis verurteilt. Siehe auch Rüter: DDR-Justiz und NS-Verbrechen, 2004, 121–123; und: Jütte: Medizin und Nationalsozialismus, darin: Krankenpflege, 2011, 94–105.
104 Interview mit Rosemarie Koop am 08.04.2014.

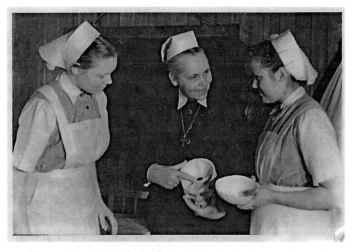

Abb. 1: Oberin Martha Wilkens (Mitte), Güstrow, ohne Jahr

„Inneren Mission" aufgerufen wurde, so erinnert sich die heute über
90-jährige Oberin Heucke, hatte es bei ihr „gefunkt", und sie sagte ihrer
Mutter, dass die Arbeit in der Gärtnerei „kein Lebensberuf" für sie sei.
Gemeinsam mit ihrer Mutter wandte sie sich an den Superintendenten
in Parchim, und dessen Frau riet ihr: „Wenn Sie in die Krankenpflege
gehen wollen, dann können Sie entweder in Ludwigslust im Stift Bethlehem lernen oder in Güstrow. Dort ist alles etwas moderner, Ludwigslust
ist etwas strenger." Die Entscheidung fiel für Güstrow, wo sie am 1. Oktober 1948 von der dort zuständigen Oberin Martha Wilkens in Empfang
genommen wurde und erfuhr, dass sie nach Plau müsse, denn der erste
Kurs in Güstrow sei besetzt:

> „Ich habe das erste Semester also in Plau erlebt, [...] aber es war
> überall große, große Not, es gab ja nichts, wir waren ein armes
> Haus [...], aber ich habe alles in Kauf genommen, ich wollte ja
> Gemeindeschwester werden, das war mein Ziel."[105]

---

105 Interview mit Anne Heucke am 11.02.2014.

Schwester Heidi Fromhold-Treu war die Tochter eines Lehrers und wollte ursprünglich Kindergärtnerin werden. Als ihr Vater jedoch einen Prospekt vom Evangelischen Diakonieverein mit nach Hause brachte, war sie „sofort Feuer und Flamme", und sie beschloss, Krankenschwester zu werden. Die Begründung für diese neue berufliche Orientierung lag für Schwester Heidi in der damaligen Situation der Familie, die materiell nach der Flucht vor dem Nichts stand. Daher begann für Schwester Heidi als Schwesternschülerin im Diakonieverein „ein neues und vollkommen glückliches Leben".[106]

Für Schwester Rosemarie Heppner war die Berufsfindung 1948 nach dem Abitur in Dresden nicht einfach, denn sie hatte „keine Hoffnung auf einen Studienplatz". So entschloss sie sich, Säuglingsschwester zu werden, obwohl die „lieben Verwandten wollten alle, dass ich höher hinauf kann. Wussten aber auch nicht, wie."[107] Als sie mit ihrer Bekannten in der Brüdergemeine Herrnhut[108] war, traf sie dort eine Diakonieschwester, die ihr die Adresse des Diakonievereins in Berlin-Zehlendorf gab. Ihre Bewerbung dort war sofort erfolgreich. Da sie Säuglingsschwester werden wollte, es jedoch keine freien Ausbildungsplätze im Osten Deutschlands gab, wurde ihr Berlin-Spandau empfohlen. Dort lernte sie zunächst die Krankenpflege und absolvierte 1950 das Examen. Dann stellte sich ihr die Frage, wo sie ihr Leben in Zukunft verbringen würde: „Im Westen oder Osten? Da hab ich mich für den Osten entschieden, weil da die Familie ist. Von den vielen Arbeitsfeldern, die es gab, habe ich mir Merseburg ausgesucht."[109]

Als Schwester Rosemarie später Unterrichtsschwester in Weimar wurde, fiel ihr als besondere Schwierigkeit auf, dass viele ihrer Schülerinnen Kinder von Kantoren oder Pfarrern waren. Diese waren es

---

106 Interview mit Heidi Fromhold-Treu am 19.03.2014.
107 Interview mit Rosemarie Heppner am 24.05.2014.
108 Die Herrnhuter Brüdergemeine ist eine evangelische Brüder Unität in der Oberlausitz.
109 Interview mit Rosemarie Heppner am 24.05.2014.

häufig gewöhnt gewesen, in der Schule immer zu den Besten zu gehören. Schwester Rosemarie erinnerte sich daran, dass dies nicht immer
leicht war, denn die vielen „Besten", die in die Krankenpflegeausbildung
kamen, konkurrierten hier um ihren gewohnten Platz an der Spitze der
Leistungsfähigsten:

> „Die Eltern die hatten eben so bestimmte Vorstellungen. Man hat
> auch gemerkt, dass sie uns Schülerinnen brachten, die eigentlich
> ganz was anderes werden wollten, aber den Beruf nicht erlernen
> konnten. Die Ausbildung als Schülerin bei der Diakonieschwes-
> ternschaft war eine Ausflucht. […] Wenn ich kein Abitur habe,
> kann ich ja auch nicht studieren. Die Frage, dass ich irgendwann
> das Abitur mache, gab es nur über eine Berufsausbildung mit Abi-
> tur. Das konnte man versuchen."[110]

Schwester Margret Roch wusste früh, dass sie Diakonieschwester werden wollte. Eine evakuierte Kinderklinik aus dem in Trümmern liegenden Dresden war für zehn Tage in das intakte Gemeindehaus ihres Vaters
eingezogen. Hierdurch kam es zu einem engen Kontakt zwischen Familie Roch und den in der Kinderklinik beschäftigten Diakonieschwestern
und Ärzten:

> „Eines Tages, da stand die Oberin und der Chefarzt von der Kin-
> derklinik von der Chemnitzer Straße bei uns am Haus, sie hät-
> ten noch eine Station mit Kindern und Schwestern, und ob wir
> die nicht aufnehmen könnten. Und da haben wir gesagt, unser
> Haus ist eigentlich voll, aber der Gemeindesaal ist jetzt gerade
> frei geworden, wir machen das in Ordnung und dann haben wir
> die Säuglingsstation bei uns im Gemeindesaal untergebracht […]
> Und da bin ich Diakonieschwester geworden."[111]

---

110 Interview mit Rosemarie Heppner am 24.05.2014.
111 Interview mit Margret Roch am 26.08.2014. Vgl. auch ADV H 181.

Schwester Freia Erbach war mit ihrer Familie von Stettin nach Schwerin geflüchtet und arbeitete auf dem Land in einem Haushalt. In der Jungen Gemeinde engagierte sie sich als Kindergottesdiensthelferin: Sie holte die Kinder von der Schule zur Religionsstunde ab, sang mit ihnen und erzählte ihnen biblische Geschichten. Die Eltern rieten Schwester Freia jedoch zu einer „ordentlichen" Ausbildung, mit der sie später ihren Lebensunterhalt bestreiten könne, und der zuständige Pastor der Familie empfahl ihnen das Krankenhaus in der mecklenburgischen Kleinstadt Güstrow. Da dieses Schwesternschülerinnen suchte, erhielt sie dort sofort einen Platz. Daran erinnerte sie sich im Interview gut: „Die Schwesternarbeit war mir auch sehr angenehm und reizte mich, weil ich früher schon einmal den Wunsch hatte, in die Mission zu gehen. Und so dachte ich: Lerne da etwas und sieh zu, wie es sich dann weiter entwickelt."[112]

Rosmarie Schrickel wurde nach 1945 landwirtschaftliche Wirtschaftsgehilfin, fand es jedoch sehr schwierig, in den Beruf einzusteigen, weil „alles schon durch diese kommunistische Gesellschaft verändert"[113] war. Daher wurde sie danach Vieh-Wirtschaftsberaterin. Diese Arbeit fand sie jedoch enttäuschend, denn sie musste lediglich die Milchleistung der Kühe überprüfen. Als die Arbeitssituation sich zunehmend veränderte, entschied sie sich, dort nicht weiterzuarbeiten. Zurück bei ihren Eltern in Leipzig, reifte innerhalb eines Jahres dann der Entschluss, in die Schwesternschaft einzutreten:

„Denn durch den Reisedienst von Schwester Anne Heucke hab ich dann von der Diakonieschwesternschaft erfahren und hab mich dann 1953 beworben. Es wurde mir angeraten, dass ich erst in die große Krankenpflege gehe, obwohl ich eigentlich in die Wirtschaftsschwesternausbildung gehen wollte. Dann bin ich also 1953, im Herbst, nach Halle in Weidenplan einberufen worden."[114]

---

112 Interview mit Freia Erbach am 09.04.2014.
113 Interview mit Rosmarie Schrickel am 24.04.2014.
114 Interview mit Rosmarie Schrickel am 24.04.2014. Vgl. auch ADV H 119.

Schwester Jutta Bäuml erinnerte sich in ihrem Interview daran, dass sie 1945, nach ihrer Konfirmation, weiter zur Schule gehen wollte. Dies war jedoch nicht möglich und sie arbeitete stattdessen vorübergehend in einer kleinen Landwirtschaft bei Bekannten, bis ihre Mutter in einer Apotheke eine Lehrstelle für sie fand. Nach einer zweijährigen Ausbildung zur Apothekenhelferin machte Schwester Jutta Bäuml 1947 das Examen und arbeitete in diesem Beruf noch einige Jahre in Triptis und in Stadtroda. Die Tätigkeit füllte sie jedoch nicht aus, und sie überlegte, ob der Eintritt in das Eisenacher Diakonissenmutterhaus das Richtige für sie sei. Ihre Eltern waren mit dieser Idee jedoch ganz und gar nicht einverstanden, „weil sie dachten, da waren ja auch die Regeln, die jetzt ganz andere sind, noch viel strenger und sie hatten ja da wohl auch Recht, dass ich da für die Familie praktisch verloren sei".[115]

Da Schwester Jutta in der Jungen Gemeinde aktiv war, hörte sie dort vom Evangelischen Diakonieverein, der in Erfurt einen Gestellungsvertrag mit dem städtischen Krankenhaus hatte.[116] Als im Jahr 1951 in Berlin der Evangelische Kirchentag unter dem Motto „Wir sind doch Brüder" stattfand, fuhr Schwester Jutta dorthin und fragte sich nach Berlin-Zehlendorf zum Heimathaus des Diakonievereins durch. Hier bewarb sie sich dann um einen Platz in der Krankenpflegeausbildung in Erfurt und erhielt eine Zusage.[117]

Für Schwester Margarete Voß war der Weg in den Beruf der Krankenpflege durch ihre Mutter vorgezeichnet. Diese war schon während des Zweiten Weltkriegs beim Deutschen Roten Kreuz beschäftigt gewesen:

„Meine Mutter war im Roten Kreuz Bereitschaftsführerin [...] und ich hab immer gesagt, [...] ich werde auch Rot-Kreuz-Schwester. Und dann war es eben so, dass ich '45 [ohne ...] Familie alleine

---

115 Interview mit Jutta Bäuml am 31.08.2014.
116 1896 wurde Erfurt als eines der ältesten Diakonieseminare etabliert. In: ADV H 222.
117 Interview mit Jutta Bäuml am 31.08.2014.

stand. Mein Bruder war eingezogen und ich war bei Verwandten. Und meine Freundin, eine Pfarrerstochter, deren Schwester
im Diakonieverein war, die hat gesagt: ‚Wenn du Familie suchst,
geh in den Diakonieverein.‘"[118]

Da Schwester Margarete selbst weder ihre Geburtsurkunde noch ihre
Taufbescheinigung hatte, bat sie ihren Gemeindpfarrer, ihr die notwendigen Papiere für ihre Bewerbung zu besorgen. Mit diesen fuhr sie in das
Heimathaus des Evangelischen Diakonievereins nach Berlin-Zehlendorf
und wurde gleich als Schülerin angenommen. Zum 1. Oktober 1948 war
jedoch nur eine Ausbildungsstelle in Wolfen bei Bitterfeld frei. Schwester Margaretes Stiefmutter lehnte diesen Arbeitsort für die 17-Jährige
jedoch ab. Als Übergangslösung arbeitete sie daher bei einer Schneiderin und im folgenden Jahr konnte Schwester Margarete im Wittenberger
Paul-Gerhardt-Stift als Vorschülerin anfangen:

„Ich war ja noch in dem Alter der Vorschule, ich war ja noch
keine 18. Und früher kam man sowieso in die Vorschule, mindestens ein halbes Jahr. Und da habe ich dann bis Oktober '49
in der Vorschule gearbeitet. Hauswirtschaft. Also, wir hatten [...]
Schulunterricht, der vielen von uns noch fehlte. Wir hatten ja
Flüchtlingskinder [...] in unserer Vorschule. Und da bin ich dann
hingegangen. Und wurde dann 1949 im Herbst aufgenommen in
die Schwesternschaft als Schülerin. Und hab dann in Wittenberg
auf allen möglichen Stationen gearbeitet."[119]

Schwester Marianne Göhler hatte den Wunsch alte Sprachen zu studieren. Sie hielt dies jedoch für aussichtslos. Als Lehrerin wäre sie in der
sowjetischen Besatzungszone mit diesen Fächern nicht angenommen
worden. Das Studienfach Theologie wäre für sie schon eher denkbar

---

118 Interview mit Margarete Voß am 04.06.2014.
119 Interview mit Margarete Voß am 04.06.2014.

gewesen, „so in Richtung Jugendarbeit oder auch Gefängnisarbeit oder so in diese diakonische Richtung rein". Doch von der Kirchlichen Hochschule in Berlin-Zehlendorf erhielt sie eine Absage und sie überlegte sich, statt eines Studiums in die Krankenpflegeausbildung zu gehen, denn: „Unsere Familie war sowieso […] ein bisschen sozialdiakonisch […] und ich hatte ja […] Tanten im Diakonieverein."[120]

Schwester Elisabeth Kuske war die älteste Tochter einer Pfarrersfamilie aus Westpreußen. Ihre Erlebnisse am Ende des Zweiten Weltkrieges ließen in ihr den Berufswunsch der Diakonieschwester entstehen:

> „Es ist 1944, da stehe ich am Fenster und sehe Flüchtlingszüge aus dem Osten besonders aus dem Baltikum kommen. Ich sehe diese vollgestopften Waggons, ich sehe diese müden Menschen, und ich höre mich sagen: ‚Hier muss geholfen werden!' Damit bin ich eigentlich Diakonieschwester geworden. Mit diesem Satz."[121]

Für Schwester Elisabeth war es hilfreich, dass die Tochter ihrer Patentante bereits Diakonieschwester in Danzig war. Schwester Elisabeth konnte von Wismar aus mit Hilfe der Mutter ihre Schwesternausbildung in Güstrow organisieren, einem Krankenhaus, in dem bereits Diakonieschwestern aus dem Osten Fuß gefasst hatten:

> „Ich sehe mich noch am großen langen Tisch sitzen, als meine Mutter mich nach Güstrow brachte und mich erst mal vorstellte und eigentlich sich vorstellte. Und dann waren wir zum Mittagessen eingeladen, und es gab einen Fisch mit furchtbar vielen Gräten und das zwischen so viel fremden Menschen. Ich wurde dann, zum ersten Oktober glaube ich, oder so, nach Warnemünde geschickt. Das war ein kleines Pflegeheim. Ich war in der Küche,

---

120 Interview mit Marianne Göhler am 26.05.2014.
121 Interview mit Elisabeth Kuske am 17.06.2014.

und ich sehe mich noch in dieser Küche sitzen und Heringe put-
zen. Viele kleine, das war der sogenannte Schwarzfang."[122]

Den Weg in die berufliche Krankenpflege empfand Schwester Elisabeth
als ein großes Glück, denn „wir hatten im Grunde nichts". Die Möglichkeit, eine Ausbildung anfangen zu können, hing für Schwester Elisabeth
eng mit ihrer familiären Situation zusammen. Erst als ihre Großeltern
im Jahre 1947 aus einem Flüchtlingslager in Dänemark zurückkehrten,
konnte Schwester Elisabeth an eine Ausbildung und ihre eigene Zukunft
denken; führte doch nun die Großmutter den Haushalt der an Rheuma
erkrankten Mutter weiter.

Schwester Christine Eichlers Mutter arbeitete 1947 und 1948 in der
Krankenpflege, denn „sie musste Geld verdienen, um die Familie zu
unterstützen". Obwohl Christine Eichler sich als Kind immer im Schwesternkreis zuhause gefühlt hatte und 1936 „bei Diakonieschwestern auch
geboren" worden war, hatte sie nie den Gedanken gehegt, selbst Diakonieschwester zu werden. Stattdessen wollte sie eher Landwirtschaft studieren oder in der Hauswirtschaft auf einem großen Gut arbeiten. Doch
diese Güter gab es nach 1945 nicht mehr. Hinzu kam, dass sie sich für
die Junge Gemeinde und gegen die Freie Deutsche Jugend (FDJ) entschieden hatte und „erst aus der FDJ und dann aus der Schule" ausgeschlossen wurde. So reifte in ihr die Idee, eine zweijährige Ausbildung
als Krankenpflegeschülerin in Arnstadt zu machen und danach zu überlegen, „wie es weitergehen sollte". Sie ging dann „sehr bewusst [...] in die
Diakonieschwesternschaft".[123]

1947 war Schwester Edith Bendin als Schülerin ihren Lehrern in
Mecklenburg durch gute Leistungen aufgefallen und sie empfahlen ihr,
nach der achten Klasse auf eine Oberschule zu wechseln. Dagegen hatten die Eltern nichts einzuwenden, obwohl der geplante Schulwechsel
nach Rostock mit einer sieben Kilometer weiten Radfahrt für die 15-Jäh-

---

122 Interview mit Elisabeth Kuske am 17.06.2014.
123 Interview mit Christine Eichler am 29.03.2014.

rige verbunden war. Durch den Schulwechsel und das damit verbundene Überspringen der neunten Klasse hatte es Schwester Edith enorm schwer: „Ich hatte sehr viel nachzuholen und habe das auch gespürt eigentlich bis zum Abitur. […] Und einige Fächer zum Beispiel Chemie, das habe ich nie aufgeholt. Physik und Mathe ging ein bisschen besser. Deutsch ging gut."[124] Nach dem Abitur war Schwester Edith zunächst im elterlichen Haushalt und anschließend im Haushalt des Pastors, der sie konfirmiert hatte, beschäftigt. Als dieser die Leitung des Michaelshofes in Rostock (vgl. Kapitel 4) übernahm, zog Schwester Edith dorthin und ging kurz darauf nach Güstrow in die Schwesternausbildung.

Schwester Monika Findeisen erinnerte sich daran, dass sie seit ihrem vierten Lebensjahr Kinderkrankenschwester werden wollte. Ihre starke Kurzsichtigkeit bereitete ihr jedoch Probleme in der Schule und sie war zudem „sehr schüchtern". Ihren Wunsch, auf eine Sehbehindertenschule zu gehen, lehnten die Eltern ab, denn in der Familie galt der apodiktische Leitsatz: „Es gibt keinen Findeisen, der nicht Abitur macht!" Auch der Wunsch, in eine evangelische Ausbildungsstelle für Kinderdiakoninnen zu gehen, wurde vom Vater „nicht mehr genehmigt", sie war „darüber sehr erbost", musste weiterlernen und kam auf der weiterführenden Schule jedoch mit dem Englisch-Lehrer nicht zurecht. Deshalb entschied sie sich, „in den Lernstreik" zu gehen. Sie bewarb sich auf eigene Faust in der Leipziger Kinderklinik, wurde dort jedoch wegen ihrer Sehschwäche abgelehnt. Sie kam der Empfehlung, „erst einmal ein Jahr Kinderpflegerin zu werden" nach und arbeitete fünf „anstrengend[e], aber sehr schöne Jahre" in einer Wochenkrippe im Tag- und Nachtdienst. Hierdurch konnte sie ihre Eignung für den Wunschberuf nachweisen. Frau Oberin Elli Schulze bot ihr einen Ausbildungsplatz in Hagenow an, den Schwester Monika gern annahm.[125]

Schwester Gerda Kiesel war mit ihrer Familie aus Westpreußen geflohen und wusste, dass es für Flüchtlinge schwer war, einen der wenigen

---

124 Interview mit Edith Bendin am 21.08.2014.
125 Interview mit Monika Findeisen am 07.04.2014.

Ausbildungsplätze zu bekommen. Ihr ursprünglicher Berufswunsch, Kinderkrankenschwester, erfüllte sich nicht ganz; sie wurde 1950 Vorschülerin in Bitterfeld.[126]

Schwester Edith Stecher hatte den frühen Tod ihrer Mutter und die Situation mit ihrer zweiten Mutter zu verkraften. Diese hatte ohne Erfolg versucht, sie von der Kirche fernzuhalten. Schwester Edith entschied sich, den Beruf der Verkäuferin in der Handelsorganisation der DDR (HO) zu erlernen; in einem kaufmännischen Beruf konnte sie nicht unterkommen. Einer Freundin in der Jungen Gemeinde vertraute sie an, dass sie „doch noch Schwester werden" wolle und als sie von der Diakonieschwesternschaft hörte, war es für sie ein

„Fingerzeig, das ist es! Da hab ich heimlich nach Wittenberg geschrieben und kriegte dann auch ziemlich schnell eine positive Antwort. Aber ich war ja immer noch erst siebzehn. Nach vielem Theater zu Hause hat mein Vater dann doch unterschrieben, sodass ich in die Ausbildung gehen durfte. Und dann bin ich 1955, ich war noch nicht ganz 18, schon in die Ausbildung gekommen, weil es so viele Vorschülerinnen gab. Ja dann fing Wittenberg an. Am 31. März 1955 kam ich mit kleinem Köfferchen in Wittenberg an."[127]

Schwester Liselotte Schenk kam aus der Hansestadt Wismar und erlebte dort die Nachkriegszeit „in einer ziemlichen Hungersituation". Ihre Mutter war früher selbst Säuglingsschwester gewesen, doch dass sie ein Vorbild für die Berufswahl war, daran erinnerte sich Schwester Liselotte im Interview nicht bewusst. Im Burckhardthaus, in Westberlin, in dem sie „einen Schnupperkurs machen" wollte, begegnete ihr die Diakonieschwester Margarete Palmer, die sie durch ihre Ausstrahlung und die Erzählungen über die Diakonieschwesternschaft so beeindruckte, dass sie entschied:

---

126 Interview mit Gerda Kiesel am 30.04.2014.
127 Interview mit Edith Stecher am 23.05.2014.

„Das möchte ich auch. Da möchte ich eintreten und da werde ich Krankenschwester. Und so ist es dann ja auch geworden. Ich habe mich beworben in der Diakonieschwesternschaft in Güstrow unter Oberin Wilkens und habe das auch nie bereut. Und ich habe mal bemerkt, wenn ich das als banale Empfindung einfach mal so sage: Wie gut es ist, wenn man mal was Gutes zu essen kriegt. Ich habe jeden Morgen ein Brötchen bekommen. Das fand ich ganz toll, und ich ging auf wie ein Hefekloß, denn meine Eltern hatten immer nicht so viel zu essen. Und da habe ich so dicke Backen, Wangen, bekommen. Das war unglaublich. Und das war eben doch schön für mich, mal was Ordentliches zu essen zu kriegen."[128]

Schwester Barbara Roch hatte Kirchenmusik in Halle studiert und arbeitete sechs Jahre lang als Kirchenmusikerin und Katechetin im kirchlichen Dienst:

„Und da bin ich zunächst nach Brehna gegangen. Das ist zwischen Bitterfeld und Halle. Da hatte ich die Möglichkeit, weiter Orgelunterricht zu nehmen bei meinem Orgeldozenten und hatte dort einen Chor, einen Kinderchor und wurde auch in der Katechetik eingespannt. […] Nach der Kirchenmusik kam ja dann noch eine katechetische Ausbildung in Naumburg am katechetischen Seminar. Das dauerte dort ein dreiviertel Jahr. Und vorher hatten wir in der Kirchenmusikschule auch schon vier Semester theologische Fächer zu lernen. Und danach bin ich dann also in die Arbeit gegangen. […] als Katechetin und Kirchenmusikerin."[129]

Auf der Suche nach weiteren beruflichen Perspektiven absolvierte sie im Jahr 1965 nach ihrem ersten Jahresurlaub ein Praktikum im Pflegeheim bei der Frauenhilfsschwesternschaft in Stralsund. Da sie an der pflegeri-

---

128 Interview mit Liselotte Schenk am 10.04.2014.
129 Interview mit Barbara Roch am 24.05.2014.

schen Arbeit dort Freude hatte, arbeitete sie wiederum zwei Jahre später über die in West und Ost aktive „Aktion Sühnezeichen". Konkret war es die Arbeit mit Menschen, die körperlich und geistig eingeschränkt waren und auf dem Michaelshof in Rostock versorgt und gefördert wurden. Danach wollte Schwester Barbara herausfinden, „was richtige Krankenpflege ist" und bewarb sich als Ferienhilfe in der Medizinischen Akademie in Erfurt. Dort wurde sie jedoch aus „kaderpolitischen Gründen" abgelehnt, weil „ich aus dem kirchlichen Dienst kam". Eine Bekannte, die dort als Oberschwester beschäftigt war, schaffte es „dann irgendwie [...] mich im Städtischen Klinikum in der Gynäkologie unterzubringen". Die vier Wochen auf der Entbindungsstation führten dazu, dass Schwester Barbara beschloss, „in die Krankenpflege zu gehen". 1970 bewarb sie sich, nunmehr 27 Jahre alt, in Halle im Diakonissenhaus. Doch sie war zu alt und wurde abgelehnt. Die Bewerbung im Wittenberger Paul-Gerhardt-Stift war dagegen erfolgreich: „Da wurde ich dann angenommen."[130]

Schwester Margret Höhn (*1945) aus Satow bei Rostock beendete 1961 die Schule. Der Wunsch, Krankenschwester zu werden, wurde von der Mutter nicht gern gesehen, da sie ungern an die eigenen Erfahrungen in der Lazarettpflege im Zweiten Weltkrieg zurückdachte. Die Bewerbung um einen Ausbildungsplatz in der Krankenpflege, wurde „auf staatlicher Stelle"[131] jedoch ohne Angabe eines Grundes abgelehnt. Schwester Margret vermutete, dass es daran lag, dass sie keine Jugendweihe hatte. Durch den zuständigen Pastor knüpfte Schwester Margret dann Kontakt zur Diakonieschwesternschaft und begann am 1. September 1961 auf dem Michaelshof als Vorschülerin.

Schwester Monika Flammiger wurde der Besuch der Oberschule verweigert, weil sie keine Jugendweihe hatte. Deshalb konnte sie nicht Lehrerin werden, wie das ihre eigenen Lehrer gern gesehen hätten. Sie wusste nun überhaupt nicht, was sie werden sollte und war „als 15-Jährige ziemlich deprimiert". Zwei Freundinnen von Schwester Monika

---

130 Interview mit Barbara Roch am 24.05.2014.
131 Interview mit Margret Höhn am 30.06.2014.

wollten im Wittenberger Paul-Gerhardt-Stift die Krankenpflegeausbildung anfangen, doch „es war eigentlich nie meine Idee, Krankenschwester zu werden, weil das in unserer Familie eigentlich auch nicht
so üblich war". Schwester Monika beneidete die Freundinnen jedoch um
die Sicherheit der Berufswahl. Als eine der beiden dann sagte, sie solle
doch nach Wittenberg kommen, denn „die brauchen dich dort", war es
für Schwester Monika „der Ruf", das auch tatsächlich zu tun, obwohl sie
„keine Ahnung von Schwesternschaft" hatte.[132]

Schwester Magdalena Walter ging als Tochter eines mecklenburgischen
Pfarrers in Naumburg zur Schule. Das Naumburger Katechetische Oberseminar war eine kirchliche Ausbildungsstätte für Theologen in der DDR.
Schwester Magdalenas Vater arbeitete wegen seines Asthmas dort stun-
denweise als Bibliothekar, denn als Theologe konnte er nicht mehr tätig
sein. Obwohl sie nicht bei den Pionieren und nicht in der FDJ war, durfte
sie in Naumburg die erweiterte Oberschule besuchen. Die Familie plante,
nach Bremerhaven auszureisen, doch durch den Bau der Mauer wurde
die bereits erteilte Ausreiseerlaubnis zurückgenommen. Im gleichen Jahr
1961 kam es für Schwester Magdalena zum „Rauswurf aus der Schule"
und zum Tod des Vaters. Durch kirchliche Intervention wurde immerhin
erreicht, dass sie noch einen Schulabschluss erlangte. Mit diesem bestand
dann die Möglichkeit, eine praktische Berufsausbildung zu machen, doch
„zu dem Zeitpunkt auch nur in einer kirchlichen Einrichtung".

Schwester Marianne Bäsler empfand sich selbst als „ein echtes DDR-
Kind". Allerdings entsprach sie nicht den parteipolitischen Vorstellungen. Sie war getauft und konfirmiert und hatte sich gegen die Jugendweihe
entschieden. Mit 17 Jahren begann sie in Wittenberg die Ausbildung zur
Kinderkrankenschwester. Kurz zuvor hatte sie ein Berufsfindungsjahr in
Greifswald bei Helga Krummacher, der Frau des Bischofs der Pommerschen Evangelischen Kirche Friedrich-Wilhelm Krummacher (1901–
1974), absolviert. Während dieser Zeit bereitete sie sich auf die Berufs-
bereiche Wirtschaftsdiakonie und Verwaltungsdiakonie vor:

---

132 Interview mit Monika Flammiger am 19.02.2014.

„Ich hätte gerne in so einem Kinderheim gearbeitet oder Waisenhaus. So etwas gab es ja aber nicht. Dann hatte ich mich schon so ein bisschen erkundigt, so nach Ludwigslust geschrieben. Und eigentlich ging nur die Arbeit mit Kindern über das kranke Kind, also Kinderkrankenschwester. [...] Außerdem hatte ich eine Schwäche für schwarze Kinder. Wenn in der Gemeinde [...] Missionslichtbildervorträge waren, dann war ich selig und habe davon geschwärmt. Da entstand auch der Wunsch, Kinderkrankenschwester bei Albert Schweitzer zu werden. Ja, völlig undenkbar, aber solche Träume und Wünsche hatte man. Gut, nicht bei Albert Schweitzer, aber im Paul-Gerhardt-Stift in Wittenberg rückte ich dann 1967 ein."[133]

Sechs Jahre nach Ende des Zweiten Weltkriegs wurde Schwester Gertrud Heyden (*1951) als ältestes von drei Geschwistern in einem Vorort von Schwerin geboren. Dort wuchs sie in einem „sehr strengen und auch christlichen Elternhaus" auf. Die Wohnverhältnisse der Familie waren „sehr bescheiden", denn sie hatten mit fünf Personen nur zwei Zimmer zur Untermiete zur Verfügung. Die politische Einstellung ihrer Eltern war regimekritisch: Ihr Vater war „ein strikter Gegner der politischen Situation in der DDR" und hatte „seine Heimat in West-Berlin", war jedoch „durch den Krieg und die Heirat im Osten gelandet". Während der Konfirmandenunterrichtszeit von Schwester Gertrud gab es eine „Konfirmandenrüstzeit", in der sie mit ihrer Gruppe das Schweriner Anna-Hospital besichtigte. Zwar war der ursprüngliche Berufswunsch von Schwester Gertrud Katechetin, doch der Besuch im Schweriner Anna-Hospital[134] führte dazu, dass sie sich nach Abschluss der zehnten Klasse für die Säuglings- und Kinderkrankenpflege interessierte.

Als für Schwester Rosemarie Spiegel feststand, dass sie in Wittenberg im Paul-Gerhardt-Stift die Ausbildung beginnen konnte, bestärkte ein Freund ihre Entscheidung und sagte:

---

133 Interview mit Marianne Bäsler am 19.05.2014.
134 Kinderkrankenhaus in Schwerin. Vgl. ADV H 905, H 1460.

„Ja, das finde ich gut. Die Ausbildungen in den kirchlichen Häusern, die sind also so geprägt, dass du überall, wenn dir das dann nicht mehr gefällt oder du hast dein Staatsexamen, dann kannst du in jedem staatlichen Haus arbeiten und diese Schwestern, also die Ausbildung, die zählt. Die ist sehr gut und das ist bekannt. Das waren so die Worte, die mich an damals erinnern für die Entscheidung. Aber die eigentliche Entscheidung war mehr familiär geprägt."[135]

Schwester Gudrun Wurche kam aus einer landwirtschaftlich geprägten Familie, die ein bewusst christliches Leben führte. Gleichwohl war sie Mitglied bei den Pionieren und in der FDJ. Die Jugendweihe lehnte sie jedoch ab und ließ sich konfirmieren. Dadurch wurde ihr „der Weg zum Abitur verwehrt". Als sie sich 1968 dann „in unvorteilhafter Weise über die Ereignisse in der Tschechoslowakei" äußerte, wurde sie vom Schulrat aufgefordert, ihre Meinung zu revidieren. Der damalige Schulrat mahnte sie:

„dass der Staat mir ein Studium nur ermöglichen würde, wenn ich loyal wäre. Dass ich keine Jugendweihe hatte, war schon negativ genug. Aber ich konnte mich nicht anders äußern, weil ich das als Einmischung in die inneren Angelegenheiten eines anderen Staates fand. Damit war der Traum vom Studium ausgeträumt."[136]

Der Kontakt zum Diakonieverein entstand durch dessen Gemeindeschwestern, die ihren Briefkasten im Hause der Eltern hatten und die „eigentlich täglich bei uns" waren. Eine von ihnen, Schwester Gertrud Hein, lud sie beispielsweise nach Wittenberg in das Paul-Gerhardt-Stift ein. Da sie diese Kontakte stets als „sehr angenehmen Umgang" empfand und die Pläne, Physik oder Biologie zu studieren „geplatzt waren", wollte sie es als Diakonieschwester versuchen:

---

135 Interview mit Rosemarie Spiegel am 04.11.2014.
136 Interview mit Gudrun Wurche am 28.04.2014.

„Aus der Not heraus habe ich das dann auch getan. Auf die Idee, Krankenschwester zu werden, bin ich vorher nie gekommen. Es war niemals mein Plan gewesen. Ich hab mich mit Wunden, mit Verletzungen sehr schwer getan. Das war mir immer ein bisschen unheimlich."[137]

Zusammen mit ihrer leiblichen Schwester bewarb sich Schwester Gudrun gleichzeitig in Wittenberg. Beide erhielten eine Zusage und fingen 1969 in einem Kurs an.

Schwester Gabriele Spehling hatte als jüngstes Kind einer Pastorenfamilie nach der achten Klasse keine Chance, auf die weiterführende Oberschule zu gehen, denn sie war „Nicht-FDJ und Nicht-Pionier und Nichts". Ursprünglich wollte sie Bibliothekarin werden und hatte kurzzeitig auch in Erwägung gezogen, Theologie zu studieren. Diese Wünsche waren jedoch nicht realisierbar:

„Und dann bin ich in eine Klasse gekommen in der neunten Klasse. Das war die High Society von Röbel, also ich glaube fünf Lehrerkinder, zweimal Staatssicherheit, Chef und Stellvertreter, Polizei drei Kinder und ich Pastorentochter, und eine, da hatten die Eltern, ja heute nennt man es Recyclinghof, damals sagte man Lumpensammler. Also wir waren die beiden Außenseiter. Aber ich habe mich sehr wohl gefühlt in der Klasse, ja, nette Lehrer und habe dann meinen Abschluss zehnte Klasse gemacht und wusste nicht, was ich werden sollte."[138]

Ihr Vater vermittelte den Kontakt in das Schweriner Anna-Hospital und Schwester Gabriele bewarb sich in Hagenow, der Zentrale des Diakonievereins im Norden der DDR. Sie wurde informiert, dass sie ein Vorschul-

---

137 Interview mit Gudrun Wurche am 28.04.2014.
138 Interview mit Gabriele Spehling am 29.04.2014.

jahr in Schwerin im Anna-Hospital machen müsse: „Ja, dann haben wir uns bereit erklärt."[139]

Schwester Antje Doliff (*1963) wuchs als Einzelkind auf dem Dorf mit enger Bindung zur evangelischen Kirche auf, ihre Großeltern lebten im Pfarrhaus, wo sie auch ihre Ferien verbrachte. Ihre Eltern stärkten ihr prinzipiell und besonders dann den Rücken, wenn es in der Schule schwierig war. In der neunten Klasse bewarb sie sich um einen Ausbildungsplatz als Kindergärtnerin, ihrem ursprünglichen Berufswunsch.

Im Bewerbungsverfahren der Kindergärtnerinnenschule im Schloss von Schwerin fiel sie jedoch durch die Stimmprüfung durch:

„Ich habe Stimmbänder, die zu weit auseinander sind. Die hätten die Belastung nicht ausgehalten, habe ich auch im Laufe meines Arbeitslebens gemerkt, dass einfach da was nicht in Ordnung ist, wenn ich zu viel spreche, merke ich, dass die Stimme irgendwann kippt. So, das wurde dann nichts. Was mache ich nun [...] schwierig."[140]

Schwester Antje bewarb sich schließlich mit der Unterstützung der Mutter im Schweriner Bezirkskrankenhaus. Als sie zum vereinbarten Termin erschienen, fühlten sich beide sehr unwohl. Das Gespräch fand in einem dunklen Raum statt, in dem eine Oberschwester und eine Mitarbeitende aus der Personalabteilung saß. Die Antwort auf die Frage, wo Schwester Antje und ihre Mutter denn herkamen, nämlich „vom Dorf", wurde extrem unfreundlich beantwortet: „Dann gehen Sie mal schön in den Schweinestall!" Schwester Antje und ihre Mutter fühlten sich wie „die begossenen Pudel" und gingen. Spontan entschlossen sich beide nun zum Anna-Hospital zu gehen, um sich dort vorzustellen. Sie wurden „Unangemeldet! Wohlgemerkt: Unangemeldet!" von Schwester Monika Findeisen freundlich empfangen. Dann wurden ihnen die Aus-

---

139 Interview mit Gabriele Spehling am 29.04.2014.
140 Interview mit Antje Doliff am 28.04.2014.

bildungsvoraussetzungen erläutert und die Möglichkeit zur freiwilligen Ferienarbeit erklärt. So erklärte sich Schwester Antje in der neunten und zehnten Klasse bereit, in den Ferien im Anna-Hospital zu arbeiten: „Und das war total schön!"[141] Am 1. September 1980 fing dann die Ausbildung als Vorschülerin an.

Schwester Ulrike Steffler wollte ursprünglich Mathematiklehrerin werden. 1945 flüchtete sie mit ihrer Familie aus Schlesien und konnte in Düben im Jahr 1946 für einige Monate in einer Tbc-Klinik aushelfen. Sie deckte für die Schwestern und Ärzte den Tisch und fuhr die kleine Tochter der leitenden Schwester im Kinderwagen spazieren. Doch es war klar, dass sie dort nicht bleiben konnte, weil sie zu jung war. Der Berufswunsch der Mutter für ihre Tochter war Schneiderin, „aber das wollte ich nicht. Und da habe ich gedacht: Nun wirst du Schwester, [...] Ich habe da noch gar keine großen Vorstellungen gehabt." Wegen ihres Alters musste sie jedoch erst wieder in die Schule. Aufgrund ihrer langen Flucht, die einer Odyssee glich, hatte sie nicht weniger als acht verschiedene Schulen besucht. Schwester Ulrikes Mutter wusste, dass in Wittenberg Diakonieschwestern arbeiteten. Nachdem Ulrike Steffler die letzte Schule in Eilenburg beendet hatte, kam sie in das Burckhardthaus in Berlin-Dahlem, arbeitete dort als Haustochter und erlebte die Blockadezeit 1948. Am 1. April 1950 fing dann in Wittenberg die Pflegeausbildung an.[142]

Die Wahl des Berufes Diakonieschwester war bei den befragten Schwestern mehrheitlich durch äußere Rahmenbedingungen zustande gekommen.

Zahlreiche andere Berufswege waren ihnen verschlossen, und als Folge von zwei Weltkriegen blieben viele Frauen unverheiratet. Dass die dann in der Schwesterngemeinschaft eingebundenen Frauen im Laufe ihres Berufslebens glücklich mit ihrer Situation wurden, war der Anpassungsfähigkeit der Betreffenden geschuldet. Zudem fanden sie Halt im

---

141 Interview mit Antje Doliff am 28.04.2014.
142 Interview mit Ulrike Steffler am 30.06.2014.

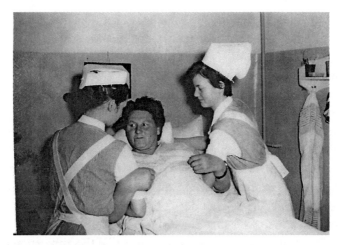

Abb. 2: Wittenberg, ohne Jahr, Schwestern helfen einer Patientin

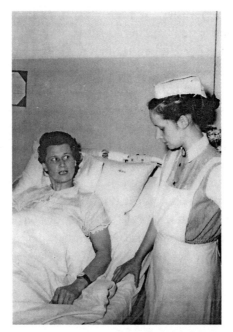

Abb. 3: Wittenberg, ohne Jahr, im Gespräch

gemeinsamen Glauben und in der Gemeinschaft, die mit Tatkraft, Liebe und Humor das Zusammenleben attraktiv machte.

1.3 Kirche und Diakonie als Insel

Im protestantischen Biotop der DDR herrschte in der Regel ein geistiges Klima, das großen Wert auf anspruchsvolle Bücher und die Pflege musischer Interessen legte. Von Kindern und Jugendlichen wurde erwartet, dass sie die Überzeugungen der Eltern übernahmen und die Konsequenzen mittrugen, die sich aus der ideologisch bedingten Außenseiterrolle ergaben.[143] Für evangelische Christen konnte ihre gesellschaftliche Isolation in der DDR, je nach der individuellen Verortung, sowohl ein Problem als auch eine Chance zur Profilierung sein.

Das Verhältnis von Staat und Kirche in der DDR kann generell durch einen Zyklus von Repression und Liberalisierung gekennzeichnet und unterschiedlich periodisiert werden. Ingolf Hübner beschreibt drei Phasen:[144] Auf eine erste Phase der Konfrontation, die ihren Höhepunkt 1953 fand, folgte ab der zweiten Hälfte der 1950er Jahre eine Phase der Funktionalisierung und der beginnenden Kooperation zwischen Staat und Kirche und eine dritte Phase während der 1970er und 1980er Jahre, die durch gegenseitige pragmatische Akzeptanz charakterisiert wurde.

Diakonische Arbeit wurde in den ersten Nachkriegsmonaten von der sowjetischen Militäradministration noch als eine allgemeine Nothilfe der Kirchen verstanden, die das Ziel hatte, die Gesellschaft kooperativ aufzubauen und wurde insofern auch geduldet. Doch bereits 1946 beanspruchte der SED-Funktionär und spätere Präsident der Volkssolidarität, Helmuth Lehmann (1882–1959), mit der Gründung der „Kommission zur Verteilung ausländischer Spenden" den Führungsanspruch gegenüber der Arbeit des Evangelischen Hilfswerkes, welches mit sei-

---

143 Kirchbach in: Ernst-Bertram; Planer-Friedrich: Pfarrerskinder in der DDR, Berlin 2013, 3.
144 Hübner; Kaiser (Hrsg.): Diakonie im geteilten Deutschland, Stuttgart 1999.

nem Sitz in Stuttgart als eine gefährliche „Infiltrationsstelle" westlicher Interessen wahrgenommen wurde.[145]

In den Folgejahren nahmen die Konflikte zwischen dem SED-Staat und der Kirche erheblich zu und die SED verfolgte ihren ideologischen Führungsanspruch nach der Staatsgründung im Jahre 1949 aggressiver als zuvor. So drangsalierte sie beispielsweise junge Menschen aus christlichen Elternhäusern, um deren religiöse Sozialisation abzubrechen. Diese offene Repression der Kirchen in der DDR kristallisierte sich ab 1950 im Konflikt um die Anstecknadel junger Christen, dem sogenannten Kugelkreuz der Jungen Gemeinde. Dieses öffentliche Merkmal evangelischer Jugendarbeit, das Kreuz auf der Weltkugel, wurde von jungen Christen als Bekenntniszeichen der Botschaft „Seid getrost, ich habe die Welt überwunden" getragen. Die Funktionäre des SED-Staates sahen im Kugelkreuz jedoch ein Symbol für die Zugehörigkeit zur Organisation der Jungen Gemeinde.[146] Diese wurde wiederum als Konkurrenz zur Freien Deutschen Jugend (FDJ) dargestellt. Doch die angenommene monolithische Struktur der Jungen Gemeinde beruhte auf einem grundlegenden Irrtum. Strukturell, personell und programmatisch verbarg sich unter dem Oberbegriff Junge Gemeinde eine Vielzahl von Angeboten. Sie reichten beispielsweise von Jungmännerwerken, Burckhardthäusern zu Mädchenbibelkreisen und waren regional höchst verschieden ausgerichtet.[147]

1950 erließ der Innenminister der DDR, Karl Steinhoff (1892–1981), ein Einfuhrverbot für Spenden aus dem Ausland. In der Folge entwickelte das Diakonische Hilfswerk ein System von Patenschaften, die nach der Wende zu Partnerschaften wurden. Außerdem organisierte das Hilfswerk den umfangreichen Versand von „Liebesgabenpäckchen"[148] nach Ostdeutschland. Probleme gab es zudem in Bezug auf die konfessionelle Krankenpflege, insbesondere mit Schwestern des Diakonie-

---

145 Hoh: Theologie und Praxis der Diakonie, 2005, 23.
146 Ueberschär: Junge Gemeinde im Konflikt, 2003, 177–181 und 236–241.
147 Ueberschär: Junge Gemeinde im Konflikt, 2003, 14.
148 Hoh: Theologie und Praxis der Diakonie, 2005, 23.

vereins Berlin-Zehlendorf, da diese häufig in staatlichen Einrichtungen tätig waren. Reduzierung der Ausbildungsplätze und Kündigungen von Gestellungsverträgen waren die Folge und der Diakonieverein wurde als eine von West-Berlin aus agierende „Agentur des amerikanischen Imperialismus"[149] diffamiert. 1952 begann die SED eine umfassende Kampagne gegen die Mitglieder, Leiter und Pfarrer der Jungen Gemeinden mit Verhaftungen.[150] Außerdem wurden zahlreiche diakonische Einrichtungen geschlossen, Kirchenzeitungen verboten, Staatsleistungen an kirchliche Institutionen beendet und konfessionell gebundene Schülerinnen und Schüler sowie Studentinnen und Studenten von Schulen und Universitäten entfernt. Vonseiten der Kirchen setzten sich deren Vertreter nach anfänglicher Bereitschaft zum Arrangement mit den SED-Funktionären zunehmend zur Wehr und protestierten beispielsweise gegen Wahlfälschungen und willkürliche Verhaftungen, gegen Enteignungen und Zwangskollektivierung der Landwirtschaft, gegen Umsiedlungen aus den Grenzgebieten sowie gegen die Einschränkung der Meinungsfreiheit.

Nach dem Aufstand vom 17. Juni 1953 wandelte sich die anti-kirchliche Politik der SED vom skizzierten konfrontativen Kurs zu subtileren Methoden der Abwehr, beispielsweise durch die forcierte Propagierung der Jugendweihe. Diese war eine „parteiamtliche und staatliche Angelegenheit, die hierarchisch durchorganisiert und inszeniert war" und einen „dezidiert atheistischen Charakter"[151] trug. Anders als Anfang der 1950er Jahre waren jetzt Einzelne dem parteistaatlichen Druck ausgesetzt. „Jugendliche sollten in ihrer Bereitschaft, kirchliche Veranstaltungen zu besuchen, verunsichert werden."[152]

---

149 Zitiert bei Hoh: Theologie und Praxis der Diakonie, Schreiben vom 08.12.1949: Winter an Grotewohl: Bundesarchiv Barch B, N L 90/451, 2005,24, FN 57.

150 Vgl. Ueberschär: Junge Gemeinde im Konflikt, 2003, 186–203.

151 Ueberschär: Die Einführung der Jugendweihe. In: Jugendweihe – ein Ritual, 2004, 24.

152 Ueberschär: Junge Gemeinde im Konflikt, 2003, 221

Die Jugendweihe wurde als Ersatzritus zur Konfirmation ab Herbst 1954 in der DDR flächendeckend propagiert. 1957 erklärte Walter Ulbricht (1893–1973), Erster Sekretär des Zentral Komitees der SED und stellvertretender Ministerpräsident:

> „Bei uns wird die Wahrheit gelehrt, und sie ist einfacher als gewisse Hirngespinste [...] Wer sich heute daran hindern lässt, die Gesetzmäßigkeiten in Natur und Gesellschaft zu erkennen, über-lebte alte Glaubenssätze über Bord zu werfen, der schadet sich selbst. [...] Die Jugendweihe hilft euch, die Wahrheit zu erkennen. [...] Aber es gibt Leute, denen das nicht gefällt. Deshalb hetzen sie gegen die Jugendweihe und gegen unsere Schule. [...] Ist das etwa Erziehung der Jugend zu freiem selbstständigem Denken, wenn von den Jugendlichen im Konfirmationsunterricht gefordert wird, zu glauben, daß sie von überirdischen Wesen geschaffen worden seien [...] Durch die Jugendstunden und durch die Jugendweihe werden die Gefühle religiös empfindender Menschen nicht ver-letzt. Es kann aber nicht gestattet sein, die wissenschaftliche Auf-klärung, die Lehren der großen Forscher und Naturwissenschaft-ler durch rückständiges Muckertum zu unterdrücken."[153]

Die Teilnahme an der staatlichen Jugendweihe wurde in der DDR bis 1959 zur gesellschaftlichen Norm. Wer sie ablehnte, musste „in der Regel auf das Abitur verzichten".[154]

Kooperationen zwischen Staat und Kirche begannen in den späten 1950er Jahren. Wegen wirtschaftlicher Schwierigkeiten sah sich die DDR im Jahr 1957 dazu gezwungen, Transfergeschäften mit der Evangelischen Kirche Deutschlands zuzustimmen, wovon beide Seiten profitierten und

---

153 Ulbricht zitiert bei Pruß: Die Jugendweihe im Konfliktfeld. In: Jugendweihe – ein Ritual, 2004, 39 f.
154 Ueberschär: Die Einführung der Jugendweihe. In: Jugendweihe – ein Ritual, 2004, 28.

die im Laufe der folgenden Jahre stark ausgebaut wurden.[155] Am 4. Oktober 1960 erklärte Walter Ulbricht dann in einer Staatsratserklärung vor der Volkskammer der DDR, dass das Christentum und die humanistischen Ziele des Sozialismus keine Gegensätze darstellten. Im Anschluss hieran konnte die diakonische Arbeit in der DDR, vor allem im Bereich der Betreuung und Förderung von Menschen mit geistigen Behinderungen, expandieren. Es folgten weitere Erleichterungen, wie etwa 1961 ein Abkommen[156], das Pflegenden und Ärzten in konfessionellen Einrichtungen höhere Gehälter sicherte. Hierdurch wurde die Strategie der SED, durch niedrige Pflegekostensätze die diakonische Arbeit im DDR-Gesundheitswesen auszugrenzen, zurückgenommen. Seit 1964 war zudem die Ausbildung von Nachwuchs in evangelischen Krankenpflegeschulen gesichert und ab 1969 konnte durch ein Sonderbauprogramm die schwierige Situation im Wohnheimbereich verbessert werden.[157] In der dritten Phase des Verhältnisses von Staat und Kirche in der DDR, die durch pragmatische Akzeptanz gekennzeichnet ist, wurden Unterstützungsleistungen des Westens massiv ausgeweitet. Maßgeblich aktiv war in dieser Phase der 1970er und 1980er Jahre der Oberkirchenrat Dr. Ernst Petzold (*1930), Direktor des Diakonischen Werkes, Innere Mission und Hilfswerk, der Evangelischen Kirchen in der DDR. Dr. Petzold baute die diakonische Fort- und Weiterbildung erheblich aus und setzte neue Maßstäbe für die Behindertenarbeit in der DDR. Zudem gründete er ein Bauberatungs- und Planungsbüro der Diakonie im Jahre 1979 und erreichte damit, dass die Einrichtungen der Behindertenhilfe, aber auch Seniorenheime und Krankenhäuser nach westlichen Standards gebaut

---

155 Siehe Geißel: Unterhändler der Menschlichkeit, 1991.

156 Abkommen zur Regelung der Vergütung für die Angehörigen der Heil- und Heilhilfsberufe in evangelischen Krankenhäusern, Kliniken und Heilstätten in der DDR und im demokratischen Sektor von Groß-Berlin. Unterzeichnet unter anderem von Gerhard Laudien (1902–1987): 1957–1968 Direktor (Ost) der Berliner Stelle des Werkes „Innere Mission und Hilfswerk der EKD", Berlin (Ost). In: Hoh: Theologie und Praxis der Diakonie, 2005, 26.

157 Hoh: Theologie und Praxis der Diakonie, 2005, 26.

oder modernisiert wurden. 1985 stellte Ernst Petzold fest: „Eine Vielzahl von Dienstbereichen der Diakonie ist kooperierend beteiligt in
Dienstbereichen des Staates, ohne dass dadurch die kirchliche Identität
in Frage gestellt wird."[158]

Kirche im Sozialismus

Der Ausdruck und das Konzept der „Kirche im Sozialismus" wurde im
Jahre 1968 vom damaligen Thüringischen Landesbischof Moritz Mitzenheim (1891–1977) verwendet, vom DDR-Staatsekretär für Kirchen-
fragen Hans Seigewasser (1905–1979) aufgegriffen und in den Jahren bis
zur „Wende" häufig gebraucht. 1971 wurde die Formulierung in Eisenach auf der Synode des Bundes der Kirchen in der DDR so erklärt:
„Wir wollen nicht Kirche neben, nicht gegen, sondern im Sozialismus
sein."[159] Bischof Albrecht Schönherr (1911–2009)[160] fand die Kurzfor-
mel „Kirche im Sozialismus" zwar praktisch, doch irreführend. Immerhin könne man sie in Anlehnung an die Theologie Dietrich Bonhoeffers
(1906–1945) und dessen im Nationalsozialismus entwickelten Konzepts
der „Kirche für andere" verstehen, als einen Bestandteil der Gesellschaft.
Als solche könne Kirche nicht gegen alles sein, was diese Gesellschaft
ausmache und infolgedessen sei es nötig, die Regeln des Miteinanders
neu zu verhandeln. Viele Kirchengemeinden einigten sich daher darauf,
sowohl die Konfirmation als auch die Jugendweihe für ihre Kinder zu
tolerieren. Die Kinder und ihre Familien standen dann nicht mehr vor
schwierigen „Entweder-Oder-Entscheidungen" mit lebenslangen Aus-

---

158 Zitiert bei Hoh: Theologie und Praxis der Diakonie, 2005, 29.
159 Zitiert bei Hoh: Theologie und Praxis der Diakonie, 2005, 32.
160 Der Bonhoeffer-Schüler Albrecht Schönherr gehörte während der Nationalsozialistischen Diktatur zur Bekennenden Kirche und war in der DDR unter anderem Vorsitzender der Konferenz der Evangelischen Kirchenleitung und des Bundes der Evangelischen
Kirchen in der DDR sowie von 1972 bis 1981 Bischof der Region Ost der Evangelischen
Kirche in Berlin-Brandenburg. Schönherr verstand die Formel „Kirche im Sozialismus"
als reine Ortsangabe und wollte, dass die Kirche in der DDR wirksam wird, ohne sich auf
Kompromisse einzulassen.

wirkungen in Bezug auf anvisierte Bildungsziele. Doch nicht alle Pastoren standen hinter dieser neuen Ausrichtung. So erinnerte sich beispielsweise Schwester Heidi Fromhold-Treu an folgende Konfliktlage:

> „Und wenn ein Pastor sagte ‚Nur Konfirmation‘, dann hatten seine
> Kinder nichts zu lachen. Seine Kinder! Er auch nicht. Die Pasto-
> ren haben sich auch oft ganz schön streiten müssen, und stark
> machen müssen. Konzessionen haben viele Menschen gemacht.
> Wir Schwestern hatten das auf breiter Linie nicht unbedingt nötig.
> Wir waren ja im gesicherten kirchlichen Raum und für den Staat
> sowieso so ein bisschen [ein] hoffnungsloser Fall. [....] Die Kinder
> mussten manchmal auch lügen, in der Schule anders reden als zu
> Hause. Das war schon sehr bitter.“[161]

Nach Schwester Heidi Fromhold-Treus Erinnerungen bestand das
„Zweischneidige“ der Situation für Christinnen und Christen in der DDR
unter dem Motto „Kirche im Sozialismus“ auch darin, dass die Christen
untereinander zwar gut zusammengehalten haben, jedoch gleichzeitig
„Zugeständnisse“ machen mussten. Diese bezogen sich nicht nur auf die
Entscheidung Konfirmation versus Jugendweihe, sondern auch auf die
Wahlen. Wollte eine Familie sogenannten „Westbesuch“ bekommen, war
dies nur denkbar, wenn man der staatlichen Erwartung nach Abgabe
eines öffentlich ausgefüllten Wahlscheins entsprach: „Wenn man die
Wahl verweigerte, dann kam kein Westbesuch“, erinnerte sich Schwester
Heidi Fromhold-Treu im Interview.

Schwester Christina Dölz erinnerte sich an ihre Situation Anfang der
1980er Jahre. Als große Belastung erlebte sie die Notwendigkeit, sich zu
Konfirmation und Jugendweihe positionieren zu müssen, denn „das war
ein ganz heißes Thema“.

Schwester Christina entschied sich zuerst für die Konfirmation und
danach für die Jugendweihe, weil „man in der Schule wirklich bei den

---

161 Interview mit Heidi Fromhold-Treu am 19.03.2014.

Lehrern durch war, wenn man nur Konfirmation hatte". Die Schüler, die nur die Konfirmation hatten, waren damals „Außenseiter pur" und der Alltag war für sie oft „grauenvoll". Zwei Mitschüler aus der Klasse von Schwester Christina hatten nur die Konfirmation und denen, so erinnerte sie sich, „haben die das Leben zur Hölle gemacht. Also das fand ich schlimm. Dann auch die Jungs nachher, als es losging mit der Armee. Drei Jahre Armee. Das war also Terror pur."[162]

Für Schwester Liselotte Schenk war das Konzept der „Kirche im Sozialismus" eine gute Möglichkeit, eindeutig hinter der eigenen Überzeugung zu stehen und sich nicht verbiegen zu müssen. Insofern habe sie das Gefühl gehabt, es besser als andere zu haben, die „immer zweigleisig fahren mussten".[163] Schwester Liselotte deutet mit dieser Bemerkung auf die Situation hin, dass sich Christinnen und Christen in der DDR oft nur im Schutzraum der Kirche und nicht in anderen gesellschaftlichen Räumen frei zu ihrem Glauben bekannten, damit sie nicht permanent diskriminiert wurden.

Schwester Katharina Hahn hatte sich beispielsweise den Vorwurf anhören müssen: „Ihr könnt ja gar nicht mitreden, ihr lebt ja auf einer Insel!" Teilweise empfand sie diesen Vorwurf für gerechtfertigt. Sie sei immer in kirchlichen Häusern beschäftigt gewesen, „und da waren überwiegend immer nur Christen angestellt. Wir haben im eigenen Saft gekocht." In der Schule war es für Schwester Katharina dagegen ganz anders, denn

„hier war Schule und da war Kirche [...] und was da nachher in der Kirche und so in der Jungen Gemeinde gesagt wurde, das gehörte auf keinen Fall in die Schule, das hattest du da nicht zu erzählen. Das wussten wir von klein auf, da war echt eine Trennung. [...] Während der Arbeitszeit dann nicht mehr, weil wir das

---

162 Interview mit Christina Dölz am 03.06.2014.
163 Interview mit Liselotte Schenk am 10.04.2014.

Gefühl hatten, es ist alles eins, wobei das manchmal sicher schon ganz schön gefährlich war."[164]

Auch für Schwester Margot Schorr war es bei ihrer Arbeit „politisch nicht so schlimm wie im Staat", denn „wir waren ja irgendwie doch in gewisser Weise geschützt". Dieses Bewusstsein ergab sich daraus, dass sie nur indirekt als Zeugin von Konflikten erfuhr, denn diese seien von den „Obrigkeiten ausgefochten" worden.[165]

Die Arbeit in einer kirchlichen Einrichtung war für Schwester Felicitas Bach, die 1980 in Berlin im Elisabeth-Stift beschäftigt war, die einzige Möglichkeit, „da zu existieren und eben nicht jeden Tag verhaftet zu werden". Ein Erlebnis am städtischen Krankenhaus Jena, hatte sie geprägt. Dort war sie mit ihren Kolleginnen bei einem „Solidaritätsnachmittag" gewesen, an dem aus den einzelnen Arbeitskollektiven eine festgesetzte Anzahl von Teilnehmenden angemeldet werden mussten. Diese trafen Kollegen und Kolleginnen aus Chile, die von ihren Erfahrungen des Klassenkampfes in der Heimat erzählten. Von den deutschen Mitarbeitenden wurde erwartet, dass sie die Berichte aus Chile „unheimlich spannend" fanden und sich entsprechend äußerten. Dagegen bewunderte das Jenaer Kollektiv die landschaftlichen Reize des attraktiven südamerikanischen Landes, das auf den Dias zu sehen war. Denn der graue und triste Jenaer Alltag stand in einem grellen Kontrast zu der gezeigten südamerikanischen Natur. Schwester Felicitas reagierte daher, wie auch ihre Kolleginnen und Kollegen, ironisch und distanziert auf den Problembericht mit den schönen Bildern von Stränden und Palmen:

„[Ich] habe [mir] dann also spöttisch grinsend [...] angehört, [...] was das für ein Mist ist, wie doof die eigentlich sind, dass die ihr schönes Land nicht genießen, wo sie ja praktisch ein Paradies da haben, und wir hier in unserer eingesperrten DDR mal an

---

164 Interview mit Katharina Hahn am 23.06.2014.
165 Interview mit Margot Schorr am 02.04.2014.

die Ostsee fahren können und vielleicht mal nach Bulgarien, aber ansonsten die Möglichkeiten doch eher beschränkt waren."[166]

Schwester Christine Eichler sah das Konzept „Kirche im Sozialismus" kritisch, denn die DDR-Regierung hatte mit ihrer atheistischen Doktrin klare Aussagen zur Rolle der Kirche getroffen und sie erwartete, dass alle in der DDR lebenden Bürger sich danach richteten. Dabei wurde nach Einschätzung von Schwester Christine übersehen, „dass der Mensch auch einen eigenen Willen hat". Die Erwartung, dass die Kirche in der DDR „automatisch ausstirbt und damit das Thema Kirche erledigt ist", stand konträr zu Schwester Christines Einstellung. Sie sagte: „Ich lasse mir meinen Glauben nicht nehmen. Dafür habe ich auch für das, was der Staat wollte, Repressalien erleben müssen."[167]

Für Schwester Gabriele Spehling war durch ihre Sozialisation in einem christlichen Elternhaus klar, dass es in der DDR normal war, dass „wer mit Kirche etwas zu tun hatte, der konnte in diesem Land nicht viel werden". Sie nahm diese Einschränkungen hin und sah, wie auch Schwester Christine, keinen Anlass dazu, Kompromisse zu machen. Immerhin war früh deutlich geworden, dass sie wegen ihres Glaubens im Staat keine Chancen hatte, ihr Leben so zu gestalten, wie es ihr gefallen hätte. Die Hoffnung beispielsweise, einen der drei Ausbildungsplätze in der Pflege an ihrem Heimatort zu erhalten, waren gleich Null. So erinnerte sie sich: „Und da haben die gleich zu meinen Eltern gesagt, nicht zu mir, ich kann mich da gar nicht dran erinnern: Ich brauchte mich da gar nicht einreihen. Ich hätte da gar keine Chance."[168]

Die meisten der befragten Diakonieschwestern akzeptierten die Ausnahmestellung der Diakonieschwesternschaft in der DDR als etwas Selbstverständliches. Neben wenigen offenkundigen Nachteilen, die das Außenseiterdasein bedingte, war das Leben und Arbeiten innerhalb der

---

166 Interview mit Felicitas Bach am 11.06.2014.
167 Interview mit Christine Eichler am 29.03.2014.
168 Interview mit Gabriele Spehling am 29.04.2014.

Schwesternschaft der DDR ein geschützter und behüteter Raum, der häufig mit großer Zufriedenheit verbunden war.

1.4 Kooperationen

Durch die politische Situation rückten die konfessionellen Schwestern-schaften und kirchlichen Einrichtungen näher zusammen. Das brachte es mit sich, dass an einigen Krankenhäusern auch Schwestern verschie-dener Schwesternschaften zusammenarbeiteten. Beispielhaft für die Kooperation von zwei verschiedenen Schwesternschaften in der DDR soll hier auf die Situation der Arbeitsfelder Städtisches Krankenhaus Güstrow und des Evangelischen Krankenhauses Stift Bethlehem in Lud-wigslust eingegangen werden.

Zwischen 1945 und 1962 arbeiteten in der Mecklenburgischen Klein-stadt Güstrow Diakonieschwestern im Pflegebereich des städtischen Krankenhauses[169] und zwischen 1967 und 1992 im hauswirtschaftli-chen Bereich. Zudem waren im städtischen Schlosskrankenhaus der Stadt zwischen 1945 und 1967 Diakonieschwestern tätig. Schwester Freia Erbach erinnerte sich gerne an ihre Zeit in Güstrow. Sie berichtete im Interview beispielsweise, dass Schwestern in Tracht das Stadtbild in Güstrow prägten und „überall begehrt und beliebt" waren.[170] Sehr gern erinnerte sich Schwester Freia auch daran, dass ihre damalige Oberin Martha Wilkens sehr fortschrittlich und gleichzeitig darauf bedacht war, „für ihre Schwestern zu sorgen". So führte sie einen sogenannten „Stu-dientag" ein, an dem die Schülerinnen von der Arbeit freigestellt waren. Sie trafen sich dann

> „in unserem Häuschen [...] am Inselsee. Das war für Rüstzeiten gedacht, und da haben wir über ein Thema gearbeitet und haben uns weiter qualifiziert, auch schwesternschaftliche Dinge bespro-chen oder Bücher gelesen. Und das war uns sehr hilfreich und

---

169 Vgl. Katscher: Martha Wilkens, in: Die Diakonieschwester, 2004, 182–189.
170 Interview mit Freia Erbach am 09.04.2014.

sehr nützlich. Und das Häuschen konnten wir auch in unserer Freizeit nutzen: Da sind wir Boot gefahren, hatten ein Ruderboot, konnten baden gehen und konnten uns sonnen und spielen und entspannen. Es gab ja kein regelmäßiges Frei, so wie das jetzt ist, so mit Wochenendfrei. Wir kriegten, wie gesagt, einen freien Tag im Monat und dann diesen Studientag. Und nur jede Woche einen Nachmittag frei, und da lohnte es sich ja nicht, wegzufahren, Familie zu besuchen oder sonstige Unternehmungen zu starten. Da gingen wir dann gerne in dies Häuschen und machten da Freizeit in geselliger Runde."[171]

Von den kirchlich gebundenen Schwestern erwartete das städtische Krankenhaus in Güstrow, dass sie an allen politischen Kundgebungen teilnahmen. So erinnerte sich Schwester Freia Erbach an die Demonstrationen zum 1. Mai:

„Ich hatte mich gewundert, dass ich am 1. Mai mitmarschieren musste in Güstrow. Das erwartete man eben, dass auch die Schwestern vertreten sein mussten bei dem Umzug zum Tag der Arbeit. Sowas fiel natürlich weg, als ich später im kirchlichen Haus war."[172]

Der Anlass für die Kündigung des Vertrages zwischen der Stadt Güstrow und dem Evangelischen Diakonieverein war der Plan der Stadt Güstrow, ohne Rücksprache mit der Diakonieschwesternschaft, eine staatlich geleitete Kinderkrankenpflegeausbildung zu etablieren. Das letzte Examen von Diakonieschwestern fand im Jahr 1962 im städtischen Krankenhaus Güstrow statt, und bereits ab 1961 war das Güstrower Schlosskrankenhaus als sogenanntes „Teilseminar" für die nach Ludwigslust in

---

171 Interview mit Freia Erbach am 09.04.2014.
172 Interview mit Freia Erbach am 09.04.2014.

das Stift Bethlehem[173] ausgewichenen Diakonieschwestern weitergeführt worden. Die theoretische Ausbildung fand an einem anderen Ort statt, in diesem Fall in Ludwigslust.

Das Evangelische Krankenhaus Stift Bethlehem in Ludwigslust war im November 1847 auf die Initiative und mit dem Vermögen von Helene von Bülow (1816–1890) als Kinderhospital[174] gegründet worden und war lange ein Kaiserswerther Diakonissenmutterhaus. Diese hatten jedoch personelle Probleme, und seit dem Ende der 1950er Jahre war die Personalnot so akut, dass die Existenz des gesamten Betriebes in Frage gestellt war. Eine Kooperation zwischen den Diakonissen und den Diakonieschwestern schien also für beide Seiten günstig zu sein. Die Diakonieschwestern bejahten den christlichen Geist des Hauses, verfügten über das nötige Personal und suchten eine Ausbildungsstätte. Die Verbindung zwischen den zwei unterschiedlichen Schwesternschaften mit einst starken Berührungsängsten wurde auch dadurch positiv beeinflusst, dass der für die Diakonissen zuständige Pfarrer, Stiftsprobst Hermann Eichler, in zweiter Ehe mit einer Diakonieschwester verheiratet war. Zudem hatten Oberin Dorothea Demke und später Schwester Lisel Bormann bereits Diakonie-Schülerinnengruppen im Ludwigsluster Evangelischen Krankenhaus Stift Bethlehem angeleitet.[175] Im März 1961 zogen 20 examinierte Diakonieschwestern und 20 Schülerinnen in Ludwigslust ein, um die rund 450 Patienten zu versorgen. Als Schwesternschaft konnten die Diakonieschwestern ihre Gemeinschaft separat zu den Diakonissen weiterführen.

Die „Diakonieschwesternschaft am Stift Bethlehem" erhielt fünf Innere Stationen sowie den Operationssaal unter der Leitung von Oberin Anne Heucke. Schwester Lisel Bormann leitete den gesamten Unterricht des Stiftes. Das Zentrum der Diakonieschwesternschaft war die Helenen-Schule in Ludwigslust. Der Einstieg für die neu dazukom-

---

173 Jenner: Aus der Mitte, 2001.
174 Jenner: Aus der Mitte, 2001, 12 f.
175 ADV H 1492.

mende Schwesternschaft war nach Oberin Anne Heuckes Erinnerung trotz guter Vorbedingungen oft schwer gewesen. Als beispielhaft für die Alltagsprobleme der zwei Schwesternschaften miteinander kann die Frage der „richtigen" Behandlung des Fußbodens angesehen werden. Oberin Anne Heucke erinnerte sich:

> „Wir haben dort einen weißen Fußboden gehabt, der war gespänt, und wir haben da gegessen, und dann wurde das natürlich immer sehr schmutzig, und ich sehe noch einmal, dass wir alle auf dem Fußboden gelegen haben, ich mit, wir haben alle den Fußboden gespänt. Das haben wir aber nur einmal gemacht, nachher habe ich gesagt, wir werden uns braunes Bohnerwachs kaufen und haben dann den Fußboden dunkelbraun gefärbt, zum Entsetzen aller Diakonissen."[176]

Schwester Freia Erbach erinnerte sich daran, dass die Diakonissen sich über die Unterstützung freuten. Sie wiederum fand, dass die Diakonissen die Arbeit in Ludwigslust gut organisiert hatten und freute sich, hier anspruchsvolle Tätigkeiten mit sogenannten Belegpatienten vom Hals-Nasen-Ohrenarzt sowie vom Augenarzt ausführen zu können und viel Neues in Ludwigslust zu lernen. Die Zusammenarbeit zwischen Diakonissen und Diakonieschwestern wurde von Schwester Freia als überwiegend „positiv und gemeinschaftlich" empfunden. Insgesamt empfand Schwester Freia das Ludwigsluster Stift Bethlehem für die Diakonieschwesternschaft als einen „geschützten Raum", denn „die Schwierigkeiten mit dem Staat focht die Obrigkeit aus, der Propst oder unsere Oberinnen". Dass jedoch die als strenger geltenden Diakonissen eine großzügigere Festtagsregelung für die Weihnachtstage hatten als die Diakonieschwestern, war für Schwester Freia zur Schülerinnenzeit eine Härte, die sie geärgert hat. Sie erinnerte sich: „Die Schwestern von den Diakonissen durften wegfahren, Weihnachten zu den Eltern, und

---

176 Interview mit Anne Heucke am 11.02.2014.

bei uns durften wir das nicht, weil wir da sein sollten, um die Patienten richtig zu versorgen und ihnen die Feiertage zu gestalten." Als positiv erinnerte Schwester Freia Erbach sich zudem daran, dass regelmäßig Andachten gehalten wurden und ein Pastor ausschließlich für die Krankenhausseelsorge beschäftigt wurde. Dieser unterrichtete beide Schwesternschaften in Bibelkunde. In die Stiftskirche gingen die Patienten auf Wunsch, die Schwestern nahmen regelmäßig an den Gottesdiensten teil. Dieses intensive religiöse Leben in Ludwigslust empfand Schwester Freia persönlich als „richtig wohltuend", denn es gab hier keinen Druck „von staatlicher Seite". Allerdings mussten Diakonieschwestern neben vielen anderen Aufgaben dafür sorgen, dass die Wahlen in den Patientenzimmern durchgeführt wurden und alle Patienten und Patientinnen ihre Stimme abgaben. Verweigerten Schwestern dies, bekamen sie Probleme:

> „Die Mitarbeiter, die nicht zur Wahl gehen wollten, die hatten es schwer, denn sie wurden extra abgeholt und aufgefordert oder mussten diskutieren, warum sie nicht gingen, was sie ablehnten. Das traute ich mir nicht zu. Ich bin dann manchmal geflüchtet, weil, die Wahl war ja keine richtige demokratische Wahl! Das war ja alles vorprogrammiert."[177]

Das Evangelische Krankenhaus Stift Betlehem in Ludwigslust profitierte auch von seinen Patenschaften in den Westen. So gab es hier beispielsweise moderne technische Geräte, wie etwa eine vorbildliche Röntgenabteilung auf modernem Stand, „sodass wir als Krankenhaus gerne gewählt wurden. [...] aus ganz Mecklenburg [kamen] christliche Leute zu uns in unser Haus zur Pflege."[178]

---

177 Interview mit Freia Erbach am 09.04.2014.
178 Interview mit Freia Erbach am 09.04.2014.

Auch am Sophienhaus in Weimar[179] arbeiteten (und arbeiten noch) zwei evangelische Schwesternschaften zusammen. Nachdem in der Vergangenheit bereits einzelne Diakonieschwestern Aufgaben im Sophienhaus übernommen hatten, erging 1967 die Anfrage an den Evangelischen Diakonieverein, eine Oberin für das Sophienhaus in Weimar zu stellen. Im Herbst 1968 traf Oberin Dorothea Demke mit einigen Diakonieschwestern und -schülerinnen aus Mittweida in Weimar ein. Diese für beide Schwesternschaften günstige Lösung hatte sich ergeben, da aufgrund erheblicher Schwierigkeiten im Kreiskrankenhaus Mittweida der Vertrag dort hatte gelöst werden müssen.[180] Auch im Oberlin-Haus in Potsdam, einer orthopädischen Klinik sowie einem Haus für körper- und mehrfachbehinderte Menschen, arbeiteten Diakonissen und Diakonieschwestern 1968 bis 1990 miteinander.[181] Ebenso gab es Kooperationen mit freikirchlichen Werken, so etwa ab 1980 mit dem Evangelisch-methodistischen Diakoniewerk, und für die Kinderklinik Martha-Maria (heute Krankenhaus Martha-Maria Halle-Dölau) sowie für das Ev. Feierabendheim Bethanien in Magdeburg. In der Kinderklinik in Halle waren auch zuvor bereits Diakonieschwestern im „Studienjahr" eingesetzt.[182]

Die Zusammenarbeit mit dem Westen riss trotz schwieriger Bedingungen nicht ab. So erinnerte sich Oberin Barbara Ide an die Kontakte zwischen dem Heimathaus im Westen und dem Hagenower Krankenhaus in Mecklenburg. Oberin Ursula von Dewitz (1918–1991) brachte nach ihrer Erinnerung „immer so einen Hauch mit, der anders war, als das, was wir gewohnt waren". Sie berichtete bei ihren Besuchen in der Regel „sehr viel über die Krankenhauspolitik des Westens" sowie über die „Gesundheitsreform", also „lauter so Dinge, die uns nicht so vertraut

---

179 Seit dem Zusammenschluss mit den (städt.) Hufeland-Kliniken Weimar 1998 „Sophien- und Hufeland-Klinikum gGmbH Weimar."
180 ADV W 6477, W 7952 und H 1293.
181 ADV W 6545.
182 ADV W 8013.

waren, es war hochinteressant für uns". Die Besuche der Westberliner Oberin wurden immer als eine Rückenstärkung empfunden. Die Diakonieschwestern in Ostdeutschland empfanden den Austausch derart, dass sie in der DDR nicht nur ein „Anhängsel" waren, sondern mit der westlichen Schwesternschaft zusammengehörten.

Oberin Barbara Ide erinnerte sich in ihrem Interview im April 2014 daran, dass Konflikte im städtischen Krankenhaus zwischen konfessionellen und städtischen Schwestern „nie so wirklich offen ausgetragen" wurden. Diakonieschwestern hatten in Mecklenburg, und insbesondere in der Stadt Hagenow, einen sehr guten Ruf. Sie wurden als sehr verlässliche Menschen insgesamt positiv wahrgenommen und ihr Pflegeverständnis wurde als „gut" eingeschätzt. Auseinandersetzungen ideologisch-politischer Art gab es zwar, doch wurde diese zwischen dem Kreisarzt und der damaligen Oberin und den Oberschwestern ausgetragen:

> „Damals [gab es] politisch auch ziemlich viele Auseinandersetzungen. Es war nicht ganz einfach, es war gerade die Zeit [...] 1975, wo es genossenschaftliche Verträge [...] waren, wo man dann die Schwestern zwang in Einzelverträge zu gehen. Und da habe ich als Schülerin erlebt, dass da oft Spannungen da waren, dass man versucht hat, dem Diakonieverein immer irgendwie klar zu machen, man braucht euch nicht."[183]

Die Kooperationen zwischen der Diakonieschwesternschaft in der DDR und anderen konfessionellen Schwesternschaften hatten sich durch politische Zwänge ergeben.

Die Situation ermöglichte das gegenseitige Kennenlernen. Es kam zu Annäherungen, mitunter aber auch zu Spannungen. Letztlich profitierten beide Seiten von der Zusammenarbeit.

---

183 Interview mit Barbara Ide am 05.04.2014.

Abschließend bleibt am Ende dieses ersten Kapitels festzuhalten, dass die Lebensumstände der Diakonieschwestern in Ostdeutschland während der Nachkriegsjahre durch vielfache Nöte gekennzeichnet waren. Die älteren der befragten Diakonieschwestern erlebten den Verlust ihres Elternhauses und der Heimat durch Flucht und waren einer großen materiellen und immateriellen Verunsicherung ausgesetzt. Die jüngeren der interviewten Diakonieschwestern fühlten sich einerseits bereits als echte DDR-Kinder, andererseits in manchen Situationen auch als Außenseiter. Die Wahl, die Krankenpflege als Diakonieschwester zu erlernen und auszuüben, war in den ersten Nachkriegsjahren oft aus wirtschaftlicher Not, aber auch einem tiefen Glauben heraus getroffen und später nicht bereut worden. In den späteren Jahren der DDR entschieden sich vor allem solche Frauen für den Weg als Diakonieschwester, die als Christen in der DDR bewusst in einer Nische der sozialistischen Gesellschaft leben wollten, ohne jedoch politisch vereinnahmt zu werden. Außerdem wurden über vorherige Abgrenzungen hinweg zu beidseitigen Vorteilen Kooperationen zwischen einzelnen evangelischen Schwesternschaften geschlossen, die es ohne die antikirchliche Politik des SED-Staates vermutlich so nicht gegeben hätte.

2. Politische Repressionen

Im Jahre 1945 besaßen die Kirchen und Religionsgemeinschaften im zerstörten und besetzten Deutschland Privilegien wie keine andere Organisation. Die Gottesdienste durften ungehindert weitergeführt werden, das Personal und die Gebäude standen unter dem Schutz der Besatzungsmächte, die unter den Nationalsozialisten erlassenen anti-kirchlichen Gesetze wurden aufgehoben und enteignete Krankenhäuser, Schulen und Heime zurückerstattet. Zu diesen Regelungen kamen die Alliierten bereits im November 1944 in London überein. Sie hielten sich auch weitestgehend daran, auch wenn die Sowjetunion kein Verständnis für die Neubildung kirchlicher Jugend- und Sportvereine aufbrachte, das Recht auf die Eintreibung der Kirchensteuer mit staatlicher Hilfe ablehnte und staatliche Zuschüsse an die Kirchen beendete.[184] Die Kirchen konnten ihre Belange selbständig regeln und unterlagen nur einer indirekten Kontrolle. Konflikte schloss dies naturgemäß nicht aus, und ostdeutsche Christen hatten bei Weitem nicht die gleichen gesellschaftlichen Mitgestaltungsmöglichkeiten wie westdeutsche Christen, zumal die SED als übergeordnetes Ziel stets die Verdrängung von Kirche und Christentum von der Mitte der Gesellschaft an deren Rand verfolgte.

Doch wurde in den Folgejahren deutlich, dass die kirchlichen Hoffnungen auf eine gesellschaftliche Mitverantwortung im Sozialismus nicht berechtigt waren. Obwohl die DDR-Verfassung von 1949 den Kirchen ein hohes Maß an institutioneller Autonomie und Privilegien garantierte, konnte von Rechtssicherheit keine Rede sein. Je intensiver die SED das Monopol auf ihre marxistisch-leninistische Weltanschauung durchsetzen wollte, desto härter wurden die Konflikte zwischen Staat und Kirche. Entsprechend den ideologisch begründeten Phasen antikirchlicher Politik des SED-Staates, die zwischen Konfrontation, Funktionalisierung und gegenseitiger Akzeptanz pendelte, litten Christinnen und Christen unter politischen Repressionen. Die Diakonieschwesternschaft in der

---

184 Greschat: Die evangelische Kirche, 2001, 11.

DDR und der Diakonieverein als Ganzes waren direkt davon betroffen. Von diesen Erlebnissen und Erfahrungen handelt das folgende Kapitel.

Schwester Rosemarie Koop erinnerte sich, dass als Reaktion auf das Verbot der Jungen Gemeinde einfach die Großschreibung des Eigennamens leicht abgeändert mit einem kleinen Anfangsbuchstaben „junge Gemeinde" geschrieben wurde. Außerdem lösten sich die Gruppen zwar offiziell auf, doch nach kurzer Zeit trafen sie sich unter der Bezeichnung „Junge Erwachsene" wieder. Die kirchlichen Treffen wurden von Spitzeln der Stasi überwacht, diese fielen in der Regel jedoch sofort als Fremde auf. Als ein Beispiel für den Erfolg der Unterdrückungsmaßnahmen durch den Staat, die sich überwiegend gegen die evangelische Kinder- und Jugendarbeit richteten, sei auf die Teilnahme getaufter Kinder an der Konfirmation hingewiesen, die im Laufe der Jahrzehnte kontinuierlich abnahm. Ließen sich 1955 noch rund 200.000 evangelisch getaufte Kinder konfirmieren, war es fünf Jahre später nur noch ein Drittel hiervon. Kontinuierlich sank die Zahl der Konfirmandinnen und Konfirmanden auf bis zuletzt ein Zehntel des Niveaus von 1950.[185]

Über ihre Erfahrungen in Bezug auf die Entscheidung zur Konfirmation sprach Schwester Rosemarie Koop in ihrem Interview. Sie erzählte, dass in Sachsen vor den 1960er Jahren die Konfirmationsklassen „ganz rapide" kleiner wurden, weil zum einen die staatliche Jugendweihe durchaus Anziehungskraft ausübte und zum anderen massiver Druck auf die Schülerinnen und Schüler gemacht wurde:

„Und die Kinder, die das durchhielten, und auch die Eltern, dass die Kinder zur Konfirmation gingen und nicht zur Jugendweihe, die waren sehr rar. Aber die sind da spürbar innerlich gewachsen. Aus diesen Kindern, die das durchgehalten haben, sind eine ganze Reihe Pastoren geworden."[186]

---

185 Pollack: Kirche, 1994, 414.
186 Interview mit Rosemarie Koop am 08.04.2014.

Für einige der Heranwachsenden war es dennoch ein Bedürfnis, sowohl die Jugendweihe als auch die Konfirmation zu feiern. Für Schwester Felicitas Bach war die Teilnahme an der Jugendweihe eine nachvollziehbare Reaktion. Die Kirche versuchte, den betroffenen Menschen Brücken zu bauen, damit sie in der Ausbildung „oder sonstigen Lebenswünschen" Erfolge erhoffen konnten:

„Das hieß, dass aus vielen Schulklassen die meisten jungen Leute zur [...] Jugendweihe gingen und dann aber doch selber oder überwiegend über Großeltern, über Eltern beim Pfarrer nachfragten, ob man sich denn nicht ein Jahr später noch nachkonfirmieren lassen könnte. Denen also die Zugehörigkeit zur Kirche durchaus wichtig war, aber die es eben nicht draufhatten zu sagen, Jugendweihe machen wir nicht und dann ist niemals Studium und eine entsprechende Ausbildung, aber das ist wurscht."[187]

Für die Kirchen in der DDR war es wichtig, auch die Jugendlichen weiter in die kirchliche Jugendarbeit einzubeziehen, die sich zusätzlich zur Konfirmation zur Jugendweihe entschlossen hatten. In den Jungen Gemeinden, die für Jugendliche nach der Konfirmation gedacht waren, wurden die Freizeitangebote von älteren engagierten Jugendlichen so gestaltet, dass sie die Interessen der Heranwachsenden in Bezug auf Musik, Atmosphäre und Themen aufgriffen. Sie haben also, wie Schwester Felicitas es formulierte, „für viele echte und unechte Konfirmanden erst mal einen wichtigen Teil ihrer Sozialisation bedeutet", denn sie konnten für sich Positionen finden, wie sie ihr Leben in der DDR gestalten wollten.

Die kirchenfeindliche Politik des SED-Staates wurde unter anderem in Bezug auf den Klinikalltag an den dauerhaft finanziellen Problemen der konfessionellen Einrichtungen sichtbar. So deckten die staatlich geleisteten Pflegesätze nicht die tatsächlich entstehenden Kosten zur Versorgung der Patienten. Die Kämpfe um die Pflegesätze blieben der

---

187 Interview mit Felicitas Bach am 11.06.2014.

Grund für ständige Auseinandersetzungen zwischen dem Diakonischen Werk, deren Justitiar die Pflegesätze auszuhandeln hatte, mit der staatlichen Gesundheitsverwaltung. Erstrittene Pflegesatzerhöhungen konnten jedoch nicht bewirken, dass die kirchlichen Einrichtungen finanziell mit staatlichen Einrichtungen gleichgesetzt wurden und die finanzielle Unterstützung dieser Einrichtungen aus dem Westen wurde von der SED einkalkuliert.[188]

Neben diesen spezifischen Problemen waren Diakonieschwestern auch von allgemeinen politischen Repressalien betroffen, wie die folgenden Ausführungen zeigen. Anfang der 1950er Jahre setzte beispielsweise eine Welle von Enteignungen von Geschäften und Pensionsbetrieben, überwiegend an der Ostsee, ein. Schwester Margot Schorr erinnerte sich, dass eine Schülerin des Seminars für kirchlichen Dienst und deren Familie hierunter zu leiden hatte:

„Und die kam ganz verstört von zu Hause nach Züssow, und zwar war da nun also der Staat über sie hereingebrochen, hatte die Bestände geprüft und sie kriegten wohl nun ganz großen Ärger, weil sie Waren gehamstert hatten. Also da sagt man doch, jeder Händler, wenn er verkaufen will, muss doch Waren auf Lager haben. Das haben sie ihnen angerechnet als Übel, und dann waren sie den Laden los."[189]

Einige der interviewten Diakonieschwestern erinnerten sich zudem an Enteignungen ihrer Familien im Rahmen der Kollektivierungsmaßnah-

---

188 Judt: Der Bereich Kommerzielle Koordinierung, 2013, 118 ff.
189 Die Züssower Anstalten wurden 1850 in Zülchow bei Stettin als Ausbildungsstätte für Diakone gegründet. Kinder und Jugendliche wurden hier betreut, die Arbeit orientierte sich am Rauhen Haus in Hamburg. Nach 1945 Umsiedlung der Anstalten nach Züssow bei Greifswald. Hier wurden nun Menschen mit Behinderungen und alte Menschen betreut. In: Röper: Die Kunst der Nächstenliebe, 2013, 154. Dieser Einrichtung war ein Seminar für kirchlichen Dienst angegliedert, dessen Internat 1956–1963 von Diakonieschwestern geleitet wurde. ADV H 1491.

men der Landwirtschaft Ostdeutschlands nach dem Zweiten Weltkrieg. So erzählte Schwester Heidi Fromhold-Treu beispielsweise von ihrem Bruder, der, nachdem er aus englischer Gefangenschaft nach Ostdeutschland zurückgekehrt war, eine mecklenburgische Bauerntochter geheiratet hatte. Der Hof der neuen Familie wurde 1945 erst mutwillig zerstört, danach wurde die Familie enteignet. Der Schwiegervater von Schwester Heidis Bruder pachtete daher einen neuen Hof und schaffte sich in „kürzester Zeit zwölf gute Milchkühe und viel Jungvieh und Federvieh" an. Unter dem Vorwand, er sei ein Wirtschaftsverbrecher, der nicht genug Rüben geliefert habe, nahm man ihm einen Tag vor Silvester des Jahres 1945 seine Milchkühe weg. Die Reaktion auf diesen Vorgang schilderte Schwester Heidi in ihrem Interview wie folgt:

„Dieser Mann war so gekränkt und beleidigt und fühlte sich auch in Gefahr, was er sicher auch war. Er war ihnen unliebsam, und sie hätten ihn bestimmt mal eingesperrt mit und ohne Grund. Also beschloss er, mit seiner Familie in den Westen zu gehen. Wir wussten davon und feierten nochmal Silvester zusammen. Meine Brüder und ich sagten: ,Hier soll keine Träne fließen!', und wir machten eine fröhliche, ganz tolle Nacht. Und am nächsten Tag verschwand diese ehrliche Bauernfamilie."[190]

Dass die in der Landwirtschaft in Ostdeutschland Tätigen Angst vor Schikanen hatten, daran erinnerte sich auch Schwester Else-Marie Kaiser, die „in der Landwirtschaft groß geworden" war.[191] Die zweite und endgültige Kollektivierungswelle fand in der DDR in den Jahren 1959/60 statt. Schwester Margot Schorr erlebte sie indirekt aus den Berichten der Schülerinnen, als sie im zweiten Jahr im Seminar für Kirchlichen Dienst arbeitete. Berührt hatte sie die innige Bindung eines Kindes an die Tiere, die erst der Familie, dann der LPG gehörten. Die Mutter des Mädchens erzählte:

---

190 Interview mit Heidi Fromhold-Treu am 19.03.2014.
191 Interview mit Else-Marie Kaiser am 03.07.2014. Vgl. auch Kapitel 1.

„Die Ilse hat so geweint. Nun sind die Tiere alle in so einem Gemeinschaftsstall, die geht jeden Morgen noch hin mit einer Schürze voll Heu und füttert unsere Pferde nochmal extra! Das ging den Leuten so unter die Haut, dass das alles weg war, womit sie gelebt hatten. Wenn Kinder damit groß geworden sind, gehört das ja dazu, das ist ja nicht, als wenn sie sich später einen Hund anschaffen, sondern wenn das immer schon da ist, dann gehört das ja zu den Eltern dazu."[192]

Oberin Barbara Ide berichtete, dass auch ihre Eltern einen großen Bauernhof geführt hatten, der 1960 enteignet worden war. Sie mussten ihr Haus verlassen, erhielten es jedoch noch zu DDR-Zeiten zurück und konnten dort mietfrei wohnen. Gleichzeitig befand sich die LPG in diesem Haus und hielt in den Stallungen das Vieh. Familie Ide hatte große Schwierigkeiten mit der LPG, weil der Vater nicht bereit war, selbst Mitglied zu werden. Auch war es ihm wichtig, dass keines der Kinder in der Landwirtschaft arbeitete: „Das war mir für mich als Kind immer sehr prägend in Erinnerung."[193]

Bei den Wahlen zur Volkskammer der DDR wurde stets eine maximale Wahlbeteiligung angestrebt. Um die gewünschte Beteiligung von 99,8 % zu erreichen, schien der DDR Führung fast jedes Mittel recht. Die erste Wahl zur Volkskammer am 15.10.1950 war nach der Erinnerung von Schwester Marianne Göhler eine „schräge Angelegenheit" mit einer „Einheitsliste". Sie selbst erlebte die Wahl in einem kleinen Krankenhaus in Neustadt-Orla. Obwohl es Wahlkabinen gab, wurde ihre Nutzung als Opposition interpretiert. Schwester Marianne und ihre Freundin zerrissen die Wahlzettel und steckten sie ohne Umschlag in die Urnen hinein. Bereits am Nachmittag des Wahltages erzählte man sich im Krankenhaus, dass bei der Wahl drei Wahlscheine ungültig gemacht worden und zwei der Täterinnen junge Mädchen seien. Noch am selben Abend kam

---

192 Interview mit Margot Schorr am 02.04.2014.
193 Interview mit Barbara Ide am 05.04.2014.

der zuständige Pfarrer zur leitenden Schwester des Krankenhauses, um zu überlegen, wie mit den beiden Delinquentinnen umzugehen sei. Die Option, die Schwestern abreisen zu lassen, wurde verworfen, denn sie standen zu ihrer Entscheidung. Wenige Tage später wurden die beiden im Rathaus verhört, um herauszufinden, wer einen schlechten Einfluss auf sie ausgeübt habe, doch es ließ sich nichts finden. Die Schwestern wurden erneut im Rathaus geprüft, ob sie die Wahlordnung und alles, was mit der Wahl zusammenhängt, verstanden hätten, und „zum Glück hatten wir guten Unterricht gehabt und konnten auf alles sachgerecht antworten". Das Ergebnis des Verhörs war ein Ortsverweis:

„So kamen wir uns vor wie im Mittelalter. Aber für damalige Zeiten war das eine elegante Lösung. Denn viele wurden eingesperrt und kamen in ein Lager. Na gut, nun musste die arme Schwester Irene ja nach dem Heimathaus melden, und dann kam [ein] paar Tage später die Oberin Post, hat uns streng angesehen, ob sie innerlich gelacht hat, weiß ich nicht. Sagte ja, es war vielleicht nicht ganz das kluge Verhalten, aber wir versetzen sie nach Schönebeck an der Elbe."[194]

Schwester Monika Flammiger erinnerte sich an das Vorgehen zur Wahl im Wittenberger Paul-Gerhardt-Stift, wo Wahlhelfer mit der Wahlurne in die Krankenzimmer gingen, um die Wahlzettel von den Patienten einzusammeln. Schwester Monika hatte am betreffenden Tag Dienst im Krankenhaus und ging nicht zur Wahl. Die Wahlhelfer kamen dann auch zu ihr und fragten, ob sie von der Oberin beeinflusst worden sei:

„Da habe ich gesagt, ich bin ein erwachsener Mensch […] und da wollten sie mich da bearbeiten. Und da habe ich gesagt: ‚Nein, ich will nicht. Eine Wahl ist freiwillig, und ich kann auch freiwillig

---

194 Interview mit Marianne Göhler am 26.05.2014.

‚Nein' sagen!' [...] Ich hatte dann keine Schwierigkeiten [...] da war es schon immer schwierig, wie entscheidet man sich richtig.[195]

Neben den Erfahrungen in Bezug auf die Volkskammerwahlen erlebten die interviewten Diakonieschwestern in der DDR auch politischen Druck durch Kontaktsperren zu Verwandten und Freunden bei politisch aktiven Menschen.

Von politischen Repressionen erfuhr Oberin Barbara Ide, die erzählte, dass sie als Kind schon immer sehr sportlich gewesen sei und sehr bewusst Sport betrieben habe. Die Schulleitung bewunderte ihre Disziplin und schlug den Besuch einer Sportschule vor. Doch das hätte bedeutet, dass sie und ihre Familie jeglichen Kontakt zum Westen hätte meiden und auf Besuche verzichten müssen.

Da Oberin Barbara Ides Mutter dann keinen Kontakt mehr zu den Geschwistern hätte haben dürfen, entschied sich die Familie gegen den Sportschulbesuch.

Der Arbeiterschaft in der DDR war es zu verdanken, dass der Wiederaufbau nach Kriegszerstörungen und Demontagen gelang. Unter großen Anstrengungen war die Schwerindustrie wieder in Gang gebracht worden, doch hinkten die Erfolge in der Konsumgüterindustrie deutlich hinterher. Arbeiterfamilien lebten im Arbeiter- und Bauernstaat, im Gegensatz zur „Intelligenz" und zu den Wirtschaftsfunktionären Anfang der 1950er Jahre noch in sehr bescheidenen Verhältnissen. Zudem fehlte nach der Abschaffung der Betriebsräte im Jahre 1948 eine direkte Möglichkeit zur Mitbestimmung in Politik und Wirtschaft. Der Freie Deutsche Gewerkschaftsbund (FDGB) als Massenorganisation der SED ordnete sich prinzipiell den Beschlüssen von Partei und Staat unter. Somit war das Vertrauen der Arbeiter in die Behauptung, die DDR sei ein Arbeiterstaat, geschwunden.[196] Die Erhöhung der Arbeitsnormen um zehn Prozent, die die Partei am 28. Mai 1953 anordnete, und die zur Sen-

195 Interview mit Monika Flammiger am 19.02.2014.
196 Weber: Geschichte der DDR, 1989, 237.

kung des Nominallohnes führte, war der Auslöser für den Volksaufstand am 17. Juni 1953. Die DDR-Presse diskreditierte die Ereignisse als vom Westen gesteuert. Im Nachgang wurden die Ereignisse in der öffentlichen Berichterstattung der DDR vollständig verdrängt.

Oberin Dorothea Demke erlebte diese Zeit in Magdeburg als „richtig gefährlich".[197] Nach ihrer Erinnerung gab es intensive Proteste der Arbeiter, gestürmte SED-Büros, Verhaftungen etlicher Teilnehmer sowie eine Ausgangssperre. An die Ereignisse im Sommer 1953 in Halle erinnerte sich auch Schwester Ulrike Steffler lebhaft, da ihr Bruder involviert war und seine Beteiligung an den Protesten gravierende Konsequenzen hatte:

„Da war, viele Wochen würde ich sagen, war da Ausnahmezustand. Ich habe dann auch persönlich sehr […], weil mein jüngster Bruder, der studierte in Halle Theologie und hat sich da an dem Aufruhr mit beteiligt und das Gefängnis aufgeschlossen. Und er war dann, er wurde nicht erwischt, aber sie hatten dann, und es stand dann die Todesstrafe auf ihn. Und er musste dann ziemlich schnell danach in den Westen flüchten und war dann die ganze Zeit, nach der Mauer konnte er uns nicht mehr besuchen."[198]

Betroffen vom Volksaufstand im Sommer 1953 war auch Schwester Jutta Bäuml im thüringischen Arnstadt. Nach ihrer Erinnerung veränderte sich zum einen die Atmosphäre in der Stadt mit dem Aufstand schlagartig; es wurde regelrecht still auf den öffentlichen Plätzen der Stadt und „alles Laute [war] dann abgeschaltet". Zum anderen wurden keine größeren Menschenansammlungen mehr in der Öffentlichkeit Arnstadts geduldet, und „man sollte eben drauf achten, dass nicht mehr als zwei Menschen […] sich zusammenrotten […] das hat einen schon beeindruckt und auch geprägt".[199]

---

197 Interview mit Dorothea Demke am 02.04.2014.
198 Interview mit Ulrike Steffler am 30.06.2014.
199 Interview mit Jutta Bäuml am 31.08.2014.

2.1 Repressionen im Arbeitsalltag

Für die Diakonieschwestern in Ostdeutschland wurden die weltanschaulichen Prämissen des SED-Staates durch Kündigungen in zahlreichen Krankenhäusern spürbar: In den 1950er Jahren wurden mehr Gestellungsverträge des Diakonievereins mit städtischen Krankenhäusern in der DDR gelöst als in den Jahren zuvor, so beispielsweise in Erfurt, Merseburg und Magdeburg. Als die SED-Führung im Juli 1952 beschloss, die sogenannten „bürgerlich-reaktionären" Kräfte, zu denen auch die Kirchen gezählt wurden, forciert zurückzudrängen, kam es zu einer Fülle repressiver Maßnahmen gegenüber Christen in der DDR. Bevorzugtes Ziel staatlicher Aggression war die Jugendarbeit der Kirchen, insbesondere die Veranstaltungen der Jungen Gemeinde und die Konfirmation. Oberschüler und Oberschülerinnen, die es wagten, ihren Glauben nicht zu verleugnen, wurden von ihren Lehrern gezielt drangsaliert und gedemütigt.[200] Innerhalb der Kirchengemeinden wurde die Situation mit der im Nationalsozialismus verglichen und von einem „Kirchenkampf"[201] gesprochen, ging es doch um nicht weniger als um die „prinzipielle geistliche Selbstständigkeit und ihren Öffentlichkeitsauftrag".[202]

Schwester Rosemarie Heppner erinnerte sich an die Kündigung des Gestellungsvertrages mit dem städtischen Krankenhaus Merseburg zum 1. Januar 1951. Für die dort beschäftigten älteren Schwestern war es sehr schwer, sich von der Arbeit zu trennen, doch für Schwester Rosemarie war von Anfang an klar, dass sie nur für ein Jahr in Merseburg arbeiten würde. Die Begründung der Kündigung war ihr noch als pensionierte Schwester deutlich in Erinnerung:

---

200 Ernst-Bertram; Planer-Friedrich: Pfarrerskinder in der DDR, Berlin 2013.

201 Nach Niemöller war „Kirchenkampf" im Nationalsozialismus „Kampf in der Kirche um die Kirche". Zitat bei Schmuhl in: Neumann: Die Westfälische Diakonenanstalt, 2010, 159.

202 Lepp: Die evangelische Kirche, 2001, 51.

„Sie tun eine sehr gute medizinische Arbeit, aber sie heilen unsere Patienten nicht sozialistisch. So ungefähr war das ausgedrückt. Wir haben also keinerlei Sozialismus den Patienten beigebracht bei der Heilung. Der Abschied von Merseburg war herzzerreißend! Auf dem Bahnhof war der Posaunenchor, und die Ärzte waren da, und es war ein besonderes Ereignis. Wir sind geschlossen ins Heimathaus gefahren, weil dann ja Silvester war und haben das Silvester im Heimathaus verlebt."[203]

Schwester Margret Roch erinnerte sich an mehrere Kündigungen in den Städtischen Krankenanstalten in Magdeburg. 1935 hatten die Diakonieschwestern in Magdeburg-Sudenburg den „Braunen Schwestern" weichen müssen und 1950 den staatlichen Schwestern. Letztere erlebte sie selbst in Magdeburg-Sudenburg und kam danach nach Magdeburg-Altstadt. Diese Klinik war gerade nach völliger Zerstörung im Zweiten Weltkrieg wieder aufgebaut worden. Hier erlebte sie 1953 die nächste politisch bedingte Kündigung des Gestellungsvertrages der Stadt Magdeburg mit dem Evangelischen Diakonieverein:

„Wir sind geschlossen aus dem Haus marschiert. Am Abend war noch ein Gottesdienst in der Gemeinde zum Abschied. Wir sind mit Posaunen verabschiedet worden, die waren am Bahnhof und haben da noch geblasen. Am nächsten Tag stand in den öffentlichen Zeitungen [sinngemäß]: ‚Die frommen Schwestern haben die Patienten im Stich gelassen!'"[204]

Oberin Dorothea Demke erinnerte sich ebenfalls daran, dass 1953 im Rahmen antikirchlicher Agitation den Diakonieschwestern im Altstadtkrankenhaus in Magdeburg der bestehende Gestellungsvertrag gekün-

---

203 Interview mit Rosemarie Heppner am 24.05.2014.
204 Interview mit Margret Roch am 26.08.2014.

Abb. 4: Magdeburg-Altstadt, 1953

digt worden war und sie „ziemlich schnell aus dem Krankenhaus raus"[205] mussten. Oberin Anne Heucke und Schwester Dorothea halfen der damals zuständigen Oberin Asta von Lindeiner (1902–1987)[206] dabei, ihre persönlichen Dinge aus dem Krankenhaus in das Magdeburger Säuglingsheim zu bringen. Schwester Marianne Göhler erinnerte sich daran, dass keine der Schwestern wegen der Kündigung in Magdeburg aus der Schwesternschaft austreten wollte, um dort weiterzuarbeiten: „Ich wüsste nicht, dass jemand dort geblieben wäre." Die Schwestern verließen dann Mitte März 1953 nach dem Examen Magdeburg-Altstadt:

> „Die Ärzte haben es größtenteils sehr bedauert und manch, ach ja, manche Station wurde geschlossen und renoviert, wie es denn so gemacht wird in solchen Situationen. [...] Und andere Schwestern

---

205 Interview mit Dorothea Demke am 02.04.2014.
206 Asta von Lindeiner war von 1954–1967 in Hagenow Oberin.

waren linientreu verpflichtet worden. Die Diakonieschwestern
wären über Nacht nach dem Westen abgehauen und sie müssten die Sache nun retten. Mit solchen Begründungen haben sie
sich dann eben welche hingeholt. [...] 1953 [...] Das war das Jahr,
wo fast die Restlichen aus kirchlichen Häusern rauskatapultiert
wurden. Und vor allen Dingen aus den Anstalten. Die Neinstedter Anstalten wurden dadurch einmal komplett enteignet. Bei den
anderen war es auch paar Tage wackelig, bis das dann rückgängig
gemacht wurde. Das war die ganz scharfe Zeit damals."[207]

Die Magdeburger Diakonieschwestern kamen vorübergehend in das
Krankenhaus Mittweida. Schwester Dorothea Demke übernahm die Leitung des Hauses, bis es auch hier finanzielle Probleme bei der staatlichen
Zahlung der sogenannten Stationsgelder gab. Der Diakonieverein kündigte von sich aus die Arbeit in Mittweida, weil die Situation finanziell
nicht mehr tragbar war und die Arbeitsatmosphäre mit den nicht kirchlich gebundenen Kollegen zunehmend feindselig wurde: „Also die Ablehnung wurde immer stärker, und wir bekamen auch in der Schule, wir
hatten ja Krankenpflegeschule, zu spüren, dass der Bezirksarzt es ablehnte, mit einer konfessionellen Schwesternschaft zusammenzuarbeiten."[208]
Schwester Else-Marie Kaiser erlebte 1958 im thüringischen Arnstadt die Kündigung des Gestellungsvertrages. Obwohl die Kündigungs-
frist ein Jahr betrug, kündigte die Gesundheitsverwaltung binnen einer
Frist von sechs Wochen. Die Diakonieschülerinnen standen kurz vor
ihrem Krankenpflegeexamen, welches durch die Kündigung gefährdet erschien. Nicht nur die Diakonieschwestern, auch die Ärzte waren
empört. Der zuständige chirurgische Oberarzt gab beispielsweise zu
bedenken, dass er schwierige lungenchirurgische Operationen einführen wollte. Nach der Kündigung der Diakonieschwesternschaft war er
enttäuscht und sagte: „Jetzt bin ich froh, wenn ich noch einen Blind-

---

207 Interview mit Marianne Göhler am 26.05.2014.
208 Interview mit Dorothea Demke am 02.04.2014 und vgl. ADV H 1293.

darm operieren kann, wenn die Schwestern fort sind!"[209] Er kündigte ebenfalls das Arbeitsverhältnis auf und verließ, wie sich Schwester Else-Marie Kaiser erinnerte, resigniert das Haus. Wie der chirurgische Chefarzt kündigten auch ein Gefäßspezialist sowie der gynäkologische Chefarzt des Hauses. Einige „Parteileute" vom Rat des Bezirks versuchten vergeblich, die Diakonieschwestern zum Bleiben zu überreden und als nicht kirchlich gebundene Schwestern zu arbeiten:

> „Ja, sie hatten echt nicht genug Schwestern. Und weil wir kein Examen machen könnten und wir sollten bleiben, dann könnten wir Examen machen. Wenn wir aber nicht bleiben, können wir auch kein Examen machen. Dann haben sie uns gesagt, auch die Häuser Hagenow, Mittweida, Güstrow, das alles wird aufgelöst. *Das war eine Lüge!* Die wurden Jahrzehnte später aufgelöst, aber damals haben sie uns das als Schülerinnen erzählt. Und nun hatte ich eine Freundin und die war Tochter eines Gemeinschaftspredigers. Und der Gemeinschaftsprediger hatte schon während des Dritten Reiches Predigtverbot und war auch in der DDR […] im Gefängnis. Und die war also mit Schwierigkeiten von zu Hause her konfrontiert, die wusste, wie es ist. Und die hat dann die Stimme ergriffen und hat gesagt, sie hat von sich gesprochen, wir haben zugestimmt. Wir sind bewusst in eine christliche Ausbildung gegangen und wir gehen mit weg. Und das hatten die nicht berechnet. Das waren zwei so Herren. Der eine wusste gar nicht, was er sagen sollte. Nun, wir waren vierzehn Leute, so um die 20 Jahre rum. Der eine ging raus und der andere stand auf und sagte, verbeugte sich und sagte: ‚Meine Hochachtung, meine Damen!' […] Ja und dann hat sich der Bischof Mitzenheim eingesetzt, und da ist die Kündigungszeit um vier Wochen verlängert worden und wir konnten Examen machen."[210]

---

209 Interview mit Else-Marie Kaiser am 03.07.2014.
210 Interview mit Else-Marie Kaiser am 03.07.2014. Vgl. ADV H 1291.

Im kommunalen Krankenhaus in Hagenow, Mecklenburg, bestand seit dem 1. April 1946 ein Gestellungsvertrag für rund 800 Betten mit der Diakonieschwesternschaft. Diese nutzte alle Möglichkeiten, dem Haus seinen evangelischen Charakter zu geben: Es wurden regelmäßige Morgen- und Wochenschlussandachten gehalten, an Samstagabenden wurde auf den Stationen gesungen, kirchliche Feste wurden wie auch Geburtstage, Jubiläen, Examen und Fasching gemeinsam gefeiert und regelmäßige Abendmahlsfeiern angeboten. Diese Aktivitäten schlossen den Schwesternkreis zusammen und strahlten auf die nicht-kirchlichen Mitarbeitenden und die Patientinnen und Patienten aus.[211] 1970 begann in Hagenow eine drei Jahre dauernde Erneuerung der baulichen Substanz. Heizungs- und Wasserrohre wurden, wie auch die Elektronik, erneuert und ohne Vorankündigung entstand neben dem Seminar für Diakonieschwestern eine staatliche Krankenpflegeschule.

1972 kam es dann zu einem schwerwiegenden Konflikt über die Freigabe des Schwangerschaftsabbruchs ohne medizinische Indikation. Staatliche Einrichtungen wie in Hagenow durften im Gegensatz zu den konfessionellen Häusern den schwangerschaftsunterbrechenden Eingriff nicht ablehnen, und für viele Diakonieschwestern entstand eine schwere Gewissensbelastung. Seitens der Schwesternschaft wurde daher über eine Kündigung debattiert und seitens der Ärzteschaft wurden ernsthafte Gespräche mit betroffenen Frauen geführt. Das Ziel der Gespräche, den Abbruch nicht auszuführen, wurde nur selten erreicht. Für den Schwesternkreis, in dem dieses Thema kontrovers diskutiert wurde, war die Beratung mit Pastor Werner Braune eine große Hilfe:

„Mir ist davon in Erinnerung geblieben, mit allem Hin und Her, dass wir also zu der Lösung gefunden haben. Schwestern, die das absolut nicht mit sich verantworten können, die müssen daran nicht teilnehmen. [....] Und Pastor Braune sagte, eine Schuld wird

---

211 Brief von Marianne Göhler vom 23.07.2015.

nicht geringer, wenn man sie anderen überlässt. Für mich war das ein Wort, was ich gut verstehen konnte. Auf diese Art und Weise lief das dann auch. Der Gynäkologe und auch Schwester Brunhilde, Stationsschwester von der Gyn, versuchten mit den betreffenden Frauen, oftmals aber auch sehr jungen Frauen, zu sprechen und ab und zu konnte man ihnen doch helfen, ein ‚Ja' zum Kind zu sagen. Das war natürlich dann was Gutes, aber anders lief es auch so. Aber ich persönlich fand das als eine angemessene Lösung."[212]

Weitere Konfliktfelder waren in Hagenow die Fortführung der konfessionellen Krankenpflegeschule sowie die Gestaltung der Arbeitsverträge. Ab 1974 mussten alle Krankenpflegeschülerinnen aus Hagenow in die Fachschulen nach Schwerin, Güstrow oder Wittenberge. Nur die in Ausbildung stehenden Diakonieschülerinnen konnten bis 1977 ihre begonnene Ausbildung abschließen, die konfessionelle Schule stand vor dem Aus. Die Diakonieschwestern wurden in Hagenow zum 1. April 1975 als Mitarbeiterinnen der Stadt angestellt. Die Zugehörigkeit zur Schwesternschaft wurde gesondert verhandelt und im Herbst 1976 schieden die meisten Schülerinnen aus. Zu alledem kam, dass die in Hagenow verantwortlichen Diakonieschwestern sich teilweise gesundheitlich und familiär der belastenden Situation nicht mehr gewachsen sahen, zumal andere kirchliche Häuser der DDR dringend verantwortungsbereite Schwestern suchten. Im Oktober 1976 wurde sich dann der Schwesternkreis darüber im Klaren, dass der Vertrag mit der Kommunalverwaltung Hagenow zu lösen sei, bis Ende Juni 1977 blieben Diakonieschwestern dort.[213] Der Diakonieschwesternkreis verabschiedete sich mit einer Abend- und mit einer Kaffeeeinladung von der Hagenower Ärzteschaft sowie von den Mitarbeitenden in Verwaltung, Wirtschaft und den Funktionsabteilungen.[214]

---

212 Interview mit Marianne Göhler am 26.05.2014.
213 ADV W 5234.
214 Brief von Marianne Göhler vom 23.07.2015.

„Horch und Guck" war der verbreitete Spitzname einer Behörde, der Staatssicherheit, kurz Stasi genannt, die ihre Bürger umfassend auf staatsgefährdende Umtriebe, wie es hieß, bespitzelte. Misstrauen gegenüber Kolleginnen und Kollegen sowie Nachbarinnen und Nachbarn wurde selbstverständlich. In den Neinstedter Anstalten[215], einer Einrichtung für Menschen mit Behinderungen, bestand dennoch ein vertrauensvolles Verhältnis zwischen den Mitarbeitenden und den zu betreuenden Bewohnerinnen und Bewohnern. Das Leitwort der Neinstedter Anstalten war und ist auch heute noch: „Wir haben einen Gott, der uns hilft, und einen Herrn, der vom Tode errettet." Dieses biblische Leitwort wurde im Alltag durch die dort tätige Brüderschaft und durch die Diakonieschwestern gelebt. Dennoch „hat [es] bestimmt immer Bespitzelungen gegeben", meinte Schwester Christine Eichler und ist überzeugt, dass es, „je älter die DDR wurde und die Stasi immer mehr in alle Arbeitsbereiche hineinkam, nicht nur in die diakonische Arbeit [...] immer mehr direkt angesetzte Mitarbeiter gegeben" hat. Dennoch sei diese Tatsache nicht so bedeutend für sie persönlich gewesen, denn sie habe stets versucht, „mit den fünfzig geistig behinderten Frauen, alten Frauen und den zehn pensionierten ehemaligen Mitarbeitern und Diakonieschwestern eine fröhliche Hausgemeinschaft zu haben".[216]

Schwester Margot Schorr wusste um die Überwachung durch die Staatssicherheit, doch verdrängte sie diese und empfand die Existenz der Stasi als selbstverständlich. Erst später sei ihr bewusst geworden, „dass wir drunter gelitten haben. Für uns war das fast selbstverständlich." Schulungsmaterialien, die vervielfältigt werden mussten, wurden stets dem Chef zur Genehmigung vorgelegt und über die angefertigten Kopien wurde genauestens Buch geführt:

„Da war extra immer ein Vordruck mit Datum und so und dann musste dieses Blatt mit einem Exemplar in diesem Ordner

---

215 Siehe auch Kapitel 4.
216 Interview mit Christine Eichler am 29.03.2014.

abgeheftet werden, sodass eine Kontrolle jedes Mal, wenn eine gekommen wäre, sehen konnte, was ist auf diesem Gerät abgezogen worden. Und dann konnten die das nachlesen, ob wirklich nichts Staatsfeindliches dabei war. Und wir waren da so daran gewöhnt. [...] Wir waren alle so schlau, also diese Schere im Kopf funktionierte."[217]

Schwester Gabriele Spehling erinnerte sich daran, dass zwei ihrer Mitschwestern Besuch von zwei Männern der Staatssicherheit hatten und gefragt wurden, ob sie bereit wären, über ihre Mitschwestern zu berichten. Von einer Kollegin wusste Schwester Gabriele genau, dass sie die Mitarbeit abgelehnt hatte, „und bei der anderen hieß es auch. Aber die war nach der Wende hier sofort verschwunden."[218] Letzteres machte Schwester Gabriele und ihre Mitschwestern im Nachhinein skeptisch, ob die verschwundene Schwester nicht doch für die Stasi gearbeitet hatte.[219]

Schwester Barbara Roch erinnerte sich daran, dass sie erstaunt darüber war, dass es selbst im geschützten Raum des evangelischen Wittenberger Paul-Gerhardt-Stifts einige Menschen gab, die „besser über mich Bescheid wussten, als ich ahnte". Diese Erkenntnis rührte von einem Erlebnis im Rahmen einer geplanten Dienstreise. Das Telegramm, das Schwester Barbara Roch in der Telefonzentrale des Krankenhauses aufgab, entlockte der Dame dort die Bemerkung, Schwester Barbara dürfe doch gar nicht in den Westen fahren, da sie nie wählen würde: „Daraus schloss ich, dass die zumindest über mich Bescheid wusste, denn die letzte Wahl war ja nicht gerade vorgestern gewesen. Aber ich habe es sonst nicht gemerkt, dass ich bespitzelt werde." Schwester Barbara Roch fühlte sich durch ihren Glauben getragen, „ohne viel darüber geredet zu haben" und sie resümierte: „Ja, bestimmte Situationen, weiß ich nicht,

---

217 Interview mit Margot Schorr am 02.04.2014.
218 Interview mit Gabriele Spehling am 29.04.2014.
219 Interview mit Gabriele Spehling am 29.04.2014.

wie ich da ohne Gottvertrauen, ja auch Austausch [...] darüber mit einzelnen, wie ich das geschafft hätte!"[220]

Schwester Marianne Bäsler hatte sich im Schwesternkreis des Paul-Gerhardt-Stifts so sicher wie „auf einer Insel gefühlt", sich entsprechend ungezwungen verhalten und es wurde über alle Themen offen geredet:

> „Ich muss sagen, im Paul-Gerhardt-Stift, jetzt rückwirkend, da haben wir uns sehr naiv verhalten. Wir haben gedacht, wir sind alle im selben Boot. Und da waren sicherlich sehr viele, die nicht so offiziell zu uns gehörten, denen sind wir aber nicht mit Misstrauen begegnet. Dann hätten wir sicherlich auch viel zerstört."[221]

Nach der Bedeutung ihres Glaubens gefragt, resümierte Schwester Marianne im Interview, dass ihr Glaube zentral für ihr Lebens sei:

> „Hört sich vielleicht ein bisschen großartig an, aber ich sage mal: Ohne meinen Glauben hätte ich mein Leben nicht so meistern können. [...] Es war nicht nur alles rosarot und nicht alles auf sonnigen Höhen. Es ging auch durch Täler. Aber es ist uns ja auch nicht versprochen, dass wir von der Wiege bis zur Bahre auf sonnigen Höhen wandeln [...] also das ist eine ganz große Stütze und Hilfe gewesen, damals bis auf den heutigen Tag."[222]

Schwester Felicitas Bach fühlte sich „natürlich" in der DDR bespitzelt und nahm, sobald es möglich war, Einsicht in ihre Stasi-Akte. In den Berichten über sie aus den Jahren 1980/81 stand zu ihrer Überraschung erstaunlich vieles, was sie als banal und lächerlich empfand:

---

220 Interview mit Barbara Roch am 24.05.2014.
221 Interview mit Marianne Bäsler am 19.05.2014.
222 Interview mit Marianne Bäsler am 19.05.2014.

„Wo ich sagen muss, also die Art zu beschreiben, die Beobachteten mit Codenamen, die wie Spitznamen klangen, zu versehen und dann [...] wirklich sinnlos hintereinander zu beschreiben, wer wann in welches Gebäude trat, was auf dem Klingelschild steht, was man vermutete an, tja, irgendwelcher Gesinnung und so, das war schon so eine Mischung aus gespenstisch und lächerlich."[223]

Im Jahr 1982, einem Samstagmorgen, wurde sie nach dem Brötchenkauf vor ihrer Haustür am Haupteingang des Vorderhauses von „drei, vier Herren in Zivil" nach ihrem Namen befragt und „zur Klärung eines Sachverhaltes" festgenommen. Sie hatte in dem Augenblick keinen Personalausweis bei sich, durfte noch einmal zurück in die Wohnung, um den Ausweis zu holen und erhielt dabei die Gelegenheit, ihrem damaligen Ehemann und dem Sohn Bescheid zu sagen, „was denn los ist und wohin ich jetzt erst mal verschwinde":

„Meinem damaligen Ehemann wurde nicht gesagt, zu welchem Zweck denn nun wirklich und wohin man mich bringen würde und was da geplant wäre, ob ich wann wieder auftauchen würde. [...] Ich fuhr dann mit einem Lada auf der Rückbank mit noch drei Männern in ein Polizeipräsidium am Senefelder Platz. [...] Jedenfalls landete ich im Untergeschoss in einem Verhörraum doch irgendwie im Keller. Und saß dann von morgens, [...] bis nachmittags um drei, halb vier mit einem wahrscheinlich Offizier der Staatssicherheit zusammen, der alles von mir wissen wollte im Sinne von persönliche Daten, Auskünfte über die Familie, Auskünfte über die Familienmitglieder, wann ist jeder aus meiner Familie geboren, wo wohnt der jetzt, was hat der für eine Berufsausbildung, was macht der, hat der Westkontakte, plant der irgendwas und all sowas. [...] Nachdem also da alle Auskünfte, die ich geben konnte, notiert waren, wurde immer wieder gefragt,

---

223 Interview mit Felicitas Bach am 11.06.2014.

was ich an diesem Tag denn vorgehabt hätte. […] Und der Stasi-Offizier ließ sich also immer wieder erzählen, dass ich sagte, ja klar, wir hätten dann gefrühstückt und dann wäre ich zur U-Bahn gegangen und wäre Richtung Alex gefahren. Und er wollte dann doch immer was anderes hören, als das ich ihm erzählte, ich wollte dann Rosa-Luxemburg-Platz aussteigen, zur Kasse der Volksbühne gehen und mir da meine Karten abholen. ‚Nein, das stimmt nicht, Sie wollten doch was anderes machen. Sie wollten doch zum Alex fahren und dann.‘ So. Und das ging so ein paar Stunden hin und her. Er hatte dann irgendwann doch verstanden, dass ich eben keine anderen Pläne da schildern konnte und hat mich dann doch aufgeklärt, inwieweit überhaupt ein Grund für meine Verhaftung da zu sehen und zu suchen war. Es gab wohl an diesem Tag eine tatsächlich von diesen ‚Frauen für den Frieden‘ geplante Aktion, von der ich aber definitiv nichts wusste. […] Und nachdem ich also wahrscheinlich nicht ganz überzeugen konnte, aber mir eben nichts anderes zu entlocken war, als dass ich davon nichts gewusst und nichts gehört hatte […], musste ich eine Verpflichtung unterschreiben, zukünftig irgendwelche staatsfeindlichen Aktionen zu unterlassen. Sonst hätte man mich da nicht wieder entlassen können. Und dann wurde ich da raus gelassen und konnte also zusehen, wo ich bin und wie ich wieder nach Hause komme."²²⁴

Schwester Rosemarie Heppner erinnerte sich im Interview sehr genau an das bestimmende Grundgefühl in der DDR, niemals zu wissen, ob man abgehört wurde oder nicht, und fasste die Reaktion auf diese Unsicherheit so zusammen: „Das ganze Leben war in Zurückhaltung!" Sie berichtet, dass sie sich durch das Wissen, dass etwa zehn Prozent der Bevölkerung bei der Stasi waren, etwa zehn Nachbarn bei der Stasi vermutete. Das belastete sie sehr, und sie erinnerte sich: „Unter diesem Druck hat

---

224 Interview mit Felicitas Bach am 11.06.2014.

man immer gelebt. [...] Man musste eben sein Nest haben, wo man dazu gehörte."[225] Auch Schwester Ulrike Steffler vermutete, bespitzelt worden zu sein. Als Gemeindeschwester hatte sie einen der seltenen Telefonanschlüsse bei sich zu Hause und freute sich über die damit verbundenen Freiheiten. Vier Wochen, nachdem sie ihren Anschluss erhalten hatte, kam ein Facharbeiter bei ihr vorbei und teilte ihr mit, dass er an das Telefon im Schlafzimmer müsse. Vermutlich baute er eine Wanze zum Abhören ein:

> „Und nach der Wende hatte ich dann gemerkt, dass das nicht funktioniert. Und als dann die Telekom kam [...] siehe da, es waren dann zwei [Wanzen] drin. Ich hatte das insofern schon gemerkt, mein ältester Bruder hat mich öfter angerufen aus Westdeutschland und es war nicht zu verstehen. Und ich sagte dann zu ihm: ‚Reinhard, legt doch noch einmal auf und ruf noch mal an.' Und das klappte jedes Mal: Dann verstand ich ihn. Und daran merkte ich, dass es immer, wenn ich aufhörte zu telefonieren, es danach noch einmal knackte. Die konnten das nicht abstimmen, wann das Gespräch zu Ende war."[226]

Schwester Rosemarie Spiegels Bruder, der auf eine in West-Berlin gelegene Schule gegangen war und daher im Westteil der geteilten Hauptstadt wohnte, traf sich nach dem Mauerbau mit ihr in Ost-Berlin. Dieses Treffen wurde von der Stasi bespitzelt, wie Schwester Rosemarie nach der Wende aus ihrer Stasi-Akte entnehmen konnte. Als sie zehn Jahre später heiratete, wurde die Hochzeit in der Marien-Kirche in Ost-Berlin gefeiert. So konnte auch der in West-Berlin lebende Bruder mit einem Tagesvisum zur Feier dazu kommen.

Schwester Erdmute Walter fühlte sich permanent beobachtet, doch wer sie im Einzelnen observierte, war nicht klar:

---

225 Interview mit Rosemarie Heppner am 24.05.2014.
226 Interview mit Ulrike Steffler am 30.06.2014.

„Das wusste man ja nie. Also, man hat sich sehr wohl immer beobachtet gefühlt. Das kann man ja auf verschiedene Weise machen.
Man kann das Büro verwanzen oder das Telefon oder was weiß
ich. Und mit diesen Möglichkeiten habe ich immer gerechnet.
Es kamen immer mal Leute, die in der Sprechstunde ordentlich
Dampf abgelassen haben. ‚Scheiß Staat' und was weiß ich. Also,
ich habe jegliche Äußerung zugelassen und mir sehr wohl überlegt, ob ich was sage oder ob ich den einfach bloß reden lasse.
Aber niemals hat jemand versucht, mich über jemanden auszu-
fragen. Gott sei Dank."[227]

Schwester Inge Schreiber kam aus einem nicht-christlichen Elternhaus.
Ihr Vater war ein überzeugter Kommunist gewesen und hatte beschlossen, dass seine Tochter kein Abitur machen durfte. Er war der Meinung,
das Abitur sei „etwas für Außergewöhnliche, jedenfalls, die fallen dann
alle aus der Arbeiterschaft raus. Du wirst das also nicht!" Aus diesem
Grund erlernte sie drei Jahre lang den Beruf der Chemischen Laboran-
tin in einer Ölraffinerie in Lütgendorf. Bei ihrer nächsten Arbeitsstelle
in einem Walzwerk hatte sie sehr guten Kontakt zur dortigen Jungen
Gemeinde. Hier erlebte sie, dass der in Leipzig damals sehr bekannte
Studentenpfarrer Georg Siegfried Schmutzler (1915–2003)[228] von der
Staatsicherheit verhaftet wurde und sie fand dies

„für mich als 17-jährige provokativ, dass man seine Meinung
nicht sagen durfte. Und da habe ich eine große Wandzeitung
gemacht über Freiheit und wie ich mir das Leben selber vorstelle.
Diese Wandzeitung habe ich ins Labor mitgenommen und die
aufgehängt, wo die Männer schon einen Schlag gekriegt haben:
‚Das kannst Du nicht machen. Das ist ja eine Anfechtung für den
Staat!' Da habe ich gesagt: ‚Aber ist meine Meinung.' Da wurde

---

227 Interview mit Erdmute Walter am 05.03.2014.
228 http://de.wikipedia.org/wiki/Georg_Siegfried_Schmutzler.

ich dann zwei Tage später dann zur Werksleitung bestellt. Und dann hieß es, ob ich das rückgängig machen könnte. Da habe ich gesagt: ‚Wieso? Der Pfarrer Schmutzler sitzt doch. Will ich nicht rückgängig machen. Das ist jedenfalls meine Einstellung dazu.‘ Und da bin ich […] den nächsten Tag fristlos entlassen worden, als 18-Jährige! Mit 18 war ich also eine Staatsfeindin und […] und dann waren die Mitarbeiter ganz schön geschockt, weil das keiner angenommen hatte, dass man wirklich so ein Beispiel konstruiert. Und dann haben sie gesagt: ‚Ach, brauchst Du nicht bekümmert zu sein. Wir verschaffen Dir gleich eine Arbeit im Westen.‘ Da habe ich gesagt: ‚Was soll ich denn im Westen, wenn ich hier für Freiheit meine Stelle verloren habe. Ich bleibe also hier.‘“[229]

Die fristlose Entlassung im Jahr 1958 führte bei Schwester Inge Schreiber dazu, dass sie sich noch stärker der Jungen Gemeinde zuwandte. Ein ihr gut bekannter Pfarrer nahm sie auf, und ihr Vater war darüber „natürlich ganz entsetzt […], dass seine Tochter eine Kehrtwendung macht. Das war für ihn sehr hart.“ In Eisenach verhalf ihr die Leiterin des evangelischen Mädchenwerkes zu einer Arbeit in der Kinderbetreuung von sogenannten „Erholungskindern“. Noch im Oktober 1958 belegte sie dann den Kurs zur Kinderdiakonin, doch bei einer Reihenuntersuchung wurde eine Lungentuberkulose bei ihr festgestellt. In der evangelischen Heilstätte, in die sie anschließend geschickt wurde, arbeiteten Breslauer Diakonissen. Schwester Inge erlebte diese Zeit als eine

„ganz, ganz behütete Zeit. Da habe ich eigentlich für mich Gemeinschaft und Kirche so hautnah jeden Tag erlebt! Also es wurde am Abend gesungen, es war das Mittagsgebet, es war der Wochenschluss, es war der Gottesdienst. Alles in der Einrichtung, der Heilstätte. Wir waren 200 Frauen dort und hauptsächlich Berlinerinnen. Damals machte man es bei der Tuberkulose so:

---

229 Interview mit Inge Schreiber am 24.06.2014.

Weit von zu Hause weg, dass die Behandlung auch wirklich nicht unterbrochen wird. Heimweh war genug da. Die waren ja fast alle 18 bis 20 Jahre, also sehr jung. Aber wie gesagt, die Diakonissen, die waren mütterlich, hatten auch sehr viele Begabungen, dass wir da auch ganz schnell einen Chor hatten."[230]

Die Einschränkung der Meinungsfreiheit hat bei Schwester Inge Schreiber dazu beigetragen, dass sie sich ihren Lebensweg in der kirchlichen Arbeit suchte, zunächst in der Schwesternschaft der Evangelischen Frauenhilfe und später in der Schwesternschaft des Evangelischen Diakonievereins.

Fast 20 Jahre nach Schwester Inge Schreibers Konflikt um die Meinungsfreiheit in der DDR kam es zur öffentlichen Selbstverbrennung eines evangelischen Pastors als Ausdruck des Widerstands gegen die ideologischen Ansprüche der SED. Pfarrer Oskar Brüsewitz hatte Plakate mit der Aufschrift „Funkspruch an alle [...] Die Kirche in der DDR klagt den Kommunismus an! Wegen Unterdrückung in Schulen, an Kindern und Jugendlichen"[231] auf dem Platz an der Michaeliskirche in Zeitz angebracht. Augenzeugin der Selbstverbrennung von Oskar Brüsewitz (1929–1976) am 18. August 1976 wurde Schwester Rosemarie Koop, die ihn persönlich aus einer Begegnung im Pflegeheim kannte. Sein depressiver Zustand war Schwester Rosemarie kurz zuvor aufgefallen und sie hatte ihn angesprochen:

„Was ist mit Ihnen? Sie sind ja so bekümmert! Was drückt Sie denn bloß? Sie dürfen das doch mal erzählen! Und da, er drückte sich zwar nicht richtig aus, aber er merkte doch, dass wir seine Bedrückung sehr spürten. Wir wussten auch, dass er es schwer hatte mit den anderen Pastoren. Er war eben kein studierter Pastor wie die anderen, sondern war immer so ein Anhängsel gewesen als ehemaliger

---

230 Interview mit Inge Schreiber am 24.06.2014.
231 Neubert: Opposition, 2009, 43.

Schuhmacher und hatte zwar eine lebendige Gemeindearbeit, hatte auch Schafe, und viele Kinderrüstzeiten und Kindertage wurden dort gefeiert bei ihm im Garten. Er war ein ganz frommer Mann, und wir liebten ihn sehr. Aber seine Konfrontation zum Staat war so stark, dass es einfach nicht gut ging."[232]

Die SED hatte versucht, den Vorgang zu vertuschen, und auch die Kirche bemühte sich, die „Sprengkraft der Selbstverbrennung zu entschärfen"[233] und wehrte sich gegen die Angriffe der Presse auf die Person Brüsewitz. Schwester Rosemarie erinnerte sich daran, dass es in der Gemeinde zu einer „riesengroße[n] Erschütterung" in Folge der Selbstverbrennung kam und zu einem „Sich an die Brust Schlagen" derer, die Oskar Brüsewitz nicht ernst genommen hatten. Die Bestattung war ein weiteres Politikum, denn die „riesengroße Beerdigung" sollte nicht öffentlich werden. Pastor Brüsewitz hatte sich sein Grab selbst außerhalb der Friedhofsmauer gegraben, dort, wo in früheren Zeiten Selbstmörder bestattet wurden:

„Aber dann zur Beerdigung hatte man lauter Posten aufgestellt, auf der ganzen Linie und hat möglichst die Leute zurückgehalten, die dann zur Beerdigung kamen. Und trotzdem kamen so viele, auch mit Motorrädern und von sonst wo her. Und waren auch alle dabei und horchten. Ich habe doch noch alle Papiere, die habe ich noch, die damals im Umlauf waren. Vertuschen konnte man das natürlich nicht. Und es war wirklich eine Riesenaufregung, auch in der Stadt und in der Kirche erst recht. Begriffen hat der Staat das sowieso nicht. Wissen wollten die das sowieso nicht. Sie waren ja immer im Recht."[234]

---

232 Interview mit Rosemarie Koop am 08.04.2014.
233 Neubert: Opposition, 2009, 43.
234 Interview mit Rosemarie Koop am 08.04.2014.

Im Folgenden werden exemplarisch Situationen vorgestellt, in denen Diakonieschwestern wegen ihres christlichen Glaubens in der Schule und während der Berufsfindung, in der Familie und der Jungen Gemeinde sowie bei der Arbeit Konflikte mit der staatlich vorgegebenen Linie erlebt haben.

2.2 Repressionen in Schule und Hochschule

Für Schwester Christine Eichler war das Schuljahr 1953 ein entscheidendes Jahr. Sie erzählte im Interview Folgendes:

> „Nie habe ich den Gedanken gehabt, mal Diakonieschwester zu werden. Dies hat sich dann ergeben durch die Situation 1953, wo ich mich zu entscheiden hatte, ob ich zur Jungen Gemeinde oder zur FDJ gehören wollte […] ich hatte mich entschieden für die Junge Gemeinde, obwohl ich schon wusste, dass daran gerade meine Berufswahl, einen Studienplatz zu kriegen, hing. Ich bin auch 1953 ausgeschlossen worden aus der Schule, erst aus der FDJ und dann aus der Schule. Aber es gab das Communiqué [zwischen Staat und Kirche vom 10. Juni 1953], was besagte, dass sich Staat und Kirche geeinigt haben, die Repressalien zurückzunehmen. Und so konnte ich in der Schule bleiben. Das Abitur habe ich 1954 gemacht und bestanden, aber keinen Studienplatz gekriegt."[235]

Für junge Christen war die angespannte Situation in der Schule eine Belastungsprobe. Viele der damaligen Abiturientinnen und Abiturienten entschieden sich nach dem Schulabschluss über die „grüne" Grenze in den Westen zu gehen. Schwester Else-Marie Kaiser erlebte im Frühsommer 1953 den Arbeiteraufstand und das Klima der Angst in kirchlichen Kreisen sehr intensiv. Der damalige Bischof Hartmut Moritz Mitzenheim

---

235 Interview mit Christine Eichler am 29.03.2014.

(1891–1977)[236] ermunterte jedoch persönlich die Oberschüler/-innen in ihrer Schule, der Kirche treu zu bleiben. Als dann drei ihrer Mitschülerinnen und Mitschüler für einige Wochen von der Schule relegiert wurden, „hatten [wir] Angst, Angst, Angst [...] vor diesen Verhören".[237]

Auch Schwester Magdalena Walter, die auf einer erweiterten Oberschule in die zehnte Klasse ging, sollte von der Schule verwiesen werden. Sie hatte bereits durch die FDJ erfahren, dass ihre Freundin und sie „auf der schwarzen Liste stehen". Im Schulunterricht wurde ihr dann vom Lehrer eine Falle gestellt, in die sie damals ahnungslos und überfordert hineintappte:

> „Und es kam im Rahmen des Unterrichts zu der Frage: Wer sind unsere Brüder und Schwestern. Darüber wurde diskutiert, aber wir waren ja noch jung, 15, haben uns dann doch geäußert. Und es wurde letztendlich so ausgelegt, wir sagten, dass alle Menschen unsere Schwestern und Brüder sind, und die Namen Eichmann und Globke hatte vorher [...] der Lehrer genannt. [...] Und wir hatten das kaum gesagt [...], verließ der Lehrer die Klasse und ein paar Stunden später waren wir beide auf der Straße bzw. aus jeder sozialistischen Schule heraus. [...] Das war am 3. November 1961, also im Jahr des Mauerbaus."[238]

Zudem wurde die bereits bewilligte Ausreiseerlaubnis in den Westen für Schwester Magdalenas Familie wieder zurückgenommen.

Schwester Liselotte Schenk erinnerte sich daran, dass ihr Vater wusste, dass die Staatssicherheit die Wohnung abhörte. Er hatte sich dagegen zu schützen versucht, indem er bei dort stattfindenden Sitzun-

---

236 Mitzenheim war wegen seines Eintretens für eine Zusammenarbeit mit den staatlichen Institutionen der DDR innerhalb der evangelischen Kirche umstritten. In: http://de.wikipedia.org/wiki/Moritz_Mitzenheim
237 Interview mit Else-Marie Kaiser am 03.07.2014.
238 Interview mit Magdalena Walter am 12.02.2014.

gen einige Sofakissen über das Telefon legte um die Geräusche zu dämpfen. Sie selbst hatte in der Schule „sehr viele Schwierigkeiten bezüglich meines nicht verschwiegenen Christentums".[239] Beispielsweise mussten die Kinder das Gedicht „Die schlesischen Weber" von Heinrich Heine (1797–1856) auswendig lernen, das nach dem Aufstand der Weber im Jahr 1844 die ausbeuterischen Arbeitsbedingungen der einfachen Arbeiter kritisiert. Hier heißt es unter anderem in der zweiten Strophe: „Ein Fluch dem Gotte, zu dem wir gebeten – In Winterskälte und Hungersnöten – Wir haben vergebens gehofft und geharrt – Er hat uns geäfft und gefoppt und genarrt – Wir weben, wir weben!" Schwester Liselottes Vater empfahl ihr einfach stattdessen ein anderes Gedicht auswendig zu lernen, was sie auch tat. Diese und andere Situationen in der Schule, wenn sie zum Beispiel als Einzige aufstehen musste, wenn gefragt wurde: „Wer ist hier Christ?", und „die gespöttelt haben", waren in der Erinnerung für Schwester Liselotte „ziemlich heftig".

Schwester Gudrun Wurche hatte sich nach ihrer eigenen Erinnerung 1968 „in unvorteilhafter Weise über die Ereignisse in der Tschechoslowakei geäußert".[240]

Unter Alexander Dubček (1921–1992), dem Generalsekretär der tschechoslowakischen Kommunisten und der Leitfigur des Prager Frühlings, war ein Demokratisierungsprogramm initiiert worden. Dubček wollte einen „Sozialismus mit menschlichem Antlitz" schaffen, doch am 21. August 1968 beendeten die Truppen des Warschauer Paktes diese Anstrengungen gewaltsam. Für Schwester Gudrun hatte ihre kritische Äußerung hierüber in der Schule weitreichende Konsequenzen, denn durch diesen Vorfall war für sie in der DDR ein Studium unmöglich geworden.[241] Für Schwester Gudrun war deutlich geworden, dass die Kirche zunehmend angefeindet wurde und dass vor allem diejenigen, die sich engagierten und sich zu ihrem Glauben bekannten, Schwierigkeiten bekamen:

---

239 Interview mit Liselotte Schenk am 10.04.2014.
240 Interview mit Gudrun Wurche am 28.04.2014.
241 Interview mit Gudrun Wurche am 28.04.2014.

„[…] zumindest dann, wenn man nicht gesagt hat, meine Kirch-
enzugehörigkeit läuft so nebenbei und ich mache alles andere mit.
Das war ja in Ordnung, das konnte man gut akzeptieren, nebenbei
in die Kirche zu gehen. Aber zu sagen das ist mir das Hauptanlie-
gen, da erlebte man schon Anfeindungen."[242]

Schwester Felicitas Bach erzählte in ihrem Interview, dass die Erfahrungen der Pfarrerskinder, wie sie selbst, mit Repressalien unter denen die
älteren Geschwister litten, sie stark beeinflussten:

„Die Kinder des anderen Pfarrers, die auch sehr leistungsstark
waren, hatten, ja, mit Unterstützung von kirchlichen und auch
befreundeten staatlichen Stellen es erreicht, dass sie auf die erweiterte Oberschule zugelassen wurden, wo ansonsten doch ein sehr
staatstragendes Bekenntnis von den Bewerbern verlangt wurde.
[…] Die Oberschulen waren dann aber doch so strukturiert und
die Seminare, die Unterrichte so gestaltet, dass die Kinder des
anderen Pfarrers freiwillig dort wieder weggegangen sind, weil sie
also doch ununterbrochen provoziert und genötigt wurden, ein
sozialistisches Bekenntnis abzugeben, ständig zu erklären, woran
sie denn glauben und warum sie nicht den Kommunismus auf-
bauen wollten. Und irgendwann hatten die die Nase voll, was uns
etwas jüngere, andere Pfarrerskinder halt bewog, gar nicht erst
uns da zu bewerben und gar nicht erst zu versuchen, uns da auch
zu etablieren."[243]

Oberin Eva-Maria Matzke hatte sich gegen eine Mitgliedschaft in der
FDJ entschieden, weil sie christlich erzogen worden war und nicht einverstanden damit war, was in der staatlichen Jugendorganisation verlangt wurde. Eine Konsequenz dieser Entscheidung war, dass sie bei-

---

242 Interview mit Gudrun Wurche am 28.04.2014.
243 Interview mit Felicitas Bach am 11.06.2014.

spielsweise nicht mit auf Schulausflüge genommen wurde. Dennoch war sie in der neunten Klasse die Klassenbeste und diese Strafen prallten an ihr ab. Als ihr dann mitgeteilt wurde, dass sie den Antrag für die Erweitere Oberschule nicht ausfüllen müsse, wurde ihr klar, dass sie kein Abitur und Studium beginnen konnte und sie ihren „Weg suchen muss und finden muss".

Ihre Außenseiterrolle verlieh ihr auch einen gewissen Stolz, zumal ihre Familie ihr „viel Rückhalt" gab und sie zu einem in „Freiheit denkenden Menschen erzogen" hatte. Als Heranwachsende erlebte sie viel Liebe und Vertrauen, „auch Gottvertrauen", durch das sie sich getragen und gestärkt wusste.[244]

Im Krankenpflegeschulunterricht hatte Oberin Barbara Ide im Fach Staatsbürgerkunde dem Lehrer inhaltlich widersprochen, als es um die Ziele der Bodenreform ging. Sie entgegnete konkret, dass sie von ihren Eltern andere Informationen als vom Lehrer erhalten hätte. Der Lehrer reagierte daraufhin empört und erkundigte sich nach dem Alter der Eltern. Da die Mutter Jahrgang 1915 und der Vater Jahrgang 1908 waren, erwiderte ihr wiederum der Lehrer: „Wenn diese Generation überlebt ist, erst dann werden wir Geschichte machen!"[245]

Schwester Felicitas Bach erlebte in ihrer Zeit als Auszubildende in Weimar die Ausbürgerung des kritischen Liedermachers und Lyrikers Wolf Biermann (*1936).[246] Sie erinnerte sich daran, dass alle Auszubildenden „wild empört und voller Tatendrang" waren. Ziel des Unterrichtskurses an der Krankenpflegeschule war es, gemeinsam einen Brief an die DDR-Regierung zu formulieren und damit der allgemeinen Empörung der Schwesternschülerinnen Ausdruck zu geben. Oberin Dorothea Demke sprach mit ihren Schülerinnen über dieses Vorhaben.

---

244 Interview mit Eva-Maria Matzke am 07.05.2014.
245 Interview mit Barbara Ide am 05.04.2014.
246 Biermann erhielt 1965 Auftritts und Publikationsverbot in der DDR und wurde 1976 nach einer Konzerttour nach Westdeutschland an der Wiedereinreise gehindert und ausgebürgert.

Sie erklärte, dass Zivilcourage sehr wichtig und gut sei, es jedoch klug bedacht werden müsse, was in diesem Fall zu tun sei, denn durch solch einen Brief könne die Existenz des Seminars am kirchlichen Krankenhaus, dem Sophienhaus, gefährdet sein. Der Brief würde ihrer Ansicht nach als ein provozierender Akt gewertet und könne schließlich Anlass zur Schließung der Schule sein:

> „Und ich erinnere mich nicht mehr, ob uns Frau Oberin Demke völlig überzeugt hat. Jedenfalls hat sie uns erfolgreich davon abgehalten. Aber seitdem haben wir uns eben auch kritisch mit allerhand Kunst, Kultur und kritischen Künstlern in der DDR beschäftigt. […] Und als ich dann nach Berlin zog, bin ich durchaus öfters in Wohnungen von Ost-Berliner Schriftstellern gewesen, wo Schriftsteller aus dem anderen Teil Deutschlands durchaus für nichtoffizielle Lesungen mal vorbeikamen mit einem Tagesvisum, zum Beispiel habe ich da Lesungen mit Günter Grass erlebt. Und wir wussten alle, dass wir da nicht unter uns saßen und dem lauschten, dass da jede Menge Stasi dabei war. Aber das war uns da nicht so wichtig und hat uns nicht davon abgehalten."[247]

In ihrem Lehramtsstudium vor der Krankenpflegeausbildung erlebte Schwester Margot Schorr einen ideologisch bedingten Konflikt über eine von ihr verfasste Hausarbeit, der sie in der Konsequenz dazu brachte, keine Lehrtätigkeit mehr anzustreben, sondern sich einer Tätigkeit im kirchlichen Bereich zuzuwenden. Folgendes war vorgefallen: In der politischen Klausurarbeit für die erste Lehrerprüfung schrieb Schwester Margot, dass die CDU in der DDR eine erlaubte Partei sei und Menschen in der DDR folglich Christen sein dürften. Demnach müsse, wenn ein Christ in der DDR Lehrer wird und das Fach Marxismus-Leninismus lehrt, dieses auch persönlich vertreten, ansonsten müsse man „zum

---

247 Interview mit Felicitas Bach am 11.06.2014.

Lügner werden"[248] oder kündigen. Die Konsequenzen dieser logischen Ausführungen waren weitreichend:

> „Der Schulleiter kam wutschnaubend von einer Schulleiterkonferenz zurück aus Seelow und sagte, also diese Margot Schorr hat eine Arbeit abgegeben, die ist ein Musterbeispiel wie sie nicht sein soll. [...] Na ja, da war mir klar, dass ich nicht in eine staatliche Ausbildung wollte, sondern in die kirchliche."[249]

Dem kontinuierlichem Mangel an qualifizierten Schwestern geschuldet, erlaubte der SED-Staat auch solchen Schwestern die Teilnahme an Weiterbildungen, die ideologisch betrachtet nicht in das gewünschte Schema passten. In ihrer Weiterbildung zur Unterrichtsschwester machte Schwester Else-Marie Kaiser, die im Lehrgang zur „Kollegin Kaiser" wurde, interessante Erfahrungen als Außenseiterin, die sich der Solidarität der Schwesternschaft sicher war. Für die Bewerbung zum Weiterbildungslehrgang wurden Informationen über die persönliche politische Entwicklung im Sozialismus gefordert, die Schwester Else-Marie Kaiser nicht liefern konnte, denn:

> „politische Entwicklung [...] Na ja, ich hatte keine. Ich war nicht in der FDJ. Ich war nicht in der SED. Ich war in nichts und gar nichts. Nicht in der Deutsch-Sowjetischen-Freundschaft. [...] Da wurde ich zur Bezirksschuldirektorin, die war für alle Schulen da zuständig. Bin ich auch vorgelassen worden. Ich denke immer dank meiner Tracht. Das war ja was Besonderes, gell. Und da hat sie gesagt, [...] ‚Wissen Sie was, Sie brauchen aber vier Wochen Praxis, ehe wir Sie delegieren können! Ich habe eine Praktikumsstelle in Neuruppin frei, da können Sie hin.' Ich sag ‚Ich kann nicht hin, ich bin noch in der Gemeinde angestellt. Ich bin als Gemeindeschwester

---

248 Interview mit Margot Schorr am 02.04.2014.
249 Interview mit Margot Schorr am 02.04.2014.

hier, ich kann nicht weg.' […] ‚Ja‘, sagt sie, ‚Wissen Sie was? Ihre Einstellung ist in ihrer Schwesternschaft garantiert. Da kann ich doch eine Delegierung schreiben‘, sagt sie. […] ‚Ich muss ja nicht Ihre Einstellung verantworten‘, sagt sie, ‚warten Sie, kriegen Sie sofort.‘ Dann hat sie das der Sekretärin diktiert und kriegte ich sie. Und dann […] hatte ich alle Papiere zusammen. Und bin ich wieder zur Sekretärin, weil die Direktorin wieder nicht da war. Und […] das war Ende, vielleicht 29./30. Januar, und Mitte Februar fing das an. Und da sagt sie: ‚Sie sind angenommen.‘"[250]

„Kollegin Kaiser" wurde in der Weiterbildung dann immer wieder ironisch als Beispiel für das sogenannte „gute Verhältnis zwischen Staat und Kirche" angeführt. Da sie nicht darin geübt war, regelmäßig Zeitung zu lesen und „schon gar nicht das ‚Neue Deutschland'", jedoch täglich über die Inhalte der Zeitung berichten musste, hörte sie den RIAS-Radiosender aus West-Berlin. Hier wurde regelmäßig nach den Nachrichten eine Übersicht über die Artikel des „Neues Deutschland" gegeben. Dies empfand sie als große Erleichterung, denn so konnte die tägliche Lektüre dieser Tageszeitung entfallen und „Kollegin Kaiser" musste nur noch selbständig entscheiden, was sie davon sagen konnte, ohne bezichtigt zu werden, ihre Informationen aus der klassenfeindlichen Propaganda bezogen zu haben.

Während des Sechstagekrieges im Juni 1967[251] sollten alle Teilnehmer/-innen des Weiterbildungslehrganges von „Kollegin Kaiser" eine Resolution gegen Israel unterschreiben: „Da hab ich gesagt: ‚Nein! – die unterschreibe ich nicht.‘ Wieder wissend, die Schwesternschaft steht hinter mir. Ich war nicht eine Einzelperson. […] Und ich hab das nicht unterschrieben."[252] Auch als am Ende des Lehrgangs „Selbstver-

---

250 Interview mit Else-Marie Kaiser am 03.07.2014.
251 Der Sechstagekrieg zwischen Israel und Ägypten, Jordanien und Syrien dauerte vom 5. bis zum 10. Juni 1967. Er war nach dem Israelischen Unabhängigkeitskrieg (1948) und der Suezkrise (1956) der dritte arabisch-israelische Krieg.
252 Interview mit Else-Marie Kaiser am 03.07.2014.

pflichtungserklärungen" erwartet wurden, entschied sich „Kollegin Kaiser" gegen eine Mitgliedschaft in der Partei oder Parteilehrjahren[253] im Betrieb. Als dann verkündet wurde, alle Klassen hätten vollständig ihre Verpflichtungen abgegeben, musste die Einschränkung folgen: „Außer Kollegin Kaiser, bei der es nicht üblich ist."[254]

In ihrem Studium der Medizinpädagogik machte Schwester Edith Bendin ähnliche Erfahrungen wie Schwester Else-Marie Kaiser. Sie wurde geduldet, positionierte sich als Christin und es wurde ihr im offenen Gespräch erläutert, wie sie sich durch das Fach Marxismus-Leninismus arbeiten könnte:

> „Und dann bin ich also jede Woche nach Rostock gefahren und ein Hauptfach war natürlich ML, Marxismus-Leninismus in allen seinen Phasen. Und das war also der Dozent, der uns das unterrichtete, der sagte gleich zu Anfang: ‚Ja, wir haben immerhin noch soundso viel Christen in der DDR', wo ich dann gedacht habe: ‚Sag mal gleich Bescheid.' Ich habe meinen Finger gehoben und habe gesagt: ‚Ich will mal gleich sagen: Ich gehöre auch dazu.' Ja, da war er denn doch kompromissbereit und sagte: ‚Ja, wir haben – Wilhelm Pieck hat ja auch mit der katholischen Kirche zusammengearbeitet.' [...] Und die erste Prüfung, drei Abschnitte waren das ja, die habe ich dann ‚Die Ideologie des Marxismus', da habe ich dann eine fünf gekriegt. Und dann bin ich hingegangen und habe gefragt: ‚Sagen Sie mal, wie kann ich hier eigentlich ehrlich durch dieses Fach kommen?' Und da sagte er: ‚Ach wissen Sie, ich gebe Ihnen einfach das Thema, und dann schaffen Sie das schon.' Und so ist das dann auch gegangen."[255]

---

253 Das Parteilehrjahr diente der politisch-ideologischen Schulung der Mitglieder der SED. Auch Nichtmitglieder der SED nahmen teil, wenn sie Führungspositionen hatten, wie etwa auch Lehrer.

254 Interview mit Else-Marie Kaiser am 03.07.2014.

255 Interview mit Edith Bendin am 21.08.2014.

Schwester Edith hatte das Glück, dass der sie unterrichtende Dozent in Marxismus-Leninismus sehr offen und tolerant war. So forderte er während der dreijährigen Unterrichtszeit keine mündliche Beteiligung von ihr ein. Zur Abschlussprüfung erhielt Schwester Edith dann für die Darstellung des Themas „Weltsozialismus" ein „Sehr gut" und die Gesamtnote „Gut" im Fach Marxismus-Leninismus. Wegen seiner Toleranz hatte dieser Dozent in der DDR nach Schwester Ediths Erinnerung jedoch erhebliche Schwierigkeiten.[256]

Als ein Beispiel für den pragmatischen Umgang mit ideologisch bekämpften konfessionellen Schwestern, die aber im Gesundheitswesen der DDR als wertvolle Fachkräfte gebraucht wurden, kann das Beispiel von Schwester Barbara Roch dienen. Als sie im Jahre 1976 gefragt wurde, ob sie als Unterrichtsschwester in Wittenberg arbeiten und gleichzeitig ein Fernstudium der Medizinpädagogik beginnen wolle, das an der Fachschule in Potsdam mit der Außenstelle in Halle angeboten wurde, sagte sie zu. Zeitgleich begannen für Schwester Barbara die neue Unterrichtsarbeit in der Wittenberger Krankenpflegeschule des Paul-Gerhardt-Stifts und das Fernstudium. Das Studium war so konzipiert, dass die Studierenden regelmäßig einmal in der Woche am Freitag ganztägige, sogenannte Konsultationstage hatten. Die Studienzeit zog sich insgesamt über viereinhalb Jahre hin. Kontinuierlich wurde das Fach Marxismus-Leninismus unterrichtet, am Ende der Ausbildung kamen die Fächer Methodik und Didaktik an die Reihe. Mit einer mündlichen und schriftlichen Prüfung, einer Lehrprobe und einem Kolloquium zu einem Thema, über das vorher eine Arbeit geschrieben werden musste, schloss die Weiterbildung ab. Die Studentinnen und Studenten des Weiterbildungslehrganges kamen, der Erinnerung von Schwester Barbara Roch nach, aus allen medizinischen Einrichtungen des Bezirkes Halle: aus zwei konfessionellen Einrichtungen, dem Diakonissenhaus in Halle und dem Paul-Gerhardt-Stift in Wittenberg: „von Kosmetikerin [...] Kinderkrankenpflege und Röntgenassistentin [...] außer Ökonomie. Das war

---

256 Brief von Edith Bendin vom 14.07.2015.

Abb. 5: Wittenberg, 1958, Kinderstation

ein Extrazweig".[257] In der DDR wurde die Arbeit qualifizierter kirchlicher Mitarbeiterinnen zunehmend geschätzt und gefördert, zumal der Fachkräftemangel durch Abwanderung ein kontinuierliches und wachsendes Problem blieb.

2.3 Der Mauerbau

Als „heimliche[n] Gründungstag der DDR" bezeichnete der Historiker Hans-Ulrich Wehler (1931–2014) die Zäsur des 13. August 1961. Durch das Ver-Mauern des beliebten Fluchtwegs nach Westberlin wurde der gewünschte Konsolidierungsprozess der DDR eingeleitet und die existenzgefährdende Massenabwanderung gestoppt.[258] Im Erleben der inter-

---

257 Interview mit Barbara Roch am 03.07.2014.
258 Wehler: Deutsche Gesellschaftsgeschichte, 5. Bd., 2008, 33.

viewten Diakonieschwestern hinterließ dieser Tag, insbesondere bei den älteren Schwestern der Jahrgänge 1924–1945, tiefe Spuren; die jüngeren der Interviewten hatten den Bau der Mauer als Kind erlebt und spürten die Auswirkungen indirekt durch die Reaktionen im Familienkreis.[259]

Schwester Ulrike Steffler arbeitete zur Zeit des Mauerbaus in der Berliner Schönhauser Allee 59. Hier hatte die Diakonieschwesternschaft bereits seit dem 1. Juni 1953 eine Verwaltungsstelle für die Schwesternschaft des Evangelischen Diakonievereins in den Geschäftsräumen des Centralausschusses der Inneren Mission.[260] Von dieser Verwaltungsstelle aus wurden alle Angelegenheiten der Schwestern, die in der DDR oder im Demokratischen Sektor Berlin wohnten und in diesem Gebiet tätig waren, erledigt. Die Arbeit war eng mit der im Konsistorium der Evangelischen Kirche der Kirchenprovinz Sachsen in Magdeburg eingerichteten Verwaltungsstelle für die Kassengeschäfte der Schwesternschaft des Evangelischen Diakonievereins verbunden.[261]

Der Briefwechsel der in der DDR arbeitenden leitenden Schwestern wurde ab Juni 1958 fast ausschließlich über diese Postadresse abgewickelt: Innere Mission und Hilfswerk der Evangelischen Kirche in Deutschland Berliner Stelle, Abteilung Diakonieschwesternschaft, Berlin N 58, Schönhauser Allee 59.

Nur die geldlichen Anforderungen wurden, wie bis dahin üblich, über die Diakonieschwesternschaft in Magdeburg, Hegelstraße 1, abgewickelt.[262] Schwester Ulrikes Verwaltungsarbeit war bis zum Mauerbau 1961 sehr zeitintensiv gewesen:

---

259 28 der interviewten Schwestern waren bis 1945 geboren, nach 1945 waren es 16 Schwestern.

260 Im Büro der Inneren Mission konnten sich auch andere Schwestern treffen, beispielsweise Jungschwestern aus Ost und West. Auch Oberin Ursula von Dewitz lud Schwestern in die Schönhauser Allee ein. Immer wieder nutzten einzelne Schwestern die Räume als Treffpunkt mit ihren Eltern oder Geschwistern, wenn es sonst keine Möglichkeit gab.

261 ADV W 6686.

262 ADV H 1421: Laudien am 20.06.1958.

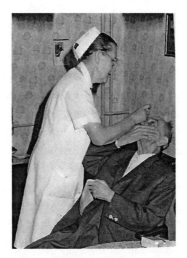

Abb. 6: Berlin, Schönhauser Allee 59:
Männeraltersheim, 1970er Jahre, Schwester Erna Zech

„Es war ja so, dass die Briefe nicht nach West-Berlin geschickt werden konnten. [...] Und ich bin dann von der Schönhauser Allee zur Bernauer Straße gelaufen, sozusagen nach West-Berlin, und habe von da aus dann mit dem Heimathaus telefoniert und meine Instruktionen bekommen und habe dann die Arbeitsfelder angerufen, was das Heimathaus gesagt hatte. Und außerdem die Post aus den östlichen Arbeitsfeldern, die kam alle in die Schönhauser Allee und ich habe sie weiter geleitet. [...] Ich habe es direkt ins Heimathaus gebracht. Ich hatte da mein Zimmer und meistens – zweimal in der Woche – bin ich dann ins Heimathaus gefahren. Und Oberin von Dewitz [...] hat mich dann in Empfang genommen. Und dann habe ich ihr berichtet von den Arbeitsfeldern. [Auf dem Rückweg] habe ich meistens die Post mitgenommen und von Ost-Berlin in die Arbeitsfelder geschickt, und auch Tracht mitgenommen. [Dann habe ich] Pakete gepackt und dann in die Arbeitsfelder geschickt. Röcke, Blusen und Arbeitstracht, sodass die Arbeitsfelder versorgt wurden mit neuer Tracht. Da habe ich manches Paket in verschiedenen Postämtern, damit es nicht auffällt [...] abgeliefert."[263]

Durch den Bau der Mauer im Jahr 1961 fielen für Schwester Ulrike diese Botenfahrten schlagartig weg und sie suchte nach neuen Betätigungsfeldern. Ab 1963 übernahm sie die Leitung des Altersheims in der Schönhauser Allee 59, das 19 männliche Heimbewohner hatte. Zu der Versorgung der Männer kam für Schwester Ulrike auch der große Garten und

„in Anführungszeichen ‚nebenbei' die Konferenzen und Unterrichtsschwesterntag, wo die Unterrichtsschwestern aus den östlichen Arbeitsfeldern dann kamen oder andere Schwestern. [...] Also das war sehr schwierig, sodass ich immer ziemlich im Druck war, und dann viel gekocht habe und alles gemacht habe und den Garten versorgt habe. Hauswirtschaft, ja, aber die Männer auch nicht vergessen habe."[264]

Für Schwester Rosemarie Koop hatte der Mauerbau die Wirkung, dass sie sich ein Radio kaufte, denn jetzt wollte sie endlich wissen, was in der Welt los ist. Die Mauer bedeutete für Schwester Rosemaries Familie einen folgenschweren Einschnitt in das Familienleben:

„Meine Schwester war schon über die grüne Grenze damals nach drüben gegangen. Und die Verbindung wurde dann sehr schwierig. Zu meiner Kusine wurde sie noch schwieriger, weil staatlich unterdrückt sich keine Möglichkeit mehr fand oder sie nicht mehr hatte oder nicht mehr durfte, Verbindung nach drüben zu halten. Das gab einen Schnitt durch die Familie, der heute noch nicht ganz geheilt ist, bei meinen Kusinen, nicht bei meiner Familie. Dass die Partei dazwischen so harte Grenzen setzte. Wie hat

---

263 Interview mit Ulrike Steffler am 30.06.2014.
264 Interview mit Ulrike Steffler am 30.06.2014.

es sich ausgewirkt, dass meine Schwester, die drüben war, ihre Patenkinder hier ganz liebevoll mit wunderbaren Paketen versorgt hat und uns auch, ja. Was soll man schon sagen, dass wir nachher eine Partnergemeinde hatten und so. [...] Da lebten die Partnerschaften richtig auf! [...] Heimathaus war für uns ja nicht mehr möglich nach der Mauer. Aber Weißensee ist doch immer noch geworden trotz aller Bewachung. Erstaunlich! Und sehr, sehr dankbar angenommen, dass wir uns gegenseitig treffen konnten, sprechen konnten, miteinander feiern konnten. Das war eine reiche Zeit eigentlich. Da konnten wir aufeinander hören."[265]

Schwester Ellen Waldmüller erlebte den 13. August 1961 als einen „Einschnitt" in der Schwesternhochschule des Diakonievereins in Berlin-Spandau. Da der 13. August ein Sonntag war, wollte sie wie immer in die Marienkirche nach Ost-Berlin zum Gottesdienst gehen. Doch vor dem Brandenburger Tor konnte sie nicht weiter gehen, denn dort

„war schon Militär aufgereiht. Es war in der Nacht die Mauer entstanden. Militär und Sperren und Stacheldrahtrollen, die ausgezogen wurden. Das war also bekannt auch in Westdeutschland, dass die Mauer entsteht, denn der Draht kam aus Westdeutschland, das musste man sich sagen, um ganz Berlin wurde dieser Stacheldraht erst mal ausgerollt. Und man konnte also nicht mehr nach Ost-Berlin gehen. Da war ein Stopp. Die kamen alle ganz entsetzt zurück und sagten: ‚Da ist ein Stopp!', und wir lebten draußen in Spandau praktisch im Wald und guckten uns das dann dort an."[266]

In Spandau trafen sie mit den anderen Schwestern der Hochschule an der Grenze „Buben" der Nationalen Volksarmee, denen die Schwestern halfen sich zu orientieren, denn „die hatten keine Ahnung, die wurden

---

265 Interview mit Rosemarie Koop am 08.04.2014.
266 Interview mit Ellen Waldmüller am 31.08.2014.

irgendwo ausgeladen und hatten da stramm zu stehen". Die West-Berliner durften an den Tagen kurz vor und nach dem Mauerbau noch mit einem Pass nach Ost-Berlin, doch die Ost-Berliner durften nicht mehr nach West-Berlin:

> „Die Empörung der Bevölkerung auf Ost- und West-Berliner Seite [war] enorm groß, [konnte] sich aber nur auf West-Berliner Seite, auch in der Politik zum Beispiel Willi Brandt als Regierender Bürgermeister, Luft machen. [...] Dagegen stand dann die Propaganda der DDR."[267]

In den Diakonieverein nach Zehlendorf kamen weiterhin Schwestern aus Westdeutschland zur Fort- und Weiterbildung und sie versuchten mit den im Ostteil lebenden Schwestern Kontakt zu halten. Da es kein Telefon gab und Verabredungen nicht schriftlich fixiert werden sollten, weil die Post inspiziert wurde, wurde als künftiger Treffpunkt der Schwesternschaft in Ost und West der Gottesdienst in der Ost-Berliner Marienkirche vereinbart:

> „Und das hieß also nachher immer: ‚Tante Mariechen hat Geburtstag und freut sich, wenn sie uns sieht.' [...] der Gottesdienst war der Sammelpunkt [...] und nach dem Gottesdienst hielt man Ausschau. [...] Das Finden zueinander war ganz schnell immer bei der Marienkirche dann geschehen. Also wer hat Lust mit dem Auto zu fahren und dann sind wir mit dem Käfer an der Mauer entlang was man im Ostgebiet konnte, man konnte das Mauergebiet ziemlich dicht einsehen. [...] Und dann sind wir zu der betreffenden Schwester hingefahren, die hat also auf uns gewartet und hat ihr Wohnzimmer für diesen Tag zur Verfügung gestellt. [...] Haben dann bei den Schwestern uns gestärkt und die waren rührend da, dass sie da auch ihren Sonntag zur Verfügung stellten und ihre

---

267 Interview mit Ellen Waldmüller am 31.08.2014.

Räume. Und dann wussten wir, dass wir uns relativ ungestört austauschen konnten. Wie geht's euch denn, wie pflegt ihr denn? […] Da haben sich wirklich Freundschaften gebildet und Patenschaften, wenn sie geheiratet haben. […] Und das war wirklich das Größte, dass man so Gemeinschaft förderte und sich auch anders kennenlernte, und man ein bisschen Ahnung von Ost-West hatte. Und diese Barrieren, die da doch hochgezogen wurden, wurden abgebaut miteinander. Ja und dann mussten wir abends uns wieder trennen."[268]

Auch Schwester Katharina Hahn erlebte als junge Schwester diese Ost-West-Treffen als Bereicherung:

„Da kamen dann viele junge Schwestern, aus dem Westen auch, und wir trafen uns bei der Gemeindeschwester hinter geschlossenen Gardinen. Möglichst einzeln sollten wir ins Haus gehen, damit man nicht merkt, dass so viele Leute sich treffen. Also es war was Spannendes, was vielleicht den Spaß noch erhöht hat. Aber es war von daher schon immer ein Stückchen Zusammengehörigkeitsgefühl."[269]

Nach dem Mauerbau fanden für die in Ostdeutschland lebenden Schwestern die Schwesterntage jährlich in Berlin-Weißensee statt, es kamen etwa 300 Teilnehmerinnen. Schwester Heidi Fromhold-Treu, die über den Mauerbau „schwer empört" war, erinnerte sich jedoch auch daran, dass sie „wie vorher" weiterarbeiteten:

„Also die Schwesterntage für Schülerinnen, Jungschwestern oder alle Schwestern im Heimathaus Berlin-Zehlendorf habe ich erlebt, und die waren natürlich wunderbar. Später ging das nicht mehr.

---

268 Interview mit Ellen Waldmüller am 31.08.2014.
269 Interview mit Katharina Hahn am 23.06.2014.

Abb. 7: Berlin-Weißensee, Stephanus-Stiftung, 15.04.1983 Schwesterntag

Da haben wir uns in Weißensee getroffen, sozusagen einen DDR-Schwesterntag gemacht, der auch immer sehr, sehr schön war und unser Vorstand, bestehend aus vier Personen, hat getreu alle unsere Veranstaltungen mitgemacht, sowohl die Oberinnenkonferenzen, ich war leitende Schwester und gehörte dazu, als auch die Schwesterntage in Weißensee, auch am andern Ort noch. Wir wurden immer von den getreuen Leuten des Vorstandes besucht und sie von uns freudig begrüßt.“[270]

Auch für Schwester Rosemarie Heppner, die in Mittweida den Tag des Mauerbaus erlebte, hatte dies zunächst nur geringe Auswirkungen. Sie erinnerte sich an „viele Schwesterntage in Weißensee". Die Frage, ob

---

270 Interview mit Heidi Fromhold-Treu am 19.03.2014.

eine Teilnahme am Schwesterntag möglich war, hing für die einzelnen Schwestern in ihrem Arbeitsalltag nicht so sehr von der neu errichteten Mauer ab, sondern eher davon, ob jemand von der Arbeit freigestellt werden konnte, denn im Prinzip „gab es immer Möglichkeiten, an den Schwesterntagen teilzunehmen", und Mobilitätseinschränkungen waren in der Wahrnehmung vieler Schwestern schon lange vor dem Mauerbau spürbar gewesen. So erinnerte sich Schwester Rosemarie beispielsweise daran, dass sie „ja auch nur nach West-Berlin rüber" konnte und „nie ganz nach dem Westen".[271] Dies betraf vor allem diejenigen, die Deutschland noch als Ganzes kannten:

„Die ganze Urlaubsfrage in der DDR? Die meisten waren im FDGB und fuhren jedes Jahr ein bis zwei Mal irgendwohin; hatten es wunderschön. Wir konnten nur irgendwo ein kirchliches Heim suchen, wo wir vielleicht mal Urlaub machen konnten, das war alles nicht so einfach. Bis ich dann auch von Weimar aus mal nach Boltenhagen fahren konnte. Dass ich auch mal an die Ostsee kam. Das war die größte Schwierigkeit für den DDR-Bürger, der nicht im FDGB war, mal an die Ostsee zu reisen. [...] Wir waren eben die Leute, die nicht dazu gehörten. Es blieb uns nur übrig, dass man sich beim Reisebüro um eine Reise nach dem Osten bemühte. Ich bin viel nach Ungarn und nach Rumänien gefahren.[272]

Schwester Freia Erbach erinnerte sich daran, dass es vor dem Mauerbau immer eine sehr rege Verbindung zum Heimathaus des Diakonievereins in West-Berlin gegeben hatte:

---

271 Interview mit Rosemarie Heppner 24.05.2014.
272 Interview mit Rosemarie Heppner 24.05.2014. Das „Amalie-Sieveking-Haus" in Boltenhagen war ein Freizeit- und Erholungsheim der Evangelischen Frauenhilfe in Mecklenburg, das 1957–1972 von Diakonieschwestern geleitet wurde. Hier fanden u. a. auch Schwesternrüstzeiten statt. Vgl. ADV H 1495.

„Bis zum Mauerbau konnten wir hinfahren zu den Schwestern-
tagen und ich persönlich habe meinen Jungschwesternkurs und
Stammschwesternkurs noch im Heimathaus absolviert, aber
nachher den Einsegnungskurs in Wittenberg, was dann von der
Verwaltungsstelle in Magdeburg organisiert wurde und mit der
Oberin Ackermann von Wittenberg geregelt. Und dazu kam vom
Heimathaus Pastor Warns mit seiner Gattin als Begleitung."[273]

Freia Erbach sagte: „ein Schock für uns, als die Mauer in Berlin dicht
gemacht wurde", weil es unvorstellbar war, „wie es weiter geht". Im folgenden Jahr erlebte Schwester Freia im Urlaub in Burg Bodenstein,[274]
dass die Sperrzone, fünf Kilometer von der Grenze entfernt, noch nicht
deutlich erkennbar war. Sie erinnerte sich an ein Angst besetztes Erlebnis im damaligen Grenzgebiet:

„Wir wollten einmal [...] den Sonnenaufgang beobachten und
waren spazieren. Und sind ganz früh aufgestanden und durften
den Hund mitnehmen [...] und wanderten in den Morgen und
haben uns dabei verlaufen und kamen ins Sperrgebiet. Und wir
waren nun ganz ängstlich und wussten nicht mehr, sind wir nun
im Sperrgebiet oder nicht drin. [...] Und dann merkten wir, als
die Zeit nun vorschritt und hörten Hundegebell von woanders. Da
dachten wir, da muss ja eine Ortschaft kommen: Wo werden wir
nun sein, im Osten oder im Westen? Und hatten mächtige Angst
und wussten nicht, wie wir uns verhalten sollten. Dann trafen wir
plötzlich Menschen, die zur Arbeit fuhren und auf ihren Bus war-
teten. Und die fragten wir, wo wir uns befinden, denn Landkar-
ten gab es nicht mehr zu kaufen. Ich wandere sonst immer nach
Karten. [...] Die waren alle schon eingezogen und gesperrt. Und
dadurch haben wir uns verlaufen. Dann beschrieben die uns, wie

---

273 Interview mit Freia Erbach am 09.04.2014.
274 Vgl. Burg Bodenstein, in: Diakonieschwester, 7/8, 2006, 121–125.

wir auf Schleichwegen wieder zurückkamen, wieder zu unserem Urlaubsdomizil. Das wollten wir aber nicht! Wir hatten ja nichts verbrochen. Warum sollten wir uns zurück schleichen. Wir wollten den offiziellen Weg gehen, also an den Wachtposten vorbei. [...] Wir kamen ran und wurden verhört. Unsere Ausweise hatten wir ja mit. Und da wussten sie ja, dass wir hier aus Mecklenburg kamen und ortsfremd waren, uns also nicht auskannten, und haben auch erzählt, dass wir keine Karte bekommen haben. Ja, sagten sie, wir hätten nach Kompass wandern sollen und nicht nach Westen, sondern nach Osten und haben denen geklagt, dass wir so enttäuscht sind, keinen Sonnenaufgang gesehen, uns dann noch verlaufen haben, dass wir also bedauernswert waren. Na, denn haben sie uns vermahnt und haben uns den richtigen Weg gewiesen und haben uns ungeschoren durchgelassen, aber aufregend war das schon."[275]

Schwester Margret Roch erlebte den Mauerbau in West-Berlin, da sie seinerzeit Studentin der Schwesternhochschule der Diakonie in Spandau war und im Evangelischen Johannesstift wohnte. Als sie sich auf die Heimreise in die DDR machen wollte, verließ sie sich auf eine Bescheinigung, aus der hervorging, dass sie Studierende der Schwesternhochschule in West-Berlin war. Ihr selbst war es klar, dass sie in die Deutsche Demokratische Republik zurück wollte, selbst als Oberin Hanna Erckel (1900–1972) ihr und einer Mitschwester eine Arbeit im Westen anbot. Dies lehnten die beiden jedoch deutlich ab:

„Frau Oberin, das steht bei uns überhaupt nicht zur Debatte, wir gehören in die DDR, erstmal haben wir alle unsere Angehörigen da, und zweitens, wir gehören da als Schwesternschaft in die DDR. [...] Und so sind wir dann wieder zurück."[276]

---

275 Interview mit Freia Erbach am 09.04.2014.
276 Interview mit Margret Roch am 26.08.2014.

Oberin Dorothea Demke war im August 1961 als Unterrichts- und Haus-schwester im Schweriner Anna-Hospital eingesetzt. Sie erfuhr frühmor-gens vom Bau der Mauer als sie aus ihrem „Dachstübchen" die Treppe in die Küche des Krankenhauses herunterkam. Ihre Mitschwestern berich-teten ihr sogleich: „Berlin ist zu, die Grenze ist zu!" Schwester Doro-thea empfand die Nachricht als einen „Tiefschlag" und als „Schreck", der ihr „tief" in die Glieder fuhr. Wegen der anstehenden Arbeiten hatte sie jedoch keine Zeit „darüber nachzugrübeln" und fühlte sich „sprachlos", da das Ereignis ihre Vorstellungskraft überstieg.[277]

Schwester Inge Schreiber hatte sich 1958 in Eisenach in einem Kurs zur Kinderdiakonin eine Lungentuberkulose zugezogen. Aufgrund des-sen bestand im Jahr 1961 die Möglichkeit für sie, eine auf ein Jahr ver-kürzte Ausbildung zur Medizinisch-technischen Assistentin (MTA) zu machen, die normalerweise drei Jahre gedauert hätte. Der Mauerbau spielte für sie wegen der intensiven Lernarbeit für die MTA-Ausbildung und weil keine familiären Verbindungen bestanden, keine besondere Rolle:

„Das spielte bei uns allen nicht so eine große Rolle. Leipziger hat-ten wir, Dresdener, waren alle weit weg von der Bundesrepublik. Also so, dass wir es wahrgenommen haben. [Am] nächsten Tag haben wir [das] sozialistisch […] aufgearbeitet, weil es ja sofort als ,anti-faschistischer Schutzwall' [bezeichnet wurde], da haben wir geschmunzelt drüber, […] aber wir haben eben nicht die Aus-maße erkannt. Wir haben das vielleicht als Drahtzaun gesehen und dass vielleicht trotzdem eine Durchlässigkeit da ist."[278]

Schwester Edith Bendin war vom Bau der Mauer nicht persönlich berührt, weil sie außer zu ihrer leiblichen Schwester kaum Kontakte nach Westdeutschland hatte. Ein Treffen mit der Schwester, das in Ost-Berlin

---

277 Interview mit Dorothea Demke am 02.04.2014.
278 Interview mit Inge Schreiber am 24.06.2014.

stattgefunden hatte, empfand sie zudem wegen der Umstände als „fürchterlich" und eine weitere Verabredung mit der Schwester war emotional so belastend, dass sie so etwas nicht wiederholen wollte:

> „[…] sie [ist] mit einem Auto von Berlin nach Hamburg gefahren und hat mir geschrieben, ich könnte ja in der Gegend mal an der Straße stehen. Und da bin ich dann nach Redefin gefahren. Und dann fuhr sie ganz langsam vorbei. Ich bin hinterher gelaufen und konnte nichts ausrichten. Also nie wieder."[279]

Schwester Gerda Kiesel arbeitete als Gemeindeschwester in Berlin-Treptow. Von dort aus waren dreizehn Straßen nach West-Berlin durch die Mauer abgeschnitten. Das dahinter liegende Wohngebiet war ein völlig unbekanntes Gelände: „Man hat keine Ahnung, was das für Leute sind, die dahinter wohnen. Obwohl wir denen in die Fenster gucken konnten." Mit einem sogenannten Grenzausweis, den die Polizei damals ausstellte, konnte Schwester Gerda Kiesel dennoch die ihr anvertrauten kranken Menschen im Sperrgebiet betreuen:

> „Dann habe ich so meine Erfahrungen gemacht, mit dem, was mir die Leute so erzählten, die ich gerade in diesem Sperrgebiet dann besuchte […] [In der] Heidelberger Straße […] da hatten sie die Haustüren zugemauert und die mussten über das Betriebsgelände durch ihre Hoftür raus, um überhaupt auf die Straße zu kommen. Ich denk noch an die alte Frau Friedrich, die da wohnte, und die sagte: ‚Kommen sie mal mit auf meinen Balkon', der ging zur Heidelberger Straße gegenüber, das war West-Berlin. Und dann sagte sie: ‚Gucken sie mal, da an der Ecke, da war so ein kleiner Lebensmittelladen, so ein ‚Tante-Emma-Laden', den gab es damals noch', sagte sie, ‚da bin ich vierzig Jahre einkaufen gegangen. Und jetzt

---

279 Interview mit Edith Bendin am 21.08.2014.

kann ich da überhaupt nicht mehr hin!' Das waren für diese Leute, also sowas von Beeinträchtigungen!"[280]

Einige ihrer Patientinnen und Patienten litten unter der Wohnsituation im Ost-Berliner Sperrbezirk so stark, dass sie teilweise psychosomatisch bedingte Krankheiten entwickelten. Vor allem, dass sie im Sperrgebiet Besucher weder spontan einladen noch empfangen konnten und wochenlang vorher Anträge auf einen entsprechenden Besuchsausweis stellen mussten, war belastend. Als eine Patientin von Schwester Gerda gestürzt war und sich das Gesicht aufgeschlagen hatte, wurde sie bei einem Spaziergang von anderen Passanten aufgefordert, zu Hause zu bleiben, da sie nicht mehr laufen könne. Diese Patientin sagte empört zu ihrer Gemeindeschwester Gerda: „Die [Leute außerhalb des Sperrbezirks] wissen nicht, wie das ist, wenn man zu Hause sitzt und kein Mensch kann kommen!" Eine weitere, von Schwester Gerda Kiesel betreute Patientin, die in diesem Sperrgebiet wohnte, hatte eine Gelbsucht unklarer Genese. Sie erklärte Schwester Gerda die Ursache ganz einfach mit der bedrückenden politischen Situation: „Ich hab die Mauerkrankheit!"

Schwester Elisabeth Kuske baute zu dieser Zeit in Mecklenburg gerade das Gemeindeleben aktiv auf, indem sie zu Mütterkreisen und zur Christenlehre einlud und zahlreiche Besuche durchführte. Sie empfand es als unerheblich, „ob da die Mauer war oder nicht", denn, „das war weit weg". Persönlich betroffen von der Mauer als Grenze war Schwester Elisabeth erst, als sie eine Einladung aus Berlin-Zehlendorf zur Teilnahme an einem Stammschwesternkurs erhielt. Die Einladung kam schon „vor der Mauer" und sie hatte

„abgesagt, weil ich so im Aufbau war. Dachte, kannst ja noch mal später. Und dann kam die Mauer und dann konnte ich nicht mehr. Da war mir das verloren gegangen. Aber das ist, so auf den Hinblick, es ist alles Geschichte. Also ich sehe mein Leben, auch mit

---

280 Interview mit Gerda Kiesel am 30.04.2014.

diesen Dingen; mit Mauer, mit Flucht, Mauer und auch mit all den Begrenzungen. Sehe ich inzwischen aus meinen gut achtzig Jahren als eine Geschichte, die sich abgespielt hat und ich war mittendrin."[281]

Schwester Edith Stecher nahm die Existenz der Mauer, wie auch Schwester Elisabeth Kuske, sehr gelassen hin und resümierte im Interview: „Ich muss sagen, kann mich gar nicht mehr so richtig erinnern. […] das ist mir gar nicht mehr so einschneidend in Erinnerung. Das war dann so."[282]

Anders erlebte Schwester Liselotte Schenk den Mauerbau. Denn durch die dramatische Flucht der leiblichen Schwester in den Westen war „der Mauerbau […] ganz schlimm für uns". Schwester Liselotte erinnerte sich sehr genau daran, dass ihre Schwester zum Kirchentag nach West-Berlin gefahren war. Im Zug hatte sie über ihr Ziel gesprochen und wurde aus dem Zug geworfen. Sie stieg jedoch auf der anderen Seite des Zuges wieder ein, und fuhr in ein Zeltlager der Kirchentagsbesucher. Dort wurde sie von einem Spitzel entdeckt und dann „bei der Stasi" angeschwärzt:

„Und damit hatten sie ein Druckmittel gegen meine Schwester, die inzwischen im Michaelshof in Gehlsdorf in Rostock [arbeitete]. Und [sie] haben sie jede Nacht abgefangen, wenn sie zu ihrer Wohnung wollte, zu ihrem Zimmer, in dem Wald, der da war, sie musste durch irgendeinen Wald und dann wurde sie verhört und so lange erpresst, dass sie meinen Vater abhören sollte und alles über meinen Vater erzählen sollte und diesen, das hat meine Schwester natürlich nicht gemacht. Aber dieser Druck war so stark, dass sie es nicht mehr ertragen konnte. Und dann hat sie etwas organisiert. Im August war ja die Mauer gebaut worden. Da ist sie, im November war es bei kaltem Wetter, im Schlüpfer und

---

281 Interview mit Elisabeth Kuske am 17.06.2014.
282 Interview mit Edith Stecher am 23.05.2014.

Hemd durch die Elbe geschwommen, wo sie aber auf der anderen Seite empfangen wurde auf irgendeine Weise. Mein Vetter, der auch Pastor war, das war der Einzige, der davon wusste, indem er sie mit einem Motorrad zur Elbe gefahren hat an eine unwegsame Stelle. Und dann hat sie sich von ihm verabschiedet. Und dann war sie verschwunden. Und meine Eltern wussten nichts davon. [...] Und nach vielen Jahren konnte sie dann zum ersten Mal wieder zu uns kommen. Das war für meine Eltern schlimm."[283]

Schwester Barbara Roch erlebte den Mauerbau während ihres Studiums an der Kirchenmusikschule und verband diese Zeit mit der Erinnerung an die Flucht einiger Dozenten. Diese waren jedoch bereits im Sommer 1960 nach den Ferien nicht zurück an die Kirchenmusikschule gekommen. 1961 waren zum Semesterbeginn alle, bis auf einen Studenten, wieder da:

„Und der kam aber dann einen Monat später ganz fröhlich angereist und meinte, als er das [vom Mauerbau] gehört hat, er war in Süddeutschland und hat da als Student ein bisschen gejobbt. Und dann ist er weiter nach Österreich gefahren. Und als er das hörte, was da passiert war, hat er gedacht, hier kommst du nie wieder her und hat dann seine Semesterferien verlängert. Und kam dann ganz fröhlich über die Friedrichstraße wieder eingereist. Und als sie ihn fragten, wie das denn möglich wäre, hat er gesagt, er hätte im Grunewald gezeltet, und das hätte er nicht mitgekriegt. Aber dann waren wir alle wieder vollzählig."[284]

Schwester Margret Höhn kam 1961 aus der Schule und hatte „im Grunde so sehr viel gar nicht mitgekriegt" und der Mauerbau hatte für ihr Leben auch

---

283 Interview mit Liselotte Schenk am 10.04.2014.
284 Interview mit Barbara Roch am 23.05.2014.

„keinerlei Auswirkungen. Ich hatte keinen Kontakt mit drüben
so in dem Sinne, dass ich mal nach drüben fahren wollte. Oder
irgendwie. Da habe ich gar nichts mitgekriegt. Es war, als es hieß:
Die Mauer ist gebaut und ja. Aber sonst, kann ich nicht sagen. [...]
Ich bin ja dann so gleich in die Lehre nach Rostock und ins Stift
gekommen. Und ich hatte [...] kein Verlangen nach drüben oder
nach Berlin oder sonst was."[285]

Für Schwester Magdalena Walter hatte das Jahr 1961 dagegen existenti-
elle Auswirkungen, denn sie hatte drei große Ereignisse zu verkraften:
den Mauerbau, einen Schulverweis und den Tod ihres Vaters.[286]

Die Familie von Schwester Rosemarie Spiegel wollte am 13. August
1961 den jüngsten Sohn der Familie in West-Berlin besuchen. Er war als
14-Jähriger seit 1957 am Evangelischen Gymnasium „Graues Kloster"
in West-Berlin. Die Reisekoffer waren bereits gepackt, doch der Vater
bestand darauf, vor der Abreise noch zum Gottesdienst zu gehen. „Da
ging es nicht mehr. Ja. Dann war Schluss."[287]

Schwester Gudrun Wurche erlebte den Mauerbau als „ganz schreck-
liche Erfahrung", denn die Mutter, deren Familie aus Hessen kam, war es
gewöhnt, mindestens einmal im Jahr die Großeltern dort zu besuchen.
Als der Großvater im Juni 1961 starb, war die Beerdigung für sie die
letzte Chance nach Hause zu fahren:

„Das war für sie eine ganz furchtbare Situation. [...] Meine Oma
ist so oft wie möglich gekommen. Das ging nicht gleich, aber als
es dann ging. Als die Reisen wieder möglich wurden. Auch die
Verwandten haben versucht, den Kontakt zu halten. Ja, manchmal
nur auf Reisen, die sie nach Berlin gemacht haben, Tagesausflüge

---

285 Interview mit Margret Höhn am 30.06.2014.
286 Interview mit Magdalena Walter am 12.02.2014.
287 Interview mit Rosemarie Spiegel am 04.11.2014.

nach Ostberlin abgesprochen, dass man sich mal gesehen hat, dass der Kontakt nicht völlig abgebrochen ist."[288]

Auch Schwester Katharina Hahn erfuhr, dass durch den Bau der Mauer die familiären Kontakte einseitig wurden und sie als DDR-Bürgerinnen und Bürger darauf angewiesen waren, Besuch aus dem Westen zu bekommen; selbst aber keinen Gegenbesuch abstatten konnten:

„Mauerbau, wir haben Verwandte im Westen gehabt und zu denen auch regelmäßig Kontakt. Den Mauerbau habe ich so als neunjähriges Kind mitbekommen beim Gemeindefest, und man merkte bei der Stimmung der Erwachsenen, dass da irgendwas nicht in Ordnung ist, dass da irgendwelche Ängste sind. Mit uns Kindern wurde da nicht drüber gesprochen. Das hat man erst so später mitgekriegt. Also es war schon sehr einschneidend. Auch weil ja Verwandte aus dem Westen da waren und plötzlich hieß es, man darf sie nicht mehr besuchen. […] Einmal haben wir sie sogar mal besucht, weiß ich nicht, ob ich da schon zur Schule ging, aber vielleicht mal gerade so eben erste Klasse und dann war es aber nur noch so, dass die Verwandten kommen konnten."[289]

Ganz ähnliche Spannungen und Ängste waren auch in der Familie von Schwester Gertrud Heyden nach dem Bau der Mauer existent, daran erinnerte sich Schwester Gertrud im Interview:

„Da kann ich mich noch gut dran erinnern, […] da bin ich zehn Jahre alt gewesen. Wir waren in der Nähe von Berlin bei Verwandten zu einer Verlobungsfeier. Da wurde die Mauer gebaut, und es war von einem zum anderen Tag dicht. Die Verwandtschaft hatte ihre Kinder in getrennten Teilen, und ich erinnere mich sehr an

---

288 Interview mit Gudrun Wurche am 28.04.2014.
289 Interview mit Katharina Hahn am 23.06.2014.

dieses gespannte Verhältnis: Was wird mit den Kindern? Und wie geht es überhaupt weiter? Das war schon eine bedrückende Situation. Ich erinnere mich auch an meinen Vater, der sehr überlegt hat, ob er [...] rübergeht, noch irgendeine Chance nutzt und die Familie irgendwann nachholt, weil seine Wurzeln waren eben in West-Berlin, und [das] hat er dann aber nicht gemacht. Aber daran kann ich mich schon noch dran erinnern, und wir sind auch mal nach Berlin gefahren und haben uns die Mauer angeschaut, soweit wie man gehen konnte am Brandenburger Tor, das habe ich auch vor Augen."[290]

Die Eltern von Schwester Gabriele Spehling und auch von Schwester Barbara Ide hatten 1961 überlegt, die DDR zu verlassen. Die Eltern von Schwester Gabriele Spehling hatten den gemeinsamen Besuch des Berliner Kirchentages dazu nutzen wollen, um in West-Berlin zu bleiben, doch davon erfuhr die im Jahre 1961 erst Sechsjährige erst, als sie größer wurde. Als Kind spürte sie lediglich die Anspannung, die während dieser Tage in der Luft lag. Die Eltern von Barbara Ide wollten wegen der Geschwister mütterlicherseits in den Westen gehen, doch die Krankheit des Vater sowie die Schwierigkeit, mit sechs Kindern möglichst unauffällig die Ausreise zu schaffen, waren das ausschlaggebende Kriterium dafür, in der DDR zu bleiben.

Der Bau einer Mauer um West-Berlin und wenig später der Ausbau der gesamten Grenzanlagen nach Westen beeinflusste die meisten der befragten Diakonieschwestern deutlich. Kontakte nach West-Deutschland wurden komplizierter und es konnte zur Entfremdung von Familien und Freunden kommen, die durch den sogenannten Schutzwall getrennt worden waren. Die Schwesternschaft arbeitete aktiv daran, trotz widriger Bedingungen die Gemeinschaft als solche zu erhalten.

---

290 Interview mit Gertrud Heyden am 26.03.2014.

Alle Möglichkeiten der Begegnung wurden gerne genutzt. Paten-schaften entstanden, Brieffreundschaften wurden gepflegt und Ost-West-Treffen der Schwesterngruppen organisiert.

Die in diesem Kapitel behandelten politischen Repressionen waren in der DDR für alle der befragten Diakonieschwestern ein wichtiges Thema. Sie erlebten diese im Arbeitsalltag, in Schule und Hochschule. Der Bau der Mauer war dagegen für diejenigen Schwestern von beson-derer Bedeutung, die noch Verwandte im Westen hatten.

3. Arbeiten, Wohnen und gemeinsames Leben

In Deutschland lebten nach dem Zweiten Weltkrieg sieben Millionen mehr Frauen als Männer. Sie gestalteten den wirtschaftlichen und politischen Neuanfang aktiv mit und sicherten durch ihre harte Arbeit das eigene Überleben und das ihrer Familien. Die ersten Jahre nach dem Kriegsende erlebten viele Frauen als Teil einer großen „Überlebensgesellschaft".[291] 1955 waren mehr als ein Drittel aller in der DDR lebenden Frauen erwerbstätig. Drei Jahrzehnte später lag die weibliche Erwerbstätigkeit im Osten Deutschlands bei rund 90 %, wobei der Anteil von Frauen in Leitungsfunktionen sehr gering war.[292] In der Verfassung der DDR von 1968, in der die Führungsrolle der SED im Staat verankert wurde, hieß es im Artikel 24, Absatz 2, eine gesellschaftlich nützliche Tätigkeit sei eine „ehrenvolle Pflicht für jeden arbeitsfähigen Bürger"[293], demnach wurde das Recht auf eine Arbeit mit der Pflicht zu einer Arbeitsaufnahme auf das Engste miteinander verknüpft. Die Vollzeiterwerbsarbeit galt in Ostdeutschland anders als für die Frauen im Westen als das anzustrebende Ideal, die Teilzeiterwerbsarbeit wurde von der SED gezielt bekämpft. Entzogen sich beispielsweise Frauen wegen der Kindererziehung zu Hause der gesellschaftlichen Norm, wurden sie als „Faulenzerinnen" diskriminiert oder als „Heimchen am Herd" stigmatisiert. Als die Erwerbsarbeit in den 1980er Jahren jedoch auch in der DDR knapper wurde, heimlich gar von verdeckter Arbeitslosigkeit gesprochen wurde, entschloss sich die Parteiführung, den jungen Frauen Anreize zum Abschied aus dem Erwerbsleben anzubieten: Ab 1986 konnten junge Mütter mit ihrem ersten Kind ein Jahr lang bei 70 % Lohnfort-

---

291 Hildebrandt: Exkurs zur Frauenpolitik, in: Bütow, Stecker: EigenArtige Ostfrauen, 1994, 15.
292 Hildebrandt: Exkurs zur Frauenpolitik, in: Bütow, Stecker: EigenArtige Ostfrauen, 1994, 28.
293 Kaminsky: Frauen in der DDR, 2014, 51.

zahlung zu Hause bleiben.[294] Der Schwesternberuf strebte im Sozialismus ein neues Image an. Das Motiv für den Beruf, nämlich „helfen zu wollen", habe einen grundlegenden Bedeutungswandel erfahren, so konstatierten es die zwei Ärztinnen Dr. Susanne Hahn und Dr. Brigitte Rieske in einer 1980 veröffentlichten Untersuchung zum „Arzt-Schwester-Patient-Verhältnis im Gesundheitswesen der DDR". Schwestern seien in der DDR demnach im Gegensatz zur Vergangenheit zunehmend nicht mehr von karitativen Motiven geleitet und verstünden sich nicht mehr als „Dienerin des Arztes", sondern seien vielmehr von naturwissenschaftlichen und psychologischen Interessen inspiriert. Sozialistische Schwestern seien als Ehefrauen und Mütter gesellschaftlich voll integriert und könnten daher jedoch auch nicht mehr voll im Beruf „aufgehen". Dagegen unterlägen sie einer Doppelbelastung und der Wunsch nach Begrenzung der Arbeitszeit bringe zahlreiche Probleme für den Klinikbetrieb mit sich. Beobachten ließe sich die Tendenz der Schwestern, „aus dem Schichtdienst in den Tagesdienst überzutreten". Nötig seien, bei meist angespannten Personalsituationen im stationären Bereich, die Einplanung von Haushaltstagen, von Schwangerschafts- und Wochenurlauben sowie die Freistellung der Mütter nach Entbindungen und bei Krankheit. Eine ideale sozialistische Krankenschwester sei eine „allgemeingebildete Persönlichkeit", die ein Fachschulstudium absolviert habe. Die Gesellschaft habe den berechtigten Anspruch an sie, dass sie wissenschaftlich denken könne, Fakten zu bewerten in der Lage sei und fachliche Neugier zeige. Neben einer „soliden medizinischen Bildung" müsse sie psychologische Kenntnisse nachweisen, Wissen um gesellschaftliche Zusammenhänge sowie menschliche Reife haben. Insgesamt stellten Hahn und Rieske fest: „Eine gute Schwester ist heute eine kenntnisreiche Fachkraft, eine aktiv im gesellschaftlichen Leben stehende Persönlichkeit und ein guter Mensch zugleich." Von der Helferin sei die Schwester nunmehr zu

---

294 1976 war das bezahlte Babyjahr vom zweiten Kind an eingeführt worden. Zu den Inkonsequenzen der sozialpolitischen Maßnahmen – auch als „Muttipolitik" bezeichnet – siehe Hildebrandt in: Bütow, Stecker: EigenArtige Ostfrauen, 1994, 12–31.

einer Partnerin des Arztes geworden.[295] Eine ideale sozialistische „Arzt-Schwester-Patient-Beziehung" lasse für Egoismus und Karrierismus keinen Raum.[296] Inwieweit sich eine idealtypische sozialistische Schwester in der Praxis tatsächlich von einer „karitativ motivierten" Diakonieschwester unterschied, muss kommenden Untersuchungen vorbehalten bleiben.

3.1 Das Selbstverständnis der Diakonieschwestern

Das Alltagsleben[297] der Diakonieschwestern im Osten Deutschlands war vordergründig nicht sehr verschieden zu dem Alltagleben der im Westen tätigen Schwestern. Beide Gruppen einte die bewusste Entscheidung für einen gemeinsam mit anderen Schwestern zu gestaltenden Alltag, in dem die berufliche Tätigkeit und das, was heute als „Privatleben" verstanden wird, eng zueinander gehörten. Der Teil des Lebens, der eine Art Schnittmenge von Beruf und Freizeit darstellte und der das schwesternschaftliche Miteinander ausmachte, soll im folgenden Abschnitt näher erläutert werden. Im Alltag spielten vor allem das gemeinsame Wohnen, die gemeinsam eingenommenen Mahlzeiten sowie regelmäßiges Singen, Beten und nicht zuletzt die im Schwesternkreis gehaltenen Andachten eine große Rolle. Regelmäßig wurden auf Bezirksebene Treffen organisiert, die „Bezirkstage", auf denen sich die Schwestern formlos über aktuelle Ereignisse und auch Grundsätzliches austauschen konnten. Neben einem gemeinsam gestalteten Gottesdienst, waren diese Tage auch dazu gedacht, den Wissenshorizont der Schwestern zu erweitern und in entspannter Atmosphäre individuellen Austausch zu ermöglichen. Auch die Freizeit wurde von Diakonieschwestern gern gemeinsam gestaltet, beispielsweise bei „Rüstzeiten". So erinnerte sich beispielsweise

---

295 Hahn; Rieske: Arzt-Schwester-Patient-Verhältnis, 1980, 26 f.
296 Hahn; Rieske: Arzt-Schwester-Patient-Verhältnis, 1980, 112.
297 Vgl. Hähner-Rombach: Alltag in der Krankenpflege, in: Quellen zur Geschichte der Krankenpflege, 2008, 279–292; Hähner-Rombach (Hrsg.): Alltag in der Krankenpflege, 2009; Panke-Kochinke: Die Geschichte der Krankenpflege, 2001.

Schwester Erdmute Walter an gemeinsames Skifahren, Schwimmen, Wanderungen und gemütliche Lese- und Fernsehabende.

Nicht zum Alltag gehörten die Schwesterntage, die in der Regel jährlich in der Stephanus-Stiftung in Berlin-Weißensee stattfanden.[298] Schwester Christine Eichler wechselte nach zwölf Jahren in Neinstedt 1982 zur Stephanus-Stiftung[299] nach Berlin-Weißensee, wo sie bis 1992 blieb. Ihre Aufgabe war es unter anderem,

> „ein Stückchen die Verbindung zwischen dem Heimathaus Zehlendorf, der Schwesternschaft [zu pflegen] und [eine] Tagungsmöglichkeit für die Schwesternschaft, für die Oberinnenkonferenz, für das Treffen zwischen Ost und West, der Schwestern am Schwesterntag in Berlin-Weißensee [zu schaffen]. In den Räumen der Stephanus-Stiftung ein bisschen für die Schwesternschaft da zu sein. Das war eine Gratwanderung."[300]

Die Friedenskirche in der Stephanus-Stiftung war eine normale Gemeindekirche, in der regelmäßig Gottesdienste gehalten wurden. Zudem fanden hier Tagungen und Treffen zwischen Ost- und West statt sowie Bibelwochen der Evangelischen Kirche in Deutschland. Hierzu kamen

---

298 Die Stephanus-Stiftung war Ende des 19. Jahrhunderts als Einrichtung für haftentlassene Frauen gegründet worden. 1950 fand hier mit der Zustimmung der sowjetischen Kommandantur die Generalsynode der Evangelischen Kirche Deutschlands statt, die als Weißenseer Friedenssynode bekannt wurde. Ab 1953 befand sich hier ein Alten- und Pflegeheim und seit 1970 wurden auch Menschen mit Behinderungen aufgenommen. Die Stiftung wurde außerdem zum ökumenischen Tagungs- und Begegnungszentrum für Menschen aus Ost und West. Sie unterhielt zahlreiche Außenstellen wie Heime und Tagesstätten sowie eine Ausbildungsstätte für Diakone. In: Röper: Die Kunst der Nächstenliebe, 2013, 150 f.

299 Vgl. Braune: Erfahrungen und Erlebnisse als Leiter der Stephanus-Stiftung vor, während und nach der Wende, in: Jahrbuch für Berlin-Brandenburgische Kirchengeschichte (Sonderdruck), 2005, 321–339.

300 Interview mit Christine Eichler am 29.03.2014.

Abb. 8: Boltenhagen, ca. 1980, Bibelrüstzeit,
Schwester Margarete Voß (vorne links sitzend)

Teilnehmerinnen aus Westdeutschland und häufig auch aus den Niederlanden. Die westdeutschen Teilnehmerinnen und Teilnehmer wohnten meist in West-Berlin, die aus der DDR meist in der Stephanus-Stiftung. Wenn sich die Wege nach dem offiziellen Programm am Abend trennten, waren die Abschiede „oftmals emotional sehr aufgeladen".[301] Als besondere Erlebnisse nahm Schwester Christine auch die Tagungen und Treffen der Diakonieschwesternschaft wahr, wie etwa die Schwesterntage und die Oberinnenkonferenzen, aber auch die Patenschaftstreffen zwischen Gemeinden in Westdeutschland und Gemeinden in der DDR. In der Friedenskirche fanden auch die Einsegnungsgottesdienste der Diakonieschwesternschaft statt. Meist begann der Schwesterntag mit einem gemeinsamen Gottesdienst. Berichte wurden gegeben und es wurde viel

---

301 Interview mit Christine Eichler am 29.03.2014.

gesungen. Die Schwestern aus dem Westen brachten meist solche Sachen mit, die in der DDR Mangelware waren. Besonders freuten sich die jungen Schwestern über das Obst, das aus dem Westen als „Reiseverpflegung" mitgebracht wurde. Dies wurde meist in großen Körben gesammelt und bei Gelegenheit verteilt.[302]

3.2 Die Ausbildung zur Kranken- und Kinderkrankenschwester

Die Entwicklung des Krankenpflegeberufs verlief in Ost und West recht unterschiedlich. Im Westen bildeten sich die großen Pflegeorganisationen neu.[303] Erst im Jahre 1957 wurde das erste bundesdeutsche Krankenpflegegesetz verabschiedet und 1965 novelliert. Die Diskussion um den Ausbildungsstandard in der Krankenpflege blieb kontrovers, ab den 1970er Jahren setzte sich zunehmend die Tendenz zur stärkeren theoretischen Fundierung des Berufes durch. In der Sowjetischen Besatzungszone wurde die Arbeit in der Krankenpflege durch die „Verordnung über die berufsmäßige Ausübung der Krankenpflege" von 1946 an die Auflage gebunden, dass die auszubildenden Pflegekräfte politischen Unterricht erhielten und staatlich geprüft werden mussten. Innerhalb dieser staatlichen Vorgaben bewegten sich auch die Regelungen für die konfessionellen Ausbildungsstätten. Die Ausbildung der Krankenschwestern in der DDR richtete sich für alle Pflegekräfte zunächst weiter nach dem Krankenpflegegesetz von 1938 in der Fassung von 1942 und sah eine zweijährige Ausbildung mit 200 Stunden Theorie vor. Die Zahl der theoretischen Unterrichtsstunden wurde auf 400 verdoppelt.

Trotz der Vorgabe, Krankenpflegeschulen ausschließlich an staatlich-kommunalen Krankenhäusern zuzulassen, wurden die meisten der bestehenden konfessionellen Schulen „individuell durch Verhandlungen

---

302 Interview mit Monika Flammiger am 19.02.2014.

303 Vgl. Kreutzer: Vom „Liebesdienst" zum modernen Frauenberuf, 2005; und Kruse: Der Anfang nach dem Ende, 2008.

mit den zuständigen Behörden"[304] anerkannt. Konfessionelle Krankenpflegeschulen existierten beispielsweise von Diakonissenmutterhäusern
Kaiserswerther Prägung, Häusern der Gemeinschaftsdiakonie[305] und
der Freikirchen, Diakonieseminaren der Diakonieschwesternschaft und
anderen Schwesternschaften des Verbandes für Evangelische Diakonie
in der DDR, zum Beispiel im Sophienhaus in Weimar. Hier fand parallel zu staatlichen Ausbildungsstätten eine „krankenpflegerische Ausbildung und Einübung in Theorie und Praxis sowie die geistliche Zurüs-
tung für den Dienst einer evangelischen Krankenschwester oder eines
Krankenpflegers"[306] statt.

Als Leitbild der Ausbildung und Arbeit formulierte Oberin Anne
Heucke 1973 folgende Grundsätze:

„Der Mittelpunkt auch in einem modernen Krankenhaus mit sei-
nem oft hektischen Tagesablauf wird immer der hilfsbedürftige
Mensch bleiben müssen, wenn wir Kranke pflegen wollen nach
dem Gebot unseres Herrn. Den Notleidenden gilt es, in seinem
Person-sein, in seinem Leiden an Körper und Seele, als ganzen
Menschen anzunehmen und ihm zu helfen."[307]

Bezogen auf die gesetzlichen Vorgaben bei der Ausbildung in der Kran-
ken- und Kinderkrankenpflege lassen sich für den Untersuchungszeit-
raum vier Perioden unterscheiden:
- 1945–1951: zweijährige Ausbildung, im Wesentlichen gemäß der
  Vorkriegsgesetze

---

304 Thiekötter: Pflegeausbildung, 2006, 93–94.
305 Vgl. Peetz: Partnerschaft im Bereich der Gemeinschaftsdiakonie, in: Diakonische
Partnerschaften, 2012, 167–169.
306 Heuke: Vielfältig ist der Dienst, 1973, 23.
307 Heuke: Vielfältig ist der Dienst, 1973, 23. Anmerkung: In der Druckschrift von 1973
ist der Name der Autorin falsch abgedruckt worden. Die Autorin ist die 2014 interviewte
Oberin Anne Heucke.

- 1951–1961 (bzw. 1965): Ausbildung an Fachschulen, wobei die „Unterstufe" der Ausbildung entsprach, „Mittelstufe" und „Oberstufe" bereits verschiedenen Weiterbildungen
- 1961/65–1974: Lehrlingsausbildung mit Facharbeiterabschluss; zusätzliche Möglichkeit der „Erwachsenenqualifizierung" als Option für die konfessionellen Häuser
- 1974–1990: Studium an medizinischen Fachschulen, als „Direktstudium" oder als „Fernstudium" möglich

Nachdem am 7. Oktober 1949 die DDR gegründet wurde, kam es in den Jahre 1950 und 1951 zu einer grundlegenden Neuordnung der Krankenpflegeausbildung: Die Krankenpflegeschulen an staatlichen Häusern wurden in staatliche medizinische Fachschulen umgewandelt. Gemäß der „Anordnung über die Neuordnung der Ausbildung in der Krankenpflege" vom 11. Januar 1951, veröffentlicht im „Gesetzblatt der Deutschen Demokratischen Republik", Nr. 7, vom 23. Januar 1951, dauerte die Unterstufe „im Allgemeinen ein Jahr", scheint aber in der Praxis wohl weiterhin zweijährig durchgeführt worden zu sein[308], doch mit deutlich erhöhter Anzahl der Theoriestunden. Darauf folgte berufsbegleitend eine fach- oder funktionsbezogene weiterbildende „Mittelstufe" und gegebenenfalls eine „Oberstufe", die zu Leitungs- und Unterrichtsaufgaben befähigte. Die Kinderkrankenpflege-Ausbildung, in den 1950er Jahren noch „Säuglings- und Kleinkinderpflege", gestaltete sich in diesen wie auch in den späteren gesetzlichen Regelungen jeweils parallel zur Krankenpflege.

Obwohl die konfessionellen Schulen nicht den Status der staatlichen Fachschule erhielten, durfte die zweijährige Ausbildung („Unterstufe") dort weiter durchgeführt werden.[309] Zu den gesetzlich vorgeschriebenen Ausbildungsinhalten trat bei den konfessionellen Krankenpflegeschulen noch die biblisch-diakonische Unterweisung. Die politisch geprägten

---

308 ADV W 5580.
309 „Steidle-Erlass", in: ADV W 6577, Schreiben vom 07.12.1973.

Fächer, wie etwa Marxismus-Leninismus (ML), unterrichteten Lehrer der staatlichen Schulen.[310]

Im Jahr 1961 trat eine weitere Neuordnung in Kraft: Die Krankenpflegeausbildung wurde, zunächst zur Erprobung an Modellschulen, ab 1965 verpflichtend, einer Lehrlingsausbildung mit Facharbeiterabschluss zugeordnet. Die Zulassungsvoraussetzung für diese, ab 1961 dreijährige, ab 1965 zweieinhalbjährige Ausbildung war der Abschluss der zehnten Klasse einer polytechnischen Oberschule (POS). Sie enthielt 1.890, später 1.640 theoretische Unterrichtsstunden.[311] Die Ausbildung konnte auch im Rahmen einer sogenannten „Erwachsenenqualifizierung" durchgeführt werden und war in drei Qualifizierungsabschnitte abgestuft: A1 und A2 (gestufte) pflegerische Hilfskräfte, A3 Krankenschwester beziehungsweise Säuglings- und Kinderkrankenschwester.

Für diese Form der Ausbildung, der „Erwachsenenqualifizierung", war der A2-Abschluss mit 238 Stunden theoretischem Unterricht zwingend die Voraussetzung für die A3-Qualifizierung.[312] Bei den weiteren Qualifizierungsabschnitten A4–A8 handelte es sich um Weiterbildungen, z. B. zur Fachkrankenschwester für unterschiedliche Bereiche (A4) oder zur Stationsleitung (A5).[313]

Wie Andrea Thiekötter betont, waren mit dieser Umstellung die kirchlichen Ausbildungsstätten in der DDR keine staatlich anerkannten Krankenpflegeschulen mehr, und sie konnten die Ausbildung nur noch im Rahmen der „Erwachsenenqualifizierung" durchführen.[314] Dabei umfasste die auf einem A2-Abschluss aufbauende A3-Qualifizierung ungefähr zwei Jahre.[315] Zusammen mit dem Pflegevorjahr, gegebenenfalls mit A2-Abschluss, ergaben sich demnach ebenfalls drei Jahre. Folgt

---

310 Thiekötter: Pflegeausbildung, 2006, 95–96 und 111–112 und 213–218.
311 Thiekötter: Pflegeausbildung, 2006, 113–119.
312 Thiekötter: Pflegeausbildung, 2006, 140.
313 Thiekötter: Pflegeausbildung, 2006, 120–121.
314 Thiekötter: Pflegeausbildung, 2006, 145–146.
315 Thiekötter: Pflegeausbildung, 2006, 140.

man der Aktenlage des Archivs des Evangelischen Diakonievereins, scheint es jedoch von Bezirk zu Bezirk Unterschiede gegeben zu haben, unter Umständen auch von Haus zu Haus. Dies müsste in Zukunft detaillierter erforscht werden; es ist im Rahmen dieser Interviewstudie nicht möglich. An einigen Häusern konnte die Ausbildung unverändert weitergeführt werden, an anderen, wie beispielsweise im Wittenberger Paul-Gerhardt-Stift, wurde das Pflegevorjahr so konzipiert, dass am Ende der staatliche „A2-Abschluss" erworben wurde. Aufbauend erfolgte im Rahmen der „Erwachsenenqualifizierung" die Kranken- oder Kinderkrankenpflegeausbildung.[316] Innerhalb der Diakonieschwesternschaft folgte dann in der Regel noch ein „Aufbaujahr" mit 50 Unterrichtsstunden.

Ab 1974 wurden die Pflegeausbildungen wieder in das medizinische Fachschulsystem integriert, und zwar als Fachschulstudium in den Fachrichtungen Krankenpflege oder Kinderkrankenpflege. Die inhaltlich stark medizinorientierten Ausbildungen konnten als dreijähriges „Fachschul-Direktstudium" oder als „Fachschul-Fernstudium" durchgeführt werden. Konfessionelle Krankenhäuser konnten nun nur noch in Kooperation mit staatlichen medizinischen Fachschulen ausbilden. Gemäß einer „Ausbildungsvereinbarung"[317], die 1975 zwischen dem Staat und der Evangelischen Kirche beziehungsweise mit der Katholischen Kirche abgeschlossen wurde, konnten kirchliche Mitarbeiter „in Ausnahmefällen" auch zum Direktstudium an staatliche Fachschulen delegiert werden. Dies erfolgte „in der Regel" jedoch als „Fernstudium" im Rahmen der „Erwachsenenqualifizierung", wobei der Unterricht an dem konfessionellen Haus stattfinden konnte. Wenn dies der Fall war, war die kirchliche Einrichtung gegenüber einer staatlichen Fachschule

---

316 ADV W 6577: Schreiben vom 03.09.1965.
317 ADV W 6579 A: „Vereinbarung über die Ausbildung von mittleren medizinischen Fachkräften für eine Tätigkeit in evangelischen Gesundheits- und Sozialeinrichtungen in der Deutschen Demokratischen Republik – Ausbildungsvereinbarung – vom 2. Juni 1975."

„rechenschaftspflichtig" und die politisch-weltanschaulichen Unter-
richtsfächer erteilten grundsätzlich die Lehrer der Fachschule.
An den medizinischen Fachschulen, die mit katholischen oder evangelischen Häusern verbunden waren, wurden „konfessionelle Klassen"
eingerichtet, in denen die Studierenden aus kirchlichen Häusern zum
Unterricht zusammengefasst wurden. Diese Klassen wurden als „FKo"
bezeichnet und die Abkürzung stand für ein Fernstudium mit konfessionellen Schwestern.[318] Ein von den kirchlichen Häusern eigenständig
durchgeführtes einjähriges „Pflegevorjahr" war die Voraussetzung für
die Aufnahme in das dreijährige Fachschulstudium, sodass die Ausbildung an diesen Häusern de facto vier Jahre dauerte.[319] Daneben gab es
kirchliche, nicht staatlich anerkannte Ausbildungen, zum Beispiel zur
Katechetin oder Kinderdiakonin. Dazu zählte auch die Ausbildung in
der Heimdiakonie, worauf in Kapitel 4 ausführlicher Bezug genommen
wird.

Die Erfahrungen der Schülerinnen

Den jungen Diakonieschwestern wurde in der Ausbildung sehr schnell
Verantwortung übertragen. Selbst wenn ihre Schulbildung kriegsbe-
dingt ohne regulären Abschluss geblieben war, kamen die Schülerinnen
des Diakonievereins schneller in höhere Kurse, als es dem Ausbildungs-
verlauf üblicherweise angemessen gewesen wäre. Schwester Magdalena
Walter erinnerte sich:

„Oberin Ackermann, die damals die Leitung hatte, meinte, dass
wir es schaffen würden neben dem Neuen, was uns im ersten Kurs
erwartete, auch das Vorjahr nachzuholen. Gerade also Anatomie
mussten wir sehr viel nachholen, wir mussten auch gleich in die
Nachtwache, weil wir ja älter waren als die anderen. Wir waren

---

318 Interview mit Barbara Roch am 25.05.2014.
319 Thiekötter: Macht und Pflege, 2006, 214–220; Thiekötter: Pflegeausbildung, 2006,
147–148; Roper: Katholische Krankenpflegeausbildung, 122 ff.; und ADV W 6577.

ja schon über 18 [...] in der großen Anatomiearbeit haben wir versagt und die anderen drei haben das Paul-Gerhardt-Stift verlassen. Nur ich bin da geblieben, weil ich eigentlich keine andere Möglichkeit auch hatte. Ich kam in den ersten Kurs [...] ein kleiner Kurs [...] es war jedenfalls nicht leicht, dieser Weg."[320]

Die Diakonieschwestern erlebten die praktische Arbeit häufig als gleichzeitige Unter- als auch Überforderung. So mussten sie einerseits sehr umfangreiche Putzarbeiten erledigen, wurden andererseits sehr früh in die volle Verantwortung für Patienten gestellt, für die sie in der Theorie noch keine ausreichenden Kenntnisse vermittelt bekommen hatten. Schwester Freia Erbach musste in Güstrow zu Beginn der Ausbildung beispielsweise die Steckbecken scheuern. Weitere Aufgaben der jungen Schülerin waren unter anderem: Staub zu wischen, Fieber und Pulsfrequenzen zu messen („zu pulsen") und das Essen an die Patienten auszuteilen. Um zehn Uhr abends mussten alle Diakonieschwestern im Wohnheim sein, dann war die nächtliche Bettruhe angeordnet. Zur Kontrolle ging die Hausschwester zu den Schülerinnen, wünschte jeder einzelnen eine „Gute Nacht" und unterhielt sich kurz mit ihr. Schwester Freia empfand dieses abendliche Ritual als positive Zuwendung in einer persönlichen und familiären Atmosphäre, die bewirkte, dass sie sich wohl fühlte und Heimweh kein Thema für sie war.

Im theoretischen Unterricht zum Sozialismus war nach Schwester Monika Findeisens Erinnerung der Lehrer sehr loyal zu den christlichen Schwestern und erteilte „mehr Gesellschaftskunde", anstatt sie „irgendwelchen politischen Beeinflussungen"[321] auszusetzen. Der erwähnte Lehrer war kriegsversehrt und kam nach eigener Aussage gerne in das Anna-Hospital, weil die Diakonieschülerinnen in seinem Unterrichtsfach aufmerksam und diszipliniert waren. Nach zwei Jahren Ausbildung kamen zum Examen ein Bezirksarzt, eine Unterrichtskraft von der

---

320 Interview mit Magdalena Walter am 12.02.2014.
321 Interview mit Monika Findeisen am 07.04.2014.

staatlichen Fachschule, der Chefarzt und die Unterrichtsschwester. Die Prüfungen fanden an einem Tag statt, die Schülerinnen kamen immer wieder in das Prüfungszimmer mit jeweils unterschiedlichen Themen. Abends wurde den Prüflingen ihr Ergebnis mitgeteilt.

Für Schwester Christine Eichler war es wichtig, die Krankenpflegeausbildung mit einem staatlichen Abschluss abzuschließen. Damit hatte sie die Möglichkeit, sich jederzeit frei entscheiden zu können, ob sie in der Diakonieschwesternschaft bleiben wollte oder nicht. Die Ankunftsszene am Tag vor ihrem Ausbildungsbeginn war für sie unvergesslich. Präzise schilderte sie die Situation fast genau 60 Jahre später:

„Mit einem großen Lederkoffer, das weiß ich noch wie heute, der mein ganzes Hab und Gut, zum Anziehen und so, hatte, fuhr ich früh weg von Wolfen, war am späten Nachmittag oder am frühen Abend in Arnstadt, ein paarmal umsteigen. Und kam an, wurde glaube ich abgeholt vom Bahnhof, wurde von der Oberin Seidel empfangen, und, ich musste als Erstes, nachdem ich meinen Koffer im Zimmer, Fünf-Bett-Zimmer (!), abgestellt hatte, zur Anprobe der Tracht in die Nähstube. Da wurde mir die Tracht gegeben, die ich ab dem nächsten Tag zu tragen hatte. Ich wurde gekämmt: Mittelscheitel, Knoten. Und dann ging es zum Abendbrot im kleinen Kreis der anderen, die noch angereist waren, und dann ins Zimmer zurück. Da hatte ich eins dieser fünf Betten, einen Spind. Da passte bequem alles das, was ich in meinem Koffer mitgebracht hatte, rein. Inzwischen waren auch die anderen da. Und wir haben am Abend dann nachher zusammen gesessen, beziehungsweise gestanden und haben aus Zahnputzbechern Himbeersaft getrunken des Willkommens miteinander. Das war unser Einstand. Und am nächsten Morgen um sechs Uhr ging's auf Station. Ich habe angefangen im Säuglingszimmer der Entbindungsstation. Ich hatte nie ein kleines Kind bis dahin in der Hand gehabt – und nun: Ich habe vor Angst geschlottert vor diesem Neugeborenen, aber es hat nicht lange gedauert, da hatte ich mich daran gewöhnt."[322]

Oberin Barbara Ide erinnerte sich vor allem daran, dass ihr zu Ausbildungsbeginn eingeschärft worden war, dass die Eltern den Schwestern ihr Liebstes brachten, nämlich ihr krankes Kind, das leider ins Krankenhaus musste: „Wir mussten da wirklich lernen, damit umzugehen."

Unterstützung beim Lernen fand Oberin Barbara Ide auch in der theoretischen Ausbildung. So hatte sie eine handschriftliche Hausarbeit über ihre Erlebnisse im Pflegealltag anzufertigen. Eine ihr vorgesetzte Mitschwester half ihr hierbei. Nach der ersten grundsätzlichen Kritik an der Schrift und der Aufforderung, die Hausarbeit noch einmal zu schreiben, folgte eine ausführliche Auseinandersetzung zu dem Inhalt der Arbeit und es wurde

„so daran umhergefeilt, dass ich letztendlich die Note, die ich dann bekommen hab, die hat Schwester Renate ein Stück mitverdient, weil sie da wirklich auch hinterfragt hat und ein Stück auch geschulmeistert hat und auch in ihrer Strenge und präzisen Art das ganz genau wissen wollte, und entsprechend ist dann meine Arbeit geworden. Das war für mich auch eine wichtige Schule."[323]

Oberin Ide erlebte im Kreiskrankenhaus Hagenow während ihrer Ausbildung die Zusammenarbeit von Diakonieschwestern mit staatlich angestellten Schwestern. In der konfessionellen Krankenpflegeschule des Kreiskrankenhauses lernten die zwei Gruppen in parallelen Klassen. Vergleiche zwischen den Schwestern waren an der Tagesordnung. Die an der staatlichen Schule ausgebildeten Schwestern fuhren an ihren freien Tagen nach Hause, die Diakonieschülerinnen blieben dagegen meist im Internat. Außerdem arbeiteten die staatlich organisierten Schülerinnen

---

322 Interview mit Christine Eichler am 29.03.2014.
323 Interview mit Babara Ide am 05.04.2014.

im Dreischichtsystem, während die Diakonieschülerinnen regelmäßig im Teildienst tätig waren. Was jedoch für Oberin Barbara Ide den größten Unterschied zwischen den staatlich ausgebildeten Schwestern und den konfessionell ausgebildeten Schwestern ausmachte, war die Tatsache, dass die Diakonieschwestern ein starkes Gemeinschaftsgefühl miteinander entwickelt hatten und „natürlich ein ganz anderer Schulterschluss" zwischen ihnen spürbar war:

> „Wenn ich gerade heute mein literarisches Denken sehe, das hat Schwester Renate auch sehr geprägt, weil sie meistens das Sonntagsfrühstück dafür genutzt hat, uns auch bestimmte Schriftsteller nahezubringen, ich denk da gerade an Janusz Korczak oder so, wo dann Schwester Renate eben gesagt hat, sie hat das und das Buch gelesen und hat sich mit der Biographie von Janusz Korczak ein bisschen mehr befasst und ich weiß, dass mich das auch immer sehr beeindruckt hat und mich da auch in meinem Denken beeinflusst. Kann man sich heute gar nicht mehr vorstellen. Heute muss man seine Arbeit machen. Damals, also man hatte Sonntagsdienst und dennoch war es aber auch für uns im Miteinander auch eine Gemeinschaft, die sich eben auch miteinander mit solchen Dingen befasst. Also da ist keiner aufgestanden und hat gesagt, das interessiert mich jetzt nicht oder so, sondern es war was Gemeinsames."[324]

Oberin Hella Meyer erinnerte sich an ihre Ausbildungszeit in Wolfen. Dort waren lediglich auf zwei Stationen Diakonieschwestern als Stationsschwestern eingesetzt und sie selbst war die letzte Diakonieschülerin dort gewesen. Der Gestellungsvertrag zwischen der Diakonieschwesternschaft und der Betriebspoliklinik in Wolfen lief aus und ihr

---

324 Interview mit Babara Ide am 05.04.2014. Der im Zitat erwähnte Janusz Korczak (1878–1942) war ein polnischer Arzt und Kinderbuchautor sowie ein bedeutender Pädagoge.

persönlich war bereits gekündigt worden. Dennoch fühlte sie sich sehr wohl, auch weil die Sitten nicht ganz so streng waren, wie sie es vom Diakonieverein her gewohnt gewesen war. So durfte sie beispielsweise in der Sommerzeit ohne Strümpfe zur Arbeit gehen, was im Paul-Gerhardt-Stift in Wittenberg nicht gestattet war. Auch dass sie Leinenschuhe bei der Arbeit trug war außergewöhnlich. In der Erinnerung resümierte sie: „Es war eigentlich eine ganz schöne Zeit."[325] Ihr Unterricht im vierten Kurs, dem Examenskurs, wurde unter anderem vom Internistischen und vom Chirurgischen Chefarzt fachspezifisch erteilt. Die sogenannte Gegenwartskunde erteilte dagegen ein Lehrer „von außerhalb", und zwar „ein paar Mal in der Woche abends eine Stunde". Das Examen bestand aus dem praktischen Teil, in dem Instrumente benannt oder eine Punktion vorbereitet werden mussten. Die theoretische Prüfung verlief 1959 für Oberin Hella Meyer in Wittenberg folgendermaßen:

> „Und ich weiß noch, wir saßen in einer Reihe und wir als Schülerinnen saßen davor und kriegten dann unsere Fragen und mussten dann erzählen, und der Kreisarzt unterhielt sich dann immer mit dem chirurgischen Chefarzt. Also man musste nicht große Angst haben und immer denken, die gucken dir immer auf den Mund […] aber trotzdem haben wir alle ein sehr gutes Examen abgelegt. […] Nach dem Examen, jetzt weiß ich nicht mehr, ob das am gleichen Tag war oder an einem der nächsten Tage, gab es dann immer die sogenannte Examensfeier. Der Kurs, der praktisch nach uns kam, […] hat] immer die Examensfeier […] ausgerichtet. Es gab immer eigentlich irgendein Spiel und dann zu essen und zu trinken und zu berichten, das war immer eine sehr schöne Sache."[326]

Die Ausbildung zur Diakonieschwester in der DDR erlebten die befragten Schwestern überwiegend als persönliche Herausforderung und als

---

325 Interview mit Hella Meyer am 07.04.2014.
326 Interview mit Hella Meyer am 07.04.2014.

Bereicherung. Sie lebten auf engem Raum zusammen, lernten ihr praktisches Handwerk am Bett der Kranken und vertieften das, was für viele medizinisch-pflegerisch neu war, in den Unterrichtsfächern. Das gemeinsame Leben, Lernen und Arbeiten während der anstrengenden Ausbildung prägte sie oft lebenslang.

3.3 Arbeitserfahrungen im Klinikalltag

Die Arbeitserfahrungen, über die Diakonieschwestern in den Interviews berichteten, wurden überwiegend im stationären Klinikalltag gewonnen. Erfahrungen in der Gemeindepflege und der Arbeit mit geistig und körperlich beeinträchtigten Menschen waren dagegen seltener. Der stationäre Klinikalltag zeichnete sich durch eine starre Hierarchie zwischen den Ärzten und Pflegenden aus und war meist durch großen Respekt und strenge Distanz der Schwestern zu den Ärztinnen und Ärzten gekennzeichnet. Die befragten Diakonieschwestern verglichen in ihren Erzählungen häufig die Arbeitsbedingungen, die sie in der DDR als Norm erlebten, mit denen, die nach der „Wende" üblich wurden, wie es Oberin Barbara Ide am Beispiel der Krankenhausbetten erläuterte: „Die Betten […], die haben gestanden, wo sie standen, und wir mussten dann die Patienten im Rollstuhl oder irgendwohin transportieren. Heutzutage fahren die mit den Betten in die Funktionsbereiche, und das ist einfach schon im Vergleich." Zudem gab es unterschiedliche Hygienevorstellungen und die „Angst vor Keimen", die Anlass für Vergleiche zwischen „früher und heute" sowie zwischen Ost und West boten. Die Angehörigen der Patienten und Patientinnen wurden in Ostdeutschland, wie es auch im Westen üblich war, bis in die 1980er Jahre sehr stark auf räumliche Distanz gehalten. Eltern durften beispielsweise ihre kranken Kinder nur durch Glasscheiben sehen und in keinen körperlichen Kontakt zu ihren Kindern kommen. Ebenso wurde streng auf die Einhaltung der festgesetzten Besuchszeiten geachtet. Daher, so fand Oberin Barbara Ide, hatten die Patienten einen relativ schwierigen sozialen Kontakt nach Hause, und das Leben im Krankenhaus war „viel abgeschlossener, viel mehr als Institution". Auch das Verhalten der Patienten war „damals auch irgendwo ganz anders". Oberin Ide erinnerte sich, dass sich die Patientinnen und Patienten in der DDR stark „in die Krankenhauswelt" untergeordnet haben, denn „die Bestimmer" waren die Ärzte oder „auch zum Teil wir Schwestern".[327]

Oberin Eva-Maria Matzke erinnerte sich an die Arbeitsbedingungen im Sophienhaus Weimar im Jahre 1979, als sie gerade 18 Jahre alt geworden war:

> „Und das war ein ganz kalter Winter, das kann sich heute auch keiner mehr vorstellen, da gab es stundenlang keinen Strom und wir hatten Minusgrade und haben sozusagen die Patienten bei Kerzenschein versorgt, weil eben kein Strom da war. In der DDR gab es Braunkohletageabbau, und bei minus 20 Grad konnte man da kaum die Kohle fördern, also gab es rationiert Strom, zwei Stunden am Tag, da konnte man schnell sterilisieren. Und ansonsten hatten wir Gas, da wurde das Waschwasser heiß gemacht in den Kochkesseln, dann zum Patienten getragen bei Kerzenschein, könnte heute keiner sich mehr vorstellen."[328]

Oberin Ide erinnerte sich in Bezug auf ihren ersten Arbeitstag in Hagenow, dass nach einer herzlichen Begrüßung ihre Schwesternkleidung angepasst wurde. Das anschließende gemeinsame Essen im Schwesternkreis war für sie

> „etwas ganz Besonderes [....] diese Art, wie es im Diakonieverein üblich war, alle haben gesessen, man sprach ein Tischgebet und bis man dann so fertig war, hinterher wurde die Post ausgeteilt, namentlich aufgerufen, zu beiden Seiten stand jemand, der dann die entsprechenden Briefe verteilt hat, also eine ganz andere Zeit."[329]

---

327 Interview mit Barbara Ide am 05.04.2014.
328 Interview mit Eva-Maria Matzke am 07.05.2014.
329 Interview mit Barbara Ide am 05.04.2014.

Oberin Hella Meyer erinnerte sich an ihren ersten Arbeitstag als eine große Überforderung. Die Station, auf die sie kam, hatte gut zwanzig chirurgische Betten; es war eine gemischte Station für Männer und Frauen. Erwartet hatte die damalige Schwester Hella, dass sie am Tag nach ihrer Anreise in Wittenberg 1957 in die Arbeit langsam eingewiesen würde und dass ihr theoretisch erklärt würde, was zu tun sei. Die Praxis sah jedoch anders aus:

> „Man ging also früh gleich auf Station und wurde einfach in den Alltag reingeworfen. Und man war, so wie ich mich erinnere, einer älteren oder auch examinierten Schwester dann praktisch an die Hand gegeben und wurde gleich an die Sachen herangeführt, Patienten waschen, Betten machen, Frühstück verteilen, diese Dinge alle."[330]

Das Prinzip des „Reingeworfen-Werdens" war der damalige Standard in Ost und West zur Einarbeitung der Schülerinnen, der je nach Ort, zuständigen Persönlichkeiten und speziellen Umständen, etwa verschärfter Personalnot, intensiviert werden konnte. Beispielsweise berichtete Oberin Hella Meyer über eine große Grippewelle im Jahr 1957, die viele Schwestern erfasst hatte, auch ihre Unterrichtsschwester, sodass es eine „schlimme Situation für das Haus war". Glücklicherweise hatte sie sich inzwischen in den Arbeitsablauf eingefügt und konnte „kleine Aufgaben" erfüllen. Praktische Hilfe bekam Oberin Meyer als junge Schwester von einem älteren Pfleger, der im Krieg als Sanitäter tätig gewesen war, der ihr „vieles zeigte" und sie an „vieles [he]ranführte". Nach zwei Monaten Einarbeitungszeit kam Oberin Hella Meyer bereits im Dezember, kurz vor Weihnachten, auf eine Säuglingsstation. Dies ist für sie als eine große Herausforderung in Erinnerung geblieben, denn ihre Stationsschwester war sehr streng mit ihr. Vorteilhaft empfand sie es, dass sie den Umgang mit kleinen Kindern bereits von zu Hause her kannte. Auf der Kinder-

---

330 Interview mit Hella Meyer am 07.04.2014.

station erlebte die junge Schwester Hella das erste Weihnachtsfest fernab von ihrer Familie. Dies war ein „sehr einschneidend[es]" Erlebnis, und sie erinnerte sich, von der Stationsschwester ein Taschentuch geschenkt bekommen zu haben, „falls ich weinen müsste".

An einen typischen Tagesablauf im Paul-Gerhardt-Stift in Wittenberg erinnerte sich Schwester Marianne Bäsler folgendermaßen: In der Früh, gegen viertel vor sechs, ging die jeweils zuständige Unterrichtsschwester des Stifts mit einem großen Gong durch das Haus und weckte die schlafenden Schwestern. Diese „stürzten" dann „in die wenigen Bäder und Waschgelegenheiten und Toiletten"[331], und um sechs Uhr fünfzehn wurde eine Andacht für alle Diakonieschülerinnen und -Schwestern des Stiftes gehalten. Um sechs Uhr dreißig gingen sie dann auf die Stationen zur Arbeit. Brötchen wurden teilweise mitgenommen, um auf der Station „geschmiert" und „hingestellt" zu werden, sodass die Schwestern am Vormittag während der Arbeitszeit, diese „nebenbei" essen konnten. Teilweise gab es auch ein Frühstück im Stehen nach der Andacht: „Wirklich nur eine Tasse Malzkaffee und ein Brötchen, wirklich nur ein Tischgebet und dann ging es los, und dann stürzte jeder auf Station." Die Regelung der Frühstücksgepflogenheiten hing nicht nur von der jeweiligen Oberin ab, sondern auch stark von den Wünschen und den Idealvorstellungen der einzelnen Stationsschwestern:

> „Aber gerade im Kinderhaus hieß es: Wir müssen früh baden und wir müssen anfangen. Die Viertelstunde fehlt. ‚Kommen Sie nach der Andacht, bringen Sie Brötchen mit!' Vier, sechs oder wie viele wir waren. Und dann wurden die auf Station geschmiert. Und dann aß man die so beim Gummischürze-Umbinden im Vorbeigehen: ‚Und Sie baden in dem Zimmer und Sie in dem!' Da aß man das Brötchen, und Frühstück war meistens erst neun Uhr

---

331 Interview mit Marianne Bäsler am 19.05.2014.

dreißig bis zehn Uhr. Das wurde oft sehr spät. Also das war so, wie man so fertig wurde, wie dann Visite war."[332]

Nach der Vormittagsarbeit auf den einzelnen Stationen wurden die Diakonieschwestern um dreizehn Uhr zum Mittagessen geschickt. Es gab den sogenannten „Haupttisch", der in Wittenberg aufgeteilt war, in den „Ösentisch"[333], den „Jungschwesterntisch" und den „Vorschülerinnentisch". Nach dem Mittagessen verteilte die Oberin dann die Post an die Schwestern. Dazu mussten sich einige Vorschülerinnen hinter die Oberin stellen. Die holte den Postkorb und mit Hilfe der Schülerinnen wurden dann die einzelnen Briefe an die Schwestern verteilt.

Schwestern, die den „Mittagsdienst" hatten, erhielten in Wittenberg um neun Uhr dreißig schon ihre Freistunde bis zwölf Uhr dreißig, fanden sich dann um zwölf Uhr dreißig zum frühen Mittagessen ein, dem sogenannten „Vortisch" bis zwölf Uhr fünfzig. Anschließend gingen sie auf die Stationen, wo sie einen Bericht der Stationsschwester über die Vorkommnisse auf der Station erhielten. Diese ging dann selbst zum Haupttisch und kam gegen dreizehn Uhr fünfundvierzig noch einmal auf die Station, um sich zu vergewissern, dass alles in Ordnung war. Dann ließ die Stationsschwester die „Mittagsdienstschwester" mit den Patienten und Patientinnen allein und blieb bis sechzehn Uhr in ihrer Freistunde. Die Mittagsdienstschwester blieb so lange auf der Station, „bis abends alles fertig war". Diakonieschwestern lasen am Abend den Kindern in Wittenberg täglich eine Geschichte vor, sangen und beteten mit ihnen:

„Bei Schwester Ursel hieß es immer: ‚So, Sie gehen noch singen, beten, Licht aus!' Na ja, da war dann nicht so viel Zeit, aber singen und ein Gebet und Licht aus. Und dann waren viele Zuckerkinder da, auch größere Jungs, und da habe ich dann so gedacht: Die

---

332 Interview mit Marianne Bäsler am 19.05.2014.
333 „Öse" wurde die Stationsleitung genannt, als Abkürzung des Wortes „Stationöse".

wollten dann oft so, dass es noch ein bissel länger dauert, haben wir ja als Kinder auch so gemacht: ‚Wir singen ‚Geh aus mein Herz", hat fünfzehn Verse. Na, dann haben sie gesagt: ‚Schwester Marianne, eins bis vierzehn und fünfzehn!' Aber die wollten dann einfach die Zeit noch etwas hinauszögern, dass sie noch nicht schlafen mussten. Na, und dann war es so neunzehn Uhr fünfundvierzig, [...] aß dann noch mit der Stationsschwester Abendbrot und dann ging man in sein Zimmer. Das war der Alltag."[334]

Schwester Magdalena wurde direkt nach ihrer Ausbildung stellvertretende Stationsschwester auf einer chirurgischen Männerstation mit fünfundvierzig Betten im Paul-Gerhardt-Stift in Wittenberg. Als leitende Schwester musste sie morgens sehr früh auf die Station gehen, deutlich bevor die anderen Schwestern zum Dienst kamen. Die Regel für die tägliche Arbeitszeit war der sogenannte geteilte Dienst, der häufig abends um acht oder neun Uhr endete, eben dann, „wenn alles fertig war".[335]

Die Station durfte die (stellvertretende) Stationsschwester nach Aussage von Schwester Magdalena erst verlassen, wenn die Nachtwache über den Zustand der Patienten informiert war. Die eingeschobene Mittagspause betrug in Wittenberg zwischen einer und anderthalb Stunden. Eine typische Arbeitswoche betrug im Wittenberger Paul-Gerhardt-Stift sieben Tage.

Schwester Monika Flammiger berichtete, dass sie in ihrer Ausbildung einen freien Sonntagnachmittag hatte, ansonsten hatte sie „immer Teildienst".[336]

Zur Arbeitszeit in Güstrow äußerte sich Schwester Heidi Fromhold-Treu:

---

334 Interview mit Marianne Bäsler am 19.05.2014.
335 Interview mit Magdalena Walter am 12.02.2014.
336 Interview mit Monika Flammiger am 12.02.2014.

„Um sechs Uhr begann der Dienst und um halb eins gab es Mittag. Mittags hatte man, wenn man Glück hatte, zwei volle Stunden frei, und abends um acht war die Sache zu Ende. Sonnabends haben wir immer für die Patienten auf allen Stationen gesungen und hatten eine Wochenschlussandacht. Sonntags, das fanden wir nicht so gut, musste man an einem Sonntagmorgen arbeiten bis neun Uhr. Dann ging man zur Kirche. Mittags fand man sich wieder am Schwesterntisch ein und arbeitete am Nachmittag durch. Das war der eine Sonntag. Und der andere Sonntag, da hatte man dann frei."[337]

Die Schülerinnen hatten meist 14 Tage Ferien, die examinierten Schwestern vier Wochen Urlaub. Der Urlaub sollte immer in Tracht verbracht werden, denn zum einen hatten die Schwestern teilweise „gar nichts anderes anzuziehen", und zum anderen entsprach dies der Vorschrift des Diakonievereins. Manche der Diakonieschwestern empfanden diese Vorschrift als hart, andere fühlten sich durch sie nicht eingeschränkt. Das Trachtkleid sollte so lang sein, dass es 20 Zentimeter vom Fußboden entfernt war, der Mantel sollte etwas länger als das Kleid und die Haube im Idealfall drei Finger breit vom Haaransatz entfernt sein. Die Schwestern sollten einen Mittelscheitel tragen und die üblichen langen Haare so zusammenhalten, dass diese gut unter die Haube passten. Sonntags sollte die schwarze Tracht mit einer Pelerine und die Haube mit einem Hauben-Tuch getragen werden. Dies war die übliche Kleidung der Diakonieschwestern auf dem sonntäglichen Weg zur Kirche. Für fast alle Schwestern war es eine Selbstverständlichkeit, die sie nicht weiter störte.

Schwester Freia Erbach erzählte zum Thema Arbeitszeit, dass es in Güstrow morgens vor der Arbeit ein gemeinsames Frühstück mit Brot, Butter, Marmelade und Kaffee gab. Es wurde beim oder nach dem Frühstück eine kurze Andacht gehalten, bevor es dann zur Arbeit auf die Stationen ging. Die reguläre Arbeitszeit war von sieben Uhr bis mittags.

---

337 Interview mit Heidi Fromhold-Treu am 19.03.2014.

Mittags gab es wie morgens schon zwei Essenstische. Das Essen war besonders in den Nachkriegsjahren „rationiert", sodass sich die jungen Schwestern mit großem Appetit, gerne neben eine Schwester setzten, die weniger aß und die etwas von ihrem Essen abgab. Gruppenweise gingen die Diakonieschwestern in Güstrow zum ersten oder zum zweiten Tisch. Danach gab es zwei Stunden Freizeit, entweder von eins bis drei oder von zwei bis vier Uhr. In der Mittagspause mussten die Schwestern lernen, Schularbeiten erledigen oder sie hatten manchmal noch Unterricht. Die Nachmittagsschicht ging von vier bis sieben Uhr, der Feierabend begann erst um halb acht oder um acht Uhr abends.

In den 1970er und 1980er Jahren gab es, wie auch im Westen, Unmut über diese ausgedehnten Arbeitszeiten. Schwester Freia empfand beispielsweise den späten Feierabend oft als störend („schade und traurig für uns"), denn sie wollte gerne zur Jungen Gemeinde gehen oder etwas anderes am Abend unternehmen: „Das schafften wir aber meistens nicht, weil ja erst die Arbeit auf Station fertig gemacht werden musste."[338]

Für Schwester Christine Eichler, die über ihre Erfahrungen in Thüringen berichtete, kamen zu den üblichen langen Arbeitszeiten als erschwerende Bedingung zum täglichen Arbeitsweg hinzu, dass die Krankenhausgebäude in der thüringischen Kleinstadt Arnstadt weit verteilt über das Stadtgebiet waren. Ebenso waren in der Stadt viele sogenannte „Russenkasernen", in denen Angehörige der russischen Streitkräfte lebten. Vor Pöbeleien durch junge Soldaten oder vor gewalttätigen Übergriffen durch diese hatten die jungen Frauen besonders in den ersten Nachkriegsjahren große Angst, und sie achteten daher darauf, nicht alleine zu gehen, wenn sie zur Arbeit quer durch die ganze Stadt laufen mussten. So war beispielsweise die Innere Station im früheren Finanzamt der Stadt untergebracht:

„Da musste man quer durch die Stadt. Also früh um sechs Uhr raus, durch die Stadt, um dann dort auf der Station seinen Dienst

---

338 Interview mit Freia Erbach am 09.04.2014.

zu tun, oder abends eben zwanzig Uhr zurück. Da hieß es aber, vor allem im Winter dann, wenn es dunkel war: ,Aber nie alleine gehen, immer mehrere zusammen!' Damit nichts passiert. Diese Angst ging mit. Wir durften abends zum Beispiel nicht zu Abend-veranstaltungen ins Kino gehen, weil wir dann nicht zeitig genug beschützt nach Hause gekommen wären."[339]

An freien Nachmittagen fuhren die Diakonieschwestern aus Arnstadt gerne mit den Fahrrädern in den Thüringer Wald oder wanderten, und das waren dann „Zeiten, wo wir uns erholt haben von dem manchmal doch ganz schön anstrengenden Alltag".

Schwester Liselotte Schenk erzählte zum Thema Arbeitszeit, dass, wenn sie morgens in Güstrow um sechs Uhr mit der Arbeit begann, zuvor eine gemeinsame Andacht gehört wurde. Auf der Station gab es ein gemeinsames zweites Frühstück zwischendurch das „Stationsfrüh-stück", das den langen Vormittag bis zum Mittagessen überbrücken half. Das Mittagessen wurde dann anders als das Stationsfrühstück im großen Speisesaal eingenommen. Die dann folgende zweistündige Freizeit ver-brachte Schwester Liselotte oft am Inselsee oder am Sumpfsee, bevor sie wieder zur Arbeit musste. Sie resümierte: „Es [war] also immer ein voll ausgefüllter Tag […] von morgens bis abends […] Nicht so wie heutzu-tage, Frühdienst oder aber Spätdienst, denn man hatte doch mindestens zwölf Stunden am Stück seine Arbeit."[340] Für Schwester Liselotte war der Glaube eine Kraft, die ihr Halt im Leben gab. Jeden Morgen hielt sie eine Andacht mit der Losung der Herrnhuter Brüdergemeine, der Auslegung der Losung und einem Lied, dann folgte ein Gebet. Ihr Glaubensleben lebte auch vor allem durch die Musik: „Da ist das alles aufgehoben und beantwortet. Das ist für mich eine große Hilfe, diese Musik, die mir von Kindheit an unglaublich viel gegeben hat."[341]

---

339 Interview mit Christine Eichler am 29.03.2014.
340 Interview mit Liselotte Schenk am 10.04.2014.
341 Interview mit Liselotte Schenk am 10.04.2014.

Schwester Margarete Voß erinnerte sich, dass in Güstrow die Arbeit grundsätzlich als „Teildienst" organisiert war. Zu diesem Arbeitszeitsystem gehörte auch folgende Einteilung: Alternativ zur Freistunde nach dem Mittagessen erhielten Diakonieschwestern die ihnen zustehende Freizeit bereits in den Vormittagsstunden, im direkten Anschluss an die morgendliche Hauptarbeit auf der Station. Schwester Margarete erzählte, dass sie dann „am Vormittag offiziell zwei Freistunden [hatten]. Manchmal war es eben auch weniger. [Wir] hatten dann Mittagsdienst. Das heißt, dass wir über Mittag alleine waren." Allein waren die jungen Schwestern dann mit bis zu 30 Patientinnen und Patienten, und zwar so lange, bis die Stationsschwester aus der Freistunde wieder auf die Station zurückkam; das war zwischen drei und vier Uhr nachmittags. Nach dem „Teildienst" gab es in Güstrow ein frühes Abendbrot für die Schwestern gegen sechs Uhr. Wenn eine Schwester zu dieser Zeit zum Essen ging, musste sie danach noch einmal auf die Station zurück, um die anderen Schwestern abzulösen. Offiziell war, wie generell üblich, auch hier um acht Uhr abends für alle Schwestern Dienstschluss.[342]

Schwester Margot Schorr arbeitete in den 1950er Jahren im thüringischen Arnstadt. Hier begann der Regeldienst um sieben, aber es gab einen frühen Frühdienst, der um sechs Uhr anfing und in dem bereits „so und so viele Patienten gewaschen" werden mussten, bis die anderen Schwestern auf die Station kamen. Ein praktisches Problem in Tabarz[343], einem kleinen Krankenhaus in Thüringen, in dem Schwester Margot während ihrer Ausbildung für einige Monate eingesetzt war, waren die dort vorhandenen Waschschüsseln. Sie waren nicht wie üblich aus Emaille, sondern aus Porzellan. Das Befüllen der Schüsseln fiel den Schwestern noch leicht, doch das Entleeren der Porzellanschüsseln nach der Körperwäsche, wenn sie durch glitschiges Seifenwasser schwer und rutschig

---

342 Interview mit Margarete Voß am 04.06.2014.
343 ADV H 250.

geworden waren, stellte stets eine Herausforderung für die Schwestern dar, denn die kostbaren Schüsseln sollten nicht zu Bruch gehen.[344]

Schwester Gabriele Spehling erinnerte sich, dass im Schweriner Anna-Hospital ein typischer Arbeitsalltag morgens mit der Andacht begann und sie als Pastorentochter „auch sehr regelmäßig noch gegangen [bin]", denn sonst hätte ihr „was gefehlt".[345]

Die Wohnverhältnisse der Schülerinnen

In der Nachkriegszeit war es bei allen Belastungen durch die Arbeit auch eine Chance für junge Frauen im Krankenhaus zu arbeiten. Sie bekamen ein eigenes Bett, Verpflegung und auch Kleidung. Das war für diejenigen, die kein helfendes Elternhaus mehr hatten, von unschätzbarem Wert.[346] Die Diakonieschwestern waren bescheiden in ihren Ansprüchen und glücklich, in einer schützenden Gemeinschaft zu leben. Die Wohnverhältnisse der auszubildenden und auch der examinierten Schwestern waren in den Erinnerungen aller interviewten Diakonieschwestern einfach und gestatteten sehr wenig Privatsphäre.

Schwester Heidi Fromhold-Treu erinnerte sich beispielsweise an eine „Baracke" in Güstrow, in der „wahnsinnig viele Mädchen in zwei Räumen […] in Doppelbetten" lebten. In dieser Baracke, in der zwei Kurse untergebracht waren, gab es nur eine Glühbirne, die den Raum erhellte, diese hatte nur eine Leistung von 25 Watt. Aus Wut darüber, dass es kein vernünftiges Licht gab, nahm sie eines Tages den einzigen Tisch der Baracke und stellte den einzigen Stuhl auf diesen Tisch, um dann mit einem Buch unter dieser Lampe zu sitzen und endlich einmal lesen zu können. Die anderen Schwestern protestierten jedoch heftig und Schwester Heidi musste diesen „luftigen Platz" schnell wieder verlassen.[347] Dafür, dass es frische Handtücher und Bettwäsche gab, war

---

344 Interview mit Margot Schorr am 02.04.2014.
345 Interview mit Gabriele Spehling am 29.04.2014.
346 Kruse: Der Anfang nach dem Ende, 2008,16.
347 Interview mit Heidi Fromhold-Treu am 19.03.2014.

Schwester Heidi sehr dankbar, denn „nach den harten Kriegsjahren" war dies schon etwas sehr Wertvolles.

Schwester Gudrun Wurche erinnerte sich, dass sie 1969 zu Ausbildungsbeginn in Wittenberg am Bahnhof abgeholt und ins Krankenhaus begleitet wurde. Sie erhielt die Tracht und kam in einen Schlafsaal, der durch Holzwände unterteilt war und in dem mit zwölf Betten standen. Jede Schülerin erhielt einen kleinen Schrank für sich und durch die dünnen Bretterwände waren die Schwesternschülerinnen den Blicken der anderen entzogen. Die als „Schlafsaalzeit" erinnerte Phase der Ausbildung schweißte die Diakonieschülerinnen zusammen und „wer zusammen gewohnt hat auf so engem Raum, über ein ganzes Jahr, der kannte sich gut".[348]

Schwester Margot Schorr wohnte als Schülerin in einem Fünfbettzimmer mit einem Waschbecken, sodass sie nicht so häufig zum Bad laufen mussten. Als positiv empfand sie es, dass es keine Doppelstockbetten gab. Die Schülerinnen lebten vorsichtig, denn sie durften keinen Krach machen, weil unter ihnen Patientenzimmer waren. Trotz individueller Eigenheiten erinnert sich Schwester Margot an ein harmonisches und rücksichtsvolles Miteinander, in dem sich jede so gut wie möglich zurücknahm. Erst wenn ein Wechsel in der Zusammensetzung des Schlafsaales eintrat, wurde offenbar, welche Schwierigkeiten im Zusammenleben unterdrückt wurden und erst später ausgesprochen wurden. Beispielsweise berichtete Schwester Margot, dass andere Schwestern Angst vor ihr hatten, weil sie als „Lehrerin" angekündigt worden war. Doch Schwester Margot fühlte sich „als Lehrerin gescheitert"[349] und war froh über die schwesternschaftliche Gemeinschaft.

Erfahrungen mit Nachtwachen

Wochenlange Nachtwachen wurden schon während der frühen Schülerinnenzeit gefordert und waren ein integraler Bestandteil der Kran-

---

348 Interview mit Gudrun Wurche am 28.04.2014.
349 Interview mit Margot Schorr am 02.04.2014.

kenpflegeausbildung für Diakonieschwestern in der DDR. Schwester Monika Flammiger berichtet, dass sie in ihrer Krankenpflegeausbildung im Wittenberger Paul-Gerhardt Stift fünf Wochen lang hintereinander Nachtwache hatte. Nicht nur die Dauer des Dienstes war für Schwester Monika eine Belastung, sondern auch die Verantwortung, die sie für die Patientinnen und Patienten trug. Die Aufforderung eines jungen Assistenzarztes an sie, eine Arbeit auszuführen, für die sie noch kein theoretisches Hintergrundwissen erworben hatte und die ihrer Ansicht nach eine ärztliche Tätigkeit war, führten zu einem Konflikt mit der vorgesetzten Oberin. Konkret ging es um die Aufgabe, eine bei einem Patienten subkutan angelegte Infusion in eine intravenös gelegte Infusion zu verändern. Als sich Schwester Monika ratsuchend an ihre Oberin wandte und meinte, sie würde nicht weiter in der Nachtwache arbeiten, wenn nicht wenigstens eine examinierte andere Schwester im Hause sei, die sie zur Not fragen könnte, wie sie sich in solchen Konflikten verhalten könne, stieß sie auf Widerstand. Nicht nur der junge Assistenzarzt, sondern auch die Oberin erwarteten von der jungen Schwesternschülerin Gehorsam und ein widerspruchloses Einfügen in das bestehende System. Die Oberin sagte zu Schwester Monika: „Also Schwester Monika, das wird Ihnen Ihr ganzes Leben lang anhängen, dass Sie da sozusagen kapituliert haben." Schwester Monika erklärte hingegen, es ginge ihr um die Patientinnen und Patienten und nicht um den Gehorsam. Der kurzfristige Effekt war, dass sie aus der Nachtwache abgelöst wurde. Langfristig hatte sich das verantwortliche Mitdenken der Schülerin positiv für die Organisation des Nachtdienstes im Wittenberger Paul-Gerhardt-Stift ausgewirkt. Denn seit dieser Auseinandersetzung war nach Aussage von Schwester Monika immer eine Hauptwache da und mehr noch, sie war sich selbst und ihrem Verantwortungsgefühl treu geblieben.

Die Zweitschwester der Station, beziehungsweise die Hausschwester, achtete immer auf die ungestörten Ruhezeiten der Nachtwachen, die den verpassten Schlaf tagsüber nachholen mussten. Schwester Margot Schorr erinnerte sich beispielsweise daran, dass die Nachtwachen immer in ein extra Nachtwachenzimmer ziehen mussten und nicht gestört werden durften. Die Fenster wurden schwarz zugehängt, „dass wir rabenschwarze Nacht hatten und in der zweiten oder dritten Nacht schliefen wir auch richtig." Ebenso wurde dafür gesorgt, dass niemand sie störte:

> „Einmal kam jemand mit einer Schüssel Pudding, was die wollte. Ja sagt die, die isst so gerne Pudding und den wollte ich ihr bringen. ‚Nein‘, sagt die Agnes Ruppnow nur, ‚die freut sich auch noch, wenn sie aufgewacht ist. Sie jetzt aus dem Schlaf zu wecken, das ist der Pudding nicht wert.‘ Und so war es denn auch, also die wachte über die Nachtwachen, dadurch haben wir die Nachtwachen auch sechs Wochen am Stück gut verkraftet. Man schlief und war dann abends, wenn man zum Dienst ging, wirklich ausgeschlafen."[350]

Schwester Margarete Voß erzählte aus ihrer Zeit in Wittenberg, dass sie bereits als junge Schülerin „die zurecht gestellte Medizin verteilen" durfte und in der Nachtwache am Ende des ersten halben Jahres ihrer Ausbildung weitgehend selbständig war: „Im Grunde genommen waren wir auf uns alleine gestellt. Und wenn es ganz hart war, dann musste man halt die Stationsschwester wecken. Bloß das machte ja kaum einer." Erst später gab es nach der Erinnerung von Schwester Margarete in der Wittenberger Klinik eine Hauptnachtwache, also eine examinierte Schwester für das ganze Haus, die bei Bedarf von den wachenden Schülerinnen geholt werden konnte. Die Angst, etwas falsch gemacht zu haben, kostete die jungen Frauen viel Kraft, insbesondere, wenn ihnen deutlich gemacht wurde, dass sie allein die Verantwortung für eventuelle Fehler trugen. So erging es beispielsweise Schwester Margarete, die am Morgen nach einer Nachtwache mit dem Umstand konfrontiert wurde, dass der sie ablösende Frühdienst eine Packung starker Schlaftabletten nicht finden konnte:

> „Wir hatten ein Nachtwachen-Tablett. Und da hatte ich ein sehr erschreckendes Erlebnis. Morgens waren die Luminaletten nicht

---

350 Interview mit Margot Schorr am 02.04.2014.

[…] auf dem Tablett. Und da hat mich die Stationsschwester ange-sprochen: […] ‚Na ja, wenn jetzt einer umkommt, dann haben Sie selber schuld!' […] Ich hab dann auch gesagt: ‚Ich habe die Tablet-ten nicht weggenommen.' [… Als] ich dann nach drei Tagen wie-dergekommen [bin …] wurde mir gesagt: ‚Die waren vom Tablett gefallen und lagen an der Erde!'"[351]

Mit dem Wirkstoff der gesuchten und dann gefundenen Luminaletten waren im Nationalsozialismus noch zahllose psychiatrische Patientin-nen und Patienten getötet worden. Dieses Wissen darum und die ent-sprechende Angst, ihr würde die Entwendung der Tabletten vorgewor-fen werden, belastete die junge Schwester Margarete enorm.[352]

Schwester Monika Findeisen erinnerte die Pflicht zur Nachtwache während der Ausbildung in Schwerin ebenso wie Schwester Marga-rete Voß als große Belastung, die sie an den Rand ihrer Kräfte und des Zumutbaren brachte und die ohne Hilfe von anderen Schwestern nicht zu bewältigen gewesen wäre:

„Nachtwachen, ach du liebes bisschen, ja fünf Wochen und am Nachmittag Unterricht. Das war eine Qual. Da hat man manchmal – ich zumindest habe mich gefragt: Wer verantwortet das? Fünf Wochen: Man ist todmüde, eigentlich möchte man nur schlafen – und muss sich um die Kinder kümmern. Und das waren oft Pro-blemkinder, die nicht trinken wollten. Und man musste die Ner-ven behalten. Da half nur: Weggehen, ins Bett legen und jemand von der Nachbarstation bitten, dass sie das Kind füttern. Ich weiß nicht, was ich sonst gemacht hätte. Das war schon hart!"[353]

---

351 Interview mit Margarete Voß am 04.06.2014.
352 Luminal enthält 100 mg Phenobarbital und Luminaletten enthalten 15 mg Pheno-barbital. In: http://www.fachinfo.de/pdf/006162.
353 Interview mit Monika Findeisen am 07.04.2014.

Schwester Freia Erbach musste in Güstrow in den 1950er Jahren in der Schülerinnenzeit weniger wachen als in der Zeit als Jungschwester. Sie erzählte von der Existenz einer sogenannten „Hauptwache" für die Klinik. Auf den einzelnen Stationen waren nur Schülerinnen zur Nachtwache eingesetzt, die bei Bedarf die Hauptwache rufen konnten. Die Nachtwachen waren in Güstrow nach Schwester Freias Erinnerung generell von langer Dauer und es brauchte Mut dazu, den Wunsch nach Ablösung zu äußern:

> „Ich hatte einmal vier Wochen gewacht oder sechs Wochen und dann war mir das über und hatte was vor und wollte frei kriegen und bin zur Oberin gegangen und habe gefragt, wie lange ich denn noch wachen sollte [lacht]. Das war ein großes Unterfangen. Die anderen haben mich bewundert, aber die Oberin hatte Verständnis und hat mich dann abgelöst, und ich kriegte meine paar freien Tage nach der Nachtwache."[354]

Der Freizeitausgleich nach der Nachtwache richtete sich nach den sonst üblichen freien Zeiten: Da es generell nur einen freien Tag im Monat und jede Woche einen freien Nachmittag gab, wurden diese Anspruchszeiten zusammengelegt und die Schwestern erhielten entsprechend nach der Nachtwache frei. Die Schwestern schliefen immer in gesonderten Nachtwachenräumen, wie Schwester Freia sich erinnerte auch zusammen in einem Raum „zu sechst oder acht, damit wir Ruhe hatten", denn im „Gemeinschaftsquartier konnten wir ja nicht schlafen und richtig ausruhen". Auch Schwester Liselotte Schenk erinnerte sich an die Nachtwache als Schülerin in Güstrow:

> „Da [war] immer eine Hauptnachtwache, eine Examinierte, die nach dem Rechten sah. Aber auch wir Schülerinnen wurden da vier Wochen lang eingeteilt als Nachtwachen. Und da musste

---

354 Interview mit Freia Erbach am 09.04.2014.

man zum Beispiel zwei Stunden lang die Windeln schrubben auf einem Brett, auf einem Metallbrett, damit der Stuhl da rauskam. Und dann erst kamen sie in die Wäsche. Das fand ich nun nicht die beste Arbeit. Aber das musste man immer in der Nacht machen."[355]

Auch Schwester Gudrun Wurche erinnerte sich an die große Verantwortung, die schon Schülerinnen mit wenig Fachwissen als Nachtwachen übertragen bekamen, beispielsweise in der Kinder-, Kinderunfall und Kinderbauchchirurgie:

„Das war eigentlich schwierig. Eine schöne Arbeit, aber wenn ich mir das vorstelle, mit wie wenig Wissen über Kinder und über Unfälle und überhaupt wir da hatten und alleine dastanden, finde ich das heute erstaunlich, dass das alles gut gegangen ist."[356]

Schwester Gudruns Äußerung zu der großen Unsicherheit, unter der viele junge Schwestern litten, kann als typisch betrachtet werden. Deutlich wird unter welcher großen Verantwortung die jungen Frauen im Klinikalltag oft litten. Sie hatten mit ihrem Anfängerwissen häufig den chronischen Personalmangel der Klinikbetriebe auszugleichen und am Laufen zu halten. Für viele Schwestern war diese frühe Überforderung der ausschlaggebende Grund, der Krankenpflege als Beruf den Rücken zu kehren, um sich weniger belastenden Tätigkeiten zuzuwenden.

Die Nachtwachenschülerinnen hatten in der Regel die Aufgabe, Patientinnen und Patienten zu waschen, noch bevor der Tagdienst kam. Dieser sollte entlastet werden, und das Ideal war es, dass alle Patientinnen und Patienten vor der ärztlichen Visite oder wenigstens vor dem Frühstück, frisch gewaschen in einem sauberen Bett lagen.

---

355 Interview mit Liselotte Schenk am 10.04.2014.
356 Interview mit Gudrun Wurche am 28.04.2014.

Im Wittenberger Paul-Gerhardt-Stift gab es zusätzlich zu den wachenden Schülerinnen auch freie Mitarbeiterinnen und Mitarbeiter als Dauernachtwachen auf der Station, wenn einzelne Patientinnen oder Patienten einer engen Begleitung bedurften, zum Beispiel im Sterbeprozess. Schwester Gudrun Wurche erinnerte sich daran, dass eine Pfarrersfrau als freie Kraft die Nachtwachen hierin unterstützte.

Schwester Heidi erinnerte sich an die Nachtwachen als eine Zeit ihrer Ausbildung, in der sie viel lernte und die sehr intensiv und ebenso anstrengend war. Gleich zu Beginn, auf ihrer ersten Station, einer Inneren Kinderstation, auf der sie insgesamt sieben Monate verbrachte, viel Arbeit hatte, eine gute Anleitung bekam und wo unter, wie sie sagte, „primitiven Verhältnissen" gearbeitet wurde, bekam sie zwei Mal jeweils fünf Wochen Nachtwache übertragen. Die von Schwester Heidi als primitiv empfundenen Umstände drückten sich durch Materialengpässe sowie durch die schweren Krankheitsbilder der Kinder aus: „Man hatte nicht genug Windeln und wenig für die Kinder zu essen. Und es waren sehr, sehr kranke Kinder. Es sind auch viele gestorben." Als Schwester Heidi auf einer Infektionsstation in Güstrow drei Monate lang Nachtwache hatte, erlebte sie viele schwere Krankheitsbilder. In der sowjetischen Besatzungszone grassierten in den Nachkriegsjahren Seuchen wie Typhus, Paratyphus, Diphterie, Fleckfieber, Tuberkulose, Poliomyelitis und Kinderkrankheiten wie Scharlach.[357] Die Gefahr vor einer Ansteckung bereitete Schwester Heidi persönlich aufgrund ihrer Kenntnisse als Schwesternschülerin keine Sorgen: „Man hatte keine Angst vor den Krankheiten. Wir waren gut erzogen. Wir hielten die hygienischen Vorschriften ein. Und unsere Kraft und Gesundheit hat uns wohl bewahrt. Einige wenige haben Tuberkulose gekriegt."[358] Nur vor der Poliomyelitis, der Kinderlähmung, hatte Schwester Heidi Respekt und Furcht, denn sie wusste von zahlreichen Erkrankungsfällen, die sowohl bei Kindern als auch bei Erwachsenen zu Lähmungen geführt hat-

---

357 Kurt Ziegler, Zum 50-jährigen Bestehen der Tropenmedizin an der Universität Rostock, 2008, 10 f.
358 Interview mit Heidi Fromhold-Treu am 19.03.2014.

ten und die teilweise eine Behandlung in einer „eisernen Lunge", dem Vorläufer der heutigen Beatmungsmaschinen, notwendig werden ließen.

Schwester Margot Schorr erinnerte sich daran, dass es zur Ausbildung gehörte, „dass man also zweimal sechs Wochen Nachtwache [...] und dann [...] zum Examen nochmal eine Extrawache".[359] In der sogenannten „Examenswache" ging bei Schwester Margot, wie sie sagte, etwas „schief", denn der Patient, den Schwester Margot versorgen sollte, starb an einer Arsenvergiftung. Die Situation hat Schwester Margot noch heute vor Augen:

„Das war, in einem Haushalt hatte irgendjemand so ein Vernichtungsmittel für Insekten oder Unkraut oder sowas und hat die Tüte in der Küche irgendwo hingelegt und wollte das nachher wegnehmen, und die Oma wollte Kuchen backen und dachte, es wäre Pottasche, weil das in so einer gewöhnlichen Spitztüte war ohne Beschriftung. Und hat das in den Teig getan und sich nachher gewundert, dass der Kuchen nicht aufging. Man hat ja heute, Pfefferkuchen zu Weihnachten werden ja heute nicht mit Pottasche oder sowas gebacken. Und dann hat sie selber nur ganz wenig gegessen als alte Frau und ihr wurde schlecht, aber die anderen haben mehr gegessen und der Vater, der nun schwer arbeitete, der hat ganz viel gegessen, und bei meiner Extrawache, der hat dann furchtbar gelitten, und der Arzt, der Internist, kam dann und hat dann die Nacht mit mir am Bett gesessen. Und wir haben zugesehen, wie dieser Mann elendig gestorben ist. Man konnte nichts mehr gegen machen. Und das war eine Eklampsie und die Frau ist dann später zwar auch gestorben. Aber die Nachtwache und so, das hat sie überlebt. Damals konnte man da noch nichts weiter machen. Im nächsten Jahr hab ich dann erlebt, dass eine eklampsieverdächtige Frau dann von Wasserreis und Apfelmus lebte,

---

359 Interview mit Margot Schorr am 02.04.2014.

aber man hatte noch keine Möglichkeiten, man hatte noch keine Nierendiagnostik oder sowas."[360]

Zu den normalen Aufgaben in der Nachtwache gehörten für Schwester Margot Schorr all die Dinge, für die der Tagdienst keine Zeit gehabt hatte. So musste sie beispielsweise die Blumen frisch machen und „Töpfe scheuern", die Hauptaufgabe war es jedoch, „durch die Räume ein- oder zweimal zu gehen und zu gucken, wie es den Patienten ging". Es gab sowohl Stationen, auf denen die wachenden Schwestern nachts für den Unterricht lernen konnten, als auch Stationen, auf denen man, wie Schwester Margot Schorr es ausdrückte, „auf Trab" war:

„Ich weiß noch, wie ich mit einem Asthma-Patienten jede Nacht zu tun hatte. Da waren die Asthmamittel noch nicht so. Asthma ist ja, dass sie nicht ausatmen können. Und ich klopfte auf den Rücken, dass der ausatmen konnte, und Hedwig Jahn konnte ich zwar wecken, aber da hat der Herr Dr. Stebel, so ein junger Arzt gesagt, wecken Sie die Schwester Hedwig nicht auf, die ist alt, die braucht ihren Schlaf, wecken Sie mich. Und da bin ich hingegangen, hab den geweckt."[361]

Oberin Eva-Maria Matzke erinnerte sich an die harten Umstände ihres ersten Nachtdienstes im Sophienhaus in Weimar 1979, als sie gerade eben 18 Jahre alt geworden war. Sie hatte in einer Silvesternacht einen frisch verletzten Patienten aufnehmen müssen, bei dem eine Wunde genäht werden musste. Da es keinen Strom im Krankenhaus gab, musste sie dem Arzt eine Taschenlampe halten und bei der Behandlung assistieren. Diese Situation war für sie sehr schwer zu ertragen, denn sie hatte wenig gegessen und getrunken und bat daher den Arzt, an die frische Luft gehen zu dürfen:

---

360 Interview mit Margot Schorr am 02.04.2014.
361 Interview mit Margot Schorr am 02.04.2014.

„Und dann hörte ich nur noch so meine Schritte im Flur hallen und habe es dann grad noch so geschafft zur Haustür. Das Blut zu sehen hat mir nichts ausgemacht, aber es war alles Stress. Kalt, Blut, die Taschenlampe, der Arzt wollte da die Naht nähen."[362]

Die größte Herausforderung waren für die Schwestern Sterbefälle während der Nacht. In der Regel waren diese Erlebnisse so intensiv, dass sie gut erinnert wurden. So erzählte Oberin Eva-Maria Matzke von einem Sechsbettzimmer, in dem eine Frau nachts an einer Embolie verstarb. Die neben der Frau liegenden Patientinnen hatten geklingelt und berichtet, dass es der Frau schlecht ginge, und „dann steh ich da mit 18 Jahren in der Ausbildung [...] das hat mich dann schon auch sehr bewegt." Die Verstorbene wurde mit der Hilfe einer anderen Schwester von der Station in den Leichenkeller gebracht, und dankbar für die Unterstützung erinnerte sich Oberin Matzke heute an die gute Atmosphäre, die kollegiale, sich gegenseitig unterstützende Zusammenarbeit. Des Nachts wurden die Patienten, wie schon oben bereits erwähnt, häufig von den Schwestern gewaschen. Für alle Beteiligten war das anstrengend, für die Patienten bedeutete es eine Unterbrechung des Schlafes und für die Nachtschwestern beziehungsweise Schülerinnen im Nachtdienst war es „harte Arbeit", die auch zu körperlichen Problemen führen konnte:

„Ich weiß noch, da hatte ich in der Ausbildung das erste Mal richtig Rückenschmerzen gehabt, weil es waren locker zehn Patienten jede Nacht zu waschen. Und da haben wir um zwei angefangen, dass wir um sechs fertig waren. Mit Waschschüsseln hintragen, wegtragen, auswaschen, machen, tun, und also das war harte körperliche Arbeit. Ist eigentlich heute unvorstellbar, auch die Patienten nachts zu wecken und zu sagen: ‚Ja, ich muss Sie jetzt waschen!'"[363]

---

362 Interview mit Eva-Maria Matzke am 07.05.2014.
363 Interview mit Eva-Maria Matzke am 07.05.2014.

Die männlichen Patienten freuten sich über eine gelungene Rasur und der Frühdienst wiederum darüber, die Patienten morgens „so schön gepflegt im Bett"[364] vorzufinden, wofür die Nachtschwester regelmäßig gelobt wurde. Zu den weiteren Aufgaben der Nachtschwestern gehörten, nach den Erinnerungen von Oberin Eva-Maria Matzke, auch zahlreiche Reinigungsarbeiten. So wurden zum Beispiel die Kanülen nach Benutzung in einer Seifenlauge eingeweicht und täglich von den Schwestern in mühsamer und zeitaufwendiger Handarbeit zur Sterilisation aufbereitet. Jede einzelne Kanüle wurde mit klarem Wasser gespült, danach zum Trocknen mit einem Handblasebalg durchgepustet und auf Widerhaken geprüft. Bei Bedarf wurden diese mit einem Schleifstein glatt poliert. Daneben mussten auch die Handschuhe gewaschen werden. Nach ihrer Erinnerung war es abends die erste Aufgabe des Nachtdienstes, in den Spülraum zu gehen und die Schmutzwäsche, die in der Desinfektionslauge eingeweicht war, zu waschen:

„Da waren wir schon das erste Mal mit dem Formaldehydgeruch eingenebelt. Ja, da stand wannenweise eingeweichte verkotete Wäsche zum Beispiel. Das war Aufgabe der Nachtschwester, das rauszuwaschen und dann für die Wäscherei fertig zu machen. Die Handschuhe zu spülen, umzudrehen und wieder zu pudern und wieder auf den Trockenständer [zu hängen]."[365]

Oberin Hella Meyer erinnerte sich an die große Herausforderung, die für die in der Nachtwache eingesetzten Schwestern darin bestand, nachmittags aufzustehen und zum Unterricht zu gehen. Der Rhythmus, in den sich die wachenden Schwestern nach einiger Zeit hineingefunden hatten, ermöglichte es ihnen jedoch, sich so anzupassen, wie es gefordert

---

364 Interview mit Eva-Maria Matzke am 07.05.2014.
365 Interview mit Eva-Maria Matzke am 07.05.2014.

wurde. Und sie resümierte für sich persönlich: „Ich kann mich nicht ent-
sinnen, dass das schlimm war."[366]

Für Schwester Erdmute Walter war die Pflicht zur Nachtwache während der Ausbildungszeit hart, denn sie empfand es, als lebte sie wochenlang in „einer Parallelwelt". Sie bekam dann wie auch die anderen Nachtwachen wenig vom politischen und sonstigen Alltag der Mitmenschen
mit, weil der Tag allein aus Arbeit, Essen und Schlafen bestand. Zudem
war, wie sie sich erinnerte, der „Kreislauf durcheinander", denn es gab
nichts, um sich wach zu halten. Um nicht während der Nachtwache einzuschlafen, so Schwester Erdmute, sei sie

„wenn [...] nachts mal nichts zu tun [war], in den Fluren lang-
gelaufen immer an der Wand lang, bloß um nicht einzuschlafen.
Denn der Albtraum war: Früh um sechs kommen die anderen,
und ich hab nichts gemacht und ich sitze am Schreibtisch und
schlafe tief und fest. Es ist mir Gott sei Dank nicht passiert, aber
davor hatte ich immer Angst."[367]

Neben der Situation, sich nachts ohne Kaffee wach halten zu müssen, lastete vor allem der hohe Erwartungsdruck auf Schwester Erdmute. Ähnlich wie Oberin Eva-Maria Matzke erinnerte sie sich an die große Angst,
mit dem Arbeitspensum morgens um sechs Uhr nicht fertig geworden
zu sein:

„Na ja, und dann hatte ich ja bis zu zwölf oder vierzehn Leute zu
waschen. Schrecklich. Und dann hab ich eben einfach nachts um
zwei damit angefangen, weil ich keine Möglichkeit sah, das auch
nur einigermaßen anständig und für die Leute schonend bis um
sechs fertig zu kriegen. Denn ich denke, man musste auch noch
mal messen. Also jedenfalls, Hauptsache keine Neuaufnahme,

---

366 Interview mit Hella Meyer am 07.04.2014.
367 Interview mit Erdmute Walter am 09.04.2014.

die alles durcheinanderbringt, und dann musst du trotzdem fertig sein und natürlich bist du es nicht und dann, furchtbar. Also Angst habe ich da oft gehabt."[368]

Zudem waren medizinische Zwischenfälle, wie etwa akute Blutungen, ein angstbesetztes Thema, denn Schwester Erdmute fühlte sich vom ersten Tag an verantwortlich dafür, dass den Patienten nichts passiert, „dass mir jemand verblutet und ich merke es nicht und sowas". Die Ärzte waren nicht immer eine gute Adresse, um die Unsicherheiten und die Ängste einer jungen Krankenpflegeschülerin während des Nachtdienstes abzubauen. Schwester Erdmute hatte „ziemlichen Schiss, die anzurufen", denn die Ärzte waren nach ihrer Erinnerung „oft sehr ungnädig. Sehr. Ja." Den Bericht der Nachtwache hörte sich nicht die Stationsschwester an, sondern die Oberin, die sich von allen Nachtschwestern den Bericht geben ließ. Erst nach dem Gespräch mit der Oberin durfte Schwester Erdmute gehen. Im Nachtwachenbuch hielt sie fest, was sich ereignet hatte, das Buch brachte sie der Oberin und gab ihr zusätzlich den mündlichen Nachtwachenbericht. In das Nachtwachenbuch wurde neben den besonderen Vorkommnissen der jeweiligen Nächte auch eingetragen, was an Medikamenten gegeben worden war. Denn die Nachtwachen hatten ein Kästchen, in dem „harmlosere" Medikamente als Morphium zur Beruhigung der Patienten enthalten waren, „auf der Ebene von Baldrian und so weiter". Als Schwester Erdmute in einer Nacht den Arzt mehrfach anrufen musste, um sich ihres Vorgehens zu vergewissern, berichtete sie der Oberin davon, dass der Arzt sie „ganz schön angefaucht" habe. Über diese Ausdrucksweise stolperte die Oberin am nächsten Morgen und klärte Schwester Erdmute über den sonst üblichen Umgang mit den Ärzten auf. Für sie ist in der Erinnerung an diese frühe Ausbildungszeit noch als älterer Mensch klar: „Also Nachtwache war schlimm!"

---

368 Interview mit Erdmute Walter am 09.04.2014.

Nur einen Vorteil schien diese Arbeit in der Nacht zu haben. Nachts ergaben sich eher Gespräche als tagsüber mit den Patienten, denn tagsüber waren die nur beim gründlichen Staubwischen am Krankenbett erlaubt:

> „Also das ist sicherlich die einzige Gelegenheit gewesen, mit Patienten mal im Gespräch zu sein. Wenn jemand vielleicht ein bisschen einzeln lag und nicht schlafen konnte. Und die Gelegenheit habe ich natürlich auch gerne benutzt, denn sonst würde ich sagen, wehe die Stationsschwester hat einen erwischt, dass man mit einem Patienten redet. ‚Na, Sie haben wohl nichts zu tun?‘ Der Fall war völlig klar. [...] Man war unter Druck, unter Zeitdruck."[369]

Auch Schwester Antje Doliff erinnerte sich an den hohen Druck, den sie während der Nachtdienstarbeit verspürte. Im zweiten Ausbildungsjahr hatte sie in Schwerin bis zu 18 Babys zu versorgen und morgens zu baden. Der Standard war damals, die Babys täglich zu baden und je nachdem, wie viele Schwestern zur Frühschicht kamen, wurde festgesetzt, wie viele Kinder bereits von der Nachwache gewaschen sein sollten, bevor diese kam. Die Schwestern begannen mit dieser Tätigkeit oft bereits morgens um halb vier, wobei die Säuglinge teilweise auch Infusionen erhielten und gebadet wurden. Verboten war den Schülerinnen in der Nachtwache in Schwerin die Verabreichung von Spritzen und das Anlegen von Infusionen. Das Wechseln von Infusionen, in die teilweise Medikamente eingefügt werden mussten, war dagegen erlaubt und gehörte mit zu den regelmäßigen Tätigkeiten der Nachwachen.[370] Die Arbeit auf der Kinderstation bedeutete vor allem auch die Zubereitung von frischer Säuglingsnahrung, denn die Kinder erhielten auch Nachtmahlzeiten, oft bis

---

369 Interview mit Erdmute Walter am 09.04.2014.
370 Interview mit Antje Doliff am 28.04.2014.

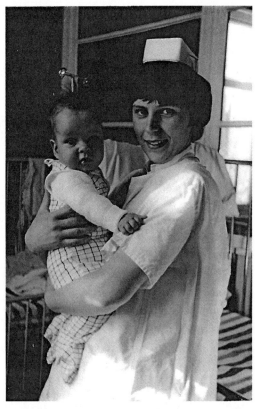

Abb. 9: Schwester Theodora Weinreich (1952–2012), Schwerin

zu zweistündlich. Wenn der Nachtdienst um einundzwanzig Uhr fünfundvierzig angefangen hatte, gingen die Schwestern durch die Zimmer
an jedes Kinderbett. Nach diesem Rundgang mussten die Flaschen für
die Kinder aufgesetzt werden. Zudem kam das nächtliche Wäschelegen.
Schwester Antje erinnerte sich daran, dass im Schweriner Anna-Hospital für jedes Kind fünf Windelpackungen von der Nachtwache vorbereitet werden mussten:

„Wenn 17 Kinder da waren, 17 Mal fünf. Und das hieß immer: Eine Dreieckswindel, eine Zwischenwindel, noch eine Dreieckswindel, die hübsch zusammenlegen und dann in die Schränke verteilen, dass morgens genug Windeln da waren. Da gab es nichts mit Wegschmeißen!"[371]

Die Nachtwache hatte zudem die Aufgabe, das Frühstück vorzubereiten. Das hieß, die Flaschen aufsetzen und Brote streichen, die Arbeiten dokumentieren und am Wochenende den Fußboden wischen. Die sogenannten Bereitschaftsschwestern konnten geholt werden, wenn schwierige Situationen eintraten, wie etwa das von Schwester Antje Doliff so bezeichnete „Pseudokruppwetter", bei dem teilweise zwei bis drei Kinder des Nachts eingeliefert wurden. Wenn diese Zugänge zu den bereits zu versorgenden siebzehn Kindern kamen, war die Wahrscheinlichkeit, bei der Arbeit Fehler zu machen, recht hoch. Schwester Antje erinnerte sich an eine Situation, in der sie eine falsche Tablette gegeben, es aber selbst gemerkt und auch gesagt hatte und dann zum Chefarzt musste, der sie dafür lobte, den Fehler so offen eingestanden zu haben.[372]

Krankenpflegeschülerinnen mussten in der Nachtwache nicht nur Patienten und Patientinnen in der Notaufnahme versorgen, sondern unter Umständen auch bei Entbindungen mithelfen oder Säuglinge taufen, wenn kein Pfarrer vor Ort war und es die Mütter ausdrücklich wünschten:

„Die Hebammen waren nicht im Haus, die waren auch ambulant tätig, die konnte man rufen, wenn es so weit war. Und das war manchmal, wenn man Nachtwache hatte, sehr schwierig, den richtigen Zeitpunkt zu erkennen, wann die Hebammen nun unbedingt kommen mussten. Ja, da habe ich dann auch das erste Mal in meinem Leben, dann auch öfter, eine Nottaufe gemacht.

---

371 Interview mit Antje Doliff am 28.04.2014.
372 Interview mit Antje Doliff am 28.04.2014.

Da kam die Hebamme zu mir, ich hatte Nachtwache, und fragte, können Sie eine Nottaufe machen, die Frau möchte unbedingt, dass ihr Kind getauft wird. Und da habe ich gesagt, ich kann es schon, ich nehme das Gesangbuch und mache das so, wie es dort angegeben wird und bin dann in das Entbindungszimmer und die Frau hatte ihr Kind im Arm und sagte: ‚Bitte, bitte machen Sie es!' Es sah so aus, als würde das Kind nicht überleben. Und da hat sie mir den Namen gesagt und dann habe ich die Taufe so vollzogen, wie es im Gesangbuch stand. Und am nächsten Morgen sagt die Frau: ‚Wissen Sie, ich bin aber katholisch', und da sage ich: ‚Ja, das weiß ich nun gar nicht. Ich habe das so gemacht, wie es in unserem evangelischen Gesangbuch steht. Ja, dann will ich mal fragen.' Dann habe ich den Pfarrer, unseren evangelischen Pfarrer, angesprochen und der hat dann gesagt: ‚Rufen Sie mal meinen katholischen Kollegen an, der ist sehr nett, das können Sie sagen.' Da habe ich den angerufen und da hat der gesagt: ‚Ja, dann komme ich mal.' Und da habe ich gesagt: ‚Ich bin aber die Nachtwache, ich muss […] schlafen gehen!' Und da ist der auch sehr bald gekommen und hat sich das sagen und zeigen lassen und dann hat er mir freundlich auf die Schulter geklopft und hat gesagt, alles in Ordnung, getauft ist getauft. Das hab ich mir für mein Leben eingeprägt."[373]

Schwester Marianne Bäsler erinnerte sich daran, dass es in Wittenberg für die nachtwachenden Schwestern gegen neunzehn Uhr ein warmes Abendessen gab. Eine der Unterrichtsschwestern hielt eine kurze Andacht, es wurde ein Gebet gesprochen und anschließend ging die Schwester um neunzehn Uhr fünfundvierzig auf die Station: „Dann war man vom zwanzig Uhr bis früh um sechs allein zuständig."[374] Nach dem Bericht an die Stationsschwester am frühen Morgen gaben die aus der

---

373 Interview mit Dorothea Demke am 02.04.2014.
374 Interview mit Marianne Bäsler am 19.05.2014.

Nachtwache kommenden Schwestern in Wittenberg dann einen weiteren Bericht gegen sieben Uhr an die Oberin ab. Erst danach gab es ein Nachtwachenfrühstück, bei dem sich die Schwestern darüber austauschten, „was auf den großen Stationen so passiert" war. Wenn beispielsweise „Leute abgehauen waren", sorgte dies für einige Aufregung unter den Zurückgebliebenen. Die Hausschwester hielt meist eine kurze Andacht für die Nachtschwestern: „Und dann konnte man ins Bett gehen und gut schlafen."

Hilfsmittel

Zu den pflegerischen Hilfsmitteln gehörte auf jeden Fall der sogenannte Schieber, die Bettpfanne. Die Krankenhäuser der damaligen Zeit hatten in der Regel große Zimmer mit vielen Patientinnen und Patienten und hatten teilweise nur eine Toilette auf dem Flur sowie einen Spülraum, in dem unter anderem die Bettpfannen gesäubert wurden. Oberin Barbara Ide erinnerte sich, dass die Arbeit für die Schwestern im Kreiskrankenhaus Hagenow „vom Aufwand unvergleichlich im Gegensatz zu heute" war, denn „man brachte den Patienten noch Schieber in die Zimmer".[375] Dies hatte zur Folge, dass „die Schülerinnen [...] den halben Vormittag in der Spüle verbracht [haben], um die Schieber herzurichten".

Schwester Liselotte Schenk erinnerte sich, dass in Güstrow beispielsweise viele Materialien, wenn möglich, mehrfach verwendet wurden: „Die Verbandsmittel [...] wurden aufgerollt und immer wieder verwendet. Und wir mussten ohne Punkt und Komma Tupfer drehen." Diese Praxis war teilweise auch bis in die 1980er Jahre im Westen üblich und also nicht DDR-spezifisch. Die Schülerinnen erledigten die Arbeiten mit den Hilfsmitteln häufig nachmittags, wenn die Patienten ihren Mittagsschlaf hielten. „Das weiß ich noch wie heute, wie wir das erst gezeigt kriegten, und dann drehten wir säckeweise Tupfer. Die wurden dann sterilisiert. Genauso war es ja mit den Spritzen."[376] Spritzen wurden in

---

375 Interview mit Barbara Ide am 05.04.2014.
376 Interview mit Liselotte Schenk am 10.04.2014.

einen Metallkasten abgeworfen, desinfiziert, gesäubert und ausgekocht; dann galten sie als steril und bereit für die weitere Nutzung.

Schwester Gisela Lerche berichtete, dass es in allen pflegerisch relevanten Bereichen materielle Engpässe gab. Beispielsweise wurden Handschuhe mehrfach verwendet. Die Desinfektionsmittel waren für die Schwestern, die täglich damit umgingen, durchaus gesundheitsgefährdend. Schwester Gisela Lerche erinnerte sich:

> „Wir waren wirklich vielen Sachen ausgeliefert, die nicht sehr gesund für uns waren und dadurch, dass wir sehr viele Patienten hatten, war auch sehr viel zu tun. Wir mussten viele schwere Arbeiten leisten, ohne irgendwelche Hilfeleistungen zu bekommen. Es gab sogar Zeiten, wo es mit dem Essen sehr knapp war und auch zeitweise die Heizung nicht in Ordnung war. Oder es gab keine Kohlen. Also es war schon in vielen Situationen sehr schwierig. Aber wir waren sehr erfinderisch und konnten und mussten auch vieles überbrücken."[377]

Schwester Gisela sah auch Vorteile der knappen Arbeitsmaterialien, denn sie stellte fest, dass sich dadurch ein Erfindungsreichtum entfaltete. Auch Schwester Monika Findeisen sah damit verbundene, gute Nebeneffekte. Denn, wenn das Verbandsmaterial hergerichtet wurde, gab es häufig Gelegenheiten, den Ärzten beim Anlegen von Verbänden zu assistieren und dabei aus der Praxis zu lernen.[378]

Schwester Margot Schorr erinnerte sich daran, dass es für die Arbeit in der Heimdiakonie mit teilweise schwergewichtigen Patientinnen und Patienten keinerlei Hebevorrichtungen zur Arbeitserleichterung gab. Zur Erleichterung der Lagerung waren jedoch Wasserkissen und Luftringe in den Neinstedter Anstalten vorhanden. Die Matratzen waren, wie im Westen auch, in der Regel dreiteilig und mussten einzeln gewen-

---

377 Interview mit Gisela Lerche am 23.04.2014.
378 Interview mit Monika Findeisen am 07.04.2014.

det werden. Das regelmäßige Ausklopfen und Lüften der Matratzen war eine Aufgabe der Schwestern und musste außerhalb des Hauses vorgenommen werden. Die Matratzen konnten im günstigsten Fall mit einem Fahrstuhl befördert werden oder sie wurden über die Treppenhäuser nach draußen getragen.

Die Betten der Kranken waren nach der Erinnerung von Schwester Margot Schorr von unterschiedlicher Höhe und lediglich die Kopfstützen der Betten ließen sich in ihrer Position verstellen.[379]

Oberin Hella Meyer erinnerte sich daran, dass beim Bettenmachen der Patienten stets auch die Dekubitusprophylaxe „mit Einreiben" dazugehörte. Schwerkranke und frisch operierte Patienten und Patientinnen mussten von den Schwestern in die Betten gehoben werden. Diese körperlich schwere Aufgabe war alleine nicht zu bewältigen. Daher suchten sich die Schwestern bei sehr schweren Patienten in der Regel Unterstützung auf einer Männerstation. Dort baten sie einen Pfleger mit anzufassen, zum Beispiel, wenn Patientinnen oder Patienten aus dem Operationssaal auf einer Trage auf die Station gebracht wurden und von der Trage in das Bett gehoben werden mussten. Auch das Richten der Betten war häufig nicht einfach für die Schwestern. Besonders wenn beispielsweise Patientinnen und Patienten mit Frakturen im sogenannten Streck auf den Schienen lagen und die Betten am Fußende hochgestellt waren:

„Es war also von der Pflege her oft sehr schwer, das zu bewältigen. Es musste gut aufgepasst werden, ob man da eine ordentliche Dekubitusprophylaxe machte, weil diese Patienten ja wirklich wochenlang nur auf dem Rücken im Bett lagen. Das kann man sich heute nicht mehr vorstellen."[380]

Zu den täglichen Arbeiten im Operationssaal erinnerte sich Schwester Erdmute Walter daran, dass „enorm viel Zeit" auf die Herstellung von

---

379 Interview mit Margot Schorr am 02.04.2014.
380 Interview mit Hella Meyer am 07.04.2014.

Tupfern, Platten, Verbandmaterial verwandt wurde. Vor allem war die Behandlung der Handschuhe arbeitsaufwändig. So beschreibt Schwester Erdmute sehr anschaulich, wie die tägliche Praxis in Bad Elster im OP-Alltag war:

> „Es wurde also immer ein Eimer hingestellt mit Wasser und Des-infektionslösung. Und da flogen [...] nach der Operation die Handschuhe rein, die wir dann [...] erst mal gewaschen haben, von rechts und von links, aufgehangen, getrocknet, gewendet, geprüft, ob sie ganz sind. Die ganzen wurden gepudert, einpapiert und wieder sterilisiert. Die nicht ganzen kamen auf den anderen Haufen und wurden, wenn es ging, geflickt oder als Flickenma-terial verwendet. Und ich habe ungezählte Stunden mit dieser produktiven Tätigkeit verbracht. Aber ich hab es eigentlich gerne gemacht. Da war ich in Sicherheit, da konnte mir nichts passie-ren. Und konnte denken, was ich wollte. Da ist also viel Zeit drauf gegangen. Wir haben ja auch alles selber sterilisiert.“[381]

Die Diakonieschwestern erinnerten sich in den Interviews gern an ihren Arbeitsalltag. Belastende und beglückende Situationen mit Patientinnen und Patienten und den vorgesetzten oder gleichberechtigten Schwestern wurden erzählt. Konkrete und detaillierte Beschreibungen ihrer eigenen Arbeitsleistungen kamen eher auf die Nachfragen der Interviewenden als spontan zu Wort. Der Alltag war ihnen so selbstverständlich, dass sie keine großen Worte darum machten. In fast allen Interviews war von Zeiten der Überforderung zu hören. Die frühe Übernahme von Verant-wortung prägte ihre Persönlichkeit. Das Grundgefühl, das bei pensio-nierten Diakonieschwestern blieb, war, dass sie sehr gern in der Pflege engagiert gewesen waren. Durch die damals üblichen langen Klinikauf-enthalte der Patientinnen und Patienten konnten persönliche Beziehun-

---

381 Interview mit Erdmute Walter am 09.04.2014.

gen zu den zu pflegenden Menschen aufgebaut werden, was für beide Seiten eine Bereicherung war.

3.4 Die Rolle der Stationsschwestern

Die Stationsschwester war für die Organisation der gesamten Arbeitsabläufe auf der ihr unterstellten Station zuständig. Verantwortlich war sie erstens für die Sicherheit der Patienten, zweitens hatte sie für die Qualität der Pflege zu sorgen sowie drittens die Kontakte zu den Funktionsbereichen zu pflegen. In der Hierarchie des Klinikalltags war sie stets die erste Ansprechpartnerin sowohl für die mitarbeitenden Schwestern, die Schülerinnen, Pfleger sowie die Ärzte. Anstehende Arbeiten konnten von ihr an die Zweitschwester, also ihre Vertretung, oder an Schülerinnen delegiert werden. Nicht zuletzt oblagen der Stationsschwester die gemeinsame Durchführung der Visiten mit dem Stationsarzt sowie die „Ausarbeitung" derselben. Als Ausarbeitung bezeichnete man die Organisation der Umsetzung ärztlicher Anordnungen. Die Stationsschwestern waren für die Diakonieschülerinnen wichtige Bezugspersonen im Alltag. Sie beaufsichtigten und verantworteten die Arbeit und beurteilten die Leistungen der Schülerinnen mündlich und schriftlich. Wie weiter oben bereits erläutert, wurden Stationsschwestern von den ihr unterstellten Schwestern im Alltag häufig als „Ösen" bezeichnet. Das ist eine Abkürzung der Bezeichnung „Stationöse". Der Begriff „Öse" zielte zum einen darauf ab, dass die Stationsschwester für diese Station verantwortlich war und zum anderen, dass sie dort meist über einen langen Zeitraum arbeitete, mit der Station fast verwachsen schien. Im Begriff schwingen sowohl Distanz als auch Respekt vor der Autorität der Stelleninhaberin mit.

Als angenehm empfand Schwester Freia Erbach eine ihrer Stationsschwestern, die sie als sehr genau und sehr gewissenhaft beschreibt und die bei Fehlern oder notwendiger Kritik diese immer nur dann äußerte, wenn alle Schülerinnen zusammen waren, sodass sich niemand unter vier Augen rechtfertigen musste. Das praktische Anlernen der Diakonieschülerinnen auf der Krankenstation wurde nicht immer von der Stationsschwester übernommen, sondern oft von einer bereits erfahrenen Schülerin. Schwester Liselotte Schenk erinnerte sich daran, dass sie in Güstrow sehr unterschiedliche Anleitungen als Schülerin erhalten hatte. Eine häufig von Schülerinnen verrichtete und für die Krankenhaushygiene wichtige Arbeit, war das tägliche Staubwischen der Nachttische am Krankenbett: „Von links nach rechts, von oben nach unten und nichts auslassen. […] Also da war eine gründliche Anleitung."[382] Es konnte auch passieren, dass Schülerinnen andere Schülerinnen einwiesen. Die Anleitungen variierten und wurden teilweise mit großer Strenge durchgesetzt. Auf persönliche individuelle Eigenarten der Auszubildenden wurde in der Regel keine Rücksicht genommen.

Ein positives Vorbild hatte Schwester Gudrun Wurche mit ihrer Stationsschwester auf einer chirurgischen Frauenstation: Schwester Jutta Bäuml hatte eine sehr kompetente, ruhige Art und war, nach Schwester Gudruns Erinnerung, vorbildlich um das Wohl ihrer Patienten besorgt: „Sie ist sehr auf die Patienten eingegangen. War immer für jeden [da], auch unter den nicht einfachen räumlichen Bedingungen. Es waren große Säle, jedem Patienten doch das Leben so leicht wie möglich zu machen."[383] Eine ebenso positive Erinnerung an ihre Stationsschwester aus der Schülerinnenzeit in Hagenow hatte Schwester Monika Findeisen. Gelernt hatte Schwester Monika von ihr, mit den zu pflegenden Kindern abends noch eine Abendandacht zu halten. Diese bestand aus einer kurzen Besinnung mit einem Lied und einem Gebet oder aus einer Geschichte mit abschließendem Gebet. Oft bewirkte dies, wie Schwester Monika sich erinnerte, dass die ihr anvertrauten Kinder etwas zur Ruhe kamen und friedlich einschlafen konnten. Die Kinder waren ihr dann auch zugewandter und fröhlicher, als wenn sie es nicht tat.[384]

Schwester Margot Schorr wurde nach ihrem eigenen Empfinden nach einer vorausgegangenen sehr schlechten Erfahrung dann bei der Arbeit gut angeleitet. Die Pflegearbeit sollte im thüringischen Arnstadt

---

382 Interview mit Liselotte Schenk am 10.04.2014.
383 Interview mit Gudrun Wurche am 28.04.2014.
384 Interview mit Monika Findeisen am 07.04.2014.

Anfang der 1950er Jahre von ihr nicht möglichst schnell, sondern möglichst genau und ordentlich erledigt werden.[385]

Schwester Gabriele Spehling erlebte in ihrer Ausbildung in den 1970er Jahren im Schweriner Anna-Hospital eine gute Ausbildung, in der keine Diakonieschwester in die Berufspraxis „rein geschubst"[386] wurde, sondern, dass jeder Schülerin „alles einmal gezeigt" wurde, was zu tun ist. Dennoch wurde gleichzeitig erwartet, dass man „etwas schnell von Kapee sein" sollte, also nicht zu langsam im Denken. Die Stationsschwestern waren in der Regel jung, und es herrschte allgemein die Ansicht, niemand solle sich „blöd" anstellen:

> „Meinen ersten Mittelstrahlurin: Gesessen, gestarrt, gestarrt, gestarrt, drei Stunden lang. Da pinkelte das Kind los und ich hielt das Röhrchen nicht so schnell drunter. Da höre ich heute noch [...]: ‚Ach, ist die blöd!' So nach dem Motto: Ist das eine doofe Vorschülerin."[387]

Schwester Marianne Bäsler erinnerte sich, dass die Anleitung zum Arbeiten in Wittenberg mitunter auch nachts stattfand. So hat beispielsweise Schwester Maria Fischer[388] Schwester Marianne nachts „das Sondieren" beigebracht:

> „Wenn man im Kinderhaus wachte, unten bei den großen Kindern wachte immer eine Schülerin und oben eine Examinierte bei den Säuglingen. Und man machte oben die Arbeit mit, hörte natürlich unten – es war ja wie so ein großes Wohnhaus – ging regelmäßig durch. Und Sachen, die man als Schülerin nicht machen durfte, eben vielleicht einen Krabbler sondieren, das machte dann

---

385 Interview mit Margot Schorr am 02.04.2014.
386 Interview mit Gabriele Spehling am 29.04.2014.
387 Interview mit Gabriele Spehling am 29.04.2014.
388 Interview mit Maria Fischer am 07.08.2014.

die Schwester. Also wir wachten eigentlich zu zweit, obwohl die Schülerin unten eingeteilt war und die Examinierte oben. Aber man machte schon die Arbeit zusammen. Aber dann nachher die Morgenarbeit wusch man die Kinder und die Examinierte badete dann. Aber dadurch hat man natürlich auch nachts von den Säuglingen viel mit gekriegt, selbst wenn man noch gar nicht bei den Säuglingen gearbeitet hat, weil einen die Nachtwache damit hineinnahm und einen anlernte."[389]

Die Erwartungen der Stationsschwestern an ihre Schülerinnen waren vielfältig. Neben dem Einpassen in die konkreten Abläufe und Besonderheiten der jeweiligen Stationen sollten Schülerinnen auch charakterlich erzogen werden.

3.5 Die Zusammenarbeit mit Ärztinnen und Ärzten

Traditionell war das Verhältnis der Ärzte zu den pflegenden Schwestern ein hierarchisches und autoritäres. Von vielen der befragten Diakonieschwestern wurde es jedoch für die 1960er und 1970er Jahre in der DDR als kollegiales und wertschätzendes Miteinander, sozusagen auf Augenhöhe, wahrgenommen. In den Schwesternregeln des Diakonievereins wurde festgelegt, dass das Verhältnis von Schwestern zu Ärzten ein „dienstliches" ist.[390] In den Schwesternregeln von 1960 hieß es beispielsweise: „Das Verhältnis der Diakonieschwester zu ihren Vorgesetzten, den Ärzten und männlichen Angestellten ist dienstlich und nicht gesellschaftlich, diszipliniert und höflich, aber nicht vertraulich." Zwölf Jahre später hieß es in den Schwesternregeln:

„Ihr Verhalten zu allen Mitarbeitern ist dienstlich und höflich. Sie fördert eine gute Zusammenarbeit und ist für den Ruf des Arbeitsfeldes mitverantwortlich; darin erweist sich die Tragkraft

---

389 Interview mit Marianne Bäsler am 19.05.2014.
390 Interview mit Heidi Fromhold-Treu am 19.03.2014.

der Schwesternschaft für das Arbeitsfeld. […] Schwesternnamen und Schwesterntracht helfen, Vertrauen zu schaffen, aber vor Vertraulichkeit zu bewahren."[391]

Diakonieschwestern sollten demnach keine privaten Dinge mit Ärzten besprechen, keine Freundschaften schließen oder gar private Verabredungen treffen.

An das Verhalten der Ärzte erinnerten sich die interviewten Schwestern meist übereinstimmend als „tadellos". Schwester Monika Findeisen erinnerte sich an „reizende Kinderärzte, die sich sehr gut auf die Kinder einstellten, die auch mit den Eltern fürsorglich umgingen, die sich sehr engagierten Tag und Nacht". Sie bedauerte, dass etliche Ärzte die DDR in Richtung BRD verließen. Sie und ihre Kolleginnen und Kollegen mussten häufig die akute Ärzteknappheit überbrücken, indem sie deren Aufgaben teilweise miterledigten.[392] Schwester Gabriele Spehling erinnerte sich an ein gutes Verhältnis zu den Ärzten in Schwerin und beschrieb es mit den Worten: „Wir haben nie das Gefühl gehabt: Du bist nur die Schwester, auch mit dem Chefarzt nicht!"[393]

Schwester Freia Erbach berichtete, dass sie als Schülerin in Güstrow wenig Kontakt zu den Ärzten hatte, da sie unsicher war und sich „immer nur gefürchtet" hatte, denn „die Chefärzte waren im Unterricht sehr streng und bei der Prüfung, da zitterten manche, hatten Herzklopfen. Aber sonst waren sie wohlwollend, haben erklärt auch, manche Hinweise gegeben, dass wir da auch sehr viel lernten." Der Kontakt zu den Ärzten wurde nach dem Examen intensiver, weil die geprüften Schwestern die ärztlichen Visiten begleiteten und vieles, was die Versorgung der Patienten betraf, direkt miteinander besprochen wurde. Im kirchlichen Krankenhaus war das Verhältnis zu den Ärzten aus ihrer Sicht persön-

---

391 ADV: Schwesternregeln von 1972.
392 Interview mit Monika Findeisen am 07.04.2014.
393 Interview mit Gabriele Spehling am 29.04.2014.

lich und sogar freundschaftlich, während es im städtischen Krankenhaus als ein eher dienstliches von ihr beschrieben wurde.[394]

Schwester Liselotte Schenk erinnerte sich ausschließlich an eine kon-
fliktfreie und gute Zusammenarbeit mit den Ärzten („eigentlich nichts
Negatives"), als sie Ende der 1950er Jahre in Güstrow die Krankenpflegeausbildung machte. Sie empfand gegenüber manchen Ärzten eine
große Hochachtung. Teilweise war diese bedingt durch den guten theoretischen Unterricht. Das Verhältnis zu Ärzten beschrieb Schwester Liselotte als meist sehr kollegial: „Da, gab es, glaube ich, einen, der wurde
immer als König bezeichnet. Aber die anderen waren sehr freundlich
und zuvorkommend und auf keinen Fall herablassend. Das war ein gutes
Verhältnis."[395]

Schwester Margarete Voß erinnerte sich sehr genau an eine Situation
als junge Schülerin auf einer Chirurgischen Station in Wittenberg. Ihr
wurde damals deutlich, wie wichtig ihre eigene Beobachtungsleistung
und die Kommunikation über das wechselnde Befinden der Patientinnen und Patienten für die Ärzte war. Folgendes hatte sich ereignet: Eine
Patientin hatte über Bauchschmerzen geklagt. Schwester Margarete überlegte, ob die Nachricht über die Schmerzen es wert waren, weitergege-
ben zu werden, und sie entschied sich schließlich dafür, die vorgesetzte
Schwester zu informieren. Diese alarmierte den diensthabenden Arzt
und die Patientin wurde gerade noch rechtzeitig am Blinddarm operiert:

„Und da ist dann die Schülerin hingegangen und dann ist sie zur
Stationsschwester oder hat sie einen Arzt angerufen. Und hat
gesagt, die Frau sowieso hat Schmerzen [...] Und dann ist der Arzt
gekommen. Und [es] war lebensbedrohlich. Also wenn die das
nun ignoriert hätte, dann wäre die Frau gestorben. Aber da sagte

---

394 Interview mit Freia Erbach am 09.04.2014.
395 Interview mit Liselotte Schenk am 10.04.2014.

sie, ach, das ‚Bauchknöpfchen‘ tut ihr so weh. Und dann ist der Arzt gekommen und hat festgestellt, dass es höchste Zeit war."[396]

Schwester Margot Schorr erinnerte sich an einen Fehler, der ihr in der Arbeitszeit als examinierte Schwester in Seehausen unterlief. Sie hatte nachmittags allein auf einer Station die Verantwortung für 24 Patienten und hatte die Aufgabe Insulinspritzen zu geben. Es gab dort drei sogenannte „Zuckerpatienten" und sie vertauschte aus Versehen die Anzahl der zu spritzenden Einheiten: „Und denke um Himmels willen, du hast doch eben schon vierundzwanzig Einheiten aufgezogen. Jetzt hat Fräulein J. die doppelte Menge gekriegt. Um Gottes Willen, was machst du jetzt?" Zur Erleichterung von Schwester Margot Schorr war die diensthabende Ärztin nicht wütend, als sie die Nachricht hierüber erhielt. Sie informierte einfach die betroffene Patientin über das Missgeschick der Jungschwester und forderte diese auf, bei Anzeichen von Schwindelgefühlen etwas Zusätzliches zu essen.[397]

Auch Oberin Dorothea Demke erinnerte sich an keine Konflikte mit den Ärzten. In ihrer Arbeit im Städtischen Krankenhaus in Thüringen fühlte sie sich als evangelische Schwester nicht diskriminiert. Noch heute empfindet sie eine große Hochachtung vor ihrem damaligen Chefarzt, der neben der Arbeit in der Städtischen Klinik auch noch in einer Poliklinik und in einem Betrieb im Funkwerk beschäftigt war:

„Wie dieser Mann das damals geschafft hat, das kann man sich heute nicht mehr vorstellen. Aber er war ein sehr geschickter Chirurg, er konnte wirklich alles. Er hat sogar Struma operiert, wofür wir heute Fachärzte brauchen. Aber er war auch ein guter Chef und zugleich Kamerad."[398]

---

396 Interview mit Margarete Voß am 04.06.2014.
397 Interview mit Margot Schorr am 02.04.2014.
398 Interview mit Dorothea Demke am 02.04.2014.

Oberin Hella Meyer erinnerte sich in ihrem Interview im April 2014 sehr positiv an die Arbeit auf einer chirurgischen Privatstation. Dort war sie nach ihrem Examen als Krankenschwester als stellvertretende Stations-schwester eingesetzt worden, obwohl sie ihr Examen auf einer Inneren Station gemacht hatte. Diese chirurgische Privatstation im Wittenberger Paul-Gerhardt-Stift wurde vom damaligen Chefarzt Dr. Jacobs geleitet. Die relativ kleine Station hatte rund 20 Betten und es lagen sowohl Privat- als auch Kassenpatientinnen und -patienten dort. Oberin Hella Meyer emp-fand die Zeit rückblickend als eine „sehr schöne Zeit" mit einer „kleine[n] Mannschaft", obwohl es dort auch „so ein bisschen betulich" zuging:

> „Man hatte viel […] Wittenberger Geschäftsleute, man kannte viele, es war so ein bisschen familiär, kann man fast sagen. Und so nach zwei Jahren wurde ich dann, […] auf eine Innere Station versetzt und weiß noch, dass Chefarzt Jacobs mir mal begegnete und sagte, das war ja mal Zeit, dass du da weg kamst, du wurdest ja schon genau so tüdelig."[399]

Ärzte überließen Schwestern, je nach Situation, bisweilen auch die Auf-gabe, schlechte Nachrichten an die Patientinnen und Patienten weiter-zugeben. So musste Oberin Hella Meyer auf der Entbindungsstation des Wittenberger Paul-Gerhardt-Stifts beispielsweise eines Nachts dem Mann einer frisch von ihrem Kind entbundenen Frau die schlechte Nachricht übermitteln, dass das Kind nicht mehr am Leben sei:

> „Das war schon ganz schrecklich und dann der Ehemann und der Vater dazu. Und dann stand ich mit ihm in unserem Frühstücks-raum vorm Fenster und musste ihm das dann, ja, kundtun. Also solche Ereignisse waren dann natürlich auch schlimm. Ich denke, dass würde heute auch der Stationsarzt oder ich weiß es nicht wer machen, aber solche Aufgaben gehörten einfach auch dazu, und

---

399 Interview mit Hella Meyer am 07.04.2014.

ich hoffe auch, dass man immer auch die richtigen Worte gefunden hat."[400]

Nicht überall war das Verhältnis zwischen Ärzten, Ärztinnen und Diakonieschwestern jedoch so angenehm, wie es vielfach aus Wittenberg berichtet wurde. Schwester Erdmute Walter erinnerte sich, dass es in Bad Elster durchaus Ärzte gab, die etwas gegen die Diakonieschwestern hatten und sie das auch spüren ließen. Beispielsweise war der dort beschäftigte Chefarzt ein „Vertragsarzt für die Polizei"[401]:

„Dass wir als solche dort unerwünscht waren, das haben wir immer mehr zu spüren gekriegt. Der Rat des Kreises hat uns dann laufend, also zunehmend unter Druck gesetzt. Ich nehme an, dass das vor allem vor einer Wahl gewesen ist, wo die uns zusammengetrommelt und uns, ja, nicht sehr freundlich mit uns geredet haben. Und als dann die Wahl war, weiß ich noch, die eine von unseren OP-Schwestern war wild entschlossen: ‚Ich gehe nicht.' Und da hat ihr dann der Chefarzt sagen lassen, also wenn sie wirklich nicht ginge, dann brauchte sie am Montag nicht wiederzukommen […] Was heute auch nicht mehr denkbar wäre. Wir waren eine einfache OP-Besatzung, also praktisch Tag und Nacht im Dienst. Und wir wollten doch auch mal weg, z. B. in den Wald, und wir waren dann eben nicht sofort zur Hand. Und es gab ein ganzes Telefon."[402]

Oberin Eva-Maria Matzke erinnerte sich im Mai 2014 gerne an ihre frühere Stationsschwester Gertrud Heyden, bei der sie viel gelernt hatte und die sie am Ende ihrer Ausbildung auch durch das praktische Examen führte. Nicht nur die Ruhe, mit der Schwester Gertrud die damalige Sta-

---

400 Interview mit Hella Meyer am 07.04.2014.
401 Interview mit Erdmute Walter am 09.04.2014.
402 Interview mit Erdmute Walter am 09.04.2014 und Brief vom 19.07.2015.

tion im Sophienhaus in Weimar führte, sondern auch deren Mut, gegebenenfalls den Ärzten zu widersprechen, imponierte Oberin Eva-Maria Matzke. Folgende Episode aus Weimar kann gut verdeutlichen, wie die Konflikte zwischen Diakonieschwestern und Ärzten in der DDR verlaufen konnten. Ein Arzt, den alle Schwestern damals als „komisch" empfanden, erwies sich in der Tat als ein Mensch, dessen materialistische Lebensauffassung absolut konträr zu der christlichen Haltung stand, die für die Arbeit der Diakonieschwestern charakteristisch ist. Nämlich die Haltung der Nächstenliebe, die in jedem Menschen eine ihm von Gott gegebene Würde erkennt und respektiert und Menschen nicht als eine zufällige Ansammlung lebender Zellhaufen betrachtet, die ihre Würde mit dem Ende der Herztätigkeit verlieren. Deutlich wurde die Haltung des Arztes durch sein Verhalten der eigenen Mutter gegenüber, die im Sophienhaus Weimar zum Sterben lag. Der Arzt bat die Diakonieschwestern ihm Bescheid zu sagen, wenn seine Mutter verstorben war. Als die erwartete Situation eingetreten war und die Schwestern den Arzt über den Tod seiner Mutter informiert hatten, kam dieser auf die Station und zog der Mutter ihre Goldzähne. Dieses Verhalten war für die Schwestern nicht nachvollziehbar, denn:

> „Also das war ein materialistisch denkender Mensch und das hat uns geschockt, uns ging es eigentlich um das menschliche Begleiten und ihm ging es darum, noch Werte zu retten. Materielle Werte. Ja, und so hat es solche Ärzte und solche gegeben, auch welche, die sozusagen abgehauen sind und welche die dageblieben sind. Aber gelernt haben wir sehr viel. So fachlich denk ich: sehr fundiert und solide und auch menschlich."[403]

Insgesamt jedoch war das Verhältnis von Diakonieschwestern zu Ärztinnen und Ärzten von gegenseitigem Respekt geprägt.

---

403 Interview mit Eva-Maria Matzke am 07.05.2014.

3.6 Die Patientinnen und Patienten

Patientinnen und Patienten standen und stehen im Mittelpunkt des beruflichen Handelns von Diakonieschwestern. Das seelische und körperliche Wohlbefinden und die Wiederherstellung der Gesundheit sind erklärte Ziele der Klinikaufenthalte. Nicht die Einstellung zum Leid ist hier von Interesse, ebenso wenig Bewältigungsstrategien zur Bekämpfung der Erkrankung, sondern vielmehr die alltägliche Wahrnehmung sowie die praktischen Handhabungen rund um die Patientinnen und Patienten interessieren.[404] Von den Diakonieschwestern wurde erwartet, dass sie den anvertrauten Patientinnen und Patienten eine individuell angepasste und medizinisch gute Behandlung zukommen ließen. Dazu gehörte es, dass eine räumliche und emotionale Distanz zwischen Pflegenden und Gepflegten eingehalten wurde. Wie die durch Krankheit abhängigen und oft zuwendungsbedürftigen Patientinnen und Patienten im Krankenhausbett von den Diakonieschwestern wahrgenommen wurden, davon handelt der folgende Abschnitt dieses Kapitels.

Alle Diakonieschwestern lernten, dass Patientinnen und Patienten mit ihrem Namen angesprochen werden sollten: „Das war für mich immer eine Riesenherausforderung!"[405] Schwester Liselotte Schenk erinnerte sich positiv daran, dass es nach ihrem Erleben in der DDR keinen Zeitdruck bei der Versorgung der Patientinnen und Patienten gab: „Ich erinnere mich an viele gute Gespräche mit Patienten und fühlte mich eigentlich nicht so gehetzt [wie heute]."[406]

Schwester Gisela Lerche erinnerte sich an die Patientinnen und Patienten in Weimar:

„Der Unterschied, bei den Patienten ist es so gewesen, sie haben gewusst, dass sie sich in ein ‚diakonisches Haus' legen, und waren

---

404 Zu Forschungen rund um die Patientengeschichte vgl. Eckart, Jütte: Medizingeschichte, 2007, 181–190.
405 Interview mit Barbara Ide am 05.04.2014.
406 Interview mit Liselotte Schenk am 10.04.2014.

vielleicht auch wirklich der Meinung, jetzt ist es in diesem Haus auch wirklich anders. Wir haben wirklich durch den Diakonieverein und auch durch das Sophienhaus mit den Patienten einen sehr guten Kontakt gehabt, auch wenn die Patienten nicht kirchlich waren. Sie haben sich gerne von uns pflegen lassen. Sie sind immer gut gewesen in punkto Kirche, es waren wenige dabei, die nicht mit den Diakonieschwestern einverstanden waren und durch die gute Ausbildung haben wir eine wirklich pflegebezogene Arbeit machen dürfen, und wir konnten das auch."[407]

Auch für Schwester Margarete Voß überwogen die positiven Erinnerungen an ein gutes Verhältnis zu den Patientinnen und Patienten in der DDR. Dies hatte viele Gründe. Beim Staubwischen am Krankenbett entstanden oft Gespräche zwischen den Diakonieschülerinnen und den Patientinnen und Patienten oder es wurde gemeinsam gesungen:

„Also wir hatten auf der Chirurgie Frauenstation, zwei Säle à zehn Betten. Und das waren ja die sogenannten Leichtkranken. Und wir mussten ja früher noch Staub wischen. Das kennt man, glaube ich, heute auch nicht mehr. Möglichst gründlich. Und dann haben die mit uns oder wir mit denen Volkslieder gesungen und, also das war, was es eigentlich nicht immer unbedingt sein sollte, ein recht gutes Verhältnis. Also vertraulich sollte es ja sowieso nicht sein."[408]

Schwester Marianne Bäsler erinnerte sich an Kinder und Säuglinge, die in das Wittenberger Paul-Gerhardt-Stift meist dann notfallartig gebracht wurden, wenn die schlechte Luft in Wittenberg Atemwegserkrankungen wie Pseudokrupp förderte: „Die hörten wir draußen schon, wenn sie die Eltern nachts brachten." Die kranken Kinder wurden meist

---

407 Interview mit Gisela Lerche am 23.04.2014.
408 Interview mit Margarete Voß am 04.06.2014.

auf einen überdachten Balkon gebracht, wo immer zwei bis drei Betten für sie bereitstanden. Außerhalb der Patientenzimmer war der Hustenreiz dieser Kinder trotz der Luftverschmutzung weniger stark als in den geschlossenen und geheizten Räumen. In Wittenberg wurden häufig auch erwachsene Patientinnen und Patienten mit Lungenentzündungen, Pneumonien und Bronchitiden, behandelt, denn die schlechte Wittenberger Luft verursachte mit den dortigen Stickstoffwerken damals bei vielen Menschen Lungenfunktionsprobleme. Besonders, wenn nachts in der Stickstofffabrik die Luftfilter herausgenommen wurden, verschlechterte sich die Luft in Wittenberg spürbar:

„Also das war eine schlimme Zeit, ja. [....] Also die Kinder waren oft schlimm dran. Aber sie kriegten dann Prednisolit und Calcium und haben sich dann schnell erholt. Die waren dann meist nach einer Woche wieder zu Hause. Aber es war meist Vorschulalter die Kinder, also eine bestimmte Altersgruppe. Und die kannten wir dann schon. Das waren dann meist unsere Stammkunden, die Pseudokrupps."[409]

Das Paul-Gerhardt-Stift in Wittenberg war das größte evangelische Krankenhaus in der DDR und die Patientinnen und Patienten kamen mit den unterschiedlichsten Krankheitsbildern hierher. Damals wurde häufig gesagt, hier gäbe es ein „gutes Krankengut", was so viel bedeutete, dass die Pflegenden sehr viele Krankheitsbilder kennenlernten, von denen man andernorts nur aus Lehrbüchern erfuhr:

„Wir hatten Zuckerkinder, wir hatten Nierenkinder, wir hatten Leukämiekinder – wenn sie dann zurück verlegt wurden, behandelt von Dessau Kinderklinik oder Leipzig. Wir hatten ein breites Spektrum an Krankheiten. Ich habe vieles an Krankheiten auch wirklich erlebt, Krampfkinder und Hautkinder, na ja bei den

---

409 Interview mit Marianne Bäsler am 19.05.2014.

Säuglingen Ernährungsstörungen und Meningitiden. [...] Und wir hatten manchmal vier bis fünf Zugänge in der Nacht. Wir waren sozusagen Kreiskrankenhaus in dem Kreis. Und da kam so einiges. Es gab noch eins in Apollensdorf ein kleines Versorgungskrankenhaus. Das war ein ‚rotes‘, also ein kommunistisches. Da waren nur drei Stationen: die Pulmologie, Urologie und die Chirurgie. Das waren so 120 Betten und Kinder sowieso nicht. Und im Grunde kam alles zu uns. Wer nun unbedingt nicht in ein konfessionelles Haus wollte, der musste dann nach Dessau. Das sind so 45 Kilometer oder etwa Leipzig und Halle, etwa 80 Kilometer. Aber in der Regel hier so aus dem ganzen Umkreis, die kamen schon hier in das Stift."[410]

Kinder, die als Patientinnen und Patienten von Diakonieschwestern betreut wurden, hatten nach den Erinnerungen der interviewten Diakonieschwestern oft ein inniges Verhältnis zu den Pflegenden und diese zu ihnen. Schwester Monika Findeisen erinnerte sich, dass ihr im Schweriner Anna-Hospital die „kleinen Patienten [...] sehr lieb"[411] waren, und dass es ihr als Schwester schlecht damit erging, dass die Eltern die Kinder nur hinter einer Glasscheibe sehen durften. Gerne hätte sie einen Elternteil zum Kind gelassen, weil das dem Kind und der Mutter gut getan hätte. Das war jedoch aus Sorge um möglicherweise in das Krankenhaus eingeschleppte Infektionen nicht gestattet. Schwester Monika Findeisen erinnerte sich, dass das mit Diakonieschwestern besetzte Anna-Hospital in Schwerin von der Bevölkerung sehr gut angenommen wurde, nicht nur wegen der bekanntermaßen guten pflegerischen Arbeit, die dort geleistet wurde, sondern auch, weil es verkehrstechnisch günstig zwischen einer Straßenbahn- und einer Buslinie lag. In die ältere Städtische Kinderklinik kamen die Patientinnen und Patienten nachts nur schwer hin. Zudem hatten die beiden Kliniken sich abgesprochen und eine nach

---

410 Interview mit Marianne Bäsler am 19.05.2014.
411 Interview mit Monika Findeisen am 07.04.2014.

Kinderkrankheiten vorgenommene Aufteilung vereinbart: Während die städtische Kinderklinik alle Kinder mit Herz- und Rheumaerkrankungen versorgte, behandelte das Anna-Hospital die Kinder mit Nieren- und mit Magen-Darm-Erkrankungen sowie mit Bronchitiden. Letztere waren, nach der Erinnerung von Schwester Monika Findeisen, durch die Krippenerziehung zeitweise sehr häufig zu behandeln,

> „und die Kinder [mussten] dann ganz schnell ins Krankenhaus [...], weil die Muttis ja weiter arbeiten mussten. Und so blieben die Kinder auch sehr lange da. Sie mussten immer krippenfähig entlassen werden, und das war manchmal bisschen arg, für die Kinder."[412]

Schwester Gabriele Spehling erinnerte sich daran, dass es in Schwerin Patientinnen und Patienten gab, die intern als „Teekinder" bezeichnet wurden. Diese erhielten alle zwei Stunden Tee, denn sie litten meist unter Durchfällen. Der angeordnete Tee wurde vorzugsweise per os, in Ausnahmen auch per Sonde verabreicht: „Alle zwei Stunden wurde sondiert 50 ml, 100 ml." Ging es den Kindern mit sehr schweren Durchfällen bei dieser Behandlung nicht bald besser, konnten auch Bananen therapieunterstützend eingesetzt werden:

> „Ruhr und sowas gab es ja noch. Und da war es mit der Diät ganz schwierig. Ich weiß nur, wenn ein Bananendampfer in Rostock ankam, dann gab es Bananen im Anna-Hospital. Das war schon sehr privilegiert hier. Die Eltern sagten dann: Bringen wir das Kind ins Anna-Hospital. Da gibt es Bananen. Wurde damals gesagt."[413]

Schwester Antje Doliff erinnerte sich zudem an eine Frauenmilch-Sammelstelle in Thüringen, die das Anna-Hospital in Schwerin versorgte.

---

412 Interview mit Monika Findeisen am 07.04.2014.
413 Interview mit Gabriele Spehling am 29.04.2014.

Hier wurde Muttermilch für solche Kinder gesammelt, die unter einer Kuhmilchallergie litten und deren eigene Mutter nicht genug Milch für sie hatte. Diese Kinder wurden in Schwerin im Anna-Hospital zuerst mit Frauenmilch „gepäppelt", bevor sie dann als Babynahrung speziell zubereitete Breie auf der Basis von Soja erhielten. Die Breinahrung für die Babys wurde frisch in der Milchküche des Schweriner Anna-Hospitals gekocht und es gab sowohl Sojabreie als auch Frauenmilchbreie:

> „Das haben wir alles alleine gemacht. Ich erinnere mich, zu meiner Milchküchenzeit: tiefster Winter. Und es gab keine Frauenmilch, keine Muttermilch. Drama, weil man ja die Kinder versorgen musste. Es gab ja über die DDR verteilt viele Sammelstellen. Und ich weiß, da habe ich dann in Thüringen irgendwo eine Frauenmilchstelle aufgetan, die [...] uns das geschickt hat, tiefgefroren, damit wir das hatten. Schwerin hatte nichts, [das] Umfeld auch nicht."[414]

Die Frauenmilch aus Thüringen wurde tiefgefroren und anschließend in Null-Komma-fünf-Liter-Glasflaschen oder in kleineren Zweihundert-Milliliter-Flaschen im Krankenwagen nach Schwerin transportiert, wenn andere Mütter in Schwerin nicht genug Milch zum Abgeben an andere Babys hatten.

Nach der Erinnerung von Schwester Antje Doliff wurde im Schweriner Anna-Hospital eine umfangreiche Nierendiagnostik auf zwei Stationen durchgeführt. Sehr häufig wurden Patientinnen und Patienten in Schwerin nach Schwester Antjes Erinnerung mit dem Krankheitsbild der Zöliakie behandelt: „Wir [waren] das einzige Haus hier in Mecklenburg, [das] überhaupt die Biopsien gemacht" hat. In Schwerin gab es zudem eine spezielle Bäckerei, in der glutenfreies Brot gebacken und über die Bananen für die Patienten verteilt wurde, weil sich der damalige Chefarzt als Vorreiter für die Zöliakiekinder engagiert hatte. Schwester

---

414 Interview mit Antje Doliff am 28.04.2014.

Antje erinnerte sich auch an Patienten mit der sogenannten „Bluter"-Erkrankung, einer Blutgerinnungsstörung, die in Schwerin eine Kryotherapie erhielten.

Häufig war in Schwerin bei den Patienten auch „das komplette Spektrum von normalen Atemwegserkrankungen über Meningitiden".[415] Selten gab es hier Kinder, die an körperlichen Fehlbildungen litten, wie etwa der Spina bifida. Neurodermitis, Krätze, Mumps, Keuchhusten und Windpocken waren dagegen verbreitet.

Diese Kinder mit Infektionskrankheiten lagen in von außen begehbaren Isolierzimmern und die Nachtdienst habende Schwester musste immer die Station verlassen, um diese Kinder zu versorgen. Zur Besuchszeit in Schwerin wurden nachmittags den Eltern die Säuglinge und Kleinkinder von den Schwestern vor eine Glasscheibe gehalten. Für die Eltern, Kinder und Diakonieschwestern war dies eine schwierige Situation:

> „Die Eltern standen davor. Und das Kind war entweder friedlich, weil es die gar nicht mehr kannte, die da draußen, oder es hat geschrien wie am Spieß. Also das war für mich. Damals habe ich es nicht so empfunden. [....] Und da standen dann die Eltern und die Kinder schrien auch wie am Spieß, weil sie nicht zu ihren Eltern konnten. Das hat sich dann nachher ja gelockert, dass die Eltern dann reinkommen konnten. Da war das ja viel einfacher. Die Eltern sind ja dann oft emotional ziemlich geladen gewesen, wenn das Kind dann schon nichts mehr sagte, wenn sie dann mit Durchfall kamen und schon apathisch waren."[416]

Schwester Gabriele Spehling erinnerte sich auch daran, dass die Diakonieschwestern einzelne Kinder regelrecht „großgezogen" haben, wenn diese beispielsweise aus sozial schwachen Familien kamen. In solchen

---

415 Interview mit Antje Doliff am 28.04.2014.
416 Interview mit Gabriele Spehling am 29.04.2014.

211

Fällen wies die Kinderärztin die Kinder regelmäßig mit dem Hinweis, die Kinder aufzupäppeln, in das Anna-Hospital ein, damit sie gestärkt wieder nach Hause konnten:

> „So war das damals, was heute überhaupt nie mehr gehen würde. Da haben wir manche Kinder ein dreiviertel Jahr hier gehabt, das ist so. Die kriegten jedes Jahr ein Kind und brachten dann immer ein paar zum Aufpäppeln hierher. Die kriegten dann Essen und Trinken und jede Menge Liebe auch von mir und meinen Mitschwestern. Und dann wurden sie mal wieder entlassen. Da sind sie dann wieder hingegangen. Die haben auch ihre Eltern geliebt, also denen ist es auch nicht schwer gefallen, hier zu bleiben. Die haben nicht geschrien. Die haben nicht einmal hinterher geschrien. Die haben sich zwar gefreut, wenn die kamen. Da haben wir so einige. Da sprechen mich heute noch Leute an auf der Straße. Die kenne ich zwar nicht mehr, aber die kennen mich noch. Und dann sagen die: ‚Auf Station Fünf?‘ ‚Ja, ich war auf Station Fünf.‘"[417]

Schwester Marianne Bäsler erinnerte sich an ihre Patientinnen und Patienten in Wittenberg, die an Diabetes litten. Diese Kinder wurden im Paul-Gerhardt-Stift oft „Zuckerkinder" genannt. Gegen hohe Konzentrationen von Aceton im Blut wurden Hafertage eingelegt, das heißt, die Ernährung wurde vollständig auf Haferflocken umgestellt. Auch Bananen galten als eine gute Energiequelle für diese Kinder, doch gab es diese nicht immer. Die Wittenberger Diakonieschwestern konnten sich in schwierigen Ernährungssituationen jedoch an eine vertraute Gemüsehändlerin wenden, die ihnen oft half. Dann wurde eine Schülerin in den Laden geschickt, um „das Bestellte für Schwester Ursel ab[zu]holen und [sie] kriegten dann einmal ein paar Bananen oder ein paar Äpfel".

---

417 Interview mit Gabriele Spehling am 29.04.2014.

Obwohl auch die Eltern der „Zuckerkinder" geeignete Lebensmittel mit in das Krankenhaus brachten, hatten die Schwestern es schwer:

„Aber es war schon mühsam mit Zuckerkindern, viel Gemüse und jeden Tag nur Möhren. [...] Das war auch meine Examensnachtwache ein Junge im Zuckerkoma [...] Ich: ‚Was, da soll ich noch wachen kommen? Lebt der noch?' Ja, ich konnte noch mit ihm sprechen, ein bisschen verwaschene Sprache, ein Ingo, acht Jahre alt. Aber seine größte Sorge war, dass er nun keine Eis mehr essen kann. Aber wenn man Beziehungen hat, dann gibt es ja Diabetikereis, auch mal Diabetikerschokolade. Da musste man dann immer auf der Hut sein. Und früh war er mit einem Insulintropf auf 80 mg runter. [...] Die Zuckerkinder, die waren auch immer sehr anhänglich, das war eine schöne Arbeit mit den Zuckerkindern, aber es war eben mühsam besondere Sachen zu kriegen, aber irgendwie ging es alles immer."[418]

Schwester Christine Eichler berichtet darüber, dass Patientinnen und Patienten in Thüringen 1954 noch bei der Einweisung in das Krankenhaus ihr Kopfkissen und ihre Bettwäsche mitbringen mussten:

„Na ja, der Alltag war natürlich geprägt 1954 von der großen wirtschaftlichen Not, die es ja ringsum gab. Und Arnstadt, so das Tor zu Thüringen: Die Patienten kamen meist aus dem Thüringer Wald, das war das Einzugsgebiet der Patienten. Und das waren schon recht schlechte Verhältnisse. [...] Es war einfach von der Not, der allgemeinen Not, geprägt diese Zeit."[419]

Die Besucher der Patientinnen und Patienten brachten auch häufig Essen mit in das Krankenhaus, denn die Meinung war weitverbreitet,

---

418 Interview mit Marianne Bäsler am 19.05.2014.
419 Interview mit Christine Eichler am 29.03.2014.

dass Essen generell nützlich sei, um die Gesundheit der Patientinnen und Patienten zu fördern. Doch, so Schwester Christine Eichler: „Manchmal hat es ihnen auch geschadet!" Lebensmittel konnten bei Bedarf teilweise auch von den Ärzten auf Rezept hin verordnet werden.

So konnte beispielsweise Kaffee mancherorts für Patientinnen und Patienten mit Herzproblemen verschrieben werden. Mit diesem Rezept über eine bestimmte Grammzahl an Bohnenkaffee wurde eine Schwester dann in die Krankenhausküche geschickt und erhielt dann meist die verordnete Menge an Bohnenkaffee zur Stärkung des Patienten. Doch nicht immer wurde das Rezept rechtzeitig eingelöst, und viele Patienten sind, ohne den Bohnenkaffee getrunken zu haben, verstorben.

Erinnerungen an ihre chirurgischen Patientinnen und Patienten hatte Schwester Freia Erbach bei ihrem Interview sehr präsent:

„Da waren ja viele Bettlägerige, und wir mussten ‚schiebern', so nannten wir das. Nach dem Essen wurden alle auf das Töpfchen gesetzt und das war Massenabfertigung. Wir hatten einen Knochensaal, wo die Kranken waren mit Brüchen. Die lagen ja früher viel länger im Streckverband und konnten nicht aufstehen."[420]

Der Ausdruck „schiebern" war zu ihrer Zeit in der DDR, aber auch in der BRD, gang und gäbe und meinte das Anreichen und Entleeren von Bettpfannen für Patienten und Patientinnen, die das Bett nicht verlassen konnten.

Die Betten von zu operierenden Patientinnen und Patienten wurden in Güstrow von den Diakonieschwestern während des Eingriffs mit einem Lichtbogen vorgewärmt, damit die während der Operation ausgekühlten Körper sich nach dem chirurgischen Eingriff schneller wieder auf die normale Körpertemperatur einstellen konnten. Die Patientenbetten standen in Güstrow nach der Erinnerung von Schwester Freia Erbach sehr eng zusammen und die Patientinnen und Patienten

---

420 Interview mit Freia Erbach am 09.04.2014.

lagen dicht an dicht beieinander. Die Norm waren hier Vierbettzimmer, daneben gab es einen sogenannten Knochensaal und wenige Zweibettzimmer, in denen die Betten jedoch nicht frei standen, sondern an der Wand. Die Schwestern mussten sie beim Bettenrichten oder anderen pflegerischen Maßnahmen immer abrücken und wieder zurück an die Wand schieben, denn moderne Betten mit Rädern gab es damals noch nicht. Für die Schwestern war diese Arbeit in der Enge sehr „mühsam und Schwerstarbeit". Die Patientinnen und Patienten erhielten in Güstrow bei Bedarf eine spezielle Krankenkost. Die Leitung der Krankenhausküche hatte eine Diakonieschwester, die eine ausgebildete Diätassistentin war. So wurden die Patientinnen und Patienten je nach ihrer Erkrankung mit einer „Leichtkost, Schonkost, Gallenkost" oder salz- und eiweißarmem Essen versorgt. Auf jeden Fall entsprach dies dem Ideal der Diätassistentin, die sich jedoch damit abfinden musste, dass es nicht jederzeit geeignete Lebensmittel zu kaufen gab. Die Aufgabe der Diakonieschwestern auf den Stationen war es dann, den Patientinnen und Patienten die Mahlzeiten fachgerecht anzubieten. Schwester Freia Erbach erinnerte sich, dass die Medikamentenversorgung in Güstrow sehr gut war. Die Apotheke wurde von einer Diakonieschwester geleitet und „wir bekamen, was nötig war". Das „Nötige" war jedoch ein weiter Begriff und es mangelte häufig an Medikamenten, „die in den späteren Jahren dann über den Westen beschafft wurden, aber in beschränktem Umfang". Penicillin musste, nach der Erinnerung von Schwester Freia, in den 1950er Jahren dreistündlich gespritzt werden, weil es keine Depotmittel gab. Dieser relative Mangel an wirksamen Medikamenten spielte für das Erleben der Schwestern eine untergeordnete Rolle im Alltag. In der Erinnerung waren die Gespräche und das intensive Zusammengehörigkeitsgefühl der Schwestern miteinander und mit den Patienten ausschlaggebend, um den Alltag als gelungen und befriedigend zu empfinden. So meinte Schwester Freia im April 2014 beispielsweise:

„Ja, wir waren ein fröhliches, lustiges Volk und kümmerten uns um die Patienten. Und redeten auch mit ihnen, betreuten sie, nahmen an ihrem Kummer teil, an ihren Familiengeschichten. Und beim Staubwischen ergab sich ja die Möglichkeit, denen zu erzählen. Dadurch war man denen sehr verbunden. Und auch das Team auf der Station war irgendwie wie eine Familie und da sangen wir ja auch abends und wünschten ihnen ‚Gute Nacht' oder gingen noch durch die Zimmer und lasen Andacht. Ja, es war auch eine körperliche und eine seelische Betreuung."[421]

Schwester Liselotte erinnerte sich, dass sie als Schülerin beeindruckt von der Krankenkost für die Patienten war und sich wunderte, dass Patienten mit einem Diabetes mellitus beispielsweise Rosenkohl als Gemüse bekamen, den sie bis dahin noch nicht kannte. Sie wäre zu der Zeit „auch gern zuckerkrank [… gewesen], damit ich auch mal Rosenkohl kriegte". Die „Schwesternkost" war nämlich anders zusammengestellt als die Krankenkost. Dankbar war Schwester Liselotte auf jeden Fall dafür, keinen Hunger leiden zu müssen. Die Diakonieschwestern, die im Isolierhaus des Schlosskrankenhauses in Güstrow arbeiteten, erhielten eine Zusatzkost, weil die dort behandelten Patientinnen und Patienten an Tuberkulose erkrankt waren. Diese besonders gute Verpflegung sollte die gesundheitlichen Widerstandskräfte der Schwestern, wie auch die der Patientinnen und Patienten stärken: „Das erinnere ich als angenehme Zutat, dass man da besondere Kost kriegte!"[422]

Schwester Margarete Voß begegnete in Wittenberg Tuberkulose-Patientinnen und Patienten, die man damals als „Vollaufsteher" bezeichnete, weil sie „gebessert waren" und die „natürlich doch ein bisschen besonders bedient" wurden. Eine Tuberkulosestation in Wittenberg befand sich außerhalb des Krankenhauses. Für die Essensausgabe an die Patientinnen und Patienten gab es hier eine Klappe, die so groß wie ein Geschirrschrank war. Hinter dieser Klappe stand die Stationsschwester mit den Essenskübeln und vor der Klappe gingen die Patientinnen und

---

421 Interview mit Freia Erbach am 09.04.2014.
422 Interview mit Liselotte Schenk am 10.04.2014.

Patienten vorbei, um das Essen in Empfang zu nehmen. Die Schwester wog das Essen portionsweise vor den Augen der Patientinnen und Patienten auf einer Waage ab, damit sie sahen, dass sie tatsächlich die Essensmenge empfingen, die ihnen zustand.[423] Schwangere tuberkulosekranke Frauen konnten in der Heilstätte Waldeck in Schwaan, Mecklenburg, entbinden. In der Regel wurden sie nach der Geburt sofort von ihren Kindern getrennt und erhielten die Kinder erst, wenn sie selbst als geheilt entlassen wurden.[424]

Schwester Margot Schorr erinnerte sich ebenso an eine speziell angereicherte Aufbaukost für Patienten in Seehausen (Altmark), für eine Patientin mit einer nassen Rippenfellentzündung, die als tuberkuloseverdächtig galt. Diese Patientin erhielt eine „Extrakost [...] Fleisch und Ei, also von allem reichlich und auch noch was mit Sahne". Die Extrakost war für die Patienten eine wichtige Zugabe zur allgemeinen Ernährung, denn „wir haben ja bis 1958 noch Lebensmittelkarten gehabt. Wer ins Krankenhaus kam, brachte seine Lebensmittelkarte mit."[425]

Schwester Liselotte Schenk erzählte von der Versorgung Verstorbener, die im Leichenkeller mit einem Gebet, meist dem Vaterunser, verabschiedet und von den Schwestern gesegnet wurden.[426] Die befragten Diakonieschwestern erlebten die Krankheiten und das Sterben der ihnen anvertrauten Patientinnen und Patienten als eine persönliche Herausforderung und gaben menschlich und fachlich ihr Bestes. Der Alltag der Diakonieschwestern in Kliniken der DDR unterschied sich nach den Erzählungen nur wenig von den Erfahrungen anderer Diakonieschwestern im Westen Deutschlands. Diese Annahme jedoch differenziert zu untersuchen, muss kommenden Studien vorbehalten bleiben.

---

423 Interview mit Margarete Voß am 04.06.2014.
424 Aussage Margarete Voß am 23.07.2015 und ADV W 3718.
425 Interview mit Margot Schorr am 02.04.2014.
426 Interview mit Liselotte Schenk am 10.04.2014.

4. Arbeiten außerhalb des Krankenhauses

Das Ziel der SED-Kirchenpolitik war es generell, die Kirchen in die Bedeutungslosigkeit zu drängen und ihren Einflussbereich auf „Kasualien, Gottesdienste und Seelsorge" zu beschränken.[427] Kirchliche Mitarbeiterinnen und Mitarbeiter durften sogenannte lernfähige Kinder, Jugendliche und ältere Menschen mit geistiger Behinderung[428] nicht betreuen oder erziehen, denn diese entsprachen nicht dem sozialistischen Idealbild vom Menschen. Von ihnen war nach marxistisch-leninistischer Ideologie kein gesellschaftlicher Mehrwert zu erwarten. Die diakonische Arbeit mit diesen Menschen war dem SED-Staat dennoch nützlich und willkommen, denn hinter der Diakonie in Ostdeutschland stand der finanzstarke Partner im Westen.[429] Die Haltung der Verantwortlichen im damaligen Gesundheitswesen war entsprechend ambivalent. Nach anfänglicher Toleranz nach dem Kriegsende kam es Anfang der 1950er Jahre zu offener Gegnerschaft und Bekämpfung diakonischer Einrichtungen. Erst ab 1958 wurden die kirchlichen Heime durch die staatliche Sozialversicherung auf eine stabile finanzielle Grundlage gestellt, denn diese übernahm seitdem die Kosten für ihre Bürger und Bürgerinnen in den konfessionellen Einrichtungen. Der Gebäudeunterhalt oblag weiterhin der Kirche.[430] Erst am Ende der 1970er Jahre fand die diakonische Arbeit in der DDR eine öffentliche Würdigung. Als der SED-Staat in den 1980er Jahren eine Mitgliedschaft in der Weltgesundheitsorganisation (WHO) anstrebte, musste ad hoc nachgewiesen werden, wie in der DDR für Menschen mit geistiger Behinderung gesorgt wurde. In Neinstedt wurden daher kurzerhand Kinder mit und ohne

---

427 Kaiser: Die große Krise, in: Cantow/Kaiser (Hrsg.): Paul Gerhard Braune, 2005, 235.

428 Geistige Behinderung wird von „Fachwissenschaftlern übereinstimmend als Behinderung im kognitiven oder mentalen Bereich angesehen, die mit einer sozialen Benachteiligung einhergeht." Zitiert nach Buchka, 2003, 12, in: Barsch: Geistig behinderte Menschen in der DDR, 2007, 15.

429 Kaiser: Die große Krise, in: Cantow/Kaiser (Hrsg.): Paul Gerhard Braune, 2005, 235.

430 Barsch: Geistig behinderte Menschen in der DDR, 2007, 110, FN 74.

Beeinträchtigungen gleichermaßen in Spielgruppen betreut und gefördert: „In den Neinstedter Anstalten gibt es eine Fördergruppe [und] für
gesunde Kinder eine sogenannte Spielgruppe. [...] Und da wurden auch
behinderte Kinder mit eingeschleust. Das war eine echte Inklusion."[431]
Viele der politisch bedingten Probleme lassen sich am Beispiel der
Neinstedter Anstalten exemplarisch aufzeigen.

4.1 Heimdiakonie[432]

Den Kirchen in der DDR[433] wurde die Fürsorge für Menschen erlaubt,
die als nicht bildungsfähig galten. Konflikte über die Einflusssphären zwischen Staat und Kirche spiegelten sich in den frühen Jahren bis 1958 in
der uneinheitlich geregelten Finanzierung diakonischer Einrichtungen.
Ab den 1960er Jahren arbeiteten diese und staatliche Fördereinrichtun-
gen meist konstruktiv miteinander; politisch gewürdigt wurden sie jedoch
erst gegen Ende der 1970er Jahre. So ehrte der damalige Minister für
Gesundheitswesen der DDR, Ludwig Mecklinger (1919–1994), anlässlich
der Eröffnung eines Förderzentrums der freikirchlichen Brüderunität in
Herrnhut im Juni 1977 die Verdienste dieser Arbeit mit den Worten:

> „Die Aufgabe, geschädigten Menschen einen Weg zu aktivem,
> erfülltem Leben zu ebnen, ist ein unverzichtbarer Bestandteil
> unseres sozialpolitischen Programms, und unsere sozialistische
> Gesellschaft verfügt über alle Möglichkeiten dazu. An ihrer Rea-
> lisierung sind insbesondere Einrichtungen der Inneren Mission
> und des Hilfswerks der Evangelischen Kirche der DDR verdienst-
> voll beteiligt."[434]

---

431 Interview mit Margot Schorr am 02.04.2014.
432 Zu grundlegenden Überlegungen über das Leben in Institutionen vgl. Goffmann:
Asyle, 1973.
433 Überwiegend evangelische Kirchen, katholische Enklaven existierten im Eichsfeld
und in Teilen der Lausitz.
434 Barsch: Geistig behinderte Menschen in der DDR, 2007, 106.

Die Tätigkeitsfelder diakonischer Arbeit waren vielfältig. In Förderstätten und Heimen für Menschen mit Behinderungen arbeiteten unter anderem Diakone, Heilerziehungspflegerinnen und -pfleger, Psychiatriediakoninnen und -diakone, heilpädagogische Kinderdiakoninnen und -diakone, Diakoniepflegerinnen, Fürsorgerinnen und Fürsorger, Gemeindehelferinnen und Gemeindediakoninnen.

Pfarrer Dr. Werner Krusche (1917–2009)[435], seit 1968 Bischof der Evangelischen Kirche der Kirchenprovinz Sachsen, stellte 1977 in einer Übersicht kirchlicher Ausbildungswege und Ausbildungsstätten der DDR klar, dass die Arbeit in „einem kirchlichen Beruf [...] keine Vorteile" bietet, doch könne diese Arbeit „ein Menschenleben bis zum Rande voll Sinn und voll Freude machen".[436]

Arbeitsorte

Im Folgenden werden exemplarisch Arbeitsorte außerhalb der Akutkliniken, also spezielle diakonische Einrichtungen, in denen Diakonieschwestern tätig waren, kurz vorgestellt. Es sind die Evangelische Stiftung Neinstedter-Anstalten im Ostharz, der Michaelshof in Rostock-Gehlsdorf, das Oberlinhaus in Potsdam-Babelsberg, das Marthaheim in Dresden sowie das Orthopädische Kinderkrankenhaus „Heimdall" in Bad Elster im Vogtland.

Neinstedt (Ostharz): Die Neinstedter Anstalten

Bis zum Ende des Zweiten Weltkrieges befand sich in den Räumen der Neinstedter Anstalten[437] ein Lazarett, das nach dem Kriegsende von der

---

435 Krusche war zudem 1981 bis 1983 Vorsitzender des Kirchenbundes der DDR.

436 Evangelisches Konsistorium: Wege zum Kirchlichen Dienst, 1977, 1.

437 Die Evangelische Stiftung Neinstedter Anstalten im Osten des Harzes ist eine Einrichtung zur Rehabilitation, Förderung und Pflege geistig behinderter Menschen. 1850 wurden die Neinstedter Anstalten von Marie und Philipp Nathusius gegründet. 1861 kam zu der „Knaben-Rettungsanstalt- und Brüderanstalt zu Neinstedt bei Quedlinburg" die Elisabeth-Stiftung hinzu, deren Ziel die Förderung und Bildung von Menschen mit geistiger Behinderung sowie von Anfallskranken war. Die in Neinstedt ausgebildeten

Roten Armee übernommen wurde. Als diese abzog, wurden die am besten erhaltenen Gebäude von der Sowjetischen-Militär-Administration (SMAD) für die allgemeine Bevölkerung beschlagnahmt. Die staatlicherseits geleisteten Pflegesätze für die Anfang der 1950er Jahre wieder rund 600 Bewohner und Bewohnerinnen der Neinstedter Anstalten betrugen zwischen 2,80 und 3,50 Mark. Hiervon mussten alle Ausgaben für die Verpflegung, das Personal, den Gebäudeunterhalt, Erfordernisse der Hygiene und der Energie beglichen werden. Vergleichbare staatliche Einrichtungen erhielten weitaus höhere Zuwendungen.[438]

Im Rahmen staatlicher Aktionen gegen die Junge Gemeinde kam es auch in den Neinstedter Anstalten im Harz zu heftigen Angriffen. Im März 1953 hatte die Zeitung „Junge Welt" über schwere Menschenrechtsverletzungen an Bewohnern der Pfeifferschen-Stiftungen in Magdeburg berichtet und am Sonntagmorgen, den 19. April 1953, wurden die Mitarbeitenden und Bewohnerinnen und Bewohner der Neinstedter Anstalten von der Kriminalpolizei, der Polizei und von zivilen Beamten überrascht. Der Vorwand dafür war die Kontrolle des sogenannten Hausbuches, das in der DDR jede über 5.000 Einwohner große Gemeinde zu führen hatte. Dies traf auf Neinstedt nicht zu, denn hier waren nur 3.000 Einwohner registriert. Dennoch wurde die Hausbuchaktion in Neinstedt unangekündigt durchgeführt. Erklärtes Ziel war es, die Anstalten zu enteignen und in staatliche Leitung zu übernehmen. Die Polizei befragte zu

---

Diakone wurden im gesamten Deutschen Reich eingesetzt. Die Auswirkungen des Ersten Weltkriegs sowie die wirtschaftlichen Krisen der Weimarer Republik erschütterten die Anstalten. Die Methoden der Fürsorgeerziehung wurden kritisiert und Forderungen nach der Erneuerung der Brüderausbildung gestellt. Zu den massiven wirtschaftlichen Problemen brachen zudem theologische Differenzen in der Neinstedter Brüderschaft angesichts der Diktatur ab 1933 auf. Im Nationalsozialismus lebten in Neinstedt rund 600 Menschen mit Behinderungen, 1941 starben die meisten von ihnen im Rahmen der staatlichen „Euthanasie"-Mordaktionen. Zu Neinstedt vgl. auch: ADV H 707, H 1432, W 5835, W 7970.

438 Fuhrmann: 40 Tage in der Wüste, 13 f.

diesem Zweck einzelne Mädchen des Proseminars in „Einzelverhören"[439] über ihre Lebens- und Arbeitsbedingungen. Über einen Monat lang rangen Kirche und Staat um die Leitung der Anstalten. Die staatlichen Vorwürfe lauteten „Ausbeutung, Freiheitsentzug, Mißhandlung, Verhetzung, Schlagen"[440], und es hieß, unter dem Deckmantel der Religion seien verbrecherische Aktivitäten von der Kirche praktiziert worden. Das Knabenrettungs- und Brüderhaus der Neinstedter Anstalten sei ein „Agentennest"[441], und die dort beschäftigten Diakone mussten sich stundenlangen Verhören stellen. Noch im selben Monat setzte der Bezirk Halle eine Untersuchungskommission ein. Die staatlichen Funktionäre verschafften sich Eintritt in die Verwaltungsräume. Als sie auch die Werkstätten und Ausbildungsräume betreten wollten, wurde ihnen das vom Anstaltsleiter Pastor Martin Knolle (1900–1971)[442] verwehrt. Die Brüder der Anstalten bemerkten, dass die befragenden Funktionäre keinerlei pädagogische Kenntnisse besaßen und dass auf die geistigen Fähigkeiten der befragten Bewohnerinnen und Bewohner keinerlei Rücksicht genommen wurde. Am 2. Mai 1953 wurden die Neinstedter Anstalten beschlagnahmt. Die Hausväter, Leiter der Häuser, wie auch die als Erzieher tätigen Diakone und die Schwestern wurden entlassen:

„Am Mittag des 2. Mai erschien wieder Herr Knittel vom Rat des Bezirkes Halle und mit ihm in Autobussen viele aus anderen staatlichen Einrichtungen des Gesundheitswesens eilig zusammengetrommelte Mitarbeiter, Verwaltungsleute, Schwestern usw. Sie forderten die sofortige Übergabe der Anstalt. Neben Pastor Knolle standen Probst Richter als Vorsitzender der Verwaltungsräte

---

439 Fuhrmann: 40 Tage in der Wüste, 3.

440 Fuhrmann: 40 Tage in der Wüste, 3.

441 ADV H 707.

442 Der Vorsteher der Neinstedter Anstalten war im Nationalsozialismus ein „maßgeblicher Initiator des radikalen Flügels der Deutschen Christen" gewesen. In: Neumann: Die Westfälische Diakonenanstalt Nazareth, 2010, 359.

und OKR Schaeper von der Magdeburger Kirchenleitung. Sie verweigerten die Übergabe und wiesen nachdrücklich auf das unrechtmäßige Handeln des Staates und auf den damit begangenen Verfassungsbruch hin. Schließlich mussten sie sich der Gewalt beugen. P. Knolle berichtet: ‚Herr Knittel erklärte, daß alle Hausväter, Diakone, Diakonissen, auch der Pfarrer, der Rendant, der Wirtschaftsleiter, alle Jungbrüder im Praktikum und alle Mädchen des Proseminars fristlos entlassen seien und sofort die Anstalt räumen müßten. Die Hausvorstände hätten die Übergabe vorzubereiten. Das neue Personal begann bereits einzuziehen, unsere Angestellten mußten bereits räumen. Es wurden fristlos entlassen bzw. einige Tage nach der Machtübernahme entlassen: 12 Diakonissen, 16 Diakone, davon 14 verheiratet und viele seit Jahrzehnten im Dienst, 5 Schwesternschülerinnen, 25 Jungdiakone (im Ausbildungsverhältnis), 30 Mädchen aus dem Proseminar (im Ausbildungsverhältnis),10 freie Kräfte mit kirchlicher Haltung, 1 Pfarrer.‘"[443]

Ausgeschlossen von der Beschlagnahmung waren die Kirche, die Pfarrhäuser, das Brüderhaus und das Katecheten-Seminar. Die entlassenen Auszubildenden erhielten vorerst Urlaub und suchten sich für die Übergangszeit passende Praktikantenstellen. Die Ausbildungsarbeit wurde im „Brüderhaus", im Mädchenproseminar und im Katecheten-Seminar fortgesetzt. Zudem informierte Pastor Martin Knolle die zuständigen kirchlichen Stellen, forderte deren Eingreifen, protestierte gegen den „ungesetzlichen Willkürakt gegen Neinstedt"[444] und dokumentierte die Vorgänge.

Zu den Vorwürfen äußerte sich Martin Knolle später mit einer rhetorisch scharfen Denkschrift, in der 22 Sachverhalte gegenübergestellt werden. Nicht alle Vorwürfe werden hierin als unwahr zurückgewiesen,

---

443 Fuhrmann: 40 Tage in der Wüste, 8 f.
444 Fuhrmann: 40 Tage in der Wüste, 16.

sondern erklärt. So etwa die zweckentfremdete Nutzung von Gebäuden seit 1946 und die mangelhaften finanziellen Leistungen an die Neinstedter Anstalten durch das staatliche Gesundheitswesen, aber auch die unerträglichen sanitären Verhältnisse.[445]

Am 4. Juni 1953 wurde auf der Konferenz der Kirchenleitungen in der DDR beschlossen, dass umfassende Gespräche zwischen Staat und Kirche zu führen seien, um die bestehenden Spannungen abzubauen. Ministerpräsident Otto Grotewohl (1894–1964) reagierte nur vier Tage später auf das Angebot der Kirchen und sagte den 10. Juni 1953 für ein solches Gespräch zu. Otto Grotewohl vereinbarte mit den Bischöfen der Landeskirchen der DDR einen Kurswechsel der Beziehungen zwischen Staat und Kirche. Kurz zuvor war Grotewohl noch mit Walter Ulbricht (1893–1973) und Fred Oelßner (1903–1977) nach Moskau gereist und hatte dort den aktuellen Beschluss des Politbüros der Kommunistischen Partei der Sowjetunion erhalten. Darin hieß es unter anderem: „Die schädliche Praxis der groben Einmischung der Behörden in die Angelegenheiten der Kirche [ist] einzustellen."[446] Unmittelbar nach dem Gespräch zwischen den Bischöfen und Grotewohl erhielt Martin Knolle in Neinstedt dann ein Telegramm vom Präsidenten des Zentralausschusses der Inneren Mission (Ost), Paul Braune (1887–1954), in dem es hieß: „Du bekommst alles wieder."[447]

In der Folge wurde der staatliche Kampf gegen die Junge Gemeinde eingestellt, von der Schule verwiesene Schülerinnen und Schüler durften zurück an ihre Schulen und zahlreiche beschlagnahmte kirchliche Einrichtungen wurden zurückgeben. Im Fall der Neinstedter Anstalten geschah dies am 15. Juni 1953. Nach den Erinnerungen von Pastor Martin Knolle waren dies äußerst angespannte Stunden:

---

445 Hübner: Die Neinstedter Anstalten, 2013, 15.

446 Beschluss des Politbüros der KPdSU von Ende Mai 1953: Über die Maßnahmen zur Gesundung der politischen Lage in der DDR." Zitiert bei Hübner: Die Neinstedter Anstalten, 2013, 17.

447 Hübner: Die Neinstedter Anstalten, 2013, 17.

„Tagelang hatten wir bis in die Nächte gearbeitet, um nun auch bis zum 15. einen Teil der alten und neue Mitarbeiter zu haben, denn wir mussten bis Montagmittag 110 Mitarbeiter zusammenbringen, da wir bis vierzehn Uhr die ganze Anstalt sofort wieder übernehmen wollten. Zwischen dem 2. Mai und dem 15. Juni waren manche Mitarbeiter bereits verzogen mit ihren Familien. Die jungen Brüder hatten wir auf Außenstellen gegeben. Dankbar sind wir, dass der Diakonieverein sofort bereit war, mit 5 Schwestern bei uns einzuspringen und zu helfen. Die Teltower Schwestern kamen wieder und einige Schwestern vom Elisabethdiakonissenhaus. […] So gingen etwa 600 Menschen zur Kirche. Sie sangen dort Choral auf Choral und zwischendurch verlasen die Vikarin von Haselberg [Leiterin des Mädchen-Proseminars] und Bruder Blümel [der Brüderhausvater] Psalmen. Eine dreiviertel Stunde wartete die Gemeinde, während wir verhandelten. Es war für mich ein besonders starkes Erleben zu wissen, dass, während wir verhandelten, die Gemeinde zum Gebet und Lobgesang zusammen war. Um dreizehn Uhr fünfundvierzig waren wir dann fertig. Die Verhandlung verlief reibungslos. Wir kamen zur Gemeinde in die Kirche. Dr. Klett (Konsistorium Magdeburg) verlas einen Lobpsalm, Probst Richter sprach. Ich sprach über das Wort: ‚Er wird sich so verhalten, daß du dich wundern wirst.' OKR Hage sprach das Gebet und dann, dann sangen wir wie nie: Nun danket alle Gott. Nun haben wir unsere Anstalt wieder, die in Not und Leid nie aufgehört hat unsere Anstalt zu sein. Wie war es eigentlich? Vom 2. Mai bis zum 11. Juni, dem Tag, da uns die Regierung die Rückgabe mitteilte, waren es 40 Tage. 40 Tage waren wir in der Wüste."[448]

Die Diakonie in der DDR musste sich immer wieder vorwerfen lassen, zu angepasst gewesen zu sein. Doch gerade die Ereignisse der Beschlag-

---

448 Fuhrmann: 40 Tage in der Wüste, 18. Vgl. auch ADV H 707.

nahmung und der Rückgabe der Neinstedter Anstalten liefern ein Argument für die Annahme, dass die Anpassungsbereitschaft und das vorsichtige und zurückhaltende Handeln der damals Verantwortlichen bewirkt hatte, dass die Arbeit der Diakonie in der DDR nicht zerstört wurde. Denn die diakonische Arbeit in Neinstedt wurde nicht nur vom Staat letztlich geduldet, sondern auch geschätzt.

Rostock[449]: Michaelshof

Schwererziehbare wurden in der DDR nicht der Kirche überlassen und der Michaelshof übernahm als neue Aufgabe die Pflege und Förderung geistig und körperlich beeinträchtigter Kinder und Jugendlicher in Rostock und Stavenhagen.

Nachdem seit 1949 einige Diakonieschwestern dort arbeiteten, übernahm Schwester Christine Neuhaus ab 1. September 1950 die Leitung.[450] Die Mitarbeiterschaft des Michaelshofes setzte sich vielfältig zusammen: Neben den Diakonieschwestern waren es auch Studentinnen und Studenten der „Aktion Sühnezeichen Friedensdienste" aus der damaligen Tschechoslowakei sowie Teilnehmerinnen und Teilnehmer des „Proseminars für den Kirchlichen Dienst" des landeskirchlichen Dienstes.

---

449 Die Evangelische Pflege- und Fördereinrichtung Michaelshof in Rostock-Gehlsdorf wurde 1844 von Johann Hinrich Wichern (1808–1881), dem Hamburger Theologen und Begründer der Inneren Mission nach dem Vorbild des Rauen Hauses in Hamburg gegründet. Die Innere Mission kaufte am Ufer der Warnow eine alte Büdnerei, um darin ein Rettungshaus für Knaben zu etablieren. Von der reinen Erziehungsanstalt entwickelte sich der Michaelshof in den folgenden Jahrzehnten zu einer Einrichtung für behinderte Menschen. Im Nationalsozialismus wurden die menschenfeindlichen Maßstäbe und Gesetze auch gegen dort lebende Menschen angewandt. Aufgrund des Gesetzes zur Verhütung erbkranken Nachwuchses wurden ab 1934 dort lebende Menschen mit Beeinträchtigungen sterilisiert. 1940 wurde der Michaelshof zu einer NSV-Stiftung. Ab 1943 wurden Kinder des Michaelshofes in die „T4"-Zwischenanstalt Schwerin-Levenberg verlegt und mit größter Wahrscheinlichkeit im Rahmen der „Euthanasie"-Mordaktion getötet. In: Michaelshof Rostock (Hrsg.): 150 Jahre Michaelshof, Rostock 1995, S. 24 ff und 81 f.
450 ADV H 709 und W 5846.

Letzteren war meist der Besuch der „Erweiterten Oberschule" der DDR verwehrt worden und sie bereiteten sich meist auf den Besuch des Theologischen Seminars in Leipzig vor. Nach außen hin wurde das Proseminar mit der Notwendigkeit der Ausbildung pflegerischen Nachwuchses begründet. Neben dem „Proseminars für den Kirchlichen Dienst" bot die Diakonieschwesternschaft auf dem Michaelshof auch eine eigene Pflegevorschule an. Außerdem konnten junge Frauen in Kooperation mit dem Stift Bethlehem in Ludwigslust auch „Diakoniepflegerinnen" werden, das heißt, sie erlangten keinen staatlich anerkannten Berufsabschluss in der Krankenpflege.[451]

Schwester Christine Neuhaus, die zwischen 1950 und 1963 als Leitende Diakonieschwester auf dem Michaelshof arbeitete, erinnerte sich in der Festschrift zum 150. Geburtstag des Michaelshofes an diese Zeit. Die dort lebenden Kinder und Jugendlichen begannen den Tag mit einer „Kinderandacht" und die Kinder lernten viele evangelische Gesangbuchlieder auswendig zu singen, dazu die 10 Gebote und einige „Wochensprüche". Die Wochen endeten stets mit einem Wochenschlussgottesdienst am Samstag um siebzehn Uhr in der Kapelle. Die kirchlichen Feste wurden mit Freude und Fantasie gestaltet, und zu Weihnachten wurde für alle Bewohnerinnen und Bewohner gern gebacken, Schwester Christine Neuhaus erinnerte sich beispielsweise an die Verarbeitung von 72 kg Mehl für Pfefferkuchen.[452] Auch Schwester Heidi Fromhold-Treu arbeitete in den Jahren 1965 bis 1987 auf dem Michaelshof.[453]

---

451 Timm: Dem Michaelshof zum 150. Geburtstag, in: Michaelshof Rostock (Hrsg.): 150 Jahre Michaelshof, Rostock 1995, 107.
452 Neuhaus: Schwesterndienst im Michaelshof in: Michaelshof Rostock (Hrsg.): 150 Jahre Michaelshof, Rostock 1995, 141.
453 Vgl. auch ADV H 709, H 1431, W 5846 und W 6894.

Abb. 10: Rostock, Michaelshof, ohne Jahr,
Schwester Heidi Fromhold-Treu (rechts)

Potsdam: Oberlinhaus

Die Gründung des heutigen Oberlinhauses, in Potsdam-Babelsberg im
Jahre 1874, geht auf den elsässischen Sozialreformer Johann-Friedrich
Oberlin (1740–1826) zurück. Zu der Kleinkinderschule mit einem Semi-
nar zur Ausbildung von Kleinkinderschullehrerinnen kamen 1878 ein
Diakonissen-Mutterhaus, 1890 ein Krankenhaus, 1894 das sogenannte
„Deutsche Vollkrüppelheim", 1899 ein „Krüppelschulhaus" und 1906 ein
„Taubstummblindenheim" sowie Werkstätten zur beruflichen Ausbildung
hinzu. Die um die Jahrhundertwende zuständige Oberin Thusnelda von
Saldern (1837–1910) erarbeitete mit dem ersten Vorsteher, Pastor Theodor Hoppe (1846–1934), die Konzeption einer komplexen Rehabilitation auf einer christlichen Grundlage. Zudem wirkte das Oberlinhaus an
der Entstehung des „Preußischen Krüppelfürsorgegesetzes" vom 6. Mai

1920 mit. In diesem Gesetz wurden körperbehinderte Menschen, deren Behinderung auf eine Kriegs-, Arbeits- oder Unfallverletzung zurückzuführen war, „Schwerbeschädigte". Alle anderen Menschen mit körperlichen Behinderungen wurden als „Krüppel" bezeichnet. Durch das Gesetz wurde ein Rechtsanspruch auf eine orthopädische Therapie und Rehabilitation eingeführt. Der soziale Status „Krüppel" wurde jedoch gleichzeitig „zementiert" und die betreffenden Menschen in Kategorien wie „Vollwertig", „Teilnutzbar" und „Unfertig" eingeteilt. Leistungen wurden entsprechend dieser Differenzierung bemessen.[454] In den 1930er Jahren wurden vermutlich viele der im Oberlinhaus lebenden Menschen Opfer der NS-„Euthanasie". Sie wurden sterilisiert, in Tötungsanstalten verlegt und ermordet. Nach dem Ende des Zweiten Weltkriegs leiteten Kaiserswerther Diakonissen bis in die 1950er Jahre die 47 Außenstationen, unter anderem 39 „Gemeindepflegen", eine Klinik für Nervenkranke, vier Altersheime und eine Lungenfürsorgestelle. Von 1968 bis 1990 arbeiteten auch Diakonieschwestern im Oberlinhaus mit.[455]

Dresden: Marthaheim

Das Marthaheim[456] in Dresden, in dem Schwester Edith Stecher zwischen 1973 und 1983 als leitende Schwester arbeitete, hatte eine wechselvolle Geschichte.[457] Sie erinnerte sich:

> „Das Marthaheim war ein altes Haus, hatte 35 Übernachtungsplätze, sehr einfach, sehr schlicht. Kostete das Bett fünf bis sechs DDR-Mark pro Nacht. Mit dicken Federbetten und Kachelöfen, ja,

---

454 Schmuhl, Winkler: Gewalt in der Körperbehindertenhilfe, 2010, 170 f.
455 ADV W 6545.
456 ADV W 5818, W 6011.
457 1899 wurde das Marthaheim als Genossenschaft in das Königlich-Sächsische Genossenschaftsregister eingetragen. Es diente als Herberge für ledige junge Frauen vom Lande, meist aus Schlesien. Sie fanden hier günstig Kost und Logis sowie Schutz in der für sie ungewohnten Großstadt. Später wurde das Heim auch „Damenheim" genannt und 1921 wurde es zur „Sophienschule", einem Pensionat für gebildete junge Mädchen.

so ein richtiges altes Dresdner Wohnhaus. Wir hatten zwei Etagen, unten war nach dem Krieg die katholische Kirche eingezogen, da saß der Weihbischof, auf der anderen Seite war die Mütterberatung. Dann hatten wir in dem Haus noch zehn Einzelzimmer für Damen, die alleinstehend waren. Wir würden heute sagen ‚Betreutes Wohnen‘. Die hatten da ihr Zimmerchen, und Mittag kriegten sie bei uns. Da hatten wir eine Köchin. Ja eigentlich hatten die so ein bisschen Familienanschluss, aber waren sonst völlig frei.“[458]

Schwester Edith erinnerte sich zudem, dass die Lebensumstände sehr bescheiden waren. Beispielsweise gab es kein warmes Wasser in den Zimmern. Dieses mussten sich die Bewohnerinnen am Boiler holen und es standen nur zwei Toiletten zur Verfügung. Die Bettwäsche des Marthaheims wurde von Schwester Edith mit einem Handwagen zur Wäscherei am Platz der Einheit gefahren. Dabei erlebte Schwester Edith 1973 etwas, was sie noch im Nachhinein Schmunzeln ließ:

„Ein großer LKW [fuhr] hinter mir [...] und als ich mich umdrehte, guckte ein NVA-Soldat raus und sagte: ‚Nur Mut Schwesterchen, wir Uniformierten müssen doch zusammenhalten!‘ Als ich das dann in der Stadtmission erzählte, kam dann ab und zu ein Auto vorbei in der Stadtmission und holte die Wäsche ab.“[459]

Schwester Edith erinnerte sich an eine fast familiäre Atmosphäre im Marthaheim. Gäste des Hauses, die teilweise aus dem Ausland wie Polen oder Tschechien kamen, mussten polizeilich gemeldet werden. Abends gegen halb zehn ging sie zur Polizei und gab alle Meldescheine dort ab.

Es kamen auch schwesternschaftliche Gruppen in das Marthaheim. So wurden zum Beispiel Jungschwesternkurse und Gemeindeschwesternkurse gehalten oder der Vorstand des Diakonievereins kam. Viele

---

458 Interview mit Edith Stecher am 23.05.2014.
459 Interview mit Edith Stecher am 23.05.2014.

der aus dem Westen eingeladenen wurden als „Verwandte" bezeichnet, Diese Familienbezeichnungen wurden absichtlich benutzt, um Aufenthaltsgenehmigungen zu erhalten und die Einreise in die DDR zu erleichtern:

> „Tante Ursel[460] [...] hatte schon lange Familie, die sie einlud, aber auch Ehepaar Warns und Oberin Klütz war da, Pastor Neubauer. Also das war immer für uns eine Hochzeit. Schwester Elsbeth Bender und das Heimathaus schickten uns dann etwas für das leibliche Wohl. Und das war eigentlich auch immer eine gute Zeit, wenn die dann da waren [...] das war dann auch eine Möglichkeit, sich mal zu treffen."[461]

Als die Diakonieschwestern Christa Hofmann und Margarete Eggert in das Damenheim einzogen, fühlte sich Schwester Edith „glücklich", denn die beiden halfen ihr bei der Buchführung, beim Abenddienst oder wenn Synoden stattfanden.

Für das relativ kleine Gästehaus Marthaheim durfte Schwester Edith nicht im Großhandel einkaufen. Bei der Versorgung der Bewohnerinnen mit dem Nötigsten half Schwester Edith ihre Tracht enorm:

> „Wenn ich da in Tracht kam, dann sagte der Verkäufer: ‚Was machen wir denn? Ach,' sagte der, ‚wissen Sie, ich schreibe einfach drauf Frau Martha Heim.' Daraufhin konnte ich immer für Frau Martha Heim einkaufen. [...] Wenn wir in Tracht kamen, sind wir eigentlich immer gut bedient worden!"

Das Marthaheim gehörte zum Internationalen Hospizverband. In der DDR gab es noch andere christliche Hospize, so zum Beispiel in Eisenach, in Halle und Leipzig, in Dresden und in Berlin. Durch die inter-

---

460 Gemeint war Oberin Ursula von Dewitz.
461 Interview mit Edith Stecher am 23.05.2014.

nationale Ausrichtung des Verbandes war Schwester Edith in der glück-
lichen Lage, Auslandsreisen unternehmen zu dürfen. Sie konnte daher
einmal in die Schweiz und einmal nach Norwegen reisen:

> „Es war natürlich toll und das Schönste war, meistens durfte man
> dann auf der Rückfahrt im Heimathaus vorbeikommen. Wenn
> es auch manchmal mit Ernst verbunden war, manche sind aus-
> gestiegen [...]. Ich vergesse das nie, Schwester Elisabeth Härting
> stand früh um fünf auf dem Bahnhof, das ist unvergesslich, solche
> Sachen."[462]

Im Jahr 1983 wurde in Dresden der Evangelische Kirchentag gefeiert.
Schwester Edith erhielt eines Nachts einen Anruf mit der Information,
auf der Prager Straße werde „randaliert". Sie informierte umgehend den
zuständigen Kirchenrat. Dieser machte sich auf den Weg dorthin, doch
von „Randale" war keine Spur. Er berichtete ihr: „Die sitzen am Brunnen
und spielen mit der Gitarre und singen. Ja, das war der Kirchentag. [...]
Das war doch toll!"[463]

Bad Elster
Bereits vor der Übernahme des orthopädischen Kinderkrankenhauses
„Heimdall"[464] arbeiteten Diakonieschwestern in Bad Elster im Vogt-
land, und zwar im städtischen Krankenhaus. Am 3. August 1948 erhielt
der Evangelische Diakonieverein in Berlin-Zehlendorf die telegrafische
Anfrage des Chefarztes des Stadtkrankenhauses Bad Elster, inwieweit

---

462 Interview mit Edith Stecher am 23.05.2014.
463 Interview mit Edith Stecher am 23.05.2014.
464 1913 wurde „Heimdall" von dem Arzt Paul Köhler (1854–1940) als Sonnenlichtheilstätte für Kinder mit Knochentuberkulose gegründet. Köhler wählte die Bezeichnung
„Sonnenlichtheilstätte" nach einer germanischen Göttersage, da die Häuser auf der Süd-
seite von Bad Elster lagen und die Zimmer lichtdurchflutet waren. In den 1950er ging die
Knochentuberkulose aufgrund der verbesserten Gesundheitsfürsorge deutlich zurück
und die Klinik spezialisierte sich auf haltungsgeschädigte Kinder.

der Verein in der Lage sei, das chirurgisch-gynäkologisch ausgerichtete 100-Bettenhaus „baldmöglichst" durch die Schwesternschaft zu besetzen.[465] Bereits zwei Tage darauf wandte sich Pfarrer Fritz Mieth (1897–1963)[466] an seinen Amtsbruder Woeckel (Gunzenhausen/Bayern), der die Anliegen des Diakonissenhauses Hensoltshöhe[467] vertrat, dessen Schwestern dort tätig waren. Pfarrer Mieth signalisierte, die Schwesternschaft des Diakonievereins sei „nun nicht abgeneigt, Ihre Schwestern in Bad Elster abzulösen".[468] Zum 1. Oktober 1948 kamen sechs Diakonieschwestern zur Arbeit in das Stadtkrankenhaus Bad Elster, Ende März 1950 waren es bereits zwölf Diakonieschwestern, zwei Jahre später 13 Schwestern und acht Schülerinnen und im Juni 1964 17 Schwestern und drei Vorschülerinnen. Fast 20 Jahre später, im Jahre 1969, kam es zur Kündigung des Gestellungsvertrages zum 31.03.1969 seitens des Diakonievereins. Oberin Elli Schulze schrieb über die Gründe, den Vertrag gekündigt zu haben:

„Wir möchten aber richtig stellen, daß *wir* die Kündigung in diesem Falle ausgesprochen haben, aber um des Chefarztes willen, der eigentlich längst in den Ruhestand gehen wollte, und um der Kirchgemeinde willen, die den Dienst unserer Schwestern hoch einschätzt, bisher noch in der Arbeit geblieben waren, Durch Umprofilierung des Gesundheitswesens im Kreis Oelsnitz sehen wir aber jetzt unseren Dienst, der über 20 Jahre im Segen geschehen durfte, als beendet an."[469]

---

465 ADV H 1497 Telegramm vom 03.08.1948.

466 Pfarrer Mieth: Vorstandspfarrer und Direktor des Evangelischen Diakonievereins von 1946–1963.

467 Deutscher Gemeinschafts-Diakonieverband (DGD).

468 ADV H 1497, Schreiben Mieth an Woeckel vom 05.08.1948.

469 ADV H 1497, Oberin Elli Schulze an den Oberkirchenrat Tolkwitz (Evangelisch-Lutherisches Landeskirchenamt Sachsen, Dresden). Betonung der Verfasserin.

Heimdall

Durch die Kündigung im städtischen Krankenhaus konnte jedoch die vom Landeskirchlichen Amt für Innere Mission in Radebeul ergangene Anfrage nach Übernahme[470] des orthopädischen Kinderkrankenhaus „Heimdall" in Bad Elster endlich positiv beantwortet werden. Die seit 1926 in diesem Haus tätigen Diakonissen hatten ihren Vertrag zum 1. April 1969 gekündigt.[471] Nach längeren Verhandlungen wurde Schwester Margret Roch zum 1. Juli 1969 als leitende Schwester in „Heimdall" angestellt; sie arbeitete bis zur Wende dort. Vor der Arbeitsaufnahme wurde sie für ein paar Wochen nach Potsdam in das Oberlinhaus geschickt, damit sie „noch ein bissel mehr von der Orthopädie" lernen konnte.

Die Klinik nahm Kinder zwischen vier und 14 Jahren auf (später auch Jugendliche), die „meist Haltungsschäden, mit schweren Skoliosen" hatten. Ein Turnprogramm wurde angeboten, ebenso wie die üblichen Bauchliegekuren. Schwester Margret hatte mit den Gipsbetten, die von den Schwestern hergestellt wurden, bereits Erfahrung aus dem Operationssaal. Dreimal pro Woche begleitete sie die Ärztin in der Sprechstunde für Orthopädie und erinnerte sich an die gute Physiotherapie mit der Wasserbehandlung in einem großen Heilbad, in das die Kinder zweimal in der Woche gehen durften. Schwester Margret Roch war es ein wichtiges Anliegen, dass alle Mitarbeitenden in Heimdall in der Kirche sind. Neben den Schwestern gehörten Kinderdiakoninnen dazu, die für die Freizeitbeschäftigung zuständig waren sowie Vorschülerinnen. In der Klinikschule wurde der Unterricht im Bereich der Grund-, Mittel- und Oberstufe dagegen von staatlichen Lehrerinnen und Lehrern gegeben, was zuweilen zu Konflikten führte.

Die Unterbringung der Kinder war sehr einfach. Schwester Margret berichtete davon, dass die Gebäude ursprünglich „in leichter Bauweise mit Holzverkleidung" errichtet worden waren und die Jahrzehnte sehr

---

470 ADV W 5820: Schreiben von Pfarrer G. Otto an Oberin Elli Schulze vom 06.08.1968.
471 ADV W 5820: Schreiben von Oberin Elli Schulz an Oberkirchenrat Petzold vom 28.01.1969.

an der Bausubstanz genagt hätten. Renovierungen seien nur „in bescheidenem Maße in Eigenleistung" vorgenommen worden und „nötige Rekonstruktionen" nicht möglich gewesen, da der Staat keine Baukapazitäten genehmigt hatte. Es sei jedoch

> „in der heutigen Zeit nicht mehr gut vertretbar, daß in einem Schlafsaal 20 Kinder verschiedener Altersstufen zusammen liegen, daß für 28 Jungs nur 2 Toilettenbecken und 6 Waschbecken zur Verfügung stehen, daß die Aufenthaltsräume der Kinder auf allen Stationen so klein sind, daß gleichzeitig nur wenige Kinder spielen können. Es ist auch für unsere Mitarbeiter schwer, unter diesen oft sehr primitiven Umständen arbeiten zu müssen, aber auch erfreulich, daß sie es dennoch ohne zu murren tun!"[472]

In Heimdall wurden dennoch kontinuierlich Bauarbeiten durchgeführt. Getragen wurden sie von der Inneren Mission in Form von Feierabendarbeit mit Ehrenamtlichen der Jungen Gemeinde und mit der Unterstützung der Aktion Sühnezeichen. Die Freiwilligen von Sühnezeichen kamen aus dem „östlichen Ausland, wie etwa aus Polen, Tschechien, Ungarn."[473]

Schwester Katharina Hahn war zwischen November 1974 und Juni 1975 als Studienjahrschwester und dann von 1976 bis 2004, zuletzt als leitende Schwester, in Heimdall tätig. Sie erinnerte sich gut an die beengten Wohnverhältnisse und die schwierigen sanitären Bedingungen. Es waren für die meisten Kinder „große Schlafsäle" vorhanden, und zwar für alle Altersstufen, „von der ersten bis zur achten Klasse". Immerhin waren die Vorschulkinder von den Schulkindern räumlich getrennt. Dennoch waren manchmal, „die Eltern schon schockiert, wenn sie ihr Kind brachten". Meist verflog der erste schlechte Eindruck aber schnell, weil sich die Kinder in der Regel „alle sehr wohl gefühlt haben". Oft hieß

---

472 ADV W 6590; Margret Roch, Bericht von 1979.
473 Interview mit Margret Roch am 26.08.2014.

es sogar, eine Kur in Bad Elster sei „wie ein Lottogewinn", zumal es nur wenige Kurkliniken für Kinder mit Skoliosen in der DDR gab.[474]

Die Kinder blieben im Schnitt je nach Befund acht Wochen bis zu einem Vierteljahr in Heimdall. Die Bewilligung für den Aufenthalt war in der DDR in der Regel sehr einfach von der Krankenkasse zu erhalten. Das Kind musste lediglich eine ärztliche Bescheinigung nachweisen, dass eine Kur nötig sei, dann erhielten die Diakonieschwestern die Bescheinigung „und das war's. [...] damit konnten wir die Kinder behandeln. [...] das war alles kein Problem." In ihrer 30-jährigen Tätigkeit in Heimdall hatte Schwester Katharina „dort praktisch alles mitgemacht". Da die Kinder nicht akut krank waren, stand „viel Haltungsturnen" und die Beschäftigung der Kinder an, „mit der Arbeit als Krankenschwestern hatte das dann nicht mehr viel zu tun":

> „Die Liegehalle haben wir gerne genutzt zur Bauchliegekur. Das heißt im Freien, die Kinder wurden im Winter in Decken eingewickelt, kriegten noch eine Wärmflasche dazu und lagen da eine Stunde auf dem Bauch und wurden beschäftigt oder beschäftigten sich selber."[475]

Mit den Kindern, die über Weihnachten in Heimdall waren, wurde jedes Jahr ein Krippenspiel aufgeführt, was den Kindern Freude bereitete. Eine Mitarbeiterin, die Theologie im Fernstudium studierte, und eine ausgebildete Krankengymnastin war, drängte es, mit den Kindern „irgendwie etwas Biblisches [zu] machen". Schwester Margret schlug eine Kinderstunde am Nachmittag vor, in der die Kinder Fragen beantwortet bekamen, die ihnen auf der Seele lagen. In der Vorbereitung wurde ein Karton bereitgestellt, die Kinder warfen anonym ihre Fragen in den Karton und sie wurden dann entweder in der Gruppe oder auch einzeln beant-

---

474 Interview mit Katharina Hahn am 23.06.2014.
475 Interview mit Katharina Hahn am 23.06.2014.

wortet. „Das war eine ganz wunderbare Sache!"[476] Später wurde diese Fragestunde von einer Pfarrersfrau weitergeführt. Diese war ursprünglich Lehrerin gewesen, durfte jedoch als Ehefrau eines Pfarrers nicht als Lehrerin arbeiten. Die Eltern tolerierten die Fragestunden, nur einmal wurde ein Junge deswegen nach Hause geholt. Sein Vater war bei der Polizei gewesen und als sich der 14-Jährige eine Bibel ausgeborgte hatte und die Eltern hiervon erfuhren, wurde er noch vor dem anvisierten Behandlungsende nach Hause abgeholt.[477]

Die Kontakte zu staatlichen Stellen waren nach der Erinnerung von Schwester Margret durchaus gut, beispielsweise schickten die kommunalen Kinder- und Betreuungsstätten in Leipzig kranke Kinder nach Heimdall. Dennoch gab es auch Konflikte mit den staatlichen Lehrern der Klinikschule. Ein Lehrer, der auch zuvor schon einmal wegen des Krippenspiels interveniert hatte,

„kam [...] eines Tages, ‚Schwester Margret, ich muss mit Ihnen ein ernstes Wort reden.' Ich sage, ‚na was ist denn los?' ‚Ja die Schülerin soundso' – das war eine Pfarrerstochter aus dem Erzgebirge, viertes Schuljahr – ‚die hat auf ihrer Federtasche das Emblem ‚Schwerter zu Pflugscharen'. Ich bitte darum, solange sie in meiner Schule ist, dass das abkommt.' Ich sage, ‚Herr ...'[478], das erlaube ich nicht, und das bleibt dran. Die Eltern erlauben das, die Lehrer der Heimatschule erlauben das, und dann bitt ich Sie, dass Sie das auch erlauben.'"[479]

Schwester Margret Roch betonte Ende der 1970er Jahre, dass es „eine große Chance" sei, „geistig gesunde Kinder in einem Haus der I[nneren] M[ission]" zu versorgen. Die Kinder kamen „aus *allen* sozialen Schichten"

---

476 Interview mit Margret Roch am 26.08.2014.
477 Interview mit Katharina Hahn am 23.06.2014.
478 Name aus Datenschutzgründen entfernt.
479 Interview mit Margret Roch am 26.08.2014.

und gehörten nur selten „noch der Kirche" an.[480] Wie Schwester Katharina Hahn im Interview berichtete, war es für die Kinder „interessant".

„Die kamen ja zu 99 % aus nichtchristlichen Elternhäusern. Und in der DDR war es eigentlich etwas ganz Besonderes, dass man gesunde Kinder über so eine lange Zeit haben durfte. Behinderte ja, vielleicht noch Kindergarten, aber das allerhöchstens, lieber noch höchstens bis drei, dass man auch nicht zu viel missionieren konnte. Wir haben immer eine Missionsaufgabe darin gesehen, haben Kindergottesdienst angeboten, wir haben jeden Abend mit den Kindern gebetet und gesungen und sonntags den Kindergottesdienst gehalten und die Größeren durften mit in die Kirche, wenn sie wollten. Und die haben das aufgesogen wie ein nasser Schwamm oft. Also das war wirklich ganz toll."[481]

Die in Heimdall arbeitenden Diakonieschwestern waren über die Jahre hinweg immer wieder erstaunt und dankbar dafür, dass sie die Arbeit mit geistig gesunden Kindern entgegen den sonstigen Vorschriften leisten durften.

Arbeitserfahrungen, Wohn- und Lebensverhältnisse

Diakonieschwestern arbeiteten seit der Gründung des Evangelischen Diakonievereins nicht ausschließlich in der Kinder- und Krankenpflege, sondern auch in anderen diakonischen Arbeitsfeldern. Während, wie bereits erwähnt, die Erziehung gesunder Kinder ein staatliches Monopol der DDR war, fiel den Kirchen die Arbeit mit jungen und erwachsenen Menschen mit Behinderungen sowie mit alten Menschen zu:

„Wir machten die Arbeit, die sonst niemand machen wollte. Und sie hätten uns gern zehnmal mehr Kinder gegeben und waren

---

480 ADV W 6590; Margret Roch, Bericht von 1979.
481 Interview mit Katharina Hahn am 23.06.2014.

immer sehr betrübt, dass unsere Betten voll waren. Wir versuchten auch, sie für ihre ganze Lebenszeit bei uns zu behalten, was uns nicht [...] immer gelang. Manchmal sagte der Staat: ,Also ein paar der Erwachsenen müssen nun auch [...] in ein anderes Heim gehen, damit wir ein paar kleine Kinder Ihnen geben können.' [...] Das fiel uns sehr schwer."[482]

Die Betreuung und Förderung für Menschen mit kognitiven Beeinträchtigungen ab drei Jahren durfte von der Diakonie nur dann geleistet werden, wenn die Kinder offiziell als nicht lernfähig galten. Wurden sie als lernfähig getestet, galten sie als politisch bildungsfähig und durften nicht in den kirchlichen Einrichtungen betreut werden.[483] Dagegen wurden Menschen mit körperlichen und geistigen Einschränkungen in kirchlicher Obhut betreut, erzogen und gefördert, die als nicht lernfähig galten. So erlebte es auch Schwester Christine Eichler in Neinstedt: „Da waren sie froh und haben uns auch nicht groß reingeredet."[484]

Schwester Barbara Roch arbeitete in den Neinstedter Anstalten auf einer Kinderstation. Die Station wurde damals intern als „Krabblerstation" bezeichnet: Zwölf Kinder unterschiedlichen Alters auf dem Entwicklungsstand von Kleinkindern lebten dort. Die Aufgabe von Schwester Barbara war es, zusammen mit der Stationsschwester und einer behinderten Erwachsenen, den Tag der dort betreuten Kinder zu gestal-

---

482 Nachfolgeeinrichtungen für Erwachsene gab es nicht. Individuell wurde entschieden, wo ein Erwachsener trotz seiner Einschränkungen weiter leben konnte. Kloster Dobbertin war beispielsweise eine Pflegeeinrichtung, die Betreffende aufnahm, daneben gab es auch einige Altenpflegeeinrichtungen mit Behindertenabteilungen. Aussage im Interview mit Heidi Frommholt-Treu am 19.03.2014.

483 Die Unterscheidung in „lernfähige" Kinder und „lernunfähige" Kinder spiegelt die bis Mitte der 1980er Jahre geltenden Leistungs- und nützlichkeitsorientierten Normen, die in der DDR die Messlatte des Zielfeldes „sozialistischer Persönlichkeitserziehung" ausmachte. In: Hübner: Rehabilitationspädagogik, 2000, 117. Zu dem Thema: „Schulbildungsunfähig" vgl. Eßbach: Rehabilitationspädagogik,1985.

484 Interview mit Christine Eichler am 29.03.2015.

ten. Einige der Kinder wurde so erfolgreich unterstützt, dass sie zur Förderschule gehen konnten. Auch in den nicht-kognitiven Fähigkeiten förderten die Schwestern sie nach „bestem Können und Vermögen".[485] Schwester Christine Eichler fand 1962 in Neinstedt Arbeit als leitende Diakonieschwester in der Küche des Bodelschwingh-Hauses. Acht Jahre lang kochte sie täglich mit der Hilfe von vier weiteren Mitarbeiterinnen und Mitarbeitern und einer Reihe von Helferinnen aus den Neinstedter Häusern für 250 Menschen:

> „Das waren geistig behinderte Frauen, die nicht körperbehindert waren, die also helfen konnten. Und die haben die Hauptarbeitslast eigentlich gehabt. Und wir haben fröhlich miteinander gearbeitet. Es war der Zeitpunkt, wo gerade die letzten Lebensmittelmarken wegfielen. Das waren die Fleischmarken. Deshalb hatten wir aber trotzdem noch Zuteilung von Lebensmitteln. Das war nicht so, dass wir alles kaufen konnten. Und es gab kein Geld. Es war der Pflegesatz so klein, dass man schon sehr rechnen musste, und wir waren froh über alles, was uns die Gärtnerei oder die Landwirtschaft zusätzlich lieferte. Das ging vom Schweineschlachten bis zum Petersilie […] holen aus dem Garten, alles wurde gebraucht, und alles wurde mit verwertet. Und irgendwie war das auch schön. Wir mussten auch Vorratswirtschaft treiben und haben eingekocht und die Marmelade gekocht usw. bis hin zum Schlachtfest."[486]

Im Bodelschwinghhaus der Neinstedter Anstalten lebten die Kinder nach dem vollendeten ersten Lebensjahr und schwerstgeschädigte Erwachsene, die geistig behindert waren. Viele lagen nach der Erinnerung von Schwester Christine Eichler „mit großen Wasserköpfen" in den Betten und hatten alle Grade der geistigen und körperlichen Behinderung: „Da

---

485 Interview mit Barbara Roch am 24.05.2014.
486 Interview mit Christine Eichler am 29.03.2015.

haben Diakonieschwestern gearbeitet mit der großen Schar [...] der sogenannten Küken, die Vorseminarschülerinnen, die einen ganz tollen Dienst getan haben mit 14 Jahren."[487] Die in Neinstedt arbeitenden Diakonieschwestern verstanden sich nicht nur als eine zusammengehörende schwesternschaftliche Gemeinschaft, sondern als eine Gemeinschaft, die auch die zu betreuenden geistig Behinderten mit einschloss:

> „Wir haben die geistig Behinderten [betreut], angefangen von den Jüngsten im Säuglingssaal bis hin zu den alten Sterbenden. Wir waren immer eine Lebens- und Dienstgemeinschaft. Wir haben zusammen in den Häusern gewohnt, gelebt, gearbeitet. Und das beinhaltete 24 Stunden am Tag."[488]

Die Arbeit in der Küche war für Schwester Christine Eichler so ausgerichtet, dass „es nicht nach Stunden ging, sondern so, wie der Bedarf war im Sinne des Heimbewohners".[489] Schwester Christine gab die Küchenleitung auf, weil sie als Hausmutter für das Frauenheim (Haus Emmaus) gebraucht wurde, in dem auch einige pensionierte Diakonieschwestern in Neinstedt ihren Lebensabend verbrachten. Bei diesen Bewohnerinnen mussten teilweise besondere Alterserkrankungen berücksichtigt werden, und zu der besonderen Pflegearbeit kam die medizinische Betreuung, die den ganzen Menschen sah:

> „Vom Kopf bis Fuß, das war die medizinische Betreuung, das war die Wohnsituation, das war die Arbeitssituation, das war die geistliche Betreuung. Das gehörte alles dazu, so wie in der Familie auch. So haben wir gelebt. Und, wenn eben nachts Penicillin zu geben war, was man damals noch spritzte, habe ich mir den Wecker gestellt, bin spritzen gegangen, habe mich dann wieder

---

487 Interview mit Christine Eichler am 29.03.2015.
488 Interview mit Christine Eichler am 29.03.2015.
489 Interview mit Christine Eichler am 29.03.2015.

hingelegt. Denn früh um sechs musste ich ja wieder zu meinem normalen Dienst. Das bedeutete aber auch bei Sterbenden, das war auch Sterbebegleitung. Da kam nicht jemand extra, sondern das gehörte mit zu den Aufgaben. Und ich wohnte alleine [...], der letzte Mitarbeiter ging um einundzwanzig Uhr nach Hause und der erste kam früh um sechs Uhr dreißig wieder ins Haus. In der Zeit war ich mit 60 alten Menschen alleine."[490]

Die Gottesdienste wurden gemeinsam gefeiert, am Frühstückstisch die Herrnhuter Losungen gelesen und ein gemeinsames Morgengebet gesprochen. Jede Diakonieschwester und jede Heimbewohnerin wurde von Schwester Christine mit einem Handschlag und einem „Guten Morgen" begrüßt und mit einem Blick ins Gesicht gefragt: „Wie geht es Ihnen?" Nach dem Frühstück ging dann jede zu ihren Aufgaben. Die Wochentage wurden mit einem Arbeitsschluss gefeiert, es gab Bibelstunden, und abends wurden nach dem Abendbrot eine Dreiviertelstunde lang Volkslieder gesungen: „Das war sozusagen der Abschluss des Tages." Danach gingen einige entweder zum Fernsehen oder „wer müde war, schon zeitig ins Bett". Alle christlichen Feiertage, aber auch Gartenfeste wurden gern gefeiert. Nach der Erzählung von Schwester Christine gab es zudem Urlaubsreisen im Winter, zum Beispiel in das Erzgebirge:

„Ja, da wurden die Schlitten mitgenommen, da wurde die Bettwäsche mitgenommen, und, und, und. Obwohl wir ja eigentlich fünf Leute hatten, die einen Rollstuhl gebraucht hätten, aber wir hatten nur einen. Da wurde abwechselnd, durch den Berg, da wurden vorne zwei Mädchen mit der Wäscheleine gezogen. Ich habe manchmal geschoben und dirigiert. Das war manchmal anstrengend."[491]

---

490 Interview mit Christine Eichler am 29.03.2015.
491 Interview mit Christine Eichler am 29.03.2015.

Schwester Edith Stecher arbeitete 1983 bis Ende 1986 im Katharinenhof in Großhennersdorf.[492] Sie übernahm diese Arbeit, nachdem dort eine Diakonieschwester als Nachfolgerin der letzten dort beschäftigten Diakonissen gesucht wurde. Ein Brand, der zum Tod von 22 der insgesamt 325 Bewohner geführt hatte, war der akute Anlass für sie, früher als geplant dort anzufangen. Die Unterbringung in „großen Schlafsälen", die unbefriedigenden sanitären Verhältnisse sowie die Mitarbeitersituation ließen Schwester Edith heute an diese Jahre als „die schlimmste Zeit" ihres Berufslebens denken.

„Die ständigen Mitarbeiter waren Frauen aus dem Dorf und aus der Umgebung, die wirklich mit ganz viel Liebe das Nötigste gemacht haben. Die haben mir immer gesagt, da kommen die jungen Leute und dann wollen sie alles neu machen, dann machen sie sonst was, dann gehen sie wieder weg und wir stehen dann wieder alleine da und dann ist alles umsonst. […] Als Mitarbeiterinnen hatten wir Krankenschwestern zum Teil und zum Teil Heilerziehungspfleger, aber ganz wenige davon. […] Und dann hatten wir Kinderdiakone, die natürlich sehr geeignet waren, aber eben ganz viel Leute, die mal so ein Jahr machen wollten und sich finden wollten, die man also auch noch betreuen musste. Die kamen dann am Wochenende und machten dann erstmal ein Probewochenende."[493]

Seit 1958 arbeitete Schwester Margot Schorr auf dem Michaelshof in Rostock als Gruppenleiterin mit geistig behinderten Frauen. Als „schmerzhaft" und „mühsam" erlebte sie es, dass sie sich selbständig und völlig ohne Vorkenntnisse in diese Arbeit hineinfinden musste.[494]

---

492 ADV W 6371.
493 Interview mit Edith Stecher am 23.05.2014.
494 Schreiben von Margot Schorr am 23.11.2014 an Margret Rüsen. ADV Zeitzeugenarchiv.

Für Schwester Margot war es beispielsweise oft nicht klar, ob der Zank und die Wutausbrüche mancher im Michaelshof lebenden Frauen durch deren geistige Behinderung bedingt waren. Denkbar war es ebenso, dass unsachgemäßes Verhalten der Pflegekräfte oder auch die räumliche Enge Auslöser für die vielfältigen Aggressionen im Alltag waren. Zu den Alltagsproblemen gehörte ebenso das Fehlen geeigneter Hilfsmittel, wie etwa Rollstühle oder Gehhilfen. Auch die Wohnverhältnisse waren noch wie „zu Kaisers Zeiten". So hing in den großen Schlafsälen oft nur eine Glühbirne an der Decke. Auch wenn die Säle unterteilt worden waren, ergab dies für die Menschen, die dort lebten, nur kleine Wohnräume mit einer Zimmerhöhe von „um die vier Meter". Hinzu kam, dass oft die Stromkapazitäten nicht ausreichten, und „wenn da einer plättete und woanders machte einer noch was, dann knallte die Sicherung durch". Schwester Margot erinnerte sich vor allem an das Gefühl der Beengtheit, denn „auch wenn die Räume groß waren, [...] waren viel zu viele Betten"[495] dort.

In Neinstedt lebten nach Schwester Margots Erinnerung meist 20 Männer in einem Saal und im Michaelshof in Rostock zwölf bis 15 Mädchen auf engstem Raum. Für das Aufstellen der Betten galt, dass wegen der Gefahr sexueller Kontakte 40 Zentimeter Mindestabstand als Zwischenraum eingehalten werden musste.

Auch die Bedingungen für die Körperpflege waren äußerst primitiv. Die Schwestern beziehungsweise auch die dazu fähigen Heimbewohnerinnen mussten im Michaelshof in Rostock beispielsweise warmes Wasser in die oberen Etagen tragen, weil dort nur fließend kaltes Wasser vorhanden war. In Rostock, so erinnerte sich Schwester Margot, gab es für zwei Gruppen einen Waschraum und zwei Toilettenkabinen, demnach für 15 Personen eine solche Kabine.[496]

Schwester Gerda Kiesel ging 1952 nach ihrem Krankenpflegeexamen nach Rostock auf den Michaelshof. Dort leitete sie eine Gruppe von 14

---

495 Interview mit Margot Schorr am 02.04.2014.
496 Interview mit Margot Schorr am 02.04.2014.

Mädchen zwischen sechs und 18 Jahren als Gruppenmutter. Stark gefordert fühlte sie sich, denn sie „hatte ja Krankenpflege gelernt und nicht irgendwelche Pädagogik oder Erziehung oder wie man mit behinderten Kindern umgeht". Die erste Zeit erlebte sie als „ganz schwierige[n] Einstieg". In der Gruppe lebten fünf Kinder mit Epilepsie, und wenn diese Kinder des Nachts einen epileptischen Anfall hatten, musste Schwester Gerda schnell helfend an Ort und Stelle bei dem kranken Kind sein: „Und ich habe mir dann da wahrscheinlich einen so leichten Schlaf angewöhnt, […weil] mich das doch ziemlich mitgenommen hat."[497]

Als Schwester Heidi Fromhold-Treu in den 1960er Jahren nach Rostock kam, traf sie dort auf „eine kleine Schar Diakonieschwestern" und zahlreiche „andere" Mitarbeiterinnen und Mitarbeiter, wie etwa Diakonen-Ehepaare. Deren Kinder lebten auf dem Michaelshof-Gelände: „Alles wohnte relativ eng und relativ einfach, und alles war eine Familie." Die Arbeit mit den schwer- und schwerstbehinderten Menschen war unter den primitiven Verhältnissen, besonders dem Platzmangel, schwer. Dennoch „waren die Jugendlichen glücklich. Wenn sie nach einem Jahr wieder fort mussten, es waren Schwesternvorschülerinnen, die zu uns delegiert waren, dann flossen die Tränen." Die Wohnverhältnisse blieben einfach, doch nach Schwester Heidis Erinnerung waren die Mitarbeitenden immerhin gut bezahlt, „denn für Gehälter gab der Staat uns Geld. Wir haben sie manchmal besser bezahlt als die Universitätskliniken."[498]

Die Atmosphäre auf dem Michaelshof war familiär. Zu dem Gebäudekomplex gehörten eine Gärtnerei und ein Pachtbauernhof, von dem frische Lebensmittel geliefert wurden. Das Besondere an der Zusammensetzung der Mitarbeiterschaft am Michaelshof war, dass viele von ihnen Probleme mit dem SED-Staat hatten und diesen hier auszuweichen versuchten:

---

497 Interview mit Gerda Kiesel am 30.04.2014.
498 Interview mit Heidi Fromhold-Treu am 19.03.2014.

„Mit der Zeit sprach es sich herum, dass junge, aufgeweckte Men-
schen nicht den Mund aufmachen konnten, ohne dass der Staat
hinter ihnen her war. Manche landeten im Gefängnis, oder sie
waren Bausoldaten und verweigerten den Dienst mit der Waffe.
Oder sie hatten die Ausreise beantragt, oder sie kriegten nicht das
Recht, Abitur zu machen. Und von diesen jungen Leuten, sowohl
Mädchen wie Männer, haben wir eine ganze Menge in unserem
Haus aufgenommen. Dadurch hatten wir eigentlich einen guten
Stamm von begabten Leuten. Sie waren allerdings nicht einfach
zu nehmen, und, wenn sie beim Staat nicht den Mund halten
konnten, auch wir hatten unter ihrer Kritik oder Aufsässigkeit
zu leiden. Und trotzdem waren es gute und brave junge Leute.
Einige wurden dann in den Westen freigekauft, reisten aus. Der
Staat im Westen bezahlte ja für sie. Einen erlebte ich auch, der ins
Gefängnis kam. Der hatte einen FDJler beleidigt. Und als er verurteilt wurde, kam seine weinende Mutter zu mir und sagte, ob
ich ihm nicht einen Anzug und Schlips besorgen könnte. Sowas
besaß er nicht. Also marschierte ich zu unseren Behinderten und
sammelte die besten Kleidungsstücke, die es nur so gab. Und zu
seiner Verurteilung sah er sehr schick aus. Und das war so ein
Klugschnacker, als die Gefängniszeit zu Ende war, ging er nach
Hamburg und ist dort Journalist geworden.“[499]

Mit GENEX-Geldern[500] aus dem Westen konnten im Rostocker Michaelshof wichtige bauliche Vorhaben umgesetzt und Hilfsmittel angeschafft werden. So wurde beispielsweise ein Haus für Pflegebedürftige
gebaut, eine Badewanne gekauft sowie ein Lift, um pflegebedürftige Kinder leichter in die Badewanne zu heben. Dieser Lift wurde jedoch von
den Behinderten nicht angenommen, denn sie hatten „eine wahnsin-

---

499 Interview mit Heidi Fromhold-Treu am 19.03.2014.
500 Bluhm: Persönliche Spendenbereitschaft. In: Diakonische Partnerschaften, 2012,
83–86: 84 FN 2.

nige Angst"[501] davor, wie Schwester Heidi Fromhold-Treu sich erinnert. So hoben die Pflegenden die Kinder trotz des vorhandenen Hilfsmittels vorzugsweise eigenhändig in die Wanne:

> „Alle, die in der Schwerstpflege gearbeitet haben, haben ihren Rücken sehr strapaziert. Das tat uns schon leid. Das war eine schwere Arbeit. Wir hatten Behinderte, die nicht geistig nur behindert waren, sondern gelähmt von Kopf bis Fuß, meistens Spastiker. Wir hatten aber auch andere, die wir gefördert haben mit unseren relativ bescheidenen Mitteln. Aber wir hatten Einfälle. Und sie führten was auf und sie spielten. Lesen und Schreiben war meistens schon nicht drin."[502]

Die von den Diakonieschwestern betreuten Kinder in Rostock waren als nicht sonderschulfähig eingeschätzt worden. Dennoch begleiteten die damaligen örtlichen Behörden die Arbeit der Heimdiakonie „mit Hochachtung", nahmen Prüfungen ab und brachten „schon mal einen Blumenstrauß", obwohl die Diakonieschwestern politisch „nicht so einwandfrei" waren, „die Wahl verweigert" hatten und bei offiziellen Feiern der DDR „nicht marschiert" sind.[503]

Dem Engagement der Diakonieschwestern und der Mitarbeiterinnen und Mitarbeiter der oben beschriebenen Einrichtungen und der Qualität ihrer Arbeit war es zu verdanken, dass die diakonische Arbeit in breiten Bevölkerungsschichten der DDR ein hohes Ansehen genoss. Die diakonischen Einrichtungen waren bis zum Ende der DDR ein wichtiger Bestandteil im Gesundheitssystem der DDR gewesen. Der SED-Staat hatte aus der diakonischen Arbeit durch die „staatliche Minderfinanzierung der laufenden Maßnahmekosten"[504] einen erheblichen Nutzen gezogen und hatte die

---

501 Interview mit Heidi Fromhold-Treu am 19.03.2014.
502 Interview mit Heidi Fromhold-Treu am 19.03.2014.
503 Interview mit Heidi Fromhold-Treu am 19.03.2014.
504 Steinhoff, Trogisch: Behindertenhilfe in der DDR, in: Orientierung, 2014, 20.

Hilfs- und Spendenbereitschaft einzelner sowie staatsferner Organisationen bedenkenlos ausgenutzt, damit Hilfsbedürftige eine materielle Basis entsprechend ihrer individuellen Bedürfnisse fanden.

Die Ausbildung

Bei der Konzeption der Ausbildung für Heimdiakonie in der DDR stand nicht ausschließlich die Arbeit mit geistig und körperlich beeinträchtigten Menschen im Mittelpunkt, sondern anfangs allgemein die Arbeit in Heimen.[505] Schwester Margot Schorr erinnerte sich, dass es „im Anfang der DDR" viele Heime in „kirchlichen Händen" gab, die „gar nichts mit geistig Behinderten zu tun hatten".[506] Zum Beispiel befand sich in der Burg Bodenstein ein Müttererholungsheim, in Magdeburg ein Kleinkinderheim und in Greifswald die Johanna-Odebrecht-Stiftung.[507] In Letztere zog 1962 das Seminar für Kirchlichen Dienst ein, das zuvor behelfsmäßig an mehreren Stellen untergebracht war. Hier wurden im Seminar für Kirchlichen Dienst ab 1962 Kinder-, Gemeinde-, Verwaltungs- und Wirtschaftsdiakoninnen ausgebildet. Gegründet worden war das Seminar von Helga Krummacher, geborene Gräfin von der Goltz und Ehefrau des Bischofs der Pommerschen Evangelischen Kirche, Friedrich-Wilhelm Krummacher. Hier wurden junge Mädchen betreut, die nach der achten Klasse „aus der Schule geschmissen" worden waren, sowie „Pastors-Kinder, Diakonen-Kinder, Kantor-Kinder", damit sie eine berufliche Perspektive hatten.[508] Zudem gab es sogenannte Proseminare für den kirchlichen Dienst.[509] Diese Proseminare gaben „Vor-Ausbildun-

---

505 ADV H 889.

506 Interview mit Margot Schorr am 02.04.2014.

507 Die Johanna-Odebrecht-Stiftung wurde 1794 in Greifswald als Rettungshaus gegründet. Ab 1965 existierte hier zudem ein Feierabendheim und ab 1976 eine Fördertagesstätte für geistig behinderte Kinder und Jugendliche. 1984 wurde das Krankenhaus Bethanien der Johanna-Odebrecht-Stiftung zu einem psychiatrischen Fachkrankenhaus.

508 Interview mit Margot Schorr am 02.04.2014.

509 Im Februar 1956 waren in Neinstedt 100 junge Frauen im Proseminar. In: ADV H707: Schreiben vom 23.02.1956.

gen, ‚Schmalspur'-Ausbildungen oder Orientierungs-Stufen zur späteren Ausbildung an einer anderen Schule."[510] Sie existierten an verschiedenen Orten in der DDR, so etwa in Neinstedt, Rostock (1955–1967), Dahme/Mark, Potsdam-Hermannswerder und in Naumburg/Saale und waren eine direkte Folge der DDR-Schulpolitik. Jugendliche ab dem 14. Lebensjahr konnten sich dort in Vorseminaren auf eine Ausbildung zum Diakon oder zu diakonisch-pflegerischen Berufen sowie zum Theologiestudium vorbereiten lassen. Die Ausbildung beinhaltete praktische Arbeiten in Heimen verschiedener Ausrichtungen und theoretischen Unterricht im Wechsel. Das ergab oft eine Arbeitswoche mit mehr als 40 Stunden, bei „freier Station" und der Zahlung eines Taschengeldes.

Die Eltern der Schülerinnen im Seminar für Kirchlichen Dienst zahlten ein geringes Schulgeld von zehn Mark im Monat, und die Heime profitierten von „dieser Art der Stellenbesetzung im Pflegedienst".[511] Das Ende der Proseminare in der DDR begann, als der 10-Klassen-Schulabschluss das Schulende nach acht Jahren ablöste.

Eine weitere Möglichkeit der Vorbereitung auf diakonisch-pflegerische Berufe unter der Leitung der Diakonieschwesternschaft waren die sogenannten „Diene- und Lernjahre"[512] (1951 bis 1972), die beispielsweise im kirchlichen Freizeit- und Rüstzeitenheim „Burg Bodenstein"[513] und im „Haus der Kirche" in Berlin-Weißensee, Parkstraße 21,[514] angeboten wurden. Sie umfassten in den ersten eineinhalb Jahren Unterricht in diakonischen, hauswirtschaftlichen und allgemeinbildenden Fächern sowie die praktische Mitarbeit in der Hauswirtschaft. Dann schloss sich ein halbes Jahr „Aussendezeit" an, in der die jungen Frauen in christlichen Familien oder in Heimen halfen.[515]

---

510 Michaelshof: 150 Jahre Michaelshof, 1995, 89.
511 ADV H 707 und Michaelshof: 150 Jahre Michaelshof, 1995, 95 f.
512 Die Diakonieschwester, 102. Jg., 7/8 2006, 121–125.
513 ADV W 4357.
514 ADV W 3525, W 3526.
515 ADV H 686.

Nachdem das Seminar für Heimdiakonie in Rostock beendet worden war, wurde es im Jahr 1966 in Neinstedt neu begonnen. Die kirchliche Arbeit in Heimen der DDR hatte sich verändert und die Anforderungen an die Ausbildung mussten sich neu ausrichten. Eine spezifisch gestaltete Ausbildung war notwendig. Schon 1967 ging die Ausbildung, nun mit dem Namen „Heilerziehungspflege" in die Trägerschaft der Neinstedter Anstalten über. Damit war die Möglichkeit gegeben, Diakonenschüler der Brüderhäuser der DDR nach zweijähriger Grundausbildung in das Seminar zu übernehmen. Auch andere Männer und Frauen konnten, soweit sie die Voraussetzungen erfüllten und eine Bereitschaft für die Annahme des Evangeliums bestand, in die Ausbildung aufgenommen werden. Zum Teil bewarben sie sich selbständig, zum Teil wurden sie aus anderen Einrichtungen delegiert. Die Ausbildung vollzog sich nach dem bewährten Muster der Krankenpflegeausbildung im Diakonieverein, parallel mit Unterricht und praktischer Arbeit. Das „Seminar für Heilerziehungspflege" in Neinstedt war die erste heilpädagogische Fachschule in der DDR.[516] Hier wirkte Schwester Margot Schorr als Seminarleiterin[517] prägend bis in die 1980er Jahre hinein. Zu den ersten Erfahrungen schrieb Schwester Christine Neuhaus im Oktober 1966:

„Unsere beiden Heimdiakonieschülerinnen sind stille, langsame Pommeraner, lernen fleißig und machen in ihrer ganzen Art Freude. Freude macht es auch Schwester Margot, sie zu unterrichten, obwohl sie nicht geflügelten Geistes sind. Schwester Margot hat sich inzwischen den Unterrichtsstoff des sog[enannten] A1 Lehrgangs erarbeitet, den die beiden Schülerinnen neben dem A2 Lehrgang schaffen müssen."[518]

---

516 ADV H 1432: Schreiben von Pastor Warns an Christine Neuhaus vom 12.09.1966.
517 ADV W 5835: Christine Neuhaus (Neinstedt) an Elli Schulze (Magdeburg) am 22.01.1975.
518 ADV H 1432: Christine Neuhaus an Ursula von Dewitz am 10.10.1966.

Das Seminar war auf „die Ausbildung von Fachkräften zur Pflege und heilerzieherischen Förderung von Geistesgeschädigten" ausgerichtet. Während des ersten der beiden Ausbildungsjahre nahmen die Seminaristinnen und Seminaristen[519] am „A2-Krankenpflegelehrgang" der medizinischen Fachschule teil, um diesen staatlichen Abschluss zu erwerben.

Durch die Initiative von Schwester Margot Schorr, die von der langjährigen Mitarbeiterin Frau Hunger sowie dem früher in Lobetal und dann in Neinstedt tätigen Pastor Johannes Engelke (1905–1988) unterstützt wurde, gelang es, neue Erkenntnisse zu den Möglichkeiten der Förderung von schwachbegabten und geistig behinderten Menschen so aufzuarbeiten, dass die theoretische und die praktische Ausbildung in Heilerziehungspflege in Neinstedt kontinuierlich erweitert wurde.

Dabei griff Schwester Margot sowohl auf persönliche Beziehungen zu den ihr bekannten Ärzten als auch auf fachspezifische Literatur zurück, die zwar im Westen verlegt wurde, doch ihren Weg zu Dozentinnen und Dozenten in der Heilerziehungspflege Ostdeutschlands fand. Zum Beispiel erhielt Schwester Margot das Buch „Geistigbehindertenpädagogik" von Prof. Heinz Bach (1923–2013)[520], dem Begründer der Geistigbehindertenpädagogik sowie das Buch „Versuch über die Elemente der Beziehung" des schweizerischen Psychiaters Prof. Dr. med. Aron Ronald Bodenheimer (1923–2011).[521] Zudem bestand ein freundlicher

---

519 Die Ausbildung erfolgte gleichzeitig für Diakonieschülerinnen und Diakonenschüler der Neinstedter Anstalten und Schülerinnen und Schüler, die keiner Gemeinschaft angehörten.

520 Heinz Bach war ein westdeutscher Pädagoge. Er baute an der Universität Mainz das Institut für Sonderpädagogik auf. 1966 wurde Bach in Mainz auf den ersten Lehrstuhl für Geistigbehindertenpädagogik in Deutschland berufen. Bach war Mitglied des Ausschusses Sonderpädagogik des Deutschen Bildungsrats, der 1974 die Empfehlungen „Zur pädagogischen Förderung behinderter und von Behinderung bedrohter Kinder und Jugendlicher" erarbeitete. Von 1974 bis 2000 war er Mitglied der Kommission „Anwalt des Kindes" und zeitweise auch deren Vorsitzender. In: https://de.wikipedia.org/wiki/Heinz_Bach.

521 Bodenheimer war Betreuer im psychiatrisch-psychotherapeutischen Dienst für Gehörlose in Zürich sowie Berater des Zürcher Taubstummen-Pfarramtes, der Zürcher

Kontakt zwischen Schwester Margot und einem in Bückeburg lebenden Psychiater. Er sandte das Skript eines seiner Vorträge nach Neinstedt, nämlich den 18-seitigen Brief vom 26. November 1970 mit den Ausführungen über „Die Abhängigkeit der positiven Entwicklung geistig behinderter Kinder von der Beobachtung der sechs Grundbedürfnisse des Menschen".[522] Die Ausbildungszeit in Heilerziehungspflege in Neinstedt verlängerte sich von zwei auf letztlich dreieinhalb Jahre:

„Schwester Margot hat das ganz speziell aufgebaut mit Frau Hunger, einer [...] langjährigen Mitarbeiterin, die Förderarbeit. Dies sind zwei ganz wesentliche Merkmale in den Jahrzehnten um 1970. In den gesamten Neinstedter Anstalten waren die Schüler der Heilerziehungspflege. [...] Pastor Engelke hatte schon lange erkannt, wahrscheinlich ja auch durch Westdeutschland beeinflusst, [...] dass die Arbeit bei den geistig Behinderten eines Aufbaus bedurfte, es höchste Zeit wurde, es auf eine wissenschaftliche Grundlage zu stellen und die Mitarbeiter dazu qualifiziert werden mussten."[523]

Die Leitung des Seminars lag anteilig bei dem Vorsteher der Neinstedter Anstalten und bei der vom Diakonieverein dazu berufenen leitenden Schwester Margot Schorr.

Die Ausbildung vollzog sich, anders als in der Heimdiakonie, parallel mit Theorie und Praxis. Im Ablauf von 14 Tagen waren sieben Praxistage, vier Schultage und drei freie Tage vorgesehen. Im Halbjahresrhythmus mussten die Ausbildungsteilnehmerinnen und -teilnehmer den Praxisplatz wechseln. Es gab Pflegegruppen, Wohngruppen, Förderarbeit sowie die Arbeitstherapie. Jedes Praktikum endete mit einer Aus-

---

Fürsorgestelle für Gehörlose, der Kantonalen Taubstummenschule Zürich und Konsiliararzt der Zürcher Universitätsaugenklinik. In: Bodenheimer: Versuch, 1967, 10.

522 Brief im Privatbesitz von Margot Schorr, Berlin.
523 Interview mit Christine Eichler am 29.03.2014.

wertung der neu gewonnenen Arbeitserfahrungen. Nach der Verlängerung der Ausbildungszeit war ein zweites Wohngruppenpraktikum vorgesehen sowie ein berufspraktisches Jahr. In diesem Jahr musste eine schriftliche Hausarbeit angefertigt werden, in der die Teilnehmerinnen und Teilnehmer über die Bewältigung eines aktuellen Problems berichteten. Nach zweieinhalb Jahren erfolgte das Examen über die theoretischen Fächer, nach dem berufspraktischen Jahr mit einem Gespräch über die schriftliche Hausarbeit. Der Berufsabschluss in Heilerziehungspflege war kirchlich anerkannt. Einige wenige der Schülerinnen gehörten der Diakonieschwesternschaft an, andere nicht; es wurden auch Schüler der Brüderhäuser der DDR und andere junge Männer aufgenommen. Die Kosten für die Ausbildung trug die Diakonieschwesternschaft für ihre Schülerinnen, für die übrigen Teilnehmerinnen und Teilnehmer die delegierende Institution.[524]

Ab 1978 wurde auch auf dem Michaelshof in Rostock eine Heilerziehungspflege-Ausbildung angeboten.[525] Schwester Heidi Fromhold-Treu, die zwischen 1965 und 1987 im Michaelshof als leitende Schwester gearbeitet hat, erinnerte sich: „Die ersten Jahre waren nicht leicht. Es gab so Kompetenzschwierigkeiten, und auch die Mitarbeiter fand ich recht schwierig. [...] Das wurde dann mit der Zeit aber besser." Besser wurde es vor allem, weil Schwester Heidi die Idee verfolgt hatte, die dort beschäftigten Mitarbeitenden gut auszubilden. Viele von ihnen waren nämlich als ungelernte junge Mädchen in die Einrichtung gekommen und besaßen gleichwohl „durchaus Fähigkeiten".[526] Es gelang Schwester Heidi Unterstützung zu erhalten und zwar sowohl von der Inneren Mission als auch vom staatlichen Gesundheitswesen. In den Kursen wurden die Pflegerinnen und Pfleger berufsbegleitend unterrichtet. Fächer waren beispielsweise Pädagogik, Pflege und häusliche Krankenpflege bei Behinderten. Darüber hinaus war ein Vertrag mit dem Krankenhaus

---

524 ADV W 5835.
525 ADV W 6578.
526 Interview mit Heidi Fromhold-Treu am 19.03.2014.

Stift Bethlehem in Ludwigslust geschlossen worden. Hier konnte die Krankenpflege gelernt werden. So konnten sie den kirchlichen Abschluss als „Diakoniepflegerin" und den staatlichen „A2-Abschluss" in der Krankenpflege erlangen:

> „Von dem Gesundheitswesen hatten wir nur Unterstützung, denn jemand vom Gesundheitswesen musste bei solchen Prüfungen dabei sein. Das konnte man nicht so privat machen. Sowohl Prüfungen in Ludwigslust wie auch auf dem Michaelshof, die verliefen immer in sehr guter Atmosphäre. Die Leute, die vom Gesundheitswesen geschickt waren, verhielten sich zurückhaltend und höflich. Anders kann ich es nicht sagen. Dann kriegten wir die Möglichkeit, eine Leiterin für diese Kurse einzustellen, und es wurde noch mehr aufgebaut zur Heilerziehungspflege in dreijährigem und vierjährigem Lehrgang. Die Begabten wurden dann so weit ausgebildet, dass sie einen Fachschulabschluss kriegten, vom Staat genehmigt. Und die anderen machten eine dreijährige Ausbildung mit einem Abschluss, der einem Facharbeiter entsprach. Und da sich reichlich Mädchen und später auch Jungen dazu meldeten, hatten wir gute Möglichkeiten, immer geeignete junge Mitarbeiter zu haben."[527]

Die diakonische Arbeit mit Menschen mit Behinderungen war den damaligen staatlichen Bemühungen weit voraus. 1981 hielt beispielsweise ein sozialistisches Autorenkollektiv fest, es sei weiterhin eine wichtige Frage der Forschung in der DDR, „zweckmäßige Formen der sozialen Unterstützung und Fürsorge weiterzuentwickeln, die die Persönlichkeitsentfaltung des Geschädigten optimal fördern" würden. Als weitere Aufgabe seien die „ideologischen Voraussetzungen für die Entwicklung einer bewußten Einstellung [... der] Gesellschaft zum geschädigten Mitbürger zu schaffen". Die „Probleme der Betreuung Geschä-

---

527 Interview mit Heidi Fromhold-Treu am 19.03.2014.

digter" wurden demnach fokussiert, um systematisch eine Verbesserung der unbefriedigenden Lebenslage derjenigen „geschädigten Mitbürger" anzustreben, die bis dahin noch unter unwürdigen Lebensbedingungen litten.[528] Die Berliner Fachärztin für Neurologie und Psychiatrie, Dr. Gerda Jun[529] stellte in ihrem Beitrag der Aufsatzsammlung fest: Die Aussage Dietrich Bonhoeffers (1906–1945), evangelischer Theologe und Vertreter der bekennenden Kirche, „Mensch ist, wer vom Menschen geboren ist", sei richtig und solle in der DDR als „ethische Leitlinie für definitorische Bemühungen des Mensch-Seins im Sinne des sozialistischen Humanismus dienen".[530]

Die Weiterbildung

Das Netz der partnerschaftlichen Beziehungen zwischen den deutschen evangelischen Kirchen in Ost und West war seit deren Zweiteilung im Jahr 1969 eng geknüpft. Die Kontakte waren überaus zahlreich und „damals schon kaum zu überschauen".[531] Auf höchster Ebene pflegten der Bundesverband der Diakonie in Westdeutschland (Stuttgart) und das Diakonische Werk der Evangelischen Kirchen in der DDR (Berlin, Schönhauser Allee 59), jahrzehntelang eine Partnerschaft, die unter anderem ihren Ausdruck in zahlreichen Begegnungen zur Fort- und

---

528 Presber; Löther: Vorwort, in: Autorenkollektiv: Sozialistischer Humanismus und Betreuung Geschädigter, 1981, 7 f.

529 Gerda Jun (*1935) ist Fachärztin für Psychiatrie und Neurologie, Kinder- und Jugendpsychiatrie, Psychotherapie. Ab 1965 war Jun Oberärztin in der Klinik für Kinder- und Jugendpsychiatrie im Berliner Fachkrankenhaus Herzberge. Gemeinsam mit einem interdisziplinären Team engagierter Mitarbeiter gründete und leitete sie ab 1971 eine ambulante Einrichtung für Kinder- und Jugendpsychiatrie/Psychotherapie. Innerhalb dieser Arbeit engagierte sie sich auch insbesondere für die sozial-gesellschaftliche Integration und Förderung von behinderten Kindern, z. B. durch Anregung und Mithilfe bei der Gründung von Tagesstätten außerhalb der Nervenklinik.

530 Jun: Probleme geistig Behinderter im Kindesalter, in: Autorenkollektiv: Sozialistischer Humanismus und Betreuung Geschädigter, 1981, 84–96, 95.

531 Einschätzung von Ernst Petzold, bei Theodor Strohm, in: Strohm: Die besondere Gemeinschaft", Leipzig 2012, 48.

Weiterbildung fand. Im Jahr 1973 fragte die Geschäftsstelle der Diakonie Ost in Stuttgart an, inwieweit der westdeutsche Bundesverband eine Fortbildung in der DDR anbieten könne. Diese Fortbildung sollte den ostdeutschen Dozentinnen und Dozenten an Ausbildungsstätten für diakonische Berufe zugutekommen, die beispielsweise an Krankenpflegeschulen, Diakonenschulen und Ausbildungsstätten für Heilerziehungspflege und Psychiatriediakonie tätig waren.[532]

Als mit Herbert Wohlhüter aus dem Diakonischen Werk in Stuttgart die Kooperation zwischen Ost und West begann, war dieser von den ostdeutschen Kollegen fasziniert. Dem westdeutschen Theologen gefiel, dass die innerbetriebliche Fort- und Weiterbildung in der DDR am Anfang der 1970er Jahre bereits „ziemlich fest in den dortigen Strukturen verwurzelt war, [und] dass die thematische und zielgruppenspezifische Qualifizierung diakonierelevant angegangen wurde".[533] Zudem war er beeindruckt von dem Selbstbewusstsein der ostdeutschen Kolleginnen und Kollegen, die durch die politischen Umstände im Osten erkannt hatten, dass die Diakonie ihr „fachliches und theologisches Profil zeigen" müsse.[534] Die ostdeutsche Diakonie hatte seiner Überzeugung nach die Chance erkannt, im sozialistischen Gesellschaftssystem die Nische, die ihr zugewiesen worden war, kreativ zu gestalten. Herbert Wohlhüter beeindruckte vor allem das Konzept, fachlich qualifizierte Hilfen im Bereich von Menschen mit Behinderungen und Suchtkranke, auszubilden. Seiner Ansicht nach war dies gegenüber den staatlichen Angeboten der DDR „wegweisend und modellhaft".[535]

Das Dozententraining war ein wichtiger Bereich der diakonischen grenzübergreifenden Zusammenarbeit. Die Erforschung der Inhalte des

---

532 Wohlhüter: Akademischer Aufbruch, in: Diakonische Partnerschaften, 2012, 95.

533 Wohlhüter: Akademischer Aufbruch, in: Diakonische Partnerschaften, 2012, 96.

534 Wohlhüter: Akademischer Aufbruch, in: Diakonische Partnerschaften, 2012, 96.

535 Wohlhüter: Akademischer Aufbruch, in: Diakonische Partnerschaften, 2012, 96. Staatlicherseits war die rehabilitierungspädagogische Qualifizierungssituation bis Mitte der 1970er Jahre unbefriedigend. Vgl. Hübner: Die Rehabilitationspädagogik in der DDR, 2000, 139–151: 140.

Schulungsprogramms sowie der beteiligten Dozentinnen und Dozenten wäre lohnend, sprengt hier jedoch den Rahmen der vorliegenden Studie.

Einzelne Vorträge und Ausarbeitungen der Ostkollegen, wie etwa von Schwester Margot Schorr, wurden in der in Stuttgart verlegten Zeitschrift „Zur Orientierung. Zeitschrift für Mitarbeiter in der Behindertenhilfe" publiziert.[536] Dies bot die Möglichkeit, die jeweils verschiedenen Gegebenheiten heilpädagogischer Arbeit in Ost und West vorzustellen. So heißt es etwa in dem 1977 von Schwester Margot Schorr aus Neinstedt verfassten Aufsatz „Aktivierung geistig Schwerstbehinderter":

> „Bei uns in der DDR untersteht die Arbeit mit geistig Behinderten nicht der Volksbildung, sondern dem Gesundheitswesen. Aus diesem Grunde wurde auch für die Erziehungsmaßnahmen nicht der Begriff ‚Unterricht' gewählt, sondern der Begriff ‚Förderung'. Demzufolge gibt es auch keine Sonderschulen für geistig Behinderte. Die entsprechenden Einrichtungen bei uns werden als Tagesstätten für Förderung und Rehabilitation bezeichnet. Und wenn ich von Fördergruppen spreche, so würden diese den hiesigen Klassen der Sonderschulen für geistig Behinderte entsprechen."[537]

Schwester Margot Schorr war die Qualifizierung der hausinternen Mitarbeiterinnen und Mitarbeiter ein jahrelanges Anliegen. Sie war als Fachkrankenschwester für Neurologie und Psychiatrie sowie als langjährige Leiterin der Heilerziehungspflege Schule der Neinstedter Anstal-

---

536 Auch andere diakonische Mitarbeiterinnen der DDR konnten im Westen publizieren. Genannt seien hier Constanze Reichardt, Leiterin der Tagesbildungsstätte Magdeburg, und Christian Gehlen, Pfarrer und Leiter des Wichernheimes in Frankfurt/Oder.
537 Schorr: Aktivierung geistig Schwerstbehinderter, in: Zur Orientierung, Stuttgart 1977, 14. Vgl. auch die Aufsätze von Margot Schorr: Die Kombination von Krankengymnastik und pädagogischer Förderung in der Hilfe für geistig und körperlich Schwerstbehinderte, 1979, 404–417, und: Der Abbau einer autoaggressiven Verhaltensweise, 1980, 251–264.

ten wegen ihrer Erfahrungen und Kenntnisse überregional gewürdigt und als Fachreferentin gefragt.[538] Schwester Margot analysierte zwei Typen von Pflegenden im Bereich der Behindertenarbeit. Zum einen die „Erhalter", also diejenigen, die es gewohnt waren, über viele Jahre hinweg „ein Haus in Ordnung [zu] halten, die für Fenster, Wasserhähne, heile Strümpfe, Gesundheit und Wohlergehen" sorgten und ihre Energie für das Erhalten des Betriebs verbrauchten. Auf der anderen Seite die sogenannten „Tüftler", also diejenigen, die geübt seien, Neues zu entdecken, wie beispielsweise Mängel, die niemand vor ihnen als Mängel wahrnahm oder benannte. Beide Typen seien für den Betrieb wichtig und müssten sich gleichermaßen auf das Konzept der Förderarbeit einlassen. Hierzu seien eine praktische Anleitung, ein guter Pflegeschlüssel, die Möglichkeit zur Diskussion sowie praktisch orientierte Weiterbildungskurse nötig.

Infolge eines Unfalls konnte Schwester Margot die Seminarleitung in Neinstedt nicht mehr bewältigen, Sie wurde 1985 Referentin im Heilerziehungsfernunterricht des Diakonischen Werkes der Evangelischen Kirchen in Deutschland e. V., Dienstelle Berlin. Dieser DDR-weite Fernlehrgang war eingerichtet worden, da zahlreiche kirchliche Einrichtungen der DDR großes Interesse an der Ausbildung hatten.

Im Frühjahr 1989 wurde die Sammlung der Lehrmaterialien als Handreichung für den kircheninternen Gebrauch veröffentlicht. In einem Schreiben vom 26. Juni 1989 an die Nutzer der Materialsamm-

---

538 So hielt sie zum Beispiel 1984 in Kühlungsborn an der Ostsee auf einer psychiatrischen Fachkonferenz einen Vortrag über Probleme, die sich durch die Nachqualifizierung der in der Behindertenarbeit Beschäftigten ergeben. Umfangreich und mit vielen Beispielen aus der Praxis erläuterte Schwester Margot hier, warum viele Menschen, die „oft mit großer Wärme und Herzlichkeit oder auch ganz sachlich und nüchtern einen großen Berg Arbeit bewältigt und den behinderten Menschen durch ihre Stetigkeit und ihre Zuverlässigkeit das Gefühl von Sicherheit und Beständigkeit und oft auch Spaß und Freude vermittelt [haben]", neuen Erfahrungen und Anforderungen gegenüber ablehnend eingestellt waren. In: Verband evangelischer Einrichtungen: Zur Orientierung, 3/1984, 184.

lung bat Schwester Margot Schorr um Ergänzungs-, Auslassungs- und Änderungswünsche. Der Arbeitskreis erhielt deutliche Zustimmung und Lob für die Sammlung.[539]

4.2 Kirchliche Fürsorge der Inneren Mission in Sachsen

Schwester Erdmute Walter hatte nach einer Buchhändlerlehre und der Krankenpflegeausbildung die Qualifizierung zur kirchlichen Fürsorgerin der Inneren Mission erworben: „Eine Ausbildung konnte in der DDR nur von einem staatlichen Organ durchgeführt werden. Und da das was Kirchliches war, war es eine Qualifizierung."[540] Die Ausbildung bestand aus verschiedenen Modulen. Beworben hatte sich Schwester Erdmute beim sächsischen Landeskirchlichen Amt für Innere Mission in Radebeul, doch auch die Brandenburgische Kirche war bei der Qualifizierungsmaßnahme beteiligt. Praktika wechselten mit zwei halbjährigen theoretischen Semestern, am Ende der Weiterbildung stand eine Prüfung. Die Inhalte der theoretischen Ausbildung umfassten Fächer wie Erbrecht sowie alle damals relevanten neuen Gesetze der DDR, wie etwa das Gesetz über die rechtliche Stellung des außerehelichen Kindes,[541] das Landwirtschaftliche Produktionsgenossenschaftsrecht, aber auch Bibelkunde, Weltanschauung, Psychologie, Kirchenkunde und die Praxis des fürsorgerischen Dienstes als „vertiefte Einzelfallhilfe".[542] Außerdem musste eine Jahresarbeit über ein einzelnes Thema selbständig verfasst werden. Das letzte Berufspraktikum fand für Schwester Erdmute in Pirna statt und dauerte ein ganzes Jahr. Anschließend ergab sich sofort die Möglichkeit, als nunmehr fertige kirchliche Fürsorgerin nach

---

539 Beispielsweise bedankte sich im Oktober 1989 der in Lobetal beschäftigte Hartmut Kreide für die reichlich enthaltenen Anregungen und Impulse. Brief von Hartmut Kreide an Margot Schorr vom 02.10.1989, Lobetal. In: Privatbesitz Margot Schorr.

540 Interview mit Erdmute Walter am 05.03.2014.

541 „Was in der DDR absolut dem ehelich Geborenen gleichgestellt wird. Hat viel Ärger gegeben in der Praxis, weil manche damit nicht rechneten." In: Interview mit Erdmute Walter am 05.03.2014.

542 Interview mit Erdmute Walter am 05.03.2014.

Grimma zu wechseln. Als Zuständige für die Kirchensozialarbeit des Bezirkes bot sie Sprechstunden an, führte Haus- und Pflegeheimbesuche durch, organisierte Erholungsangebote und Veranstaltungen, wie Sonntage der Inneren Mission, führte das Mitgliedswesen, um Interessierte regelmäßig informieren und einladen zu können, den Büchertisch und hielt Vorträge. Sie wohnte in Grimma in einer „winzig" kleinen Wohnung, die ihr das Pfarramt angeboten hatte:

> „An sich war es urgemütlich, aber winzig klein, miserabler Ofen. Und im Winter so hundekalt da draußen, dass die Bettdecke gefror. [...] Ich hatte einen alten, kaputten Kanonenofen an einem kaputten Schornstein. Der hatte den Vorteil, der Ofen, es wird schnell heiß. Aber ebenso schnell wieder kalt. [...] In der Dienststelle war es ja das Gleiche. Das waren Kachelöfen. Und das konnte glatt passieren, dass Montagfrüh ebenso plus acht Grad. Und da bin ich im Winter manchen Sonntag runter und hab vorgeheizt. Bloß, um da einigermaßen überleben zu können."[543]

Die große Herausforderung, vor der Schwester Erdmute im Kreis Grimma stand, waren „die unversorgten, alten Leute. Das war wirklich schlimm", vor allem wegen des herrschenden Arbeitskräftemangels:

> „Es gab ja kaum jemanden, der nicht arbeiten ging. Und wenn eine Frau nicht arbeiten ging, hat sie Komplexe gekriegt. Und, ja, da waren die alten Leute dann eben alleine. Es gab natürlich Altersheime und Pflegeheime. Und die waren spottbillig. Aber viel zu wenig. Viel zu wenig. Und gerade die Pflegeheime, da kann ich ja nun mitreden, hab oft genug da Besuche gemacht, die waren grausig. Bett, Nachttisch, Bett, Nachttisch. Im Colditzer Schloss, diese alten Räume ausgelastet bis zum letzten Zentimeter. Also das war sehr bedrückend. Gut, das waren die Alten. Und dann

---

543 Interview mit Erdmute Walter am 05.03.2014.

alles, was es an Behinderten gibt. Körperbehinderte, Schwerhörige, Blinde, geistig Behinderte und so weiter."[544]

Sogenannte „Alten-Seminare" bot Schwester Erdmute für solche Kirchengemeinden an, die das wollten. Die Einladungen für die Seminare gingen nicht allgemein in die Bevölkerung, es musste „ein umrissener Personenkreis" sein, der eingeladen wurde, Werbung in der Bevölkerung war dagegen verboten. Die Seminare bestanden aus einer Reihe von acht bis zehn Abenden, an denen über Themen wie praktische Pflege und Ernährung, Veränderungen im Alltag mit alten Menschen, das Erbrecht, aber auch über Sterben und Tod gesprochen wurde. Die örtliche Gemeindeschwester half Schwester Erdmute dabei, praktisch zu demonstrieren, wie Menschen im Bett gepflegt werden können, und die Teilnehmerinnen und Teilnehmer der Seminare erhielten anschließend von Schwester Erdmute verfasste Skripte „zum Erinnern an die Hand". Diese waren mit der Schreibmaschine und einem großen Arbeitsaufwand hergestellt worden. Ebenso bot Schwester Erdmute „regelrechte Rüstzeiten" an, also Begegnungswochen mit Andachten, Spielen, Spaziergängen und Gesprächen über die Probleme des Alters. Ort dieser Rüstzeiten war ein kirchliches Heim im Harzvorland, das mit Mitteln der Braunschweiger Kirche renoviert worden war und das einen Tagesraum und eine Küche hatte.

In den 1970er Jahren arbeitete Schwester Erdmute in Zivilkleidung, statt in der Tracht der Diakonieschwestern, damit die Empfängerinnen und Empfänger der fürsorgerischen Leistungen den Nachbarn nicht als Bedürftige auffielen, die kirchliche Unterstützung in Anspruch nahmen. Seit 1972 existierte unter der Leitung von Schwester Erdmute zudem eine Gruppe für Menschen mit geistiger Behinderung. Angeregt worden war diese durch die Mutter eines geistig behinderten Kindes. Sie war in die Sprechstunde gekommen, und Schwester Erdmute nahm die Idee auf. Um sich auf diese spezielle Arbeit vorzubereiten, absolvierte sie

---

544 Interview mit Erdmute Walter am 05.03.2014.

Praktika in Neinstedt und in Großhennersdorf. Die Pfarrer im Kirchen-
bezirk Grimma gaben ihr Hinweise auf Familien mit Bedarf, denn „die
staatlichen Stellen kooperierten da überhaupt nicht". In diesen betreffenden Familien meldete sie sich zu einem Besuch an. Die Reaktionen
hierauf waren verschieden: „Die einen wollten, und die anderen sagten
zu ihrem behinderten, mehr oder minder großen Kind: ‚Nicht wahr,
du willst da gar nicht hin?'" Im Gemeindehaus der Kirche traf sich die
Gruppe in einem großen Saal:

> „Da haben wir viel gemacht dort. Also einmal sowas wie Andacht
> und Spiele, natürlich Spiele, Kaffeetrinken, Basteln, Tanzen. Oh,
> mit großer Begeisterung. Und dann sind wir mit dieser Truppe
> eben auch genau dorthin zu Rüstzeiten gefahren. Das war schön.
> Mit niemandem gibt es so viel Spaß wie mit geistig Behinder-
> ten. Und Geländespiele gemacht und sonst was. […] Mit dieser
> Truppe haben wir dann auch Konfirmation gemacht. Denn im
> Grunde waren das ja alles erwachsene geistig Behinderte. Aber
> bei der Konfirmation sind die natürlich durch die Ritzen gefallen,
> weil die Pfarrer nicht wussten, wie sie das machen sollen. Und da
> ist eben da gar nichts passiert. […] Da haben wir einen Pfarrer
> dafür mit gewonnen und das vorbereitet."[545]

Für Menschen mit körperlichen Beeinträchtigungen wurden ebenso
Rüstzeiten angeboten. Für sieben bis zehn Tage konnten rund zwanzig
Teilnehmerinnen und Teilnehmer beispielsweise nach Eichgraben fahren. Die Unterkunft sollte in Bezug auf Barrierefreiheit einigermaßen
den Erwartungen standhalten und geeignet sein. Einige der infrage kommenden Häuser, waren „mal irgendwie auf einem Erbweg" in den Besitz
der Inneren Mission gekommen und hatten „natürlich Stufen." Auf diese
Stufen wurden als Provisorium dann Platten gelegt, damit Rollstuhlfahrerinnen und Rollstuhlfahrer sie ohne großen Unterstützungsbedarf

---

545 Interview mit Erdmute Walter am 05.03.2014.

überwinden konnten: „Wir haben da jede Menge Kräfte dran gelassen. Aber auch viel Spaß gehabt, und die Leute haben sich natürlich gefreut!" Diese Urlaubsreisen für Körperbehinderte erforderten eine gute Vorbereitung und zahlreiche Detailfragen mussten im Vorfeld geklärt werden, „bis dahin, wie [jemand] aufs Klo und wieder runter kommt". Vor allem musste genau erfragt werden, was die Teilnehmerinnen und Teilnehmer konnten und was nicht, außerdem „was sie brauchen [und] was auf keinen Fall sein darf". Trotz bester Vorbereitung stand Schwester Erdmute dann „oft mal vor Problemen". Wenn das Gelände zum Beispiel am Hang lag, war es oft „Schwerstarbeit", die Rollstuhlfahrerinnen und Rollstuhlfahrer sicher hoch- und runterzuschieben.

Zu Schwester Erdmutes regelmäßigen Aufgaben gehörte auch der Besuchsdienst, den sie im staatlichen Pflegeheim Colditzer Schloss[546] bei Menschen leistete, die sie kannte. Neben dem allgemeinen Bereich für alte Menschen gab es hier den Bereich des psychiatrischen Pflegeheims mit einer geschlossenen Abteilung. Bedrückend empfand Schwester Erdmute vor allem die große Enge: „Die hockten eben beieinander, keinerlei Anreiz, Beschäftigung."

Die Angebote für Alters-Schwerhörige waren „vielleicht das Schwierigste" im Katalog der Aufgaben, die Schwester Erdmute hatte. Denn, wenn jemand lange schwerhörig ist, treten in der Regel Verhaltensänderungen auf:

---

546 Das Colditzer Schloss diente unterschiedlichsten Zwecken: Ersterwähnung 1046. Im 19. Jahrhundert (1829) wurde das Schloss Landesversorgungsanstalt für unheilbare Geisteskranke mit bis zu 400 Patienten. Im Nationalsozialismus war es erst ein Schutzhaftlager, dann ein Lager des Reichsarbeitsdienstes und ab 1938 wieder eine Landes-Heil- und Pflegeanstalt. Bis zur Schließung 1939 starben mindestens 83 Patienten. 1945 befreiten amerikanische Soldaten das Schloss Colditz und seine Insassen. Nach Ablösung der amerikanischen Besatzung durch die Rote Armee im Juni 1945 diente das Schloss als Sammelstelle für enteignete und vertriebene Gutsbesitzer. Ab 1946 war im Schloss Colditz ein Krankenhaus mit internistischer Abteilung, einer Hals-Nasen-Ohren- und Augenstation untergebracht.

„Das ist das Schlimmste, was einem so passieren kann. Das ist viel schlimmer, als wenn einer blind ist. Die vereinsamen und bauen ständig an der Mauer, die sie um sich rum haben, von innen. Und wir waren bemüht, mithilfe westlicher Technik das Treffen so zu machen, dass sie eben doch was hörten, ja? Na ja, wir hatten einen ziemlich guten Verstärker aus dem Westen und vom Fachmann die entsprechende Induktionsschleife legen lassen rund um den Raum. Und wenn die Behinderten so freundlich waren, nach mehrfachem Bitten ihr Hörgerät auf Induktion zu stellen, dann hörten sie. Und oft mal habe ich erlebt, dass sie sagen: ‚Oh, ich kann hören.' Und das nächste Mal sagten sie wieder: ‚Ich höre es schon.'"[547]

Oftmals war dies jedoch leider trotzdem nicht der Fall und Schwester Erdmute wusste, dass sie nichts hörten. Zu den bereits genannten Angeboten existierte in Grimma auch ein Blindenkreis.

Als problematisch erlebte Schwester Erdmute in den 1980er Jahren eine Fortbildung im Diakonischen Qualifizierungszentrum.[548] Das Qualifizierungszentrum bot vielfältige Aus- und Weiterbildungen an. Es schulte Führungskräfte wie Heimleiter, Leitende Schwestern, Stationsschwestern, Krankenhausleitungen, Verwaltungsleitungen, Ärzte und bot Kurse im Bereich der Seelsorge und Ehe- und Familienberatung an. Im Bereich der Psychiatrie entstanden Angebote in den Fachbereichen „Suchtgefährdeten-Diakonie", Musik- und Bewegungstherapie, „Weiterbildung Psychiatrie" und eine „Arbeitsgemeinschaft Psychologen". Im pädagogischen Bereich gab es Kurse zur Internatsleiter-Qualifizierung, das Dozenten-Training, den Fernkurs für Dozenten, die „Themenzen-

---

547 Interview mit Erdmute Walter am 05.03.2014.

548 Das Diakonische Qualifizierungszentrum war 1974 vom Diakonischen Werk der Evangelischen Kirchen in der DDR gegründet worden. 1989 fand eine Umbenennung in „Diakonisches Aus- und Weiterbildungszentrum" (DAWZ) statt, später ging es in die Diakonische Akademie über. In: Ihmels: Lebendiges Lernen, in: Diakonische Partnerschaften, 2012,103, FN 1.

trierte Interaktion" sowie Angebote für Kinderdiakoninnen, Krippenerzieher und Frauen von Heimleitern.

Im Bereich der Gemeindepflege gab es Kurse zur Qualifizierung für Gemeindeschwestern, ebenso wie für Verwaltungsmitarbeiterinnen und -mitarbeiter, für Köchinnen und Köche und für Mitarbeitende in der Land- und Forstwirtschaft. Zu alledem gab es hier zwei Fernunterrichtszweige, die als Berufsausbildungen konzipiert waren. Der eine Zweig war der Fürsorgerische Fernunterricht (FFU), die Ausbildung zur kirchlichen Fürsorgerin (Sozialpädagogin). Der zweite Zweig war der Geriatrische Fernunterricht (GFU) und beinhaltete die Ausbildung zur kirchlichen Altenpflegerin.[549]

Schwester Erdmute erlebte in ihrer Ausbildung zur kirchlichen Fürsorgerin am DQZ zusammen mit einer kleineren Gruppe von Kolleginnen und Kollegen Folgendes:

„Engagierte Kollegen aus der Hannoverschen Landeskirche wollten uns neue Ansätze in der Sozialarbeit vorstellen. Wir hatten keine Ahnung was kommen würde, hatten die Köpfe voll mit den Problemen der unversorgten Alten. Und mindestens ich hatte noch nie was von Gruppendynamik und Selbsterfahrung gehört. Und tappte prompt in alle Fallen. Nachdem das große Nichtverstehen überwunden war, wurde die Sache noch recht ertragreich."[550]

Insgesamt erlebte Schwester Erdmute die Fortbildungen im DQZ als eine Bereicherung für ihre Arbeit, denn vieles neu Gelernte war für sie hilfreich zum Begreifen schwieriger Situationen. Auch an die Zeit als kirchliche Sozialarbeiterin in Sachsen erinnerte sie sich gern: „Also eine gute Zeit war das hier auf jeden Fall. Man konnte so viel machen. Man konnte improvisieren."[551]

---

549 Ihmels: Lebendiges Lernen, in: Diakonische Partnerschaften, 2012, 104 f.
550 Brief von Erdmute Walter vom 19.07.2015.
551 Interview mit Erdmute Walter am 05.03.2014.

4.3 Gemeinde- und Altenpflege

Der Arbeitsalltag der Diakonieschwestern, die in der Gemeindepflege tätig waren, unterschied sich nur graduell von dem der Schwestern in den Kliniken. Schwester Rosmarie Schrickel erinnerte sich an die gemeinsame Arbeit mit zwei anderen Diakonieschwestern; zu dritt teilten sie sich eine Wohnung:

> „Wir hatten unser gemeinschaftliches Essen, überhaupt alles gemeinschaftlich. Es wurde eingeteilt, eine hatte die Kochwoche, neben aller Arbeit natürlich immer, die andere war dann für Heizung und Saubermachen und die dritte hatte dann die medizinischen Dinge zu erledigen. Denn wir mussten ja noch unsere Spritzen reinigen und sterilisieren. Das war dann immer für die andere, für die dritte Schwester."[552]

Schwester Rosmarie Schrickel erinnerte sich auch, welche Erleichterung sie empfand, als sie eine große Wohnung in der Nähe der Görlitzer Peterskirche erhielten. Die Wohnung lag in einem alten Pfarrhaus, und die drei Diakonieschwestern hatten keinen zusätzlichen Untermieter zu berücksichtigen, wie es zuvor der Fall gewesen war. Diese neue Situation erleichterte ihnen die Arbeit erheblich, denn nun konnten Patientinnen und Patienten in die eigenen Räume kommen, wenn etwa Spritzen verabreicht werden mussten und die Betreffenden gehfähig waren. Eine weitere Erleichterung bei der täglichen Arbeit in der Gemeindepflege war die Anschaffung eines Hilfsmotors für das Dienstfahrrad.

Die nächste Erleichterung war dann die Anschaffung von „Schwalben", den in der DDR so beliebt gewesenen Mopeds, die über die GENEX für die Schwestern angeschafft wurden. Die Freude darüber war bei den Schwestern groß. Der sie unterstützende Fahrradhändler hatte den Diakonieschwestern schon lange geraten, sich die beliebten „Schwalben" als Fortbewegungsmittel zu wünschen:

---

552 Interview mit Rosmarie Schrickel am 24.04.2014.

„Das war dann eine große Erleichterung. Denn Görlitz ist ja nicht ganz eben. Vor allem die Altstadt hat ganz schöne Steigungen. So war man schneller von einem zum anderen und konnte auch ein bisschen besser einteilen, dass es für den Patienten günstiger wurde. Denn mit dem Rad oder im Winter, wenn man laufen musste, musste man ja die Wege einigermaßen zusammenlegen, dass es nicht so weit war."[553]

Ein typischer Tag einer in der Gemeindepflege tätigen Schwester fing bei Schwester Rosmarie in Görlitz frühmorgens mit dem eigenen Haushalt an. Die drei zusammenwohnenden Schwestern hielten wechselweise eine morgendliche Andacht und frühstückten danach gemeinsam. Anschließend begannen sie mit den Besuchen der Patienten. Die Schwester, die in der jeweiligen Woche mit dem Kochen beauftragt war, versuchte dann, früher als die anderen in der Wohnung zu sein, sodass es für alle gegen ein Uhr ein Mittagessen gab. In der Mittagspause wurde „der Haushalt in Ordnung gebracht", und gegen vier Uhr gingen die Gemeindeschwestern „wieder zur Nachmittagstour", um die Patienten zu versorgen, Besuche bei alten Leuten zu machen oder um den Nachmittagskreis für Senioren zu leiten. Nachtwachen haben die in Görlitz tätigen Diakonieschwestern nur in Ausnahmefällen bei Schwerkranken oder Sterbenden übernommen, „wenn keiner mehr da war, und man ihn nicht so alleine lassen wollte."

Schwester Rosemarie Koop erinnerte sich, dass sie ursprünglich nicht von Schwerin aus nach Zeitz in Sachsen gehen wollte, doch rückwirkend stellte sie fest, „es war eine gute und richtige Zeit, und ich habe immer noch Verbindung nach Zeitz, wo ich so viel Gutes […] mit der damaligen Jugend verlebt habe".[554] Spitzel der Stasi waren den Gemeindeschwestern in Zeitz bekannt, doch gab es keine direkten Konfrontationen. Positiv an der Gemeindearbeit in Sachsen war auch, dass die Gemeinde in Zeitz „von Schweden her" und „von Amerika her" unterstützt wurde.

---

553 Interview mit Rosmarie Schrickel am 24.04.2014.
554 Interview mit Rosemarie Koop am 08.04.2014.

In Schwerin, der eigentlichen Heimatgemeinde von Schwester Rosemarie Koop, arbeitete sie bis zur Rente und fuhr hier während der Arbeitszeit mit dem Fahrrad, denn es war „alles gut zu erreichen"[555], jedenfalls in ihrem Bezirk. Sie hatte sich erfolgreich geweigert, „in andere Bezirke hinein zu arbeiten", weil die Entfernungen zwischen den zu betreuenden Menschen schon weit „genug" waren.

Das Moped wurde nicht mehr wie noch in Zeitz gebraucht. Die Gemeindearbeit in Schwerin hatte sich für Schwester Rosemarie Koop inhaltlich verlagert und war sozusagen „mehr Altenarbeit", weil gleichzeitig noch eine städtische Gemeindeschwester im selben Bezirk arbeitete. Diese versorgte einen Teil der Kranken dort und Schwester Rosemarie hatte nicht so viel Kranke wie in Zeitz: „Das war ein sehr großer Unterschied." Zu den Aufgaben in der Schweriner Gemeindearbeit gehörten für Schwester Rosemarie zudem die Nachbarschaftstreffen für kranke und behinderte alte Menschen, damit das Abendmahl mit dem Pastor gefeiert werden konnte.

Schwester Ulrike Steffler bereitete sich auf die Gemeindeschwesternarbeit mit einem Kurs im Burckhardthaus vor:

„Das hat mir sehr viel Freude gemacht, theologisch zu arbeiten. Das musste ich aber selber bezahlen. Ich wurde nicht von der Schwesternschaft geschickt. Damals war das Verhältnis nicht so sehr gut zwischen Burckhardthaus und Diakonieverein. Und kam dann nachher als relativ junge Schwester nach Görlitz in die Gemeinde."[556]

Schwester Ulrike erinnerte sich außerdem, dass sie in Görlitz als erste Diakonieschwester in der Kreuzkirchengemeinde anfing zu arbeiten. Vor ihr waren zwei Diakonissen dort gewesen, die in den Ruhestand gegangen waren. Nahe ging ihr in der ersten Zeit dort eine Begegnung mit einer

---

555 Interview mit Rosemarie Koop am 08.04.2014.
556 Interview mit Ulrike Steffler am 30.06.2014.

sterbenden Frau, die beten wollte: „Da machte sie eine Bewegung mit der Hand. [...] Ich sagte: ‚Wollen Sie noch was?‘ ‚Eine Hand zum Beten.‘"

Die Aufgaben in Görlitz waren für Schwester Ulrike sehr abwechslungsreich; sie umfassten „viel Krankenpflege", vor allem mit solchen Patienten, die an Diabetes mellitus litten und „die ich spritzen musste". Dazu kam auch eine rein kirchliche Arbeit, wie beispielsweise die Vorbereitung der Kindergottesdienste, die bis zu 200 Kinder besuchten. Wegen einer Vorerkrankung, einem Herzschaden, sandte die Schwesternschaft Schwester Ulrike dann von der Görlitzer Gemeindearbeit im Jahr 1959 zur Schwesternhochschule nach Berlin-Spandau. Hier konnte sie ihre bis dahin gesammelten Erfahrungen in eine Abschlussarbeit einfließen lassen, die sie zum Thema „Die seelsorgerlichen Aufgaben einer Gemeindeschwester" anfertigte. Ausgerüstet mit diesen Kenntnissen ging Schwester Ulrike später in die Georgen-Parochialgemeinde, die aus zwei Gemeinden bestand. Die Parochialgemeinde war eine übergemeindliche reformierte Gemeinde, eine Personalgemeinde. Die Mitglieder wohnten sowohl in Ost- als auch in West-Berlin. Die Gemeinde wurde durch den Bau der Mauer nach 1961 getrennt, und die Kirchenmitglieder wohnten sehr verstreut. Daher erhielt Schwester Ulrike ein Dienstauto, einen Trabant, der über die Partnergemeinde ebenso wie der Führerschein finanziert wurde:

„Die Fahrschule, das war damals auch schwierig mit langen Wartezeiten. Dadurch, dass die Partnergemeinde das mit Westgeld bezahlt hatte, kam ich dann relativ schnell ran und hatte dann von dem Superintendenten, der aufgehört hatte, seinen alten Trabbi dann bekommen. Da war ich dann mobiler, auch zeitlich. Das war dann aber oft, dass es ziemlich spät wurde, bis ich wieder zu Hause war. Aber es hat mir sehr, sehr viel Freude gemacht. Ich habe dann auch übergemeindliche Arbeiten gemacht: Frauenarbeit und solche Dinge."[557]

---

557 Interview mit Ulrike Steffler am 30.06.2014.

Die Georgen-Parochialgemeinde war eine reiche Gemeinde, zu der fünf Friedhöfe gehörten und bei der zeitweise bis zu 90 Mitarbeitende angestellt waren:

„Und wir hatten da sehr viele, die auf dem Friedhof gearbeitet haben, oft studierte Leute. Und ich habe in der Gemeinde eben auch sehr viele seelsorgerliche Gespräche gehabt, denn ich war ja immer in Tracht, sodass ich dann auch manchmal auf der Straße angesprochen wurde und auf der Straße seelsorgerliche Gespräche aufgrund der Tracht hatte. […] Denn abgesehen von der Altenarbeit hatten die Jüngeren, gerade die den Ausreiseantrag hatten, oft sehr, sehr viele Probleme: In der Familie, wie sie die Kinder unterbringen können. Da habe ich versucht, mich da einzusetzen. […] Wir waren nachher dann mehr als 90 Mitarbeiter. Ich galt dann auch als Gemeindeschwester, wurde dann noch eine Stufe höher gesetzt: Gemeindeschwester und Betriebsfürsorgerin. Ich habe mich um Alkoholkranke gekümmert und solche Dinge."[558]

Schwester Ulrike versuchte, regelmäßige Treffen mit den anderen Gemeindeschwestern in Ost-Berlin zu organisieren. Wenn beispielsweise ein Treffen in Potsdam verabredet werden konnte, dann fuhr sie mit ihrem Trabbi und mit anderen Schwestern dorthin, „weil uns das doch sehr wichtig war, die Gemeinschaft". Der Glaube hatte für Schwester Ulrike „eine sehr zentrale Bedeutung. […] Ich habe das aber auch deutlich ausgesprochen." Schwester Ulrike hielt gerne Andachten, und in den Frauen- und Seniorenkreisen war die Bibelarbeit zentral. Fortlaufend wurden Bibeltexte gelesen. Dabei nutzte sie auch theologische Bücher ihres Vaters. Die biblischen Gespräche fanden in einer Intensität statt, die, wie sie heute findet, „eigentlich jetzt kaum noch [jemand] kennt". Gebet und Gesang waren zu den regelmäßigen Bibelarbeiten

---

558 Interview mit Ulrike Steffler am 30.06.2014.

„eigentlich für mich selbstverständlich", und sie gehörten „einfach zu meinem Leben mit dazu".[559]

Schwester Elisabeth Kuske machte im Burckhardthaus in Rüdersdorf eine dreimonatige Vorbereitung zur Gemeindeschwester. In der Heilig-Geist-Gemeinde stand für sie nicht die Pflege kranker Gemeindemitglieder im Vordergrund, sondern „viele Besuche" bei Familien, deren Kinder in die Schule kamen und die in die Christenlehre sollten. Unterricht in Christenlehre gab Schwester Elisabeth dann in der Orthopädischen Klinik bei Kindern. Dann ging sie als Gemeindeschwester nach Kublank bei Rostock, wo sie für die Christenlehre zuständig war. Ergänzend zum Unterricht bastelte und sang sie,

> „und dann sind wir in der Adventszeit sehr gerne mit den Kindern zu den Alten gegangen und haben Lichtchen gebracht und was selbst Gebasteltes und haben gesungen. Also ich hab wirklich das ganze Jahr über gesungen. [...] Ich hatte drei, vier Dörfer. Und in einem Dorf war ich in der Wohnstube, auch von einer Flüchtlingsoma und dann saß das Jüngste bei mir auf dem Schoß und rechts und links die nächsten. Und dann saßen sie um mich rum. So war das damals."[560]

Die Arbeitsbedingungen erinnerte Schwester Elisabeth lebhaft: Die lehmigen Wege wurden „Champagner Pfarre" genannt, und humorvoll wurde regelmäßig der Schriftsteller Fritz Reuter (1810–1874) mit dem Merkspruch zitiert: „Rechts 'nen Graben und links 'nen Graben und in der Mitte der tiefste Graben." Schwester Elisabeth trug Gummistiefel, wenn sie „über Land" und „natürlich mit Tracht" unterwegs war. Der graue Rock war meist mit „Lehm beschmiert" und unter den Orgelemporen der verstreuten Kirchen der Gemeinde lag in der Schublade der Tische

---

559 Interview mit Ulrike Steffler am 30.06.2014.
560 Interview mit Elisabeth Kuske am 17.06.2014.

„überall eine Haube. Denn auf dem Moped, mit dem ich […] dann so auf die Dörfer fuhr, […] hatte ich keine Haube auf. […] Das war Kublank. […] Ja und da war ein sehr lebendiges Gemeindeleben. Da hab ich also Theater gespielt und mit den Kindern um die Wette Rad gefahren. Und dann war Pfingsten, […] da sind wir dann mit dem Pferdefuhrwerk von einem, immer in ein anderes Dorf gefahren zum Gesamtkindergottesdienst. […] Es fiel mir auch manches zu."[561]

Schwester Gerda Kiesel war als Gemeindeschwester in Berlin-Treptow beschäftigt. Sie organisierte Treffen in den Gemeinderäumen der Kirchengemeinde und obwohl „uns eigentlich keiner reingeredet" hatte, merkte Schwester Gerda, dass „wir beobachtet wurden und dass man das genau registrierte, wer da ein und aus ging, das ist mit Sicherheit so". Die Treffen waren, wie Schwester Gerda erinnerte, für die Schwesternschaft sehr wichtig, weil die jüngeren Schwestern in der DDR keinen direkten Bezug mehr zu den westdeutschen Schwestern hatten, insbesondere auch keinen Bezug mehr zum Heimathaus. Die Treffen fanden mit einzelnen Gruppen, wie etwa den Schülerinnen oder den Jung- oder Stammschwestern statt. Der Austausch wurde von den Teilnehmerinnen nach Schwester Gerdas Erinnerung als „Bereicherung" empfunden. Die Grenzsoldaten der DDR erkannten die Schwestern schon an der Tracht, die alle, bis auf die Jungschwestern, trugen; „die kamen dann größtenteils in Zivil". Die Bestimmungen zur Trachtordnung änderten sich schleichend, und Schwester Gerda Kiesel reflektierte im Interview: „Ich denke mal, es ist dann nachher auch von West-Berlin ausgegangen, dass sie dann das doch mehr und mehr eingeführt haben, dass sie in Zivil kamen. Um nicht als so eine geschlossene Gruppe aufzutreten."[562] In Treptow waren die Gemeinderäume sehr gut ausgestattet, sodass auch einzelne Schwestern nach den Treffen dort übernachten konnten. Die

---

561 Interview mit Elisabeth Kuske am 17.06.2014.
562 Interview mit Gerda Kiesel am 30.04.2014.

273

üblichen Krankenbesuche musste Schwester Gerda an den Tagen der Schwesterntreffen anders organisieren, was jedoch unproblematisch für sie war, da sie ohnehin „sehr viel Besuchsdienst" machte sowie Altenkreise und Versammlungen führte. Wenn sie pflegerische Hilfsmittel benötigte, signalisierte sie dies bei den Treffen und meist konnte die nächste Besuchsgruppe dann das Gewünschte mitbringen: „Ja, das war schon ganz schön, dass man da so einen Draht hatte, wo dann auch mal was organisiert werden konnte."[563]

Kontakte wurden auch zur Stephanus-Stiftung, wo der Schwesterntag einen Tag nach dem Zehlendorfer Schwesterntag stattfand, gepflegt. Die West-Schwestern brauchten somit nur einen Tag anzuhängen, um nach Weißensee zu kommen: „Insofern war das auch eigentlich immer ganz schön!" Auch an schwesternschaftliche Treffen in Wittenberg, im Sophienhaus in Weimar, in Berlin-Adlershof, in Berlin-Grünau, in Berlin-Mitte und in Potsdam erinnerte sich Schwester Gerda gern:

> „Wir haben regelmäßige Schwesterntreffen gemacht mit den Schwestern aus Potsdam, aus dem Luisenstift [...] Manchmal kam dann jemand vom Heimathaus dazu. [...] und dann eben auch noch ein bisschen aus dem Heimathaus berichten konnte. [...] dann haben wir außerdem hier noch bezirkliche Treffen gehabt, und zwar mit den auch nicht in der Diakonie arbeitenden Gemeindeschwestern [...] Da gab es also auch andere, die das machten, teilweise sogar freie Schwestern, die in der Kirchgemeinde als Gemeindeschwestern angestellt waren. [...] Das war eigentlich immer ganz interessant, weil so aus den verschiedensten Bereichen wir auch immer Informationen bekamen."[564]

Der Arbeitsplatz der Gemeinde von Schwester Gerda lag in Treptow, in der Plänterstraße und hatte neben einer westdeutschen Partnergemeinde

---

563 Interview mit Gerda Kiesel am 30.04.2014.
564 Interview mit Gerda Kiesel am 30.04.2014.

auch eine in Holland. Diese Treptower Gemeinde gehörte im Nationalsozialismus zur Bekennenden Kirche, und es war hier üblich, dass der
Gottesdienst „immer mit Abendmahl" stattfand. Der Austausch mit der
holländischen Gemeinde, in der es üblich war, dass auch die Kinder mit
zum Abendmahl durften, war für beide Seiten eine große Bereicherung:

„Das kannten wir vorher nicht. […] Und dann hat das auch gar
nicht lange gedauert, dann haben wir die eingeladen und die sind
dann gekommen mit einer ganzen Gruppe mit Familien, mit Kindern und so. Das war, eigentlich war das eine sehr schöne und
anrührende Geschichte, jetzt auch so die Familien zu erleben. Wie
die Kinder so selbstverständlich an allem teilnehmen […] 1986,
bin ich einmal in Holland gewesen. […] ich hab es geschafft, als
einzige aus unserer Gemeinde damals.[…] diese Besuche [aus]
Amsterdam sind dann eigentlich auch regelmäßig gewesen. Die
kamen mindestens einmal im Jahr und besuchten uns. Wir haben
denn immer ein bestimmtes Thema gehabt, über das wir uns denn
eben auch so, mit dem wir uns beschäftigt haben. Und haben dann
auch in Berlin bestimmte Dinge angesehen, haben mal eine Stadt-
rundfahrt gemacht und so, damit sie nicht nur Treptow, sondern
auch noch ein Stück vom anderen Teil von Ost-Berlin kennenlernen konnten, eigentlich waren das sonst immer schöne Treffen.
Sehr schöne Zusammenkünfte!"[565]

Mit dem Fahrrad als „Transportvehikel" bewegte sich Schwester Gerda
durch ihre Treptower Gemeinde; kam sie aus der Haustür und sah nach
rechts, „guckte ich immer auf die Mauer". Viele ihrer Patientinnen und
Patienten wohnten in den Sperrgebieten der Mauer, und es „waren eben
viel alte Leute dort, deswegen hatte ich ja auch dort so viel zu tun". Starben
sie oder mussten ins Heim, kamen entweder „Familien von Grenzsoldaten oder irgendwelchen Bonzen" in die frei werdenden Wohnungen; „nor-

---

565 Interview mit Gerda Kiesel am 30.04.2014.

275

male Bürger" wurden dagegen nach Schwester Gerdas Erinnerung „nicht da mehr hinein gelassen".[566] Eine „zittrige Sache" war es für Schwester Gerda, wenn die betreute Familie in den Neubaublocks vor und im Sperrgebiet wohnte. Die Kinder dieser Familien durften bis zum 14. Lebensjahr in das Sperrgebiet hinein, doch wenn sie mit 14 einen Personalausweis erhielten, unterlagen sie den Bestimmungen für Erwachsene und konnten nicht mehr ihre Schulfreunde im Sperrgebiet besuchen.

Schwester Freia Erbach leitete das Augustenstift in Schwerin.[567] Es wurde 1855 von der damaligen Mecklenburgischen Großherzogin Auguste Mathilde (1822–1862) als Haus für kranke und alte Frauen eingeweiht; seit 1905 lebten auch Männer dort. Das Augustenstift war in der DDR und ist bis heute ein Pflegeheim.[568] Zur Qualifizierung der Leitungstätigkeit ging Schwester Freia für vier Wochen zu einem Praktikum nach Eisenach. Zusätzlich erhielt sie einen Weiterbildungskurs, der vom Kaiserswerther Verband von Halle aus organisiert worden war. Leitende Schwestern wurden dort bis zum angestrebten Diplom in drei Kursen über jeweils vierzehn Tage im Harz geschult. 1970 bis 1971 absolvierte Schwester Freia den Kurs mit zwei weiteren Diakonieschwestern. Im Augustenstift arbeiteten neben ihr vier weitere Diakonieschwestern und einige Vorschülerinnen. Das Haus hatte fünf Stationen, vier Frauen- und eine Männerstation. Hier arbeiteten Pfleger aus Berlin-Weißensee, später aus Neinstedt. Zum Augustenstift gehörte der Hausvorstand, bestehend aus einem Diakonen-Ehepaar als Leitung und Wirtschaftsleiterin, und Schwester Freia als Pflegebereichsleitung:

„Das war eine dankbare Aufgabe, weil das ja die letzte Lebensphase der Menschen war, und sie das alle wussten und sich darauf einstellten. Und wir versuchten, es ihnen auch schön zu machen, obwohl die Bedingungen äußerst primitiv waren. Die Zimmer

---

566 Interview mit Gerda Kiesel am 30.04.2014.
567 ADV W 6619.
568 Röper (Hrsg.): Die Kunst der Nächstenliebe, 2013, 154.

waren ganz eng und der Raum begrenzt. Und die Sanitäreinrichtungen waren unter aller Würde. Das Haus war das frühere Schützenhaus, was dann mal umgebaut wurde und dadurch gar nicht zweckentsprechend gebaut. Ein Fahrstuhl wurde zu späterer Zeit eingebaut. In den ersten Zeiten kamen immer die Prediger von dem Predigerseminar und trugen die Leute rauf in den Kirchsaal zum Gottesdienst. Und das war nachher ja schon eine Erleichterung, als wir den Fahrstuhl [bekamen]. Ja, wir hatten also im Hause Gottesdienst, hielten jeden Tag eine Andacht, machten das Wochenschlusssingen mit Zentralübertragung in alle Zimmer für die Patienten, die nicht mehr aufstehen konnten. Also alles sehr gut, soweit es möglich war, organisiert. Die Küche war eine gute Hausmannskost-Küche. Und wir aßen alle zusammen, alle Mitarbeiter an einem Tisch an der Mittagstafel, und das Frühstück stationsweise in den Aufenthaltsräumen. Es war wieder eine andere Atmosphäre, und die Zusammenarbeit war gut."[569]

Schwierig war es für Schwester Freia, geeignetes Personal zu finden, denn ein Pflegeheim wurde auf dem Arbeitsmarkt als eine Einrichtung wahrgenommen, in die „keiner recht hin wollte. Darum mussten wir uns auch begnügen mit unqualifizierten Leuten. Und das war für mich schwierig, weil ich ja immer die Verantwortung hatte und immer in Rufbereitschaft war." Einige der Mitarbeiterinnen und Mitarbeiter im Schweriner Augustenstift hatten zudem Ausreiseanträge aus der DDR gestellt: „Die waren mit ihren Gedanken natürlich woanders. Das war sehr schwierig, mit denen zu arbeiten." Im Laufe der 20 Jahre, die Schwester Freia dort erlebte, kamen immer mehr Pflegefälle, sodass von der anfänglichen Mischung als Alters-und Pflegeheim das Letztere blieb. Ein Arzt kam regelmäßig und betreute die Patientinnen und Patienten. Für die Schwestern führte Schwester Freia Belehrungen durch, leitete sie an und vertrat das Haus nach außen hin. Aber sie übernahm als leitende

---

569 Interview mit Freia Erbach am 09.04.2014.

Schwester außerdem den Stationsdienst und „sprang ein, wo jemand fehlte". Sie war dadurch gut mit allem im Haus vertraut und konnte beurteilen, was zu tun war. Zudem hatte sie die Apothekenausgabe unter sich und die Sterilisation. Zu den internen Aufgaben kamen die externen Herausforderungen. Am schwierigsten war für Schwester Freia stets die Frage nach geeignetem Wohnraum für die Mitarbeiter, denn ohne ein passendes Wohnraumangebot kamen die Mitarbeiter auch nicht nach Schwerin zur Arbeit. Im Bauausschuss, dem Schwester Freia mitangehörte, „war viel zu besprechen", und es war „eine neue Aufgabe für mich". Darum war ein Zugeständnis des städtischen Wohnungsamtes sehr hilfreich. Schwester Freia konnte demzufolge bei neuen Aufnahmen in das Stift den dadurch in der Stadt frei werdenden Wohnraum für eigene Mitarbeiterinnen und Mitarbeiter nutzen. Und: „Auf die Art und Weise habe ich dann auch meine Wohnung gekriegt."

Schwester Freia war auch für die Materialbeschaffung und die Renovierung des Hauses zuständig: „Das war alles schwierig, weil alle Handwerker immer nach Berlin geschickt wurden, um den Aufbau dort zu leisten. Die Handwerkerkapazität war nicht ausreichend. Und Rationierung, da gab es Bezugscheine für Materialien."[570]

Als großen Vorteil empfand Schwester Freia den Umstand, dass das Augustenstift politisch nicht belästigt wurde, „denn der Staat war froh, dass wir ihnen diese ungeliebte Arbeit abnahmen und uns kümmerten". In der Konsequenz, so erlebte es Schwester Freia, war das Leben im Stift „beschaulich", und es war möglich, „ruhig den Ablauf des Kirchenjahres" zu feiern. Außerdem profitierte das Stift insgesamt von einem „schönen Garten, in den wir unsere Alten auch gerne schoben und dort mit ihnen Feste feierten und erzählten". Der hauseigene Garten lieferte zudem Blumen und Gemüse. Schwierigkeiten wurden intern geregelt, damit die Ausstrahlung in die Umgebung positiv war. Für Schwester Freia Erbach war ihr Glaube während der Arbeit im Augustenstift eine wertvolle Stütze im Alltag:

---

570 Interview mit Freia Erbach am 09.04.2014.

„Ohne, ja ohne meinen Glauben hätte ich diese Arbeit nicht tun
können, mit Schwerkranken, mit Sterbenden umzugehen. Das
konnte man nur Gott anbefehlen. Ja, der Glaube war mir schon
wichtig. Besonders deutlich wurde das mir einmal zu Ostern, wo
ich auch einen Sterbefall zu beklagen hatte, dass die Hoffnung
der Auferstehung uns begleitet und das diesseitige Leben endet,
aber ein anderes Leben beginnt. Und wir waren eben froh, das,
was uns erfüllte, weiter sagen zu können in unserem Aufgaben-
gebiet und Beistand leisten können den Menschen auf dem End-
weg ihres Lebens. Wie andere das schaffen, weiß ich nicht. Auch
Schwestern, die auf Intensivstation arbeiten, die immerzu mit den
Schwerstkranken umgehen, die an Apparaten liegen. Das stelle
ich mir schrecklich vor. Da war meine Aufgabe doch eine viel bes-
sere, mit den lebenden Menschen, mit denen umzugehen, ihnen
da Hilfe zu geben, ihnen Schwester sein zu dürfen. Das ist wichtig
für mich. Im Glauben noch ganz besonders, dass wir uns da gut
verstanden und die gleiche Grundlage und Basis hatten. Darum
war ich gerne die 20 Jahre im Augustenstift und habe eine Nachfolgerin gefunden, dass ich also in Ruhe in den Ruhestand gehen
konnte und wusste, die Arbeit läuft weiter."[571]

Schwester Rosemarie Heppner war wegen ihrer betagten Eltern in die
Nähe von Dresden gezogen. Die Schwesternschaft hatte ihr eine Arbeitsstelle in einem Heim angeboten, das von einer Schwester des Missions-
hauses Malche geleitet wurde. Dieses war in den 1920er Jahren gegründet worden, um jungen Frauen, die sich keine eigene Wohnung leisten
konnten, eine Bleibe zu schaffen. Es gehörte zur Stadtmission in Dresden
und war eine kirchliche Einrichtung. Diese Frauen waren inzwischen
älter geworden, und es wurde ein Heim für alte, körperlich- und geistig Behinderte: „Manche wenig behindert, manche auch stark behindert.

---

571 Interview mit Freia Erbach am 09.04.2014.

Aber, auch die Arbeit hat mir Freude gemacht. Wenn man täglich mit diesen Behinderten zusammen ist, weil sie so dankbar sind."

Über ihre Erfahrungen im Potsdamer Luisenhaus[572] berichtete Schwester Elisabeth Kuske. Schwester Elisabeth fand als Mitarbeiterinnen „altgewordene Diakonieschwestern" vor, die „lieb und gut, sehr tüchtig"[573] waren. Ihre große Herausforderung war, dass sie „lernen musste, eine neue Mannschaft zusammenzustellen, und das in der Zeit, in der es eine Personalnot in der DDR gab, in der Diakonie." Denn viele gingen „lieber in die VEB-Betriebe, wo sie von Montag bis Freitag nicht viel arbeiten mussten, weil ja meistens zu wenig Material da war. Und bei uns mussten sie viel und schwer arbeiten." Als Leitung hatte Schwester Elisabeth auch die Stationen zu vertreten, wenn Mitarbeiter krank wurden oder frei hatten, ebenso die Küche und die Waschküche. Sonnabends arbeitete sie zudem im Garten und ging bei Bedarf mit einem Handwagen „auf den Markt, um mir Blumenkohl zu holen". Konsistorialrat Manfred Stolpe (*1936) bot die Anschaffung eines Autos an. Ein Wartburg Tourist wurde gekauft, und Schwester Elisabeth kaufte gerne damit ein:

„Ich fuhr eigentlich immerzu mit meinem großen Wartburg Tourist, nachher war er weiß, ein weißer. Das war kenntlich. Das war für die, die mich überwachten, noch einfacher. Denn die waren ja da. Ich bin also Tag und Nacht überwacht worden. Das weiß ich. Ja, dann fuhr ich mit den schönen Kaffee-Gaben aus dem Westen, von den Diakonieschwestern, die berühmten Schuhkarton-Päckchen. Mit allen schönen Dingen. Das war ja die beste Handelsware. Und mit der handelte ich und mit meiner Freundlichkeit und mit der Tracht. Die Tracht war die beste Handelsware. [...] Da hat mir die vorgesetzte Dienststelle, der Landesausschuss, immer gesagt, meine Haube wäre mit Gold besprenkelt. Und dann fuhr

---

572 ADV H 625, W 6622, W 7017.
573 Interview mit Elisabeth Kuske am 17.06.2014.

ich in die Nähe von Werder und holte da körbeweise Erdbeeren
und Beeren. Vor allem Erdbeeren, die froren wir ein. Wir hatten
große Truhen. Und dann haben unsere alten Damen, wir hatten
ja da noch ein paar ganz gute, waren noch so gesunde alte Menschen auch damals noch. Die haben die Erdbeeren abgepult, und
dann haben wir sie in Beutelchen getan [...] Also ich hab dann oft
bis abends zehn oder elf eingefroren. Aber wir hatten doch jeden
Sonntag Erdbeerkompott. Oder irgend sowas aus Erdbeeren. Mal
eine rote Farbe. Die gab es bei uns sonst nur in den roten Nelken.
Also mir war es sehr darum gelegen, Abwechslung den alten Menschen zu servieren."[574]

Die Beschaffung der Lebensmittel für die Heimbewohner war körperlich
sehr anstrengend für Schwester Elisabeth, denn die Kaufleute brachten
die Ware nicht an das Auto, aus Angst, gesehen zu werden:

„Ich hab alles rangeschafft. [...] Es ist ja immer alles da. Na ja
nun klar. Kaffee war da, Tee war da. Strumpfhosen waren da. [...]
Ja, dann mit Kaffee sind wir hin und haben Zellstoffunterlagen
und Zellstoff herangeholt, mit dem Wartburg Tourist aus Werder.
Dort ist dieses Lager. Erdbeeren, fünf Zentner Heringe von der
Insel Usedom geholt, jedes Frühjahr. Durch eine Freundschaft mit
den Fischern. Die hat auch ganz niedlich angefangen und hat sich
natürlich auch so ausgeweitet."[575]

Noch zu DDR-Zeiten konnte Schwester Elisabeth Kuske als Dienstreisen
Besuche im Westen durchführen. Auch wenn sie aus eigener Anschau-
ung den Vergleich zwischen dem Lebensstandard in West und Ost
machen konnte und gleich nach der Wende nach Bad Godesberg und
nach Xanten fuhr, war sie „stolz auf mein Luisenhaus", denn die Atmo-

---

574 Interview mit Elisabeth Kuske am 17.06.2014.
575 Interview mit Elisabeth Kuske am 17.06.2014.

sphäre dort war trotz der Mehrbettzimmer so gut, dass „heute noch" die Angehörigen von der Atmosphäre dort schwärmten:

> „Das hab ich im Westen nicht so gemerkt. Da waren ganz andere, ganz anderes Denken, wie wir es ja auch heute noch bei den anderen spüren. Das ist auch, die sind so gewachsen, und wir sind so gewachsen. Und das sollen wir auch gar nicht verleugnen."[576]

Als Schwester Felicitas Bach in den 1980er Jahren nach Berlin wollte, weil ihr damaliger Ehemann dort Theologie studierte, suchte sie „einfach aus dem Telefonbuch allerhand Adressen, die nach Gesundheitswesen aussahen" und schrieb dann entsprechende Häuser an, dass sie sich als Krankenschwester zur Verfügung stelle, wenn „man mir denn eine Wohnung bieten" könne. Dies konnte das Sankt Elisabeth-Stift, das im Jahr 1856 in Berlin von Mitgliedern der St. Elisabeth-Kirchengemeinde gegründet worden war, um pflegebedürftige alte Frauen zu versorgen. Das Sankt Elisabeth-Stift hatte „richtige Mitarbeiterwohnungen" zu bieten, die an junge Leute und an ältere Mitarbeiterinnen und Mitarbeiter vermietet wurden. Im Berliner „Großstadtdschungel" fand also die frisch verheiratete und schwangere Schwester so ihre erste eigene Wohnung:

> „In Berlin in der Eberswalder Straße Nummer 5. Im Quergebäude mit drei Außenwänden, mit zwei Kachelöfen, mit einer Außentoilette, halbe Treppe tiefer und mit dem Luxus, dass wir indirekte Sonne hatten. Wenn nämlich die Sonne auf die Scheiben des Treppenhauses im Vorderhaus schien, reflektierten diese Scheiben in unsere Fenster im Quergebäude hinten. Und wir hatten dann also auch ein wenig Sonne in der Wohnung. Trotzdem war das eine gute Zeit. Wir bauten uns ein Hochbett, weil die Räume relativ hoch, aber nicht sehr groß waren. Und da kam auch mein erster Sohn zur Welt. Und das Ganze war wenige Schritte vom

---

576 Interview mit Elisabeth Kuske am 17.06.2014.

Elisabeth-Stift entfernt, was eine sehr, sehr gute Einrichtung war."[577]

Im Elisabeth-Stift gab es zudem einen betriebseigenen Kindergarten, in dem Kinder ab einem Jahr bis zum Vorschulalter, vorzugsweise von Mitarbeiterinnen und Mitarbeitern des Stifts, aufgenommen wurden. Schwester Felicitas konnte dort ihren Sohn gegen sechs Uhr morgens abgeben, von ihrer Arbeitsstätte aus sehen und am Ende des Dienstes mit nach Hause nehmen, was für sie eine „hervorragend[e]" Lösung des Betreuungsproblems war. Die Betreuungszeiten der Kita deckten jedoch nicht ihren eigenen Spätdienst ab:

> „Also die Kita für die Kinder war nicht bis abends oder nachts auf. Und ich wüsste auch nicht, dass Kinder da offiziell übernachtet haben. Da wurden dann die Väter der Kinder oder Großmütter eingespannt, die Kinder dann doch am Nachmittag auch abzuholen. Aber für den Frühdienst war das schon mal sehr, sehr komfortabel. Und die Kinder tauchten dann eben immer mal auch in dem Altenpflegebereich des Elisabeth-Stiftes auf. Sehr zur Freude der Bewohner. Das ist damals wie heute ja eine glückliche Kombination. Sehr junge Menschen und sehr alte Menschen, die mehr gemeinsam haben, als man so ahnt, zusammenzubringen und zu schauen, was da passiert."[578]

Die Arbeit in der Altenpflege war für Schwester Felicitas zwar nicht der dringendste Wunsch nach der Krankenpflegeausbildung in Weimar gewesen, „aber [ich] hab mir dann gesagt, also ein paar Jahre werde ich das schon aushalten". Die Arbeitserfahrungen, die sie dann im Elisabeth-Stift machte, gefielen ihr zunehmend besser. Sie erlebte dort, dass dem Leben der alten Menschen nicht nur Jahre hinzugefügt werden sollten. Das Ziel

---

577 Interview mit Felicitas Bach am 11.06.2014.
578 Interview mit Felicitas Bach am 11.06.2014.

war es eher, die Lebenszeit der pflegebedürftigen Menschen „mit Leben, mit Spaß, mit Freude, mit Anregung, mit Aktivierung" zu füllen. Insofern fand Schwester Felicitas einen Tätigkeitsbereich, „wo eigentlich alles möglich ist, was sich jemand einfallen lassen kann, wo unheimlich vielseitige Aufgaben zu lösen sind und wo sehr viel Kreativität und Einflussnahme von Fachpersonal viel besser möglich ist als in jedem Krankenhaus". Die Angebote für die alten Menschen waren vielfältig. Eine Ärztin leitete hier beispielsweise eine kleine Innere Station, wie „eine winzige Krankenhausabteilung" für alle Bewohner in dem Haus. Daneben existierten nach Schwester Felicitas' Aussage eine physiotherapeutische Abteilung mit mehreren festangestellten Mitarbeiterinnen und Mitarbeitern sowie ein arbeitstherapeutischer Bereich, in dem „kreative, jahreszeitlich bezogene oder auch festvorbereitende Dinge entstanden". Feste hatten immer ein Motto und wurden „mit unheimlich viel Engagement" vorbereitet und durchgeführt. Zudem gab es im Elisabeth-Stift die Tradition, den Bewohnerinnen und Bewohnern, die Geburtstag hatten, ein Ständchen zu singen und eine kleine Andacht zu halten. Spezielle Pflegemöbel existierten nicht, die Zimmer waren mit Sofas und schlichten Betten ausgestattet, sodass die fachliche Versorgung „sehr optimierungsbedürftig" war. Doch die älteren Heimbewohnerinnen und Heimbewohner kannten es nicht anders und fühlten sich wohl. Sommerfeste wurden im Elisabeth-Stift gefeiert:

„Da haben eben die Handwerker aus zwei Gartenstühlen und ein paar Pfosten eine Sänfte gebaut, wo dann Prinz und Prinzessin durch den Garten geschleppt wurden. Und dann haben wir einen orientalischen Tanz einstudiert und uns da entsprechend kostümiert und den aufgeführt und praktisch die Bewohner an einem orientalischen Fest teilhaben lassen."[579]

Am Ende solcher Sommerfeste gab es einen gemütlichen Abend für die Mitarbeiter, mit „Feuerchen", Gegrilltem und Bedienung durch den

---

[579] Interview mit Felicitas Bach am 11.06.2014.

„Chef". Das Stift hatte außerdem eine Musiktherapeutin, Eva Kuchen-
bäcker, angestellt, die den Heimbewohnerinnen und Heimbewohnern
vielfältige musikalische Angebote machte, wie gemeinsames Singen
oder Konzerte. Das Personal machte Betriebsausflüge, beispielsweise in
den Spreewald. Das kreative Potenzial der Mitarbeiterinnen und Mitarbeiter sowie der Bewohnerinnen und Bewohner des Stifts wurde unter
anderem dazu genutzt, um zum Beispiel „seniorengerechten Weih-
nachtsschmuck" zu basteln. So entstand während der Dienstjahre von
Schwester Felicitas eine selbstgebaute Riesenpyramide, die es „natürlich nirgendwo zu kaufen" gab und die auch „nicht offiziell angefertigt"
wurde. Die Mitarbeiter bauten sie mit den dort beschäftigten Handwerkern. So erhielt die Pyramide beispielsweise einen Motor, sodass sie sich
mit den aufgesetzten Puppen drauf drehte. Aus einer alten Stehleiter entstand zudem eine Art Pyramidengestell und die Mitarbeiter brachten
„ihre Schätze" von zu Hause mit, wie etwa den „Bergmann", den „Engel
und Nussknacker und was man so an Figuren hatte". Das gemeinschaft-
liche Ausschmücken der Räume erzeugte „eine schöne Atmosphäre".

1985 wechselte Schwester Felicitas nach Pankow in Niederschönhausen in das damalige Dorothea-Haus, eine Einrichtung der französisch-
reformierten Kirche. Hier wurden alte Menschen betreut, die noch nicht
pflegebedürftig waren. Das Dorothea-Haus hatte sehr viele kleine Einzelzimmer, aber keinen Aufzug und „keine Sanitärmöglichkeiten, um
wirklich Pflegebedürftige zu betreuen". In diesem Dorothea-Haus wurde
Schwester Felicitas leitende Schwester.

Im sogenannten Geriatriebaurahmenprogramm des Diakonischen
Werkes zwischen der Kirche in Ost-Berlin und der Kirche in West-Berlin wurden gemeinsame Bauprojekte mit großer finanzieller Unterstützung der West-Berliner Diakonie mit Materialien und Know-how realisiert. Die DDR-Führung akzeptierte die Bauvorhaben, denn

„die Altenpflege war ein Bereich, wo die DDR-Regierung nicht so
ganz sicher war, wie man das mit dem siegreichen Kommunismus
verbinden sollte, dass eben auch kommunistische Freiheitskämpfer

alt werden, pflegebedürftig werden, versorgt werden müssen und das doch nicht ganz so viel mit Klassenkampf zu tun hat."[580]

So entstand in Pankow-Niederschönhausen das Diakoniewerk Niederschönhausen als ein Neubau, der „relativ modern" war. Das Haus Immanuel hatte beispielsweise große Fensterflächen in den Bewohnerzimmern und der Flur zog sich durch das ganze Gebäude „wie eine Laufbahn in einem Stadion". Im Kern des Hauses lagen die Funktionsräume, die Pflegearbeitsräume und Bäder, die man von beiden Flurseiten aus betreten konnte. So waren die Wege für das Pflegepersonal relativ kurz. Bewohnerinnen und Bewohner mit starkem Laufdrang und entsprechender Mobilität war es möglich, „diesen endlosen Flur immer wieder abzulaufen, ohne immer von einem Ende […] wieder umdrehen zu müssen". Die Zimmer der Bewohner hatten dort eigene Badezimmer und waren großzügig gestaltet:

„Und ich meine auch mich zu erinnern, dass das Mobiliar doch beeindruckend wenig Krankenhauscharakter hatte, sondern schon sehr wohnlich aussah. Es wurde auch ein Mehrzwecksaal gebaut, der Calvin-Saal, der für Gottesdienste, Andachten und Aussegnungen genutzt wurde. Und es gab ein Verbinderbau zu dem bereits bestehenden Dorothea-Haus, was ja ursprünglich das Haus war, wo alte, pflegebedürftige oder unterstützungsbedürftige Menschen lebten. Und was man dann auch modernisierte, nachdem das Haus Immanuel fertig geworden war und die Bewohner aus dem Dorothea-Haus da rüber gezogen sind."[581]

---

580 Interview mit Felicitas Bach am 11.06.2014.
581 Interview mit Felicitas Bach am 11.06.2014.

4.4 Das Diakonische Werk in der Schönhauser Allee

Parallel zum Bund der Evangelischen Kirchen in der DDR (BEK)[582] organisierte sich die Diakonie der evangelischen Kirchen in der DDR neu. Im Juni 1969 wurde die „Ordnung des Werkes Innere Mission und Hilfswerk der Evangelischen Kirchen in der DDR" beschlossen und durch ein Kirchengesetz des BEK bestätigt.[583] Die zentrale Stelle des ehemaligen Central-Ausschusses für die Innere Mission der Deutschen Evangelischen Kirche, das Ende 1979 umbenannt worden war in „Diakonisches Werk – Innere Mission und Hilfswerk – der Evangelischen Kirchen in der DDR", lag in der Schönhauser Allee 59 in Berlin-Pankow.[584] Seine Aufgabe bestand unter anderem darin, mit kirchlichen und außerkirchlichen Stellen zu verhandeln sowie kirchliche Hilfsmaßnahmen zu planen und durchzuführen. Letzteres meinte vor allem die Koordinierung westlicher Unterstützung für die Kirche und Diakonie in der DDR. Durch die umfangreichen finanziellen Hilfsprogramme des Diakonischen Werks der EKD konnten in der DDR wesentliche Arbeitsbereiche erhalten und vergrößert werden. So zum Beispiel durch das Fertighausprogramm, für das insgesamt 33,3 Millionen Valuta Mark bewilligt wurden, das Psychiatriebauprogramm mit 72 Millionen Valuta Mark Umfang sowie das Geriatriebauprogramm mit 13,3 Millionen Valuta Mark Volumen.[585]

---

582 Zu den Problemen der Beziehung gehörte das kontinuierliche Reflektieren darüber, inwieweit der jeweils eigene Status quo zugunsten eines gemeinsamen Agierens aufgegeben werden konnte. In: Silomon: Anspruch und Wirklichkeit, 2006, 453.

583 Strohm: „Die besondere Gemeinschaft …", in: Diakonische Partnerschaften, 2012, 27–53: 45.

584 Strohm: „Die besondere Gemeinschaft …", in: Diakonische Partnerschaften, 2012, 27–53: 46. Von hier aus protestierte beispielsweise der Leiter der Lobetaler Anstalten, Paul Gerhard Braune, gegen die Besetzung Lobetals am 18.05.1953. Brief abgedruckt in: Cantow/Kaiser: Paul Gerhard Braune, 2005, 329–333.

585 Petzold: „Dienstgemeinschaft … ", in: Diakonische Partnerschaften, 2012, 55–59: 59. Karl Heinz Neukamm benennt die Höhe der für die Bauprogramme aufgebrachten Mittel für die Jahre zwischen 1966 und 1990 mit 153.049.263,36 DM. In: Das Netzwerk kirchlich-diakonischer Hilfen. In: Diakonische Partnerschaften, 2012, 71–82: 77.

Verwaltet wurden hier auch die über die Aktion „Kirchlicher Bruderdienst" gesammelten Spendengelder. Dieser war bereits 1953 entstanden um die gravierenden Gehaltsunterschiede zwischen Ost und West durch Spenden zu überbrücken. Verteilt wurden die Spenden ursprünglich über Patenbeziehungen, ab 1972/73 dann über einen Zentralfonds als Weihnachtsgeld und ab 1978 wegen der gestiegenen Spendensumme zusätzlich als Urlaubsbeihilfe. Zinsen dieser Gelder wurden ab 1978 für Kuren vermittelt, die GENEX in der Tschechoslowakei organisierte. Ab 1980 existierte im Rahmen des „Kirchlichen Bruderdienstes" auch die Möglichkeit, Individualhilfen für die Anschaffung von Hörgeräten, Brillen, Krankenfahrstühlen oder ähnlichem zu erhalten. Die Empfängerinnen und Empfänger der Spendenleistungen waren Pfarrer und Mitarbeiterinnen und Mitarbeiter der Kirche, insbesondere Familien mit Kindern, da diese durch die niedrigen kirchlichen Gehälter besonders benachteiligt waren. Hier beim Diakonischen Werk in der Schönhauser Allee war auch die Stelle der „Referentin für Diakonie und Schwesternschaftsregeln" angesiedelt, die Oberin Anne Heucke 1972 bis 1987 innehatte. Schwester Monika Findeisen war als leitende Schwester zur DDR-Oberinnenkonferenzen eingeladen und erlebte dort etwas Heiteres und DDR-Typisches: Da die westlichen Vorstandsmitglieder teilnahmen, war es möglich „auch immer schöne Sachen" mitzubringen. Doch, was die Schwestern „immer am meisten amüsierte", war, dass „Oberin von Dewitz immer als Erstes in die Toilette ging".

Dort holte sie die geschmuggelten „Papierchen", die sie sich eingesteckt hatte, raus und übergab sie den Schwestern in Ost-Berlin.

5. „Wende"-Erlebnisse

Am 29. Oktober 1990 wandte sich Oberin Dorothea Demke von der Verwaltungsstelle der Diakonieschwesternschaft in Magdeburg, Klewitzstraße 3, an die Diakonieschwestern in der „ehemaligen DDR". Sie informierte alle Schwestern in einem zweiseitigen Schreiben über den Beschluss des Hauptschwesternrates und der Oberinnenkonferenz vom 13. Oktober 1990 zur Lage der Schwesternschaft nach der „Öffnung der Mauer und der Vereinigung Deutschlands".[586] Oberin Demke betonte hierin, dass sich die Schwesternschaft trotz zweier politischer Systeme immer als eine Schwesternschaft verstanden habe. Das erklärte Ziel war, bis zum Ende des folgenden Jahres 1991 die politisch bedingte Teilung der Schwesternschaft formal zu beenden. Die 1990 noch bestehenden Unterschiede der unterschiedlich entwickelten Teile der Schwesternschaft sollten in dieser Übergangszeit besprochen werden. Die Unterschiede zum Westen waren zahlreich und wurden von Oberin Demke einzeln benannt. Die Diakonieschwesternschaft rechnete beispielsweise alle Leistungen in Mark der DDR ab. Damit verbunden war auch eine eigene Kassen- und Haushaltsführung sowie eine eigene Verwaltungsstelle mit enger Anbindung an das Diakonische Werk in der Schönhauser Allee. Es waren eigene Leitungsgremien aufgebaut worden, die Schwestern arbeiteten mit Einzelverträgen anstelle der im Westen üblichen genossenschaftlichen Verträge, weil sich 1975 das Versicherungsrecht in der DDR verändert hatte und Gestellungsverträge im Osten nicht mehr möglich waren. Durch die DDR-Ausbildungsreform im Jahr 1976 und die damit zusammenhängende andersartige Bildungsarbeit hatten sich nach der Wende fast alle Diakonieseminare in der DDR aufgelöst. Die Diakonieschwesternschaft in Ostdeutschland konnte sich keine eigene Weiterbildung mehr leisten, sodass Diakonieschwestern zusammen mit anderen Schwesternschaften an Weiterbildungsmöglichkeiten von anderen kirchlichen und staatlichen Trägern teilnahmen. Dies hatte

---

586 ADV W 6849: Dorothea Demke am 29.10.1990.

zwar zu guten Kontakten über die Schwesternschaft hinaus geführt, die Kenntnisse über die eigene Schwesternschaft seien jedoch vielfach „verkümmert"[587], wie Oberin Dorothea Demke resümierte. Hinzu kam, dass in Ostdeutschland die verheirateten Schwestern stimmberechtigte Glieder der Schwesternräte waren, im Westen hingegen nicht.

Ein großes Problem schien die unterschiedliche Struktur zu sein. Oberin Demke führte daher im Hinblick auf die gewünschte formale Wiedervereinigung der Schwesternschaft aus:

„Diakonieschwestern in der DDR haben einen Einzelvertrag mit ihrem Dienstgeber. Der Weg eines Zusammenschlusses kann aber nur in die eine Schwesternschaft des Ev. Diakonievereins führen. Diese hat von jeher und satzungsgemäß eine genossenschaftliche Form. Dabei arbeiten Diakonieschwestern innerhalb eines Vertrages, den der Diakonieverein mit dem Träger der Arbeit abschließt. [...] Mitglied des Vereines wird man durch eine freie Beitrittserklärung. Alle Diakonieschwestern, die bis 1968 dem Ev. Diakonieverein beigetreten waren, sind auch jetzt noch Mitglieder. Aufgrund der DDR-Gesetze mußte ihre Mitgliedschaft seitdem ruhen und lebt jetzt einfach wieder auf. Alle Diakonieschwestern aber, die nach 1968 in der DDR der Diakonieschwesternschaft beigetreten sind, können jetzt durch schriftliche Erklärung in den Ev. Diakonieverein eintreten. Mit dieser Erklärung werden alle Stamm- und Verbandsschwestern stimmberechtigt. (vgl. § 5 und § 15 der Satzung des Ev. Diakonieverein). [...] Seit dem Frühjahrsschwesterntag gibt es in der Westschwesternschaft zwei unterschiedliche Arten der Zugehörigkeit und Teilnahme an der Gemeinschaft, die Form A und die Form B. Die Form B ist neu eingerichtet und entspricht am ehesten unserer Art: Hier werden die Schwestern nach Tarif bezahlt und geben einen Beitrag an den Ev. Diakonieverein ab. Wie die Schwestern der Form A sind sie aber Glieder

---

587 ADV W 6849: Dorothea Demke am 29.10.1990.

der Genossenschaft, also gewissermaßen Arbeitgeber und Arbeitnehmer zugleich. Alle Gelder werden gemeinsam verwaltet, alle Schwestern bekommen ihre Vergütung nicht vom Lohnbüro des Arbeitsfeldes, sondern von der Schwesternschaft. Hierauf einzugehen bedeutet eine Umorganisation, die mit jeder Schwester und jedem Arbeitsfeld besprochen werden muß, die sich daraufhin frei zwischen Form A und Form B entscheiden kann. Dabei wird über viele Einzelheiten zu informieren sein, die hier noch nicht berührt werden können."[588]

In der ehemaligen DDR waren quasi über Nacht alle bestehenden Strukturen „in Bewegung gekommen" und infrage gestellt worden. Das führte bei vielen Diakonieschwestern zu „Angst und Not". Dass die bevorstehenden Veränderungen nicht beängstigend seien, wenn sie „in Ruhe" und „mit gut vermittelter Sachkenntnis" erläutert würden, erklärte Oberin Demke, und sie bat abschließend die Leserinnen: „Nehmen Sie nur bitte an den angebotenen Gesprächen teil!"[589]

Die Erfahrungen und Reaktionen der interviewten Diakonieschwestern in der DDR auf die Ereignisse im November 1989 waren überwiegend positiv, auch wenn es Enttäuschungen gab. Die folgenden Ausführungen behandeln die individuellen Erlebnisse.

Schwester Barbara Roch erlebte die Wende „irgendwie wie ein Wunder". Im Sommer 1989, „als das Ganze anfing und sich dann die Basisgruppen bildeten", engagierte sie sich „in der Gründungsgruppe von ‚Demokratie jetzt'" und fühlte sich wohl, wenn auch „recht konspirativ". Die normalerweise an Dienstagen stattfindenden Friedensgebete fanden in Wittenberg seit Jahren regelmäßig statt. 1989 jedoch änderte sich der Charakter dieser Treffen spürbar:

---

588 ADV W 6849: Dorothea Demke am 29.10.1990.
589 ADV W 6849: Dorothea Demke am 29.10.1990.

„Und dann wurde es immer mehr und immer offener und kriegte einen völlig anderen Tenor. Dann hörte man ja aus Leipzig und Dresden und anderen Städten, als es anfing zu gären. Das war die Zeit, wo ich jeden Abend von um sieben bis acht Uhr zwanzig vor dem Fernseher saß. Ich hatte früher nie einen, habe dann so einen abgelegten Schwarz-weiß-Fernseher geschenkt bekommen und saß dann da und staunte so immer, was da passiert und was auch in unseren Gruppen passierte. Und als dann die erste Demonstration auch in Wittenberg stattfand auf dem Markt so ein fiktives Gespräch zwischen Luther und Melanchton über Bildung und Gesellschaft und so, was damals Schorlemer leitete mit seinem Kreis. Ja, dann wurde es immer offener, die Kirchen immer rappelvoll, also Stadtkirche und Schlosskirche. Und man traf sich dann zur Demonstration auf dem Marktplatz am Schluss. Oder eben nachher vor den einzelnen Gebäuden: einmal vor der Kreisleitung, einmal vor dem Stasigebäude und dann einmal vor dem Rathaus. Dann wurden da 10 Thesen zum Dialog an die Rathaustür geschlagen, also geklebt. Und es wurde dann immer größer und immer umfänglicher."[590]

Als Erich Honecker (1912–1994) am 18. Oktober 1989 als Generalsekretär des Zentralkomitees der SED zurücktrat, saß Schwester Barbara in der Kirche unter der Empore und dachte, diese würde einstürzen, „als ein Trampeln losging und ein Klatschen. Alles war wie aus dem Häuschen." Am Tag des Mauerfalls, am 9. November 1989, nahm Schwester Barbara an einem offenen Forum teil, in dem der Zustand des Gesundheitswesens diskutiert wurde: „und oben auf dem Podium saßen die Chefärzte der Polikliniken, der Krankenhäuser, Gesundheitsdezernent aus dem Kreis. […] Und dann konnten aus dem Publikum Fragen gestellt werden. Und da ging es also heftig zur Sache."[591] Ungläubig verfolgte sie in der glei-

---

590 Interview mit Barbara Roch am 24.05.2014.
591 Interview mit Barbara Roch am 24.05.2014.

chen Nacht am Fernseher das Geschehen in Berlin und vermutete, dass am nächsten Morgen „wieder alles rückgängig gemacht" werden würde. Für Schwester Barbara stellte sich bald „so etwas [wie] Enttäuschung" ein, denn „alles, was wir in der Basisgruppe so gedacht haben von wegen demokratisch. Ja, demokratische DDR mit mehreren Parteien, dies Einparteiensystem weg", schien auf einmal nicht mehr relevant zu sein. Das „Durcheinander" sowie auch die Rufe „Wir sind ein Volk" schienen zwar noch gut zu sein, aber wenig später schien bei denen, „die sich ernsthaft Gedanken gemacht hatten" ein überzeugendes Konzept zu fehlen: „Das kam alles zu schnell, ja. [...] Auch diejenigen, die vorher so völlig pro DDR waren, die waren plötzlich alle verändert. Ja, das war alles durcheinander geraten. Ja, so habe ich es jedenfalls erlebt." Im Januar des Jahres 1990 war Schwester Barbara das erste Mal in West-Berlin. Dass sie nicht früher gefahren war, erklärte sie damit, dass sie eine „Bremse" verspürt hatte, weil sie die Geschehnisse „gar nicht so schnell verarbeiten konnte". So wie ihr ging es vielen, die die Veränderungen „so schnell nicht unter die Füße kriegten" und sich überrollt fühlten: „Das ganze Verhalten innerhalb unserer Gesellschaft: Das war so völlig unwirklich plötzlich geworden. Also, so habe ich es erlebt."

Für Schwester Barbara Roch war die Zeit nach der politischen Wende und dem Ende der DDR jedoch auch mit Enttäuschungen verbunden. So kamen zu DDR-Zeiten beispielsweise die Auszubildenden aus der ganzen DDR in das Paul-Gerhardt-Stift nach Wittenberg, denn das Einzugsgebiet der Diakonieschwesternschaft reichte „von Stralsund bis tiefstes Erzgebirge". Die Schülerinnen waren alle „christlich geprägt", und die Spanne der gelebten Gläubigkeit reichte von „evangelikal" bis hin zu „ganz großzügig". Durch diese Vielfalt und auf einer gemeinsamen Grundlage wurde in der Diakonieschwesternschaft nach Schwester Barbaras Erinnerung in der Regel „frisch und fröhlich" diskutiert. Nach Schwester Barbaras Erinnerungen gab es nach der Wende viel weniger Gestaltungsspielräume für die Leitung der Schule, denn nun standen stets finanzielle und leistungsbezogene vor den inhaltlichen und den religiösen Aspekten:

Abb. 11: Wittenberg, 1983, Richtfest Gäste-,
später Schwesternhaus und Krankenpflegeschule

„Als dann die Regelung kam: Fahrgeld wird nur erstattet bis 50 km
Entfernung. Damit hieß es, alles, was von weiter her kommt lieber
nicht, aus finanziellen Gründen. Ja, mit Bewerbungen, wenn sie
nicht getauft sind, ist nicht so schlimm, Hauptsache die Leistung
das geht. Und dann wurde es mehr leistungsorientiert gemacht.
Die anderen waren natürlich in Leistungen auch nicht schlecht.
Dann kamen so diese Aufweichungen rein und in der Mitarbeiterschaft natürlich auch. Als dann die Krankenhäuser auch zusammengelegt wurden, das war ja eine große Chance, aber es kam viel
Unruhe rein."[592]

---

592 Interview mit Barbara Roch am 24.05.2014.

Schwester Christine Eichler arbeitete seit 1982 in der Stephanus-Stiftung in Berlin-Weißensee. Diese Einrichtung des Diakonischen Werkes beschäftigte auch Mitarbeitende, die einen Ausreiseantrag gestellt hatten. Da diese nicht eigentlich um der Arbeit für die evangelische Kirche willen in der Stephanus-Stiftung tätig waren, sondern möglichst bald die ungeliebte DDR verlassen wollten, waren sie oft unzufrieden mit allem und störten nach Schwester Christines Erinnerung dadurch den Arbeitsalltag der anderen Beschäftigten erheblich. Sie selbst sei in dieser Zeit viel krank gewesen und habe

„immer die Unruhe in der Bevölkerung empfunden. Die kleinen und großen Demonstrationen in der Zionskirche und in vielen anderen Kirchgemeinden in Ostberlin. In der Stephanus-Stiftung war die Ausbildung der Diakonenschüler. Sie war geprägt in dieser Zeit von Unruhe der jungen Männer, von Angst, Unmut über die Ungewissheit: ‚Was wird politisch und mit uns selbst?' Dazu kamen die 750-Jahrfeiern in Berlin, Feiern unter besonderer Beobachtung der Stasi, der Polizei. Es waren aus meiner Sicht keine freudigen Feiern."[593]

Am 10. November 1989 hörte Schwester Christine um sechs Uhr früh in den Nachrichten von der Öffnung der Mauer. Am folgenden Sonntag nach dem Gottesdienst fuhr Schwester Christine nach Zehlendorf in das Heimathaus und musste auf diesem Weg am „Checkpoint Charly mit vielen hundert Menschen" warten, um durch die „nun geöffnete Mauer" zu gehen und anschließend mit der überfüllten S-Bahn vom Anhalter Bahnhof Richtung Potsdam zu fahren:

„Wir haben dichtgedrängt gestanden, man kriegte kaum Luft. Ich bin bis zum Mexikoplatz gefahren. Ich wusste nicht mehr genau, wie weit ich fahren musste, um zum Heimathaus zu kommen. Ich

---

593 Interview mit Christine Eichler am 29.03.2014.

bin also bis zum Mexikoplatz gefahren und von da an gelaufen ins Heimathaus. In der Glockenstraße vor dem Heimathaus stand Schwester Susanna Hübner und hat jeden empfangen, der ins Heimathaus wollte. Und diese Stunden danach waren besonders."[594]

Schwester Regina Sümnich arbeitete 1989 als nicht-kirchliche Schwester in einem kommunalen Krankenhaus in Prenzlau. Die Öffnung der Mauer überraschte sie überhaupt nicht und mit dem „Mauerfall änderte sich von heute auf morgen alles im Krankenhaus". Binnen der nächsten fünf Jahre sollten sowohl ein Betten- als auch ein Personalabbau von „über die Hälfte" des bis dahin üblichen Umfangs stattfinden:

> „Die ersten Aktionen, die so die Personalumstellungen betrafen, waren, dass man den Vorruhestand besprach, [und] Schwestern, die nahe der Rente waren, empfahl, vorfristig in Rente zu gehen, [...] und das gesamte leitende Personal musste den Arbeitsplatz zur Verfügung stellen, wurde also mehr oder weniger abgesetzt [...] ich auch."[595]

Der Kündigung kam Schwester Regina zuvor, indem sie den Wunsch äußerte, auf Station statt in der Leitung zu arbeiten. Als „einfache Krankenschwester" arbeitete sie auf einer chirurgischen Männerstation und leitete Schülerinnen an. Sehr schwer fiel ihr die Arbeit mit Alkoholikern. Daher wechselte sie nach einem halben Jahr auf eine Innere Station als Zweitschwester. Mittlerweile war sie Mitte vierzig und bereute die Entscheidung sehr, denn auf der Station wartete eine Menge Ärger auf sie. Es herrschte dort nach Schwester Reginas Erinnerung eine „Cliquenwirtschaft" und als „abgesetzte Oberschwester", die Arbeit hatte, neideten ihr die Schwestern, die sich Sorgen um ihre berufliche Zukunft machten, ihren Status:

---

594 Interview mit Christine Eichler am 29.03.2014.
595 Interview mit Regina Sümnich am 28.11.2013.

„Auf der Station waren mehrere Schwestern, die in ABM-Maß-
nahmen arbeiteten und ihre Kündigung in der Tasche hatten, also
eine Befristung hatten und wussten, ab dem Tag haben sie keine
Arbeit mehr, da sind sie arbeitslos. Und eine davon, die intrigierte
gegen mich bei der Stationsschwester, was mir zuerst überhaupt
nicht aufgefallen war!"[596]

Da sie sich nicht gegen die Angriffe der Kollegin wehren konnte und
das Thema „Mobbing am Arbeitsplatz" noch nicht bekannt war, bewarb
sich Schwester Regina kurzerhand in einem Hamburger Krankenhaus.
Sie wurde dort eingestellt, lernte Diakonieschwestern kennen und trat
später in die Schwesternschaft ein.

Schwester Monika Flammiger erinnerte sich an die Zeit des Mauerfalls als eine Zeit der Kommunikationsprobleme. In gewisser Weise, so
meinte Schwester Monika, hätten die Diakonieschwestern in der DDR
sogar eine andere Sprache[597] gesprochen, denn sie „haben irgendwie
etwas anderes mit den gleichen Vokabeln gemeint". Die Ursache dafür
war, dass „eben doch etwas andere Wege gegangen" worden sind. Fremd
habe sie sich im Heimathaus der Schwesternschaft nicht gefühlt, aber sie
spürte und nahm wahr, dass vieles im Westen anders war. „Immer wieder" hatte Schwester Monika in Zehlendorf Erlebnisse, die ihr so anders
erschienen. Sie meinte, sich zurücknehmen, kontrollieren und mahnen
zu müssen, das Neue zu lernen und alles „richtig [zu] machen". Irritiert
waren auch Schwester Monikas Glaubensüberzeugungen. Sie dachte:
„Hier läuft ja alles, hier bist du behütet, wozu brauchst du eigentlich
noch Gottes Hilfe?" Doch nach vielen Jahren, so resümierte Schwester
Monika im Interview, „kapiert man das, dass man sie überall braucht",
nicht nur in der DDR und in „brenzligen Momenten".[598]

---

596 Interview mit Regina Sümnich am 28.11.2013.
597 Vgl. Klein: Ihr könnt uns einfach nicht verstehen!, 2001.
598 Interview mit Monika Flammiger am 19.02.2014.

Schwester Margret Höhn erlebte die Wende im Ludwigsluster Krankenhaus, als sie selbst stationär dort als Patientin aufgenommen war, um operiert zu werden. Sie erfuhr zwar von der Öffnung der Mauer, war aber für dieses Thema wegen ihrer bevorstehenden Operation nicht empfänglich dafür: „Und ich habe gesagt: ‚Lauft mal.' Dass ich nun wer weiß wie ‚Hurra' geschrien habe, ist nicht gewesen. Wir haben hier zu DDR-Zeiten nicht schlecht gelebt. Und ich habe nichts versäumt."[599]

Auch sonst hatte sich für Schwester Margret durch die Wende nichts geändert. Die Arbeit im Evangelischen Krankenhaus Stift Bethlehem in Ludwigslust blieb ihr erhalten, ebenso ihr ganzer Lebensrhythmus: „Bin da morgens hingegangen und zurückgekommen, habe meine Arbeit gehabt, habe mein Essen und Trinken hier gehabt, habe meine Wohnung gehabt. Und da kann ich nicht sagen, dass das irgendwie anders ist."

Auch Schwester Gudrun Wurche erlebte den Fall der Mauer nicht als einen Bruch in ihrem Leben. Mit 36 Jahren bekam sie ihre Tochter und ein Jahr später, im Jahr 1989, ihren Sohn. Wegen der Kinder arbeitete sie vorübergehend nicht mehr in der Pflegedienstleitung, sondern „mehr auf Abruf". Im Arbeitsvertrag wurde „Arbeit nach Bedarf" geschrieben, sodass Schwester Gudrun meist an maximal zwei Wochenenden im Monat oder einige Nächte arbeitete; zudem wurde sie angerufen, „wenn jemand krank wurde". Schwester Gudrun war inzwischen nach Jüterbog zur Familie des Mannes umgezogen und als die Kinder drei Jahre alt waren, arbeitete sie wieder in Vollzeit. Ihr Mann war arbeitslos geworden, denn der Betrieb des Vaters, wo er als Schmied angestellt gewesen war, rentierte sich nicht mehr:

„Im Grunde genommen haben die kleinen Handwerksbetriebe in der DDR vom Mangel gelebt. Sie haben alles produziert, was die Industrie nicht geschafft hat. Jeder hatte seine Kunden und sein gutes Auskommen. Mit dem Moment, als die Waren, die industriell produzierten Waren aus dem Westen kamen, war es einfach

---

599 Interview mit Margret Höhn am 30.06.2014.

nicht mehr nötig. Es gab einfach zu viele von diesen Betrieben, als dass man sich hätte halten können. Beziehungsweise mein Schwiegervater hat gemeint, er bleibt auf jeden Fall. Soviel Arbeit für dich hab ich immer. Es dauerte nicht lange, mein Schwiegervater sagte: ‚Ach nein, ich gebe auf, es lohnt sich nicht mehr!' Er ging dann in Rente und mein Mann stand auf der Straße."[600]

Oberin Hella Meyer arbeitete zur Zeit der Wende in Wittenberg. Da sie so intensiv in ihre Arbeit vertieft war, hatte sie „eigentlich nicht so sehr viel mitbekommen".[601]

Auch die Möglichkeiten „in den Westen" zu reisen oder sich „neue Arbeitsfelder" zu suchen, wurden im Paul-Gerhardt-Stift von den wenigsten Beschäftigten genutzt:

„Sicherlich, der eine oder andere ging weg. Aber es hatten ja auch viele Bindungen an Wittenberg und Umgebung, sodass wir dann eigentlich kaum drunter leiden mussten. […] Es gab schon Mitarbeiter, die sich freuten und nun woandershin konnten, aber große Probleme hat es uns in meiner Erinnerung oder in meinem Überlegen eigentlich nicht bereitet."[602]

Schwester Marlies Esther arbeitete auch in Wittenberg. Für sie brachte die Wende eine „ziemliche Aufregung. Weil man ja auch nicht wusste, was kommt?" Bei der Arbeit erlebte Schwester Marlies die Veränderungen positiv und als „Erleichterung" durch den Einzug der „Einmal-Materialien" und das angenehme Aufbruchsgefühl, das sich unter anderem darin auswirkte, dass der neue Verwaltungsleiter „natürlich auch Verbesserungen" bewirkte. Missstände wurden in ihren Augen beseitigt und sie fühlte, dass „es vorwärts ging, und es war schon toll". Positiv

---

600 Interview mit Gudrun Wurche am 28.04.2014.
601 Interview mit Hella Meyer am 07.04.2014.
602 Interview mit Hella Meyer am 07.04.2014.

erlebte sie auch die Tatsache, dass sie „noch mal eine Ausbildung" als Stationsschwester mit staatlicher Anerkennung absolvierte, denn die schon vorhandene kirchliche Ausbildung, die Oberin Dorothea Demke ihr ermöglicht hatte, wurde als nicht mehr ausreichend betrachtet. Dienstpläne konnten mit den neuen Computer-Programmen leichter geschrieben werden und so sah sie die sechswöchige „Anpassungsqualifizierung" in Potsdam als Bereicherung an. Ebenso positiv erlebte sie die Möglichkeit, nach Großburgwedel zu fahren, um dort bei „einer ganz engagierten Oberschwester" zu hospitieren, als eindeutige Öffnung des Horizontes, denn das war

> „wirklich eine völlig andere Welt. Erstmal schon die Krankenhäuser sahen ja schon ganz anders aus, und auch die Arbeitsweisen. Und die Ausstattung und alles, das war für uns überwältigend eigentlich. Das war gut, da hatten wir auch gute Gespräche. Manches konnte man sagen, ja gut, das ist auch so wie bei uns. Nur unter anderen Voraussetzungen oder so, aber manches war auch für uns neu. Und da musste man sich erst einlassen drauf."[603]

Schwierig wurde es dennoch: Das zweitgrößte Krankenhaus in Wittenberg, ein staatliches Haus, fusionierte aus finanziellen Gründen mit dem größeren Paul-Gerhardt-Stift. Dies brachte für die Diakonieschwestern des Stifts „eine sehr große Umstellung, weil alle nicht-konfessionell gebundenen Mitarbeiterinnen und Mitarbeiter des anderen Krankenhauses, „die natürlich aus einem bestimmten Grund dort waren, nicht ins Stift gegangen sind, jetzt zu uns kamen". Oberin Hella Meyer instruierte ihre Diakonieschwestern und forderte sie auf, die neuen Schwestern „mit offenen Armen" zu empfangen. Atmosphärisch war es seitdem nicht mehr wie vorher:

---

603 Interview mit Marlies Esther am 17.07.2014.

„Das war ein sehr großer [...] Einschnitt und ich denke, diesen Einschnitt haben wir bis heute nicht verkraftet. So will ich es mal sagen, denn mit diesen Mitarbeitern kam natürlich auch ein ganz anderer Geist auf, [...] der wirkt bis heute noch. Also da bin ich fest von überzeugt. Bestimmte Stationen [...] ticken anders. Man merkt das beim Schmücken von Festtagen, [...] Das hat die Mitarbeiter im Stift, denke ich, auch sehr belastet und ich denke, die, die wirklich mit Herz und Seele [...] im Stift waren, ja für die war das ein großer Einschnitt. [...] das konnte auch nicht wirklich integriert werden, bis heute. Das muss ich so sagen. Das ist so."[604]

Auch privat brachte die Wende „Einschnitte" für Schwester Marlies' Familie mit sich. Für die Kinder, die zu diesem Zeitpunkt grade in die Schule kamen, waren die Neuerungen nicht schwer zu verkraften, denn „für die [war das] sicher so ein ganz normaler Weg. [...] Die sind ja gleich so in dieses neue System reingewachsen."

Für Schwester Marlies' Mann dagegen war die Wende ein „ganz großer Einschnitt":

„Die LPGs mussten sich ja dann auch privatisieren, umstrukturieren. Es gab ja nicht mehr diese Genossenschaft, sondern es mussten ja auch private Grundlagen da geschaffen werden. Auch wenn sich eben manche da zusammengeschlossen haben. Aber es war ja nicht mehr die LPG, und die LPG-Mitarbeiter wurden auch nicht mehr in dem Sinne gebraucht. Und mein Mann hat dann auch da die Arbeit verloren. Und dann hat er verschiedene Versuche gemacht. Als Vertreter und so zu arbeiten, aber das ging auch alles nicht gut."[605]

---

604 Interview mit Marlies Esther am 17.07.2014.
605 Interview mit Marlies Esther am 17.04.2014.

Schwester Magdalena Walter erlebte die Wende in Wittenberg. Privat erlebte sie die neuen Freiheiten, die die Wende brachte, als große Bereicherung. Sie konnte endlich zur Mutter nach Bremerhaven reisen und sie ausgiebig und regelmäßig besuchen, wenn beispielweise ein Geburtstag zu feiern war. „Alles Dinge, die man eben vorher nicht konnte."[606] Dennoch entschied sie sich nicht, zur Mutter umzuziehen, denn „ich möchte dort in Wittenberg bleiben [...] ich fühle mich da wohl. [...] meinem Mann und mir geht es so, dass wir hier [...] weiterleben möchten." Die Möglichkeit, reisen zu können, empfand sie als ein Geschenk, auch wenn das Geld neu eingeteilt werden musste. Ärger spürte sie jedoch, wenn Dinge im Gesundheitswesen bestimmt wurden, weil es ein sogenannter „Standard" war, und „man nicht über Dinge sprechen konnte, sondern vieles übernehmen musste". Insbesondere ärgerte sie, dass „der fähige Chef, den wir hatten, und der Oberarzt, den wir hatten", gekündigt wurden und dass an deren Stelle ein „Arzt aus Berlin genommen wurde".[607]

Schwester Maria Fischer aus Wittenberg erinnerte sich an die vielen Veränderungen im Stationsalltag, die nach der Wende das Arbeiten stark beeinflussten. Oft fühlte sie sich „völlig erschlagen" von den vielen neu angeschafften Geräten und von den Vertretern, die „Pulsoximeter, Infusionsmaschinen, alles Mögliche, Überwachungsgeräte" verkaufen wollten. Die Einweisungen in die Bedienung der Geräte wurde in der Regel tagsüber durchgeführt, aber Schwester

„Maria kam ja bloß nachmittags und nachts! Dann sagte mir man nachmittags: ‚Nee, das ist jetzt anders.' Die Nachtwache sagte: ‚Nee, das soll jetzt anders gemacht werden.' Dann wusste ich mit dem Gerät nicht Bescheid, weil ich nicht richtig eingewiesen war. Ich wurde dann durch meine Kollegen eingewiesen

---

606 Interview mit Magdalena Walter am 12.02.2014.
607 Interview mit Magdalena Walter am 12.02.2014.

in diese Geräte. Und das war alles so stressig, dass ich gesagt hab, jetzt muss ich eine Entscheidung treffen."[608]

Schwester Maria arbeitete aufgrund dieser Richtungsentscheidung in den folgenden 18 Jahren als Zweitschwester auf der Kinder- und Säuglingsstation. Dass sie vor der Rente noch einmal für einige Jahre in Vollzeit arbeitete, wirkte sich „unheimlich positiv" auf die Rentenhöhe aus, denn zu DDR-Zeiten hatte Schwester Maria „nicht viel verdient", da sie lange halbtags gearbeitet hatte. Als Schwester Maria nach der Wende nach Berlin in das Heimathaus kam, fühlte sie sich anfangs noch unwohl, doch Schwester Ilse Lorenz sprach sie an und „dann [war] das Eis gebrochen. Dann habe ich mich irgendwann auch richtig [...] wohl gefühlt." Verwirrung entstand für Schwester Maria jedoch durch den unterschiedlichen Status der verheirateten Schwestern in Ost und West:

„Wir waren ja eigentlich auch den Westschwestern gegenüber schon einen Schritt voraus, weil wir total mit in die Schwestern-schaft integriert waren. Ich hatte gar nicht dieses Gefühl, jetzt zu sagen, das ist Diakonieschwesternschaft und Diakonieverein. Das habe ich dann später erst gelernt. Für mich war das immer: ‚Ich bin Diakonieschwester und ich gehöre dazu.' Und das war okay. Und nach der Wende dann diese Wortklaubereien. Was ist jetzt ein Diakonieverein und was ist jetzt eine Mitgliedschaft im Dia-konieverein. [...] Es hat mich erst anfangs verwirrt. Ich wusste gar nicht richtig, was ich bin."[609]

Oberin Eva Maria Matzke fuhr kurz nach der Wende mit ihrem Mann und ihrem Sohn von Fürstenwalde aus nach Berlin zum Potsdamer Platz. Ihr Mann kam auf die Idee, in die Philharmonie zu gehen, und sie durf-ten mit dem DDR-Ausweis umsonst in ein Konzert unter der Leitung

---

608 Interview mit Maria Fischer am 07.08.2014.
609 Interview mit Maria Fischer am 07.08.2014.

von Daniel Barenboim: „Wir haben ein wunderschönes Konzert erlebt, das war unsere erste Begegnung mit dem Westen in der Philharmonie in West-Berlin. Daniel Barenboim!"[610]

Schwester Margarete Voß lebte zur Wende als Rentnerin in einem Potsdamer Seniorenheim. Oberin Ellen Schultz (1917–2012),[611] die in der Nähe wohnte, hatte Schwester Margarete eingeladen: „Und da bin ich dann auch hingegangen. Wir hatten überhaupt keine Zeit, ein paar Worte miteinander zu reden. Kaffee haben wir, glaube ich, noch getrunken. Aber dauernd klingelte das Telefon, dauernd klingelte es an der Tür", denn die Bekannten und Freunde aus Potsdam wollten die Neuigkeiten über die Maueröffnung austauschen: „Also, der Besuch wird mir auch unvergesslich bleiben, weil man eigentlich nur Haustürklingel, Telefonklingel hörte und einen Jubelruf!"[612]

Schwester Felicitas Bach war zur Zeit der Wende im Diakoniewerk Niederschönhausen beschäftigt und hatte Erziehungsurlaub, denn nach dem 1982 geborenen ältesten Sohn kamen in zweiter Ehe in den Jahren 1987, 1988, 1991 und 1993 jeweils weitere Kinder. Seit Schwester Felicitas in Berlin lebte, hörte sie, wenn möglich, gerne den West-Berliner Radiosender „RIAS" und sah im Fernsehen gern das erste oder zweite westdeutsche Fernsehprogramm an:

„Ich habe tatsächlich Windeln bügelnderweise vor dem Fernseher gestanden und habe mir von Herrn Schabowski diese Worte angehört und habe absolut nicht verstanden, was er damit gemeint hat und was das bedeuten sollte. Und nur weil ich später im Radio gehört hab, dass da dann Live-Schaltungen an die Grenzübergänge waren und behauptet wurde, also da kommen jetzt hier wirklich welche rüber und irgendwie sind die Grenzübergänge tatsächlich

---

610 Interview mit Eva-Maria Matzke am 07.05.2014.
611 Ellen Schultz war zwischen 1967 und 1977 Oberin im Wittenberger Paul-Gerhardt-Stift.
612 Interview mit Margarete Voß am 04.06.2014.

geöffnet und man kann da hin und her, verstanden das tatsächlich, ja, die Menschen Herrn Schabowski beim Wort genommen haben und einfach ausprobiert haben, ob das wirklich geht. Das war dann an diesem Novembertag spät abends nach zweiundzwanzig Uhr. Und da haben mein Mann und ich uns gesagt, also wenn das wirklich so ist, vertrauen wir darauf, dass das nicht nur eine offene Mauer für eine Nacht ist und ziehen jetzt nicht heute Nacht noch los. Waren dann am nächsten Abend zu einem Gottesdienst für den Frieden in der Gethsemanekirche an der Schönhauser Allee. Und der war auch nach neun, aber noch nicht so spät zu Ende. Und nachdem wir dann einmal in der Stadt so weit unterwegs waren, hatten wir uns gesagt, wir probieren das jetzt auch mal. Sind zur Invalidenstraße gefahren und dort zu dem Grenzübergang und haben zum Glück das Auto rechtzeitig auf Ost-Berliner Seite stehen lassen, sind dann zu Fuß durch sehr, sehr schmal noch gehaltene Grenzübergänge, wo man doch ganz schön anstehen musste. Haben dann gesehen, man hätte auch mit dem Auto nach West-Berlin rüberfahren können, aber da gab es einen langen Stau und eine lange Schlange von Ost-Berlin nach West-Berlin und umgedreht auch. Sodass man dann sah, also nicht jeder, der dann schnell wieder zurück wollte oder musste, konnte das auch. Und es war zu Fuß dann wirklich einfacher. Ja, an diesem Grenzübergang kamen wir auf der Westseite in die Nähe des jetzigen Hauptbahnhofes, damals Lehrter Stadtbahnhof. Und wir hatten schon Lust, einfach mal eine Station mit der S-Bahn zu fahren und zu gucken, wie das so geht. Aber dieser Lehrter Stadtbahnhof war so voller Menschen, dass man weder ins Bahnhofsgebäude noch gar auf einen Bahnsteig gelangen konnte, um da etwa tatsächlich mitzufahren. Also haben wir das sein gelassen und sind dann praktisch an der Mauer auf der West-Berliner Seite langgewandert, bis wir dann am Brandenburger Tor waren und haben uns also dann höchst interessiert das Brandenburger Tor von der anderen Seite angeguckt und schon eine Menge Menschen auf dem ehemaligen Mauerbereich gesehen, die da getanzt haben und sich gefreut haben und gefeiert haben. […] Jedenfalls sind wir bis nachts um drei oder so unterwegs gewesen, sind dann doch auch mit Bus ein wenig rumgefahren und sind dann wieder zurück zu unserem Auto und waren morgens gegen vier oder so zu Hause. Unsere beiden Kinder standen in ihren Betten und brüllten. Ja, zum Glück sind sie nicht raus geklettert und haben da irgendwas angestellt. Aber die hatten wohl dann doch mitbekommen, dass die lieben Eltern nicht die Nacht bei ihnen verbracht haben. Aber es scheint keine größeren traumatischen Schäden hinterlassen zu haben. Jedenfalls sind die beiden inzwischen erwachsen und ganz gut drauf."[613]

Was Schwester Felicitas in den folgenden Monaten erlebte, hinterließ ambivalente Gefühle, denn vieles war fremd. Besonders irritierend war jedoch die Erfahrung, dass sich im Westen längst nicht alle Menschen für die Erfahrungen der Menschen im Osten interessierten. Dies verstörte sie und ihren Mann und sie fühlten sich weiterhin in Ost-Berlin zu Hause. Seit 1984 war Schwester Felicitas wegen ihrer familiären Situation nicht mehr in der Diakonieschwesternschaft gewesen, und sie hatte „deshalb entsprechend rund um den Mauerfall und die Wiedervereinigung wenig Schwesternschaft erlebt, wie sich da manches wiederfand oder neu kennenlernte". Ende 2004 fuhr sie dann „einfach doch mal nach Zehlendorf" und sprach mit der damaligen Vorstandsoberin Ellen Muxfeldt. In diesem Gespräch fragte sie auch, ob es eine Möglichkeit gäbe, wieder in der Schwesternschaft zu sein und „da hatte ich also mehr als zwei offene Arme für dieses Ansinnen und bin dann 2005 wieder praktisch in die Schwesternschaft eingetreten und bin seitdem da auch wieder dabei".

---

613 Interview mit Felicitas Bach am 11.06.2014. Günter Schabowski (*1929) Schabowski gab einer Pressekonferenz eine neue großzügige Regelung für Reisen ins westliche Ausland für DDR bekannt. Diese trete ab „sofort, unverzüglich" in Kraft. Nach wenigen Stunden kam es zur historischen Öffnung der Mauer durch überforderte DDR-Grenzer.

Schwester Elisabeth Kuske leitete das Potsdamer Luisenhaus, ein Altersheim. Im Interview zieht sie ein Fazit zu ihrer Zeit und zu den bewältigten Aufgaben dort:

„Ach, man wird auch älter. Man bleibt nicht, mit 80 bist du keine 50 mehr. 60 auch nicht, 70 auch nicht. Nein, das merkt man. Ja, so schließt sich der Kreis. Also es war, im Grunde war das eine mühsame, sehr arbeitsintensive Zeit in der DDR. Eine Mangelwirtschaft, die mich manchmal zu Boden gedrückt hat. Wo ich auch manchmal, körperlich fast nicht mehr konnte. Ich war oft auch sehr, fast ausgebrannt auch vor Sorgen, wie so ein Haus zu richten sei. Aber es war auch eine Zeit, in der man sich besann auf die Geborgenheit in einem Haus. Wir haben ja noch in den ersten Jahren, ach überhaupt noch bis 1989 glaube ich, oder länger, morgens an weißen Tischtüchern gefrühstückt. Das muss man sich vorstellen. Ja, in einer Zeit wo VEB regierte. Da gab's keine weißen Tischtücher. Jeden, jeden Morgen, von Montag bis Freitag hab ich beim Frühstück Andacht gehalten für die vielen. Die da zu uns gekommen sind, die waren ja alle unkirchlich. Für Unkirchliche und andere Mitarbeiter. Die viel davon mitgenommen haben und ich hab in der Zeit gelernt, nicht mehr die Sprache Kanaans zu sprechen, sondern bei den Andachten ihnen die Geschichten so zu erzählen, dass sie die annehmen konnten. Also Mission pur. Das war unsere Aufgabe. Sich nicht ducken, Mission in einer verständlichen Weise und durch Vorleben. Ja, das war's. Das waren die Aufgaben und im Grunde gehalten durch das Vorbild in der Kindheit. Das Vorbild, ich hab Glück gehabt mit den leitenden Frauen in meinem Berufsleben. Das waren ja, also das waren ja solche Persönlichkeiten, von denen ich ja immer das Gefühl hatte, sie seien mir sehr gut. Nicht bloß gut, nicht verweichlicht und keine Vorzugsstellung. Nein. Sondern auch mal was gesagt. Aber kluge Menschen. Kluge Frauen. Und dann habe ich dieses Haus gesteuert, in dieser schwierigen Zeit. […] Zur Wende hab ich gesagt, es war ein Ritt über dem Abgrund. Ich hab den Abgrund auch manchmal gesehen. Man guckt nicht nur nach oben und nach vorne. Manchmal zieht es auch von da unten und es stinkt. Ja, mehr ist nicht."[614]

Auf einem Schwesterntag in Berlin-Weißensee konnte Schwester Elisabeth glücklich berichten: „Unser Boot läuft gut!" Dank des Geldes und etlicher Flaschen guten Cognacs hatte Schwester Elisabeth immer eine ausreichende Anzahl an geeigneten Handwerkern aus „guten Firmen" im Luisenhaus zur Hand und mit ihnen gelang es, das Luisenstift noch zu DDR-Zeiten umzubauen und zu reparieren:

> „Also ich hatte überall Menschen, die mir und dem Luisenhaus, dem Luisenhaus und mir gut waren. In jeder Ecke Potsdams. Darum hatte ich auch alles. Wie ich dann, wer daran gerührt hat, dass es so gut ging, weiß ich nicht. Hat der liebe Gott gemacht. […] Diese Schnüre, an denen ich mich rechts und links fest gehalten habe."[615]

Als der Grenzübergang an der Glienicker Brücke geöffnet wurde, da, so erinnerte sich Schwester Elisabeth, „putzte ich meine Fenster".[616] Sie erhielt dann spontanen Besuch und fuhr mit ihm auf die Glienicker Brücke. „Das war natürlich unbeschreiblich. Wie sich da die Leute in den Armen lagen." Da sie mit dem Auto gefahren waren, stellten sie bald fest, dort nicht wieder weg kommen zu können und sie waren daher über die angebotene Hilfe eines Polizisten dankbar, der das Auto für sie aus der Menge an Schaulustigen herausfuhr, „als wir wieder nach Hause wollten". „Sehnsuchtsvoll" und voller „Neugierde" erkundete Schwester Elisabeth in den folgenden Monaten die neuen Freiräume rund um

---

614 Interview mit Elisabeth Kuske am 17.06.2014.
615 Interview mit Elisabeth Kuske am 17.06.2014.
616 Interview mit Elisabeth Kuske am 17.06.2014.

Potsdam. Dabei kamen auch die ersten Ängste vor der neuen Situation hoch, zum Beispiel die Sorge, ob die schönen Träume und Möglichkeiten auch bezahlbar seien. Die Angst vor dem Neuen und die Herausforderungen der „Wende"-Zeit forderten Schwester Elisabeth „wahnsinnig viel Kräfte" ab, denn sie hatte „ein Haus am Nacken [und] vierzig Mitarbeiter" und musste zudem „die alten Menschen beruhigen" sowie „das Neue nicht [ver-]passen".[617] Sie fühlte, dass sie ständig „auf dem Sprung liegen" musste, um Geld „ranzuschaffen nachher, als das Geld da war. Wahnsinn! Aber ich hab auch viel geschafft!" Nach 1989 wurde das Luisenhaus erst verkauft und dann als Stiftung „wiederbelebt". „Also das Geld, das wir bei dem Verkauf bekommen haben, [...] die Zinsen tun Gutes für unsere Heime." Das alte Gebäude wurde zu Wohnungen umgebaut und Schwester Elisabeth ist glücklich, dass, wenn sie als Besucherin dorthin kommt, alles in ihrem Sinne gut vorfindet: „Bin hochzufrieden, alles sehr gepflegt, alles sehr schön."

Hilfe erhielt Schwester Elisabeth in dieser Phase des Aufbruchs vom Landesausschuss für Diakonie und der „Rheinischen Gesellschaft", die „Paten zum Landesausschuss" waren. Zu der Schwesternschaft kamen also auch andere hilfreiche Instanzen dazu, wie die Rheinische Gesellschaft, das Konsistorium und die Potsdamer Pastoren. Das Telegramm, das Schwester Elisabeth zu ihrem 65. Geburtstag von Manfred Stolpe erhalten hatte, ließ sie im Interview daran denken, dass sie als Diakonieschwester eng mit dem Diakonischen Werk in Berlin verbunden war und zu ihrer Verabschiedung aus dem Berufsleben „alle [...] Chefs" vom Diakonischen Werk, von der Schwesternschaft, der Gesamtkirchgemeinde und dem Konsistorium anwesend waren: „Das war auch mein Halt!"[618]

Schwester Gertrud Heyden hatte nach jahrelanger Stationsleitungstätigkeit im Weimarer Sophienhaus einen einjährigen Grundkurs für die Gemeindearbeit im Missionshaus Malche absolviert. Schwester Gertrud hörte vom Mauerfall „am Radio in der Nacht", als sie in der Bibelschule

---

617 Interview mit Elisabeth Kuske am 17.06.2014.
618 Interview mit Elisabeth Kuske am 17.06.2014.

der Malche-Schwesternschaft bei Bad Freienwalde war. Sie wartete mit vielen anderen „dicht gedrängt, in langen Schlangen" und wartete auf den notwendigen Stempel, der zur Ausreise autorisierte: „Dieses Gefühl, frei zu sein, kann ich nicht beschreiben, das war ein unheimlicher Drang."[619] Die dann folgenden Wochen waren nach Schwester Gertruds Erinnerung, „sehr geprägt von unzähligen Diskussionen".[620] In dieser Zeit wurde in der Malche „sehr für diese Sachen gebetet, dass es nicht eskaliert".[621] Anschließend arbeitete sie 1990 im thüringischen Tabarz. Dort erlebte sie „dann den reichen Segen des Westens nochmal auf ganz praktische Weise": Das Haus „Veronika",[622] das als Nachsorgeklinik für onkologische Patienten betrieben wurde, erhielt nämlich „fahrbare Betten mit Rollen" geschenkt, ebenso Einmal-Verbandsmaterial und sterile Einmalspritzen: „Das war unfassbar!"[623]

Schwester Gertrud übernahm noch vor der Wende eine frei werdende Stelle als Gemeindeschwester in Berlin-Prenzlauer Berg. Die Öffnung der Mauer brachte für sie große Veränderungen mit sich, denn:

„Nach der Wende gab es eigentlich keine kirchlichen Gemeindeschwestern mehr. Entweder hat sich die Gemeinde umgestellt und eine Diakoniestation aufgebaut, oder hat ihre Schwestern gar nicht mehr als Gemeindeschwestern arbeiten lassen, sondern sie sind in die allgemeine Gemeindearbeit eingegangen mit Gemeindekreisen und so weiter, also gar keine Schwesterntätigkeit mehr, und ich war insofern etwas Besonderes, ich konnte noch Krankenpflege übernehmen in der Gemeinde von der Diakonisse, die vor mir diese Stelle hatte in dem Gemeindebezirk, zu dem die Gemeinde gehörte. Also die Kirchgemeinde hat ja einen

---

619 Interview mit Gertrud Heyden am 26.03.2014.
620 Interview mit Gertrud Heyden am 26.03.2014.
621 Interview mit Gertrud Heyden am 26.03.2014.
622 ADV H 250, W 6965.
623 Interview mit Gertrud Heyden am 26.03.2014.

bestimmten Gemeindekreis, den sie versorgt, und in diesem
Gemeindebezirk war ich Gemeindeschwester."[624]

Mit dem Aufbau einer Diakoniestation gab sie „alles Medizinische [...]
letzten Endes"[625] ab. Sie arbeitete mit dieser Station gut zusammen und
kooperierte, wo es gewünscht und nötig war, beispielsweise wenn jeman-
dem eine Mittagsmahlzeit angereicht werden musste. Diese Zeit des
Übergangs und der Kooperation gefiel Schwester Gertrud gut, zumal die
Tage nicht, wie heute üblich, im Minuten-Rhythmus durchstrukturiert
waren. Schwester Gertrud leitete Gemeindekreise, engagierte sich in der
Seniorenarbeit. Zu ihren Aufgaben gehörte auch die Christenlehre:

„Da habe ich ja eine solide Grundlage in der Malche gehört. Das
war natürlich nach der Wende spannend, ganz kleine Gruppen,
wo die Eltern dann sagten: ‚Wir möchten gerne außerhalb der
Schule, dass unser Kind was vom christlichen Glauben erfährt,
aber wir können ihnen dann keine Antworten geben auf Fragen,
die die Kinder stellen.' Weil die das nicht wussten."[626]

Zusammenfassend stellte Schwester Gertrud fest: „Ja, es war eine
bewegte und freudige Zeit danach, und ich bin sehr dankbar, dass ich in
diesem Abschnitt deutscher Geschichte gelebt habe und es auch so miterlebt habe. Punkt."[627]

Schwester Else-Marie Kaiser arbeitete zur Zeit der „Wende" als Hausschwester in der onkologischen Nachsorge-Klinik mit dreiunddreißig
Betten im thüringischen Tabarz.[628] Onkologische Nachsorgekliniken
gab es nach der Erinnerung von Schwester Else-Marie nur drei in der

---

624 Interview mit Gertrud Heyden am 26.03.2014.
625 Interview mit Gertrud Heyden am 26.03.2014.
626 Interview mit Gertrud Heyden am 26.03.2014.
627 Interview mit Gertrud Heyden am 26.03.2014.
628 ADV W 6965.

ganzen DDR. Eine davon befand sich in Tambach-Dietharz, eine zweite in Beelitz und eine eben in Tabarz. Zu der Arbeit dort erinnerte sich Schwester Else-Marie:

> „Es war nicht leicht, da zu arbeiten. Wir kriegten da einen Arzt der wollte das ja gut machen, aber das ging schwierig. Also, der hatte sehr viele Beziehungen und so. Also man hatte manchmal den Eindruck, also, das ist hier nicht alles ganz reell, was hier läuft."[629]

Die Wende brachte für Schwester Else-Marie sehr viele arbeitsbedingte Probleme mit sich. Zum einen litt die kleine Klinik unter großer „Personalnot" und die Angestellten, die dort arbeiteten, hatten häufig einen „Aussiedlerantrag" gestellt und wollten in den Westen:

> „Und ich weiß auch, dass wir da mal eine Lehrerin kriegten, und ja die sollte nun bei uns so in der Küche arbeiten. Da hab ich gesagt zu ihr: ,Wir nehmen Sie nicht gerne, wissen Sie was, Sie sind unzufrieden. Und diese Unzufriedenheit, die bringen Sie jetzt noch mit in unser Kollektiv!' – was sowieso nicht leicht war."[630]

Die Schwierigkeiten nach der Wende entstanden daraus, dass im „Westen" solch kleine Kliniken wie Tabarz, nicht üblich waren. Zudem wechselte die Trägerschaft des Hauses, über Nacht war das Zehlendorfer Heimathaus Eigentümerin und sah sich mit dem Problem des finanziellen Erhalts der Klinik konfrontiert. Es war, wie Schwester Else-Marie weiß: „Schwierig! [...] Die waren mit uns eigentlich ein Stück überfordert." Schließlich kamen die Verantwortlichen überein, dass die Klinik wieder in ein Erholungsheim umgewandelt wurde.[631] Die angestellten Mitarbei-

---

629 Interview mit Else-Marie Kaiser am 03.07.2014.
630 Interview mit Else-Marie Kaiser am 03.07.2014.
631 Das Haus „Veronika" war 1918–1945 ein Erholungsheim der Schwesternschaft gewesen, bevor es 1946 in ein Krankenhaus umgewandelt wurde. In: ADV H 250.

terinnen und Mitarbeiter, die wissen wollten, wie es für sie weiterging, „waren gereizt bis zum Gehtnichtmehr", und ebenso waren es die Patienten und Patientinnen. Unterstützung kam vor allem aus der Patengemeinde in Rotenburg-Fulda: „Die haben uns schon sehr unterstützt. [...] Also ohne die wären wir auch nicht klar gekommen."

Mit den nicht-kirchlichen Mitarbeitern gab es viele Probleme, denn diese waren „neidisch, was wir für große Pakete kriegten. Riesen Dinger." Doch die Diakonieschwestern entschieden sich, die „Westpakete durch die Mitarbeiter auspacken zu lassen, damit sie mit eigenen Augen sehen konnten, dass so manches der geschickten Sachen nicht unbedingt brauchbar in der Klinik war". Schwester Else-Marie hatte sehr viel zu tun und musste „sehen, wie wir mit dem Geld über die Runden kamen", daher hatte sie „das ganze Jahr nach der Wende" Magenschmerzen und war auf „Magentabletten" angewiesen.

Schwester Erdmute Walter erinnerte sich an „sehr freundliche Kontakte" zu „staatlichen Stellen", wenn es beispielsweise um Einladungen zu staatlicherseits organisierten Weiterbildungen, Informationen zu aktuellen Gesetzesvorhaben oder um Änderungen im Sozialrecht ging:

„Die DDR hat zum Beispiel gegen Ende ein sehr gutes Gesetz verabschiedet, was dann leider mit der Wende hinfällig wurde. [...] Wer wegen der Pflege von Familienangehörigen seine Arbeit ganz oder teilweise aufgeben musste, und sich das vom Arzt bescheinigen ließ, bekam bei der Rentenberechnung volle Arbeitszeit angerechnet. [...] Und für die Mütter von unseren geistig Behinderten zum Beispiel und für sehr viele andere ist das eine ganz große Sache gewesen. Und dann war die Enttäuschung groß, als mit der Wende diese Hoffnung total im Eimer war."[632]

---

632 Interview mit Erdmute Walter am 05.03.2014 und Brief von Erdmute Walter vom 19.07.2015.

Auch den Spielraum, den Schwester Erdmute während ihrer Tätigkeit als kirchliche Fürsorgerin hatte, erinnerte sie als große Freiheit, die es heute so nicht mehr gäbe, denn damals war sie noch ihr „eigener Chef" in der kleinen Dienststelle, in der außer ihr nur noch zwei weitere teilbeschäftigte Mitarbeiter angestellt waren. Die „riesige Freiheit in der Gestaltung der Sache" war etwas, was ihre jüngeren Kolleginnen nicht mehr kennten, denn bei jeder Tätigkeit müsse erst gefragt werden: „Wo kommt das Geld her? Furchtbar. Ich würde das jetzt nicht wieder machen wollen. Aber damals, man konnte sich was einfallen lassen, improvisieren."[633]

Schwester Rosmarie Schrickel ging 1989 nach 45 Berufsjahren „gerne in den Ruhestand". Sie zog nach Leipzig zu ihren „Geschwisterfamilien" und erlebte den Fall der Mauer, als sie gerade „beim Einpacken" in Görlitz war. Die pflegerischen Tätigkeiten dort in der Altstadtgemeinde übernahm keiner, denn es war „niemand mehr" da:

„Es war ja schon nachdem Schwester Hilde verstorben war, war das ja schon schwierig die zwei Gemeinden aufrechtzuerhalten. Wir hatten kurze Zeit freie Schwestern, die sich dem Dienst gestellt hatten, aber die eine schaffte das körperlich nicht, die ging nach einem halben Jahr wieder weg. Die andere war eine ganz junge Schwester, die mit sehr viel Idealismus gekommen ist, aber die konnte die Freiheiten die eine Gemeindeschwester hatte, einfach nicht verkraften. Von meiner Sicht aus, natürlich. Sie hat es sicher anders gesehen. Da sie eine freie Schwester war, war es auch schwierig mit ihr darüber zu sprechen. Sie war ja auch noch ganz jung, gerade zwanzig. Sie fand auch nicht so die Verantwortung dafür, dass man da auch eben noch von der Freizeit ein bisschen abstreichen musste. Sie kam dann auch gleich mit einer Freundschaft, und damit kam sie auch nicht zurecht. Bevor ich dann aufhörte, hat sie dann auch aufgehört. Ich hab dann versucht, wirklich nur noch Schwerkranke zu versorgen. Weil ich einfach keine

---

633 Interview mit Erdmute Walter am 05.03.2014.

Vertretung hatte und ich dann gesagt habe, ich gehe auch in Rente und da kann ich nicht noch Menschen übernehmen, die lange Zeit Pflege brauchen. Das war eine schwierige Sache dann für mich. Ich konnte dann noch einige Leute im Altersheim unterbringen oder im Pflegeheim, sodass dann wenigstens das abgesichert war. Ohne dass ich wusste, dass die Wende kam."[634]

In Dresden hatte Schwester Edith 1987 mit zwei engagierten Physiotherapeutinnen und einer körperbehinderten Pastorin die erste Tagesstätte für mehrfachbehinderte Kinder eröffnet. Diese waren bis dahin rund um die Uhr zu Hause versorgt worden. Über GENEX konnte ein Bus angeschafft werden und aus der Partnereinrichtung in Kempten (Allgäu) wurde regelmäßig ausrangierte Rollstühle nach Dresden gebracht. Die Väter reparierten damit die vorhandenen Rollstühle in der DDR und nach der Wende lud die Kemptener Partnergemeinde die Dresdener Gruppe zu sich ein und alle Beteiligten erlebten eine sehr intensive und schöne Zeit.[635] Finanziell brachte die Wende allerdings viele Probleme für die Fördereinrichtung mit sich. Schwester Edith hatte das Gefühl, dass das bisher Erreichte nicht mehr zählte. Als Geschäftsführerin fühlte sie sich überfordert und übersehen: „Ich bin dort bald kaputtgegangen […] die Finanzierung klappte nicht."[636] Als die Möglichkeit bestand, mit 55 Jahren in den Vorruhestand zu gehen, erkundigte sich Schwester Edith nach den konkreten Bedingungen und beschloss, das Angebot zu nutzen. Sie hatte das Zusammengehörigkeitsgefühl der Diakonieschwesternschaft im Osten sehr genossen: „Wir waren eben in der DDR eine Schwesterngruppe, die unheimlich zusammengehalten hat." Diese war kleiner als die im Westen, und sie fühlte sich „ganz toll informiert" über die persönlichen Probleme und Nöte der Mitschwestern, beispielsweise, „wenn jemand starb oder wenn jemand doll krank" war. Nach

---

634 Interview mit Rosemarie Schrickel am 24.04.2014.
635 Brief von Edith Stecher vom 20.07.2015.
636 Interview mit Edith Stecher am 23.05.2014.

der Wende, als die Schwesternschaft nach der Wiedervereinigung von West und Ost größer geworden war, vermisste sie diese überschaubare persönlich-verbindliche Dimension des Miteinanders. Weil „wir so viele nicht kannten", fehlte ihr die Gemeinschaft nach dem Ende der DDR sehr. Viele der neuen Entwicklungen und Veränderungen, die sich in der Folge des Mauerfalls einstellten, waren für Schwester Edith schwierig. So empfand sie beispielsweise den Wiederaufbau der Dresdener Frauenkirche als unnötig: „Weil, wir haben ein Stück Herz dort gelassen, dort an der Ruine. Die Ruine war nicht nur eine Steinruine, die war bewachsen von Heckenrosen und wir stellten unsere Kerzen und unsere Wünsche da hinein."[637]

Schwester Heidi Fromhold-Treu erlebte die Zeit der politischen Wende als bereichernd, denn sie selbst hatte „natürlich eifrigst mitgemacht" und war „durch Rostocks Straßen marschiert mit Herrn [Joachim] Gauck an der Spitze".[638] Den Mauerfall feierte sie auch als ein wunderbares Ereignis: „Da kann ich heut noch drüber weinen!"[639] Dennoch gab es schon bald darauf persönliche Enttäuschungen für sie, insbesondere als sie merkte, dass sich die Menschen in Ost und West sehr „verschieden entwickelt" hatten: „Das merkt man bis heute zum Teil sogar. Und das ist bitter."[640]

Schwester Freia Erbach empfand die Zeit der Wende zuerst als „unangenehm", obwohl die Nachricht sie generell beglückt hatte. Dennoch erlebte sie die direkten Auswirkungen als sehr schwierig: Ein junger Mitarbeiter war „überhaupt nicht zum Dienst gekommen ist, nicht entschuldigt, nichts".[641] Er erklärte hinterher, dass er nach Berlin fahren musste, um das Geschehen dort

---

637 Interview mit Edith Stecher am 23.05.2014.
638 Interview mit Heidi Fromhold-Treu am 19.03.2014.
639 Interview mit Heidi Fromhold-Treu am 19.03.2014.
640 Interview mit Heidi Fromhold-Treu am 19.03.2014.
641 Interview mit Freia Erbach am 09.04.2014.

„direkt mit[zu]erleben. Da war ihm die Arbeit schnurz und piepe, wie man so sagt. Und das fand ich empörend, dass er nicht pflicht-bewusst handelte und ihm ganz egal war, wer nun seine Arbeit tat. Die Sonntagsbesetzung und überhaupt Besetzung war ja immer knapp und jeder hatte seine geregelte Arbeit zu tun."[642]

Nachdem die ersten praktischen Probleme nicht mehr so drängend waren, überwog für Schwester Freia dann doch die Freude über die neue Situation:

„Aber nachher war es ja eben schön, war es eine Befreiung. Wir konnten es gar nicht glauben und der Jubel! [...] Ich hatte schon einen Pass beantragt und wollte nach West-Berlin ins Heimathaus und bin dann auch kurz danach, im November war ich dann auch da und konnte das alles genießen und angucken und die Mauer-reste noch angucken. [...] Wir können es immer noch nicht fas-sen, dass wir jetzt so frei verkehren können und fahren können in alle Welt und, dass wir das gleiche Geld haben und kaufen kön-nen was wir wollen, dass man weiß, wofür man spart. Und dass Deutschland eins ist [...,] dass jetzt wieder Schwarzwald, Oden-wald und Thüringer Wald wieder ein Deutschland sind und nicht getrennt und Grenzen sind, das ist schon ein großes Geschenk, ein großes Geschenk."[643]

Schwester Liselotte Schenk erinnerte sich:

„Und wir fuhren mit der Straßenbahn zu den Demonstratio-nen 1989. Die Straßenbahn war rappelvoll. Meine Cousine fuhr zufällig auch mit. Die war bei uns gewesen. Die sagte immer: ‚Oh Gott, oh Gott, wenn Ihr jetzt verhaftet werdet.' Wir standen

---

642 Interview mit Freia Erbach am 09.04.2014.
643 Interview mit Freia Erbach am 09.04.2014.

immer mit unserem eingerollten Plakat und sagten: ‚Maria, das ist uns vollkommen egal. Wir wollen dabei sein! Wir wollen diese Demonstration mitmachen.' Und sie sagte immer: ‚Lieber Gott, gib doch, dass wir heil aus dieser Straßenbahn rauskommen.' Sie hatte furchtbare Angst."[644]

Dennoch war für Schwester Liselotte Schenk der Mauerfall ein großes persönliches Glück, denn ihre Kinder konnten „auf einmal das verwirklichen [...], was sie eigentlich wollten". Einer der Söhne war wegen seiner Haltung in der DDR nicht zum Abitur zugelassen worden und hatte als Bausoldat gedient. Nach der Wende wurde er Maurer und machte gleichzeitig sein Abitur. Der andere Sohn von Schwester Liselotte „frohlockte" und machte sein Abitur in Regensburg, wohnte dort bei der Tante und studierte anschließend Meteorologie:

> „Er hätte es auch in der DDR werden können, wenn er irgendwie über die NVA [Nationale Volksarmee] das geworden [wäre]. Aber das wollte er nicht. Er war vorher abgegangen, weil ihm nichts anderes übrig blieb mit Mittlerer Reife in den Bahnhofsbetrieb und musste Schaffner werden und so was. Na ja, nun hat er eine zweite Ausbildung. Aber nun ist er Meteorologe, konnte seinen Wunsch verwirklichen. Da ist er immer noch in Berlin an der Humboldt-Universität im Wetterturm und auch noch in einem anderen Betrieb als Zweithilfe."[645]

Schwester Liselottes Tochter „hat ein großes Glück gehabt durch den Mauerfall", denn „da kam doch ein junger schöner Mann daher aus dem Westen und suchte Anschluss an die Junge Gemeinde. Und dort sah er unsere Elisabeth und verliebte sich in sie. [...] Und die beiden sind so glücklich." Zwar war es nach der Wende schwierig für den Schwieger-

---

644 Interview mit Liselotte Schenk am 10.05.2014.
645 Interview mit Liselotte Schenk am 10.05.2014.

sohn Arbeit in Mecklenburg zu finden, doch in Dresden klappte es dann „und unsere Elisabeth hat nun auch eine gute Arbeit als Altenpflegerin" gefunden. Die drei Enkelkinder von Schwester Liselotte sind heute bereits „groß und glücklich und wunderbar [...] Also die Familie ist unser Sonnenschein und unser großes Glück."[646]

Auch für Schwester Gisela Lerche bedeutete der Fall der Mauer ein großes Glück für die Familie. Bereits vor der Wende war nämlich ihr ältester Sohn über Ungarn in die Bundesrepublik eingereist und Schwester Gisela machte sich mit ihrem Mann große Sorgen um ihn:

> „Da haben wir sehr schlimme Tage verbracht, da wir keine Nachricht von ihm bekommen haben. Aber wir wussten davon. Mein Mann hat ihn mit zwei anderen Jungs zum Zug gebracht. Mit 18 Jahren. Und nach Tagen kam dann die Nachricht, dass er gut angekommen ist. [...] und für uns war dann ja auch dieses Glück, dass wir dann nach dem Mauerfall unseren [...] Sohn besuchen konnten."[647]

Schwester Monika Findeisen erlebte die Wende zwiespältig. Sie freute sich zwar, dass sie zum Geburtstag der Mutter nach Itzehoe fahren konnte, doch dass ihre Mitarbeitenden im Krankenhaus „ganz aufgeregt" in den Ecken standen und erzählten, ärgerte sie, denn die Arbeit wartete:

> „Ich sagte: ‚Was ist denn hier los?' ‚Na, wissen Sie nicht das Neueste, Schwester Monika: Die Grenze ist offen!' Ich sage: ‚Na, wie bitte, was? Die Grenze ist offen? Das kann es doch gar nicht geben!' ‚Doch, doch, doch! Hören Sie mal Radio!' Und tatsächlich. Ich musste meine Schwesterlein alle erst mal begöschen und beruhigen, dass sie ihre Arbeit verrichteten. Ich sagte: ‚Nun lasst die Kinder nicht im Stich. Das ist zwar eine große Freude, aber der

---

646 Interview mit Liselotte Schenk am 10.05.2014.
647 Interview mit Gisela Lerche am 23.04.2014.

Alltag geht auch weiter.' Die waren völlig fassungslos, wie gelassen ich das hinnahm und erst mal die Arbeit nur sah. Fanden sie bestimmt nicht gut."[648]

Die Zugfahrt zur Mutter nach Itzehoe war ein Erlebnis, denn es war „kein Reinkommen in die Züge" und während auf der Hinfahrt in den Westen „alle euphorisch" waren und „nur positive Gespräche" geführt wurden, erlebte Schwester Monika auf der Rückfahrt „die richtigen egoistischen DDR-Bürger", die ihre neugekauften Besitztümer bewachten, wie etwa die vor der Toilette gestapelten Fernseher: „Jeder hütete nur seins. Und von Mitmenschlichkeit war da nicht die Rede. Ich habe mich so für unsere Bevölkerung geschämt!"

Schwester Monika Findeisen erinnerte sich auch, dass sie im Anna-Hospital zu DDR-Zeiten „reizende Kinderärzte, die sich sehr gut auf die Kinder einstellten, die auch mit den Eltern fürsorglich umgingen" hatten. Kurz vor dem Fall der Mauer waren jedoch nur noch wenige vor Ort, denn es hatten sich etliche „abgesetzt" und waren „in den Westen gegangen", sodass die Diakonieschwestern die „Ärzteknappheit viel überbrücken mussten". Als nach der Öffnung der Grenzen dann in einer westlichen Ärztezeitung per Inserat nach Ärzten für das Anna-Hospital gesucht wurde, meldete sich eine Ärztin aus Itzehoe, um vier Wochen lang in Schwerin auszuhelfen, damit sich die verbliebenen Schweriner Ärzte erholen konnten. Die westdeutsche Ärztin versicherte den ostdeutschen Diakonieschwestern der Kinderklinik wiederholt, dass sie es noch nie vorher erlebt habe, dass trotz der miserablen Bausubstanz der Klinik die kranken Kinder so gut und fürsorglich versorgt worden seien. Das Anna-Hospital wurde dennoch nach der Wende aus finanziellen Gründen geschlossen. „Das war für uns alle, von der Schülerin bis zum Chefarzt, eine solch schwere Zeit. Das kann man sich gar nicht vorstellen!" Zuerst wurde noch in die Klinik investiert und sogar zwei Stationen für Kleinkinder bis zum Jugendalter eingerichtet, die psychosomatisch

---

648 Interview mit Monika Findeisen am 07.04.2014.

erkrankt waren. Zwei Psychologen, „die sich ganz tadellos den Kindern widmeten", untersuchten und therapierten diese Kinder, die auch in der Klinik beschult wurden. „Das war ein harmonisches Miteinander, was den Kindern gut tat. Denn oft waren sie aus Familienverhältnissen, wo es nicht so schön war." Die Kinder genossen die intensive Zuwendung und die kleinen Streicheleinheiten und schrieben Briefe an die Schwestern, die in einem Fotoalbum von Schwester Monika gesammelt wurden. Diese psychosomatische Station fiel „den Finanzen zum Opfer", weil sich das Gesundheitswesen und die Jugendfürsorge stritten, wer die Kosten zu tragen habe:

> „Das Gesundheitswesen sagte: Es sind keine kranken Kinder. Und die Jugendfürsorge sagte: Dafür haben wir aber keine geplanten Gelder und dadurch kam dann diese schnelle Auflösung des Hauses, was uns eigentlich krank gemacht hat. Es gab so viele: Die Ärzte hatten sich so engagiert. Der Chefarzt ist ausgeschieden, weil er es nicht mehr ertragen konnte, das Haus, was sein Lebenswerk war bis zum Ende zu führen. Und auch für mich hatte Frau Oberin Demke entschieden, dass ich eher weggehen soll, weil sie sagte: Das halten Sie nicht aus, dass Ihr Lebenswerk hier kaputtgeht. Aber – ich habe es gemerkt, dass ich es nicht mehr schaffe. Und doch fühlte ich mich sehr elend, denn der Kapitän verlässt nicht das sinkende Schiff und so kam ich mir vor."[649]

Schwester Gabriele Spehling aus Schwerin hatte am 9. November 1989 abends gegen zweiundzwanzig Uhr Günther Schabowski im Fernsehen der DDR gehört: „Ich habe den angeguckt: Das hast du jetzt nicht verstanden, stehst ein bisschen auf der Leitung. Das hast du jetzt nicht verstanden. Und dann wiederholte der das." Sie erzählte es ihrem Mann, der jedoch bereits im Bett lag und schlief. Erst am nächsten Morgen fragte er nach: „Sag mal, was hast du heute Nacht zu mir gesagt, die Grenze ist

---

649 Interview mit Monika Findeisen am 07.04.2014.

offen?" Als sie es bejahte, reagierte er erstaunt und meinte: „Quatsch." Schwester Gabrieles Kinder wuchsen als damals zwölf- und neunjährige Jungen, nach der Wende bereits in „einer anderen Welt" auf. Heute leben beide im „Westen", in Hamburg, und sie würden, so ihre Mutter, „auch nicht zurückkommen hierher, auch arbeitsmäßig nicht, also die würden hier auch nichts finden, sag ich mal".

Schwester Antje Doliff war zur Zeit des Mauerfalls allein, weil ihr Ehemann zum Wehrdienst eingezogen war. Sie machte einige Nachtwachen im Schweriner Anna-Hospital und hatte zudem ihr kleines krankes Kind zu versorgen:

> „Als dann der Wendetag war, dieser 9. November [1989], da war ich zu Hause. Am 10. November hatte mein Kind eine Nierenuntersuchung. [...] Und da habe ich diesen Schabowski im Fernsehen gesehen und habe das überhaupt nicht gerafft. ‚Was hat der da gesagt?' Dann habe ich aber gedacht: ‚Du müsstest mal das Radio anmachen!' Ja, Radio angemacht. Und ich habe schon immer NDR 2 gehört. Die haben das dann auch erzählt. Ich habe gedacht, die können doch auch nicht so ein dummes Zeug erzählen. [...] Und am anderen Tag bin ich dann mit meiner Tochter zu dieser Untersuchung, hatte ich einen Termin, zu uns in die Klinik. Da waren kaum Leute da. Und da ist es mir erst bewusst geworden, richtig bewusst, dass ich das endlich verstanden habe. [...] Ja, so habe ich die Wende erlebt. So war das."[650]

Schwester Antjes Mann war der Nationalen Volksarmee der DDR noch bis zum Mai 1990 verpflichtet, durfte jedoch bereits im Januar 1990 „in Ehren" aus dem Dienst ausscheiden. Die dazwischenliegenden Monate, die „Wendezeit", empfanden Schwester Antje und ihr Mann als sehr belastend:

---

650 Interview mit Antje Doliff am 28.04.2014.

„Es war einfach immer eine unsichere Zeit, auch bei den Mon-
tagsdemos. Er musste dann immer in irgendeine Kaserne und auf
die Hohen aufpassen. Ach, da kommt mir noch der Kaffee hoch,
wenn ich daran denke. Und dann hat er irgendwo im Wald, ich
weiß nicht, wo sie irgend so ein Stasiobjekt bewacht haben [...],
das war keine gute Zeit. Und ich war froh, als er nachher wieder
zu Hause war."[651]

Der DDR trauerte Schwester Antje nicht nach, wenn sie sagte: „Wir
haben die DDR-Zeit überlebt. Ganz positiv überlebt." Doch dass das
Anna-Hospital geschlossen werden musste, war wie auch für Schwester
Monika Findeisen und Schwester Gabriele Spehling „unverständlich",
enttäuschend und schmerzlich. Umso mehr schätzt sie die schwesternschaftlichen Bindungen und Begegnungen, die die Schließung der Klinik überdauert haben:

„Also, das ist so etwas, was wirklich traurig ist. Deshalb glaube
ich, ist es auch gut, dass wir diese Möglichkeit noch haben, uns
zu begegnen. Da werden manchmal auch alte Kamellen wieder
aufgewärmt aus früheren Zeiten: ‚Weißt Du noch?', aus früheren
Zeiten: ‚So war das.'"[652]

Die vergangenen schwesternschaftlichen Netzwerke wirken bis in die
Gegenwart hinein, denn, so berichtete Schwester Antje: „In dem [Kran-
kenhaus], wo jetzt viele arbeiten, gibt es Vernetzungen dadurch. Schwerin ist ja ein Dorf. Man kennt sich. [...] man spricht eine Sprache. Ist
einfach so."
Als 20-jährige Schwester, die gerade eben ihr Krankenpflegeexamen
bestanden hatte, erlebte Schwester Christina Dölz im Herbst 1989 die
Wende schon als eine „Freiheit": „Das erste war, erstmal raus! [...] meine

---

651 Interview mit Antje Doliff am 28.04.2014.
652 Interview mit Antje Doliff am 28.04.2014.

ganze Verwandtschaft ist drüben in den Altbundesländern gewesen." Sie erlebte es als „ein komplett anderes Leben" und erzählte im Interview, dass es ihr trotzdem in der DDR es nicht „schlecht" gegangen war.[653]

Schwester Gerda Kiesel erlebte den „Mauerfall" in Berlin-Spandau. Ihre Cousine, die „ja dafür gesorgt hatte, dass ich überhaupt in der Schwesternschaft war", lebte dort und feierte am 7. November 1989 ihren 70. Geburtstag. Schwester Gerda hatte für diesen familiären Anlass „das erste Visum für Westberlin" erhalten und fuhr am 6. November nach Berlin. Als am 9. November gemeldet wurde, die Mauer sei offen, ging Schwester Gerda mit ihrer Cousine an die in Berlin-Spandau verlaufende Mauer:

> „Da hatten also Bürger vom Osten und Westen ein Mauersegment rausgeschoben, irgendwie mit irgendwelchen Werkzeugen sind sie dabei gekommen und haben das da aus, einfach raus und sind dann rüber und herüber oder sowas und dann sind Grenzsoldaten aus der DDR und Polizei aus Westberlin zusammen dabei gekommen und haben dieses Mauerstück da wieder eingeklemmt. Weil sie gesagt haben, wir müssen erst die Straße bauen, sonst kann hier jemand verunglücken. Da waren ja so viel andere Dinge die da im Sperrgebiet da noch aufgebaut waren und was da noch alles für Elektronik so was alles war. Das können wir nicht zulassen, das ist zu gefährlich. Haben das Ding da wieder reingeschoben. Ein paar Tage später, dann haben sie ordentlich gebaggert und gemacht und ein paar Tage später wurde es dann aufgemacht."[654]

Nachdem Schwester Gerda wieder zurück in Berlin-Treptow war, wo dreizehn Straßen an der Mauer endeten, lief sie auch dort die Grenze ab und stellte fest, dass bereits „vieles zertrümmert" war. Es wurden rasch die größeren Straßen „aufgemacht". In den folgenden Wochen erhielt

653 Interview mit Christina Dölz am 03.06.2014.
654 Interview mit Gerda Kiesel am 30.04.2014.

Schwester Gerda regelmäßig Besuch von ihren Verwandten, die gern zu „Mauer-Hacken" nach Berlin kamen:

> „Jetzt kamen meine Leute aus der DDR nach Berlin, ,Wir wollen doch auch noch Mauerstücke hacken!' Na ja, in Treptow ist sie schon weitgehend weg, aber ich weiß noch eine Stelle, wo sie noch steht, da sind wir dann immer hin. Das war da am Kanal, wo sie nicht so sehr sichtbar war, da stand sie noch. So, und da haben sie denn, die Jungs vor allen Dingen, noch gehackt und Mauerstücke rausgebrochen und mitgenommen. Na ja, das war eben damals interessant."[655]

Schwester Gerda Kiesel erinnerte sich an das „Mauer-Hacken" ebenso gern, wie an die regelmäßigen Besuche der ehemaligen Patengemeinde aus Recklinghausen in „Westdeutschland", die zu DDR-Zeiten häufig gekommen war. Nun gab es über Nacht die Möglichkeit eines Gegenbesuchs, die genutzt wurde: „Dann haben die [Paten aus Recklinghausen] in der Nacht angerufen, ,Wir laden euch ein, ihr müsst alle kommen, noch im November!' […] Da gab es dann irgendwie gegen Ende November schon ein Datum, wo die halbe Gemeinde fuhr." Die Patengemeinde hieß nun Partnergemeinde und organisierte vieles für die Gäste aus Ostdeutschland. So etwa ein Treffen mit dem Bürgermeister, denn: „Das war so ein Novum […], damals war das doch schon etwas Außergewöhnliches!"

Schwester Marianne Bäsler erlebte den 9. November 1989 in Wittenberg als Hausmutter des Gäste- und Schülerinnenhauses. Für eine Berliner Gästegruppe fand an diesem Abend ein Cabaret-Besuch an der Schlosskirche im „Brettlkeller" statt. Als dieser gegen halb elf zu Ende war, und die Gruppe nach Hause in das Paul-Gerhardt-Stift ging, schaltete Schwester Marianne ihren Fernseher an, hatte jedoch Probleme, den passenden Sender einzustellen. Nun gelang es ihr, den gewünschten Fernsehkanal, das Erste Deutsche Fernsehen, ARD, einzuschalten. Der

---

655 Interview mit Gerda Kiesel am 30.04.2014.

Bericht aus Berlin bewegte sie tief: „Da habe ich heulend bis um halb zwei da gesessen." Als sie am nächsten Tag früh wieder zum Dienst ging, und um viertel nach sechs die Treppe runterkam, war im Tagungsraum schon das Licht an und „da sitzen die Herren Internatsleiter und Damen in Schlafanzügen und Nachthemd vor einem ganz kleinen Radio, was da im Regal steht von einer Schwester, die weggegangen war"[656] und hörten sich die Berichte an. Einer der Gäste begrüßte Schwester Marianne mit den Worten: „Wissen Sie, da gehen wir in ein zweitklassiges Cabaret und in der Weltgeschichte wird das erstklassige Stück ‚Die Mauer ist gefallen!‘ gegeben." Schwester Marianne ging trotz der Ereignisse wie gewohnt zur Andacht, doch danach „war alles durcheinander". Die Teilnehmer der Gästegruppe wollten zu Hause anrufen, um sich über die aktuelle Situation auszutauschen, und sie fuhren früher als geplant zurück nach Hause. Schwester Marianne fragte am selben Vormittag in der Werkstadt des Paul-Gerhardt-Stifts nach Glühbirnen, doch auch dort wollten die Mitarbeitenden nichts von Routineaufgaben wissen: „Da haben die gesagt: ‚Schwester Marianne, heute Glühbirnen? Die Mauer ist gefallen!‘ Die Freude weiß ich noch. […] Das war der 10. November. Unfassbar!"[657]

Schwester Ulrike Steffler erhielt die Nachricht von der Öffnung der Mauer von ihrem Neffen und empfand „eine mächtige Freude […], sehr, sehr viel Freude".[658] Später erinnerte sie sich:

„Als ich am Freitag, den 10. November, gegen zwanzig Uhr nach Hause fuhr, sah ich, dass die Oderberger Straße von der Polizei abgesperrt wurde. ‚Ob was mit der Mauer ist?‘, dachte ich und machte mich nach der Tagesschau nochmal auf den Weg in Richtung Eberswalder/Bernauer Straße. Da kam ich gerade dazu, als ein Bagger mit seinem Greifer den ersten Griff nach der Mauer tätigte. Ein überwältigendes Gefühl! Es hatten sich etwa 200

656 Interview mit Marianne Bäsler am 19.05.2014.
657 Interview mit Marianne Bäsler am 19.05.2014.
658 Interview mit Ulrike Steffler am 30.06.2014.

zumeist junge Leute eingefunden, die zunächst genauso freudig-befangen wie ich waren. Es war auch nicht zu fassen! Doch bald wurde geklatscht, zwei, drei Sektflaschen knallten, es wurde geknipst und gefilmt, immer mehr Leute kamen. Eine Frau kam mit einem großen Blumenstrauß und überreichte dem Baggerfahrer und den wenigen Polizisten Blumen. Am liebsten hätte ich laut losgesungen: ‚Nun danket alle Gott', doch ich traute mich nicht, weil es mit meinem Gesang nicht weit her ist. Ob die anderen mitgesungen hätten? Mit drei Stücken von der Mauer machte ich mich auf den Heimweg und erzählte den Passanten, die mir begegneten, von dem freudigen Ereignis. Besonders bewegt hat es mich, weil es gerade die Stelle war, wo ich 1960/61 von der Schönhauser Allee aus fast täglich rübergegangen bin, um vom Lazaruskrankenhaus aus mit dem Heimathaus zu telefonieren, um so die Verbindung mit den östlichen Arbeitsfeldern aufrechtzuerhalten. Und gerade dort habe ich es auch miterlebt, wie die Mauer immer mehr gefestigt wurde, mit all ihrer Tragik. Und nun dieses! Wir haben alle Grund, Gott von Herzen zu danken!"[659]

Eine „unheimliche Freude" empfand Schwester Ulrike und erinnerte sich, dass sie von ihrem ersten „Westgeld [...] als Erstes Hirschhornsalz" zum Backen kaufte, weil es dies in der DDR nicht gab. Der erste Schwesterntag nach der Öffnung der Mauer ist für Schwester Ulrike in der Erinnerung noch heute „überwältigend".

Oberin Barbara Ide erlebte die Zeit der Wende als eine, in der „atmosphärisch" viel in Bewegung geraten war. Sie arbeitete im Hallenser Krankenhaus Martha-Maria[660] und hörte Berichte von Krankenpflege-

---

659 Die Diakonieschwester, Januar 1990, 21.

660 1889 wurde die Diakonissenanstalt Martha-Maria gegründet und widmete sich der Altenpflege, Krankenhaus- und Gemeindearbeit. Hauptsitz war zunächst Nürnberg. In Halle betrieb das Martha-Maria-Werk eine Kinderklinik, die im Rahmen der 15. Sammlungsaktion „Stätten des kirchlich-diakonischen Wiederaufbaus in der DDR" 1981 und

schülerinnen und Krankenpflegeschülern über die Ereignisse in Leipzig und dass „die Menschen auf die Straße gehen". Sie verfolgte skeptisch die Leipziger Demonstrationen:

> „Ich war damals nicht auf derselben Wellenlänge, also ich hab jetzt nicht, ganz im Gegenteil, ich hab unseren Schülern immer wieder gesagt, wenn die von Leipzig kamen und gesagt haben, wenn Sie wüssten, was da los ist, da hab ich dann immer gesagt, seien Sie da bloß vorsichtig, dass Sie da nicht in irgendwas hineingezogen werden. Sie wissen ganz genau, wie schnell das geht, dass man verhaftet wird oder sonst was."[661]

Die Demonstrationen wurden im Laufe der folgenden Wochen „immer lauter" und Oberin Ide erinnerte sich daran, ungern das „Gegröle" gehört zu haben. Sie bedrückten nämlich die Alltagssorgen des Krankenhauses, in dem die Folgen der „Mangelwirtschaft" der DDR deutlich spürbar waren. Für Oberin Ide hatte diese in Halle bereits einen Punkt erreicht, der „kaum noch erträglich war". Viele Dinge im Krankenhaus waren „kaputt" und hätten repariert oder ersetzt werden müssen, doch es fehlte „einfach das Material dafür". Bettwäsche fehlte in Halle beispielsweise in so großem Umfang, dass „man kaum noch OP-Wäsche bekommen hat". Dieser Zustand erweckte große Zukunftssorgen. Schwierig war für Oberin Ide auch, dass immer mehr Leute die DDR verließen, und sie dachte häufig: „So kann das doch nicht weitergehen, das kann doch nicht sein, dass alle Menschen, die etwas klüger sind, dass die unser Land verlassen!" Obwohl sie auch für sich überlegte, ob das Gehen eine Option sei, wusste sie bald, dass sie bleiben würde, denn sie hatte ihre „Wurzeln" und ihre Mutter in der DDR und auch die Arbeit war ihr wichtig. Das Gehen der anderen ärgerte sie, denn sie fühlte sich allein gelassen:

1982 saniert wurde. In: Röper: Die Kunst der Nächstenliebe, 2013, 155 f. Vgl. ADV W 8013.
661 Interview mit Barbara Ide am 05.04.2014.

„Wenn ich jetzt auch im Krankenhaus zurückdenke, es standen OP-Programme und da hieß es plötzlich, derjenige ist auch abge-hauen, weil einfach das Vertrauen gefehlt hat, man durfte ja auch über sowas nicht reden, aber wenn dann plötzlich Leute für sich die Entscheidung fällen, ich will hier nicht mehr sein, das hat für uns auch Auswirkungen gehabt und das fand ich beklemmend und schlimm."[662]

Oberin Barbara Ide hatte im Laufe ihres Berufslebens fünf Jahre lang in Rostock in der Behindertenarbeit auf dem Michaelshof gearbeitet und „war mit Leib und Seele" für Menschen mit Behinderungen engagiert. Nach der Öffnung der Mauer, die sie in Halle erlebte, merkte sie, dass ihre Vorstellungen „vom Westen nochmal so ganz anders waren". Unbe-wusst hatte sie vermutet, dass es „im Westen keine Behinderungen" gab und sie war „sehr beeindruckt", wie viele Menschen sie dann im West-Berliner Straßenbild im Rollstuhl sah: „Dass ich das im Westen gese-hen habe, […] das hat irgendwo in mein Bild nicht reingepasst." Die Fülle der neuen und unerwarteten Eindrücke ließ sie erstaunen, „dass da drüben auch genauso Menschen sind wie hier mit ihrem Kranksein, mit ihren Behinderungen. […] Ich kann das gar nicht richtig beschrei-ben." Später kam eine Gewöhnung an das Neue und Oberin Barbara Ide bekam nach eigener Einschätzung „immer mehr ein realistischeres Bild" der westdeutschen Alltagswirklichkeit.

Für Schwester Katharina Hahn, die in der orthopädischen Kinder-klinik Heimdall in Bad Elster arbeitete, als die Mauer geöffnet wurde, war die neue Situation mit großen Belastungen am Arbeitsplatz verbun-den. In der DDR kamen die kranken Kinder zur Kur einfach, „wenn die Diagnose auf dem Rezept stand".[663] Es gab in der Regel stets reichlich Bedarf nach diesem attraktiven Rehabilitationsangebot, doch waren die Rezepte nach der Wende plötzlich „alle ungültig, weil ja nicht eines von

---

662 Interview mit Barbara Ide am 05.04.2014.
663 Interview mit Katharina Hahn am 23.06.2014.

der Krankenkasse bewilligt war". Schwester Katharina fiel also die Aufgabe als leitender Schwester zu, „über Nacht" alle Eltern und Ärzte anzuschreiben, dass die Rezepte ungültig waren und dass die Kur neu beantragt werden musste. Die Eltern hatten jedoch „andere Sorgen im Kopf", sodass die Klinik um die Belegung zitterte. Zunächst wurden alle Kinder, die zu diesem Zeitpunkt zur Kur in Bad Elster waren, „möglichst lange" in der Klinik behalten. Zur Erleichterung der Mitarbeiterinnen und Mitarbeiter der Kurklinik kam schon bald „jemand von der BARMER, der eigentlich Werbung machte", der jedoch bereitwillig alle Fragen von Schwester Katharina Hahn beantwortete und ihr versicherte, dass die Krankenkasse oder die Bundesanstalt für Angestellte die Kuren auch weiterhin bewilligen würden. Durch die große Unsicherheit im neuen Procedere dauerten die Anträge bis zur Bewilligung unerwartet lange und Schwester Katharina Hahn erinnerte sich: „Da waren wir nie mehr voll belegt, das war dann ein ewiger Kampf ums Überleben."

Schwester Rosemarie Koop erlebte den Mauerfall in Schwerin als „ein einziges Glück und Freude". Sie erinnerte sich gut daran, wie es war, als sie „die Tränen nicht mehr zurückhalten konnte"; auch an die Zeit direkt davor, „als wir hier marschierten" und im Rahmen der Montagsdemonstrationen „Kerzen auf die politischen Häuser stellten, sodass die Wände schwarz wurden, und wir sie hinterher wieder sauber machen mussten".[664] Sehr beeindruckt hat sie, dass die Demonstrierenden sich um den „ganzen Pfaffenteich herum" sammelten und es eine „einzige marschierende Gesellschaft" war.[665] An die gut gefüllten Kirchen vor der Demonstration und

„dieses starke Verbunden-Sein im Friedenswillen und in dem Eins-Sein als Volk, eins sein wollen auch mit dem ganzen Deutschland und zusammenhalten überhaupt gegen ein Regime. Das war unheimlich wunderbar, dass so etwas überhaupt möglich

---

664 Interview mit Rosemarie Koop am 08.04.2014.
665 Interview mit Rosemarie Koop am 08.04.2014.

Abb. 12: Oberin Anne Heucke, Berlin-Weißensee am 14.04.1989

war. Dass man sich so begegnen konnte. [...] Wir sind das Volk! Wir sind ein Volk! Das war schon etwas sehr, sehr uns Bewegendes. [...] Es war im Grunde nicht zu beschreiben, was das für ein Glück und Seligkeit war, dass es das gab."[666]

---

666 Interview mit Rosemarie Koop am 08.04.2014.

Am 26. April 1990 fand zum ersten Mal seit 1961 wieder ein gemeinsamer Schwesterntag mit Schwestern aus der DDR in Zehlendorf statt. 560 Schwestern versammelten sich unter dem Thema „Mut zum Brückenbauen" in der Zehlendorfer Pauluskirche. Der Tag begann mit einem Festgottesdienst, in dem sich drei Schwestern aus der DDR in das kirchliche Amt der Diakonie einsegnen ließen. Ein Jahr später, am 17. April 1991, dem Vortag des Frühjahrsschwesterntags im Heimathaus in Zehlendorf, trat noch einmal ein „Sonderschwesterntag" der „Diakonieschwesternschaft" (Ost) in Berlin-Weißensee zusammen und beschloss einstimmig die „Wiedervereinigung der Diakonieschwesternschaft in den neuen Bundesländern mit der Schwesternschaft des Evangelischen Diakonievereins in den alten Bundesländern".[667] Damit war es nicht nur im Bewusstsein der Schwestern, sondern nun auch formal wieder *eine* Gemeinschaft.

---

[667] ADV W 6849: Stimmzettel der Abstimmung. Vgl.: ADV W 6725.

Nachwort *von Ellen Muxfeldt*

Die Erinnerung an das, was wir erlebt und durchlebt haben, prägt unsere Persönlichkeit. Was wir nach langer Zeit abrufen können, sind oft Erlebnisse, die uns gefühlsmäßig beeindruckt haben. Das trägt dazu bei, dass unsere Wirklichkeit immer eine individuelle Gewichtung hat. Diese Erinnerungen preiszugeben, kann verletzlich machen und es ist ein besonderer Vertrauensbeweis, dass uns in diesem Projekt so viele Schwestern an ihrem Leben in der DDR teilhaben ließen. Ein großer Dank gebührt jeder einzelnen dieser Schwestern! Für uns, die wir diese Interviews geführt haben, ist die Zeit der Begegnung, des Zuhörens und des Austausches während der Interviews auch persönlich zu einem wertvollen Geschenk geworden.

Ein herzlicher Dank gebührt dem Vorstand unserer Schwesternschaft, Frau Oberin Constanze Schlecht und Herrn Jan Dreher, die den Auftrag zu diesem Buch gegeben haben. Es ist ein Zeichen der Wertschätzung der Lebensleistung all der Schwestern, die im Osten des Landes unter vergleichsweise beschwerlicheren Rahmenbedingungen ihren diakonischen Auftrag wahrgenommen haben.

Fachliche Begleitung und Beratung durften wir durch ein externes Expertenteam, bestehend aus Frau Dr. Sylvelyn Hähner-Rombach, Frau Dr. Petra Fuchs und Frau Dr. Ulrike Winkler erfahren. Dank dafür, dass sie den Weg ins Heimathaus zu gemeinsamen Beratungen auf sich genommen haben. Sie haben uns geholfen, zu Entscheidungen über mögliche Vorgehensweisen im Projekt Klarheit zu gewinnen. Ebenso hilfreich war ihre kritische Begleitung der entstandenen Textentwürfe und wir sind dankbar für das unkomplizierte menschliche Miteinander. Sie haben uns darin bestärkt, dass dieses Projekt nicht nur schwesternschaftlich intern wichtig ist, sondern auch eine allgemeine historische Relevanz hat. Danken möchten wir auch der Evangelischen Kirche Berlin-Brandenburg-schlesische Oberlausitz und dem Diakonischen Werk der Evangelischen Kirche Berlin-Brandenburg-schlesische Oberlausitz e. V. für die freundliche finanzielle Unterstützung.

Oberin Ursula Barthelmey nahm sich die Zeit, das Manuskript kritisch gegenzulesen, Schwester Dorothee Queckbörner und Schwester Heike Erpel haben uns bei unseren Arbeitstreffen bewirtet und Eva Schmuhl, Judith Blau und Bernd Schönebeck transkribierten einzelne Interviews; Dirk Zielinski unterstützte bei Kalkulationen und Abrechnungen; Elke Westendorff übergab uns persönliche Dokumente über den Michaelshof in Rostock. Ihnen allen sei herzlich gedankt!

Wir haben als neugebildete Arbeitsgruppe Schwester Ulrike Gaida beim Schreiben des Buches mit unseren unterschiedlichen Gaben unterstützt. Es war ein fröhliches und gutes Miteinander, bei dem wir alle fünf auch herzlich lachen und viel voneinander lernen durften.

Wir verbinden mit unserem Buch die Hoffnung, den interviewten Schwestern und ihren Erlebnissen und Anliegen gerecht zu werden, damit diese in unserer schnelllebigen Zeit nicht dem Vergessen preisgegeben werden. Tief betroffen sind wir, dass unsere Schwester Jutta Bäuml und Frau Oberin Dorothea Demke nur kurz nach dem Interview verstarben und das Erscheinen des Buches nicht mehr miterleben können.

Es ist nicht selbstverständlich und gehört zu dem Wunderbaren, dass wir über die Jahre der politischen Trennung hinweg *eine* Schwesternschaft geblieben sind. Dies verdanken wir den Bemühungen einiger Schwestern und Oberinnen. Stellvertretend für alle diese Schwestern möchte ich an Frau Oberin Ursula von Dewitz erinnern. Persönlich nutzte sie jede sich bietende Gelegenheit zu Begegnungen mit den Schwestern im Osten. Alle entscheidenden Entwicklungen wurden mit ihr beraten. Darüber hinaus ermutigte sie die nachfolgende Schwesterngeneration im Westen, aktiv persönliche Kontakte zu den Diakonieschwestern im Osten zu pflegen. Diese Bemühungen haben dazu beigetragen, dass wir uns über alle Grenzen hinweg immer als eine Schwesternschaft verstanden haben.

Oberin Ellen Muxfeldt

Anhang

Verzeichnis der Interviewpartnerinnen[668]

Schwester Felicitas **Bach**	geb. 1958/Eintritt 1976
Schwester Marianne **Bäsler**	geb. 1950/Eintritt 1968
Schwester Jutta **Bäuml**	geb. 1931/Eintritt 1951/† 2014
Schwester Edith **Bendin**	geb. 1932/Eintritt 1951
Oberin Dorothea **Demke**	geb. 1930/Eintritt 1950/† 2015
Schwester Christina **Dölz**	geb. 1969/Eintritt 2009[669]
Schwester Antje **Doliff**	geb. 1963/Eintritt 1981
Schwester Christine **Eichler**	geb. 1936/Eintritt 1954
Schwester Freia **Erbach**	geb. 1929/Eintritt 1950
Schwester Marlies **Esther**	geb. 1955/Eintritt 1973
Schwester Monika **Findeisen**	geb. 1940/Eintritt 1963
Schwester Maria **Fischer**	geb. 1948/Eintritt 1966
Schwester Monika **Flammiger**	geb. 1945/Eintritt 1962
Schwester Heidi **Fromhold-Treu**	geb. 1928/Eintritt 1946
Schwester Marianne **Göhler**	geb. 1931/Eintritt 1950
Schwester Katharina **Hahn**	geb. 1952/Eintritt 1970
Schwester Rosemarie **Heppner**	geb. 1929/Eintritt 1948
Oberin Anne **Heucke**	geb. 1924/Eintritt 1948
Schwester Gertrud **Heyden**	geb. 1951/Eintritt 1968
Schwester Margret **Höhn**	geb. 1945/Eintritt 1962
Oberin Barbara **Ide**	geb. 1956/Eintritt 1973
Schwester Else-Marie **Kaiser**	geb. 1937/Eintritt 1956
Schwester Gerda **Kiesel**	geb. 1932/Eintritt 1950
Schwester Rosemarie **Koop**	geb. 1924/Eintritt 1943
Schwester Elisabeth **Kuske**	geb. 1933/Eintritt 1951

---

668 Als Eintrittsjahr gilt der Eintritt in die Schwesternschaft (dazu zählte nicht das Pflegevorjahr).

669 Ab 1985 Ausbildung bei bzw. Arbeit mit Diakonieschwestern.

Schwester Gisela **Lerche**	geb. 1949/Eintritt 1967
Oberin Eva-Maria **Matzke**	geb. 1960/Eintritt 1978
Oberin Hella **Meyer**	geb. 1938/Eintritt 1957
Schwester Barbara **Roch**	geb. 1943/Eintritt 1971
Schwester Margret **Roch**	geb. 1929/Eintritt 1946
Schwester Liselotte **Schenk**	geb. 1939/Eintritt 1957
Schwester Margot **Schorr**	geb. 1932/Eintritt 1952
Schwester Inge **Schreiber**	geb. 1939/Eintritt 2010[670]
Schwester Rosmarie **Schrickel**	geb. 1929/Eintritt 1953
Schwester Gabriele **Spehling**	geb. 1955/Eintritt 1973
Schwester Rosemarie **Spiegel**	geb. 1948/Eintritt 1966
Schwester Edith **Stecher**	geb. 1937/Eintritt 1955
Schwester Ulrike **Steffler**	geb. 1931/Eintritt 1950
Schwester Regina **Sümnich**	geb. 1947/Eintritt 1995
Schwester Margarete **Voß**	geb. 1931/Eintritt 1949
Schwester Ellen **Waldmüller**	geb. 1925/Eintritt 1950
Schwester Erdmute **Walter**	geb. 1932/Eintritt 1954
Schwester Magdalena **Walter**	geb. 1946/Eintritt 1965
Schwester Gudrun **Wurche**	geb. 1952/Eintritt 1970

---

670 Eintritt in die Schwesternschaft der Evangelischen Frauenhilfe Potsdam/Stralsund im Jahr 1976 und Eintritt in die Schwesternschaft des Evangelischen Diakonievereins im Jahr 2010.

Interviewleitfaden

Erzählstimulus

In unserem Projekt „Schwestern(Er-)Leben in Ostdeutschland seit 1945"
beschäftigen wir uns mit den Lebenserfahrungen von Schwestern des
Diakonievereins, die in der DDR gearbeitet haben. Vor allem interessieren uns Ihre Erlebnisse in Bezug auf Ihren beruflichen Alltag und Ihre
Erlebnisse mit der Schwesternschaft.

Themenfeld Familie

- Mögen Sie etwas zu ihrer familiären Situation der frühen Nachkriegsjahre erzählen?
- Eltern, Geschwister, Hunger, Kleidung, Wohnsituation, Konfir-
  mation/Jugendweihe, politische Repressalien, „Entnazifizierung".
- Inwiefern hat Ihr Elternhaus Ihre Berufswahl beeinflusst?

Themenfelder Berufsalltag und Schwesternschaft

- Können Sie mir etwas über ihren ersten Arbeitstag erzählen?
- Wie sah ein typischer Tagesablauf für Sie aus?
- Routinearbeiten, Nachtwachen, Hilfsmittel wie Verbandsmate-
  rialien, Betten, Essen, Krankenkost, Anleitung, Stationsschwester,
  Diagnostik, Behandlungspflege, Freizeit, Arbeitszeit, Wohnen.
- Können Sie etwas zum Verhältnis mit den Patienten erzählen?
- Erzählen Sie bitte etwas zum Kontakt mit den Ärzten!
- Inwiefern spielten Waren aus dem Westen eine Rolle? (Stichwort
  GENEX)
- Inwieweit gab es Tabuthemen?
- Inwiefern fühlten Sie sich überwacht/bespitzelt?
- Wie hat der Mauerbau im August 1961 ihre Arbeit beeinflusst?
- Erzählen Sie doch bitte von der schwesternschaftlichen Gemein-
  schaft im Alltag!
- Mahlzeiten, Andachten, Chorsingen, Gottesdienste, Partnerschaf-
  ten, Westkontakte, Ost-Berliner Schwesterntage, Unterstützung,

Einschränkungen, Konflikte, Einzelverträge 1975, Kontakt in das Heimathaus, Begegnungen auf Ostdeutschen Kirchentagen, Junge Gemeinde.
- Wie haben Sie das Thema „Kirche im Sozialismus" empfunden?
- Wie haben Sie die „Wende" erlebt?
- Letzte Frage: Möchten Sie noch etwas erzählen, was wir vergessen haben?

Zeitleiste

1945
Ende des Zweiten Weltkriegs. Deutschland wird in vier Besatzungszonen geteilt

1948
Beginn der Berlin-Blockade und Währungsreform
Oberin Wüllenweber wird Bevollmächtigte des Vorstandes für die SBZ

1949
Mai: Gründung der Bundesrepublik Deutschland
Oktober: Gründung der Deutschen Demokratischen Republik

1950
Einrichtung der Verwaltungsstelle (bis 1953 „Zweigstelle") in Magdeburg

1953
Aufstand der Arbeiter gegen die Erhöhung der Arbeitsnormen. Niederschlagung durch sowjetisches Militär. Das Jahr ist in besonderer Weise durch politische Repressionen gekennzeichnet. Ende des freien Zugangs nach Berlin

1961
Beginn des Mauerbaus durch Berlin am 13. August 1961

1972
Grundlagenvertrag: Gegenseitige Anerkennung der beiden deutschen Staaten

1974

Neue Rentenverordnung in der DDR: keine freiwillige Rentenversicherung mehr möglich. Rentenansprüche können nur noch über eine versicherungspflichtige Tätigkeit erworben werden. Dies führt zur Aufgabe der Gestellungsverträge mit den Einrichtungen zugunsten von individuellen Arbeitsverträgen der Schwestern

1989

Öffnung der Berliner Mauer am 9. November 1989

1990

3. Oktober 1990 Wiedervereinigung

1991

Formeller Zusammenschluss der „Diakonieschwesternschaft der DDR" und der „Schwesternschaft des Evangelischen Diakonievereins"

Glossar

Aktion Sühnezeichen Gegründet wurde die A. 1958 auf der Synode der Evangelischen Kirche in Deutschland als gesamtdeutsche Organisation um die Schuld für die nationalsozialistischen Verbrechen anzuerkennen und durch Aktivitäten Zeichen der Sühne zu setzen sowie einen Dialog zu fördern.

Bekennende Kirche Strömung in der Evangelischen Kirche im Nationalsozialismus. Die B. K. stritt gegen die Verfälschung der christlichen Lehre nach der nationalsozialistischen Ideologie und war regimekritisch.

Bodenreform Die B. änderte die Eigentums- oder Nutzungsrechte an Grundstücken. In der Sowjetischen Besatzungszone und DDR wurde Landbesitz entschädigungslos enteignet. Die B. war ein Schritt auf dem Weg zur (Zwangs-)Kollektivierung. Diese begann 1952 mit der Gründung der Landwirtschaftlichen Produktionsgenossenschaften (LPG). Die Kollektivierung galt mit dem 31. Mai 1960 als beendet.

Deutsche Christen Strömung in der Evangelischen Kirche, die die antisemitische nationalsozialistische Ideologie in die Kirche und in die Auslegung der Bibel einbrachte sowie das „Führerprinzip" in der Kirche einführen wollte.

DIAKONIA Weltbund diakonischer Gemeinschaften.

Diakonieschwesternschaft 1953 gab sich die Schwesternschaft des Ev. Diakonievereins auf dem Gebiet der DDR den Namen „Diakonieschwesternschaft". Ziel war es, politische Schwierigkeiten zu vermeiden, die durch den Hinweis auf die Vereinsstruktur und die Anbindung an West-Berlin (Zehlendorf) auftraten. Ab 1968 wurde die „Diakonieschwesternschaft in der DDR" juristisch selbständig und von Berlin-Zehlendorf unabhängig. Sie stand unter dem Dach des „Diakonischen Werkes des Bundes Evangelischer Kirchen in der DDR".

Diakonieseminar Ausbildungsstätte des Ev. Diakonievereins bzw. der Diakonieschwesternschaft in der DDR. Eine anerkannte Berufsausbildung, z. B. in Kranken- oder Kinderkrankenpflege, Altenpflege, früher auch Erziehungsarbeit, Heimdiakonie etc., mit zusätzlichen diakonischen, geistlichen Inhalten.

Einsegnung Die Einsegnung beinhaltet zum einen die Beauftragung zum diakonischen Dienst und zum anderen den Zuspruch des Segens Gottes für diesen Dienst. Voraussetzung ist die vorige Teilnahme an Fortbildungskursen zu diakonischen, theologischen und schwesternschaftlichen Themen. Das Gelöbnis beinhaltet die persönliche Verpflichtung zu diakonischem Handeln im Auftrag Jesu Christi.

Geistlicher Kurator Pfarrer der Diakonieschwesternschaft in der DDR. Im Unterschied zum „Vereinspfarrer" des Ev. Diakonievereins ehrenamtlich für die Schwesternschaft tätig. Neben geistlicher Betreuung, Leitung von Rüstzeiten und Einsegnungen beratende Funktion an der Leitung der Schwesternschaft und Vertretung nach außen.

Gestellungsvertrag Der Evangelische Diakonieverein Berlin-Zehlendorf e. V. schließt Verträge mit Einrichtungen des Gesundheitswesens, über die Diakonieschwestern dort tätig waren. Diese haben in diesem Fall keinen eigenen Vertrag mit der jeweiligen Einrichtung.

GENEX Geschenkdienst- und Kleinexporte GmbH. GENEX wurde 1956 auf staatliche Anordnung gegründet. Anfangs reiner Geschenkdienst für Kirchengemeinden, später konnten Bürger der BRD GENEX-Waren bestellen, in DM zahlen und an in der DDR lebende Personen versenden. Für den SED-Staat war GENEX eine wichtige Devisenquelle.

Hauptschwesternrat/Gesamtschwesternrat Einmal im Jahr treffen sich Vertreterinnen der Bezirksschwesternräte zum „Hauptschwesternrat". Beratungsgremium, das Anregungen aus den Bezirksschwesternräten bündelt, Impulse in die Bezirke gibt und in Zusammenarbeit mit dem Vorstand und der Oberinnenkonferenz Entscheidungen berät sowie den Schwesterntag vorbereitet. Gemäß Beschluss von 2015 heißt dieses Gremium „Gesamtschwesternrat".

Hausschwester Der Begriff wurde je nach Kontext unterschiedlich genutzt: In der Vergangenheit war die Hausschwester in der Regel die Stellvertretung der Oberin in Krankenhäusern. Sie konnte aber auch, gleichzeitig oder stattdessen, die Leitung der Hauswirtschaft sein.

Heimathaus Verwaltungszentrale und Begegnungsstätte der Schwesternschaft des Evangelischen Diakonievereins Berlin-Zehlendorf e. V. Hier finden schwesternschaftliche, diakonische und fachliche Fortbildungen statt.

Heimdiakonie Diakonisch ausgerichtete Tätigkeit in Heimen, vor allem in Behinderteneinrichtungen. Die Ausbildung für diese Tätigkeit wurde ab 1967 zur Ausbildung in Heilerziehungspflege und damit speziell auf die Betreuung, Förderung und Pflege von Menschen mit besonderem Förderbedarf ausgerichtet.

HO-Läden Die Handelsorganisation (HO) war ein staatliches Einzelhandelsunternehmen der DDR. 1948 gegründet, vertrieb es Gebrauchsgüter und Lebensmittel ohne Lebensmittelmarken.

Jungschwester Diakonieschwester in den ersten Jahren nach dem Examen. (Heute Schwester in der Orientierungszeit).

Kirchliches Oberseminar Theologisches Seminar in der DDR zur Ausbildung von Pastoren. Vergleichbar einer kirchlichen Hochschule.

Proseminar Kirchliche vorberufliche Bildungseinrichtung mit Unterricht in biblisch-theologischen, diakonischen und allgemeinbildenden Fächern sowie praktische Einführung und Mitarbeit in diakonischen Einrichtungen. Besondere Bedeutung für die Pflegeausbildungen vor Einführung der 10-jährigen Schulpflicht, wenn trotz guter Begabung aus politischen Gründen kein weiterer Schulbesuch ermöglicht wurde. Je nach Ausrichtung des Prosemi-

nars konnte auch ein „kirchliches Abitur" mit Hochschulzugangs-
berechtigung für das Studium an einer kirchlichen Hochschule
erworben werden.

Pflegevorjahr Ab 1975 wurde der 3-jährigen Kranken/Kinderkran-
kenpflegeausbildung in konfessionellen Häusern ein Lernjahr
verpflichtend vorangestellt. Die Ausbildung dauerte hier daher
gegenüber den staatlichen Häusern vier Jahre. Das zusätzliche
Jahr bot den konfessionellen Schulen die Möglichkeit eigene
christlich-diakonische Inhalte in die Ausbildung einzubringen.
Die Schülerinnen wurden erst nach dem Pflegevorjahr in die
Schwesternschaft aufgenommen.

Schwesterntag Beschlussgremium der Schwesternschaft, Forum des
Informationsaustausches und fröhliches Begegnungsfest. Nach
dem „Mauerbau" fand er in der DDR zunächst in Wittenberg,
später in Berlin-Weißensee als separater Schwesterntag statt.
Um dennoch Ost-West-Begegnung zu ermöglichen, wurde der
Termin i. d. R. auf den Folgetag des Schwesterntags in Zehlendorf gelegt, sodass eine große Anzahl der West-Schwestern ohne
erneute Anreise aus der Bundesrepublik auch am Schwesterntag
in Weißensee teilnehmen konnte.

Seminar für kirchlichen Dienst Diese Seminare bereiteten auf Berufe
im Bereich der Kirche vor, wie der Katechetin, der Gemeindehel-
ferin, der Kinderdiakonin, der/der Kirchenmusiker/in oder für
den kirchlichen Verwaltungsdienst. Sie gliederten sich in Vorse-
minar (Proseminar) und Hauptseminar. Ersteres war oft die Vorbereitung auf eine pflegerische Ausbildung.

Sowjetische Besatzungszone Gemäß der Konferenz von Jalta nach
Ende des Zweiten Weltkriegs von der Sowjetunion besetzte Teil
Deutschlands. Auf diesem Territorium wurde 1949 die DDR
gegründet.

Stammschwester Diakonieschwester nach der Orientierungszeit.

Studienjahr Fortbildungsangebot, das im Westen wie auch im Osten den Schwestern die Möglichkeit bot, andere Einrichtungen kennenzulernen oder spezielle Fachgebiete, die nicht Bestandteil der Ausbildung waren, wie etwa die Gemeindekrankenpflege oder die Arbeit mit Menschen mit Behinderungen. Ergänzt wurden die meist halbjährigen praktischen Einsätze durch Studienblöcke, die „Rüstzeiten".

Verband für Evangelische Diakonie in der DDR Hervorgegangen aus dem Zehlendorfer Verband für Evangelische Diakonie e. V. Die Teilung Deutschlands machte eine eigene Verbandsstruktur in der DDR notwendig: den Verband für Evangelische Diakonie in der DDR.

Verbandsschwester Die Verbandsschwestern bilden die tragende Gruppe der Schwesternschaft. Nach einigen Jahren als Stammschwester und der Einsegnung in das kirchliche Amt der Diakonie kann die Aufnahme in die Verbandsschwesternschaft erfolgen.

Verwaltungsstelle Aufgrund der Teilung Deutschlands musste sich die Schwesternschaft des Ev. Diakonievereins in der DDR eine eigene Verwaltung geben; ab 1968 wurde sie aufgrund der DDR-Verfassung auch formal-juristisch eine selbständige Organisation (Diakonieschwesternschaft in der DDR). Die Verwaltungsstelle, wurde bis 1953 als „Zweigstelle" bezeichnet. 1950–1979 in Magdeburg, ab 1979–1989 in Wittenberg, 1989 bis zur Auflösung 1991 wieder in Magdeburg.

Zehlendorfer Verband für Evangelische Diakonie e. V. Ging aus der 1916 gegründeten „Zehlendorfer Konferenz" hervor. Hierin schlossen sich evangelische Schwesternschaften ähnlicher Prägung wie der Evangelische Diakonieverein Berlin-Zehlendorf e. V. und diakonische Gemeinschaften zusammen.

Verzeichnis der Abbildungen (Bildarchiv des ADV)

Quellen- und Literaturverzeichnis

Archiv des Evangelischen Diakonievereins Berlin-Zehlendorf e. V. (ADV)
H 109, H 118, H 119, H 128, H 181, H 218, H 222, H 227, H 231,
H 234, H 250, H 264, H 291, H 305, H 342 A, H 344, H 350 A, H 396,
H 551, H 614, H 625, H 633, H 639, H 686, H 707, H 709, H 877,
H 880, H 889, H 905, H 1291, H 1293, H 1295, H 1312, H 1333,
H 1416, H 1420, H 1421, H 1425, H 1431, H 1432, H 1460, H 1484,
H 1489, H 1491, H 1492, H 1495, H 1497, H 1498.

W 3525, W 3526, W 3718, W 4357, W 5059, W 5155, W 5234, W 5252,
W 5580, W 5818, W 5820, W 5835, W 5846, W 6011, W 6371, W 6477,
W 6545, W 6577, W 6578, W 6579 A, W 6590, W 6619, W 6622,
W 6672, W 6686, W 6725, W 6771, W 6849, W 6849, W 6894, W 6920,
W 6965, W 7017, W 7413, W 7913, W 7952, W 7970, W 8013.

Schwestern-Akte Martha Wilkens: Mai 1945 Oberin Martha Wilkens
Wege durch Mecklenburg zu ihren Diakonieschwestern.

Gedruckte Quellen und Skripte

Bildungs- und Erziehungsprogramm für Rehabilitationspädagogische
Förderungseinrichtungen des Gesundheits- und Sozialwesens der
DDR, Ministerium für Gesundheitswesen der DDR (Hrsg.), Berlin
1977.

Das Selbstverständnis der Diakonieschwester, Berlin 1998.

Diakonie 1: Ausbildungsmöglichkeiten (in der DDR), Innere Mission
und Hilfswerk der Evangelischen Kirche in Berlin-Brandenburg,
02.03.1972.

Evangelisches Konsistorium der Kirchenprovinz Sachsen (Hrsg.): Wege
zum kirchlichen Dienst. Nach dem Stand von Juli 1977.

Fuhrmann, Hans: 40 Tage in der Wüste. In : Lindenblatt., Extrablatt. Für
Mitarbeiter der Neinstedter Anstalten. Neinstedt, 1993.

Heilerziehungspflege Fernunterricht (HFU), Lehrbrief 8. Zum Leben
Helfen. Zum Helfen Leben: Das Diakonische Werk, Innere Mission
und Hilfswerk, der Evangelischen Kirchen in der DDR, 1058 Berlin,
Schönhauser Allee 59. Nur für den innerkirchlichen Dienstgebrauch,

909/V/22-82/5,5: Einführung in die rehabilitative Verhaltenserziehung.

Heilerziehungspflege Fernunterricht (HFU), *Lehrbrief 9*. Zum Leben Helfen. Zum Helfen Leben: Das Diakonische Werk, Innere Mission und Hilfswerk, der Evangelischen Kirchen in der DDR, 1058 Berlin, Schönhauser Allee 59. Nur für den innerkirchlichen Dienstgebrauch: Basiswissen Psychologie: Seelische Bedürfnisse des Menschen und die Besonderheiten ihrer Befriedigung bei Menschen mit geistiger Behinderung, Teil B.

Heilerziehungspflege Fernunterricht (HFU), *Lehrbrief 10*. Zum Leben Helfen. Zum Helfen Leben: Das Diakonische Werk, Innere Mission und Hilfswerk, der Evangelischen Kirchen in der DDR, 1058 Berlin, Schönhauser Allee 59. Nur für den innerkirchlichen Dienstgebrauch, 909/V/22-82/5,5: Die Förderungsdisziplinen, 1. Bekanntmachen mit Dingen und Erscheinungen der Umwelt.

Heilerziehungspflege Fernunterricht (HFU), *Lehrbrief 12*. Zum Leben Helfen. Zum Helfen Leben: Das Diakonische Werk, Innere Mission und Hilfswerk, der Evangelischen Kirchen in der DDR, 1058 Berlin, Schönhauser Allee 59. Nur für den innerkirchlichen Dienstgebrauch, 909/V/22-82/5,5: Die Förderungsdisziplinen, 4. Bewegungserziehung.

Heilerziehungspflege Fernunterricht (HFU), *Lehrbrief 14*. Zum Leben Helfen. Zum Helfen Leben: Das Diakonische Werk, Innere Mission und Hilfswerk, der Evangelischen Kirchen in der DDR, 1058 Berlin, Schönhauser Allee 59. Nur für den innerkirchlichen Dienstgebrauch, 909/V/22-82/5,5: Die Förderungsdisziplinen, 6. Arbeitserziehung.

Heilerziehungspflege Fernunterricht (HFU), *Lehrbrief 15*. Zum Leben Helfen. Zum Helfen Leben: Das Diakonische Werk, Innere Mission und Hilfswerk, der Evangelischen Kirchen in der DDR, 1058 Berlin, Schönhauser Allee 59. Nur für den innerkirchlichen Dienstgebrauch, 909/V/22-82/5,5: Die Förderungsdisziplinen, 7. Spiel.

Heilerziehungspflege Fernunterricht (HFU), *Lehrbrief 18*. Zum Leben Helfen. Zum Helfen Leben: Das Diakonische Werk, Innere Mission und Hilfswerk, der Evangelischen Kirchen in der DDR, 1058 Berlin,

Schönhauser Allee 59. Nur für den innerkirchlichen Dienstgebrauch, 909/V/22-82/5,5: Basiswissen „Pädagogik/Behindertenpädagogik", Teil B).

Fernunterricht Heilerziehungspflege (HFU). Diakonisches Werk der Evangelischen Kirchen in Deutschland e. V., Dienstelle Berlin Diakonisches Aus- und Weiterbildungszentrum Berlin – Lobetal. Ausgewählt, erarbeitet und zusammengestellt von Mitgliedern der Diakonischen Arbeitsgemeinschaft rehabilitationspädagogischer Mitarbeiter: Arbeit mit schwerst/mehrfach behinderten Menschen. Arbeitsmaterial für die individuelle rehabilitative Elementarförderung. Zusatzlehrbrief, Berlin 1992/93.

Ordnung der Schwesternschaft der Schwesternschaft des Evangelischen Diakonievereins Berlin-Zehlendorf e. V., Berlin 2001.

Schwesternregeln der Diakonieschwester, Berlin 1960.

Schwesternregeln der Diakonieschwester, Berlin 1972.

Zeitschriften

Die Diakonieschwester, 85. Jg., 12/1989, 231–235.

Die Diakonieschwester, 86. Jg., 1/1990, 21.

Die Diakonieschwester, 88. Jg., 3/1992, 59.

Die Diakonieschwester, 100. Jg., 10/2004.

Die Diakonieschwester, 102. Jg., 7/8 2006, 121–125.

Verband evangelischer Einrichtungen für geistig und seelisch Behinderte e. V. (Hrsg.): *Zur Orientierung.* Zeitschrift für Mitarbeiter in der Behindertenhilfe. Thema: Die besondere Verantwortung der Mitarbeiter im Erziehungs- und Pflegedienst (Teil 2): Margot Schorr: Aktivierung geistig Schwerstbehinderter, Stuttgart, Heft 2/1977, 14–19.

Verband evangelischer Einrichtungen für geistig und seelisch Behinderte e. V. (Hrsg.): *Zur Orientierung.* Zeitschrift für Mitarbeiter in der Behindertenhilfe. Thema: Interdisziplinäre Zusammenarbeit in der Hilfe für geistig Schwerstbehinderte: Margot Schorr: Die Kombination von Krankengymnastik und pädagogischer Förderung in der

Hilfe für geistig und körperlich Schwerstbehinderte, Stuttgart, Heft 4/1979, 404–417.

Verband evangelischer Einrichtungen für geistig und seelisch Behinderte e. V. (Hrsg.): *Zur Orientierung*: Zeitschrift für Mitarbeiter in der Behindertenhilfe. Themen: Beteiligung von Eltern, Angehörigen und gesetzlichen Vertretern an der Arbeit der Einrichtungen für geistig behinderte Menschen: Margot Schorr: Der Abbau einer autoaggressiven Verhaltensweise, Stuttgart, Heft 3/1980, 251–264.

Verband evangelischer Einrichtungen für geistig und seelisch Behinderte e. V. (Hrsg.): *Zur Orientierung*: Zeitschrift für Mitarbeiter in der Behindertenhilfe. Thema: Körpererfahrung und Bewegung: Margot Schorr: Förderung – eine Aufgabe für alle Mitarbeiter, Stuttgart, Heft 3/1984, 184–194.

Steinhoff, Michael; Trobisch, Achim: Behindertenhilfe in der DDR. In: *Orientierung*. Fachzeitschrift der Behindertenhilfe. Herausgegeben vom Bundesverband Evangelische Behindertenhilfe e. V., Heft 3/2014, 17–21.

Fachliteratur

Autorenkollektiv unter Leitung von Wolfgang Presber und Rolf Löther: Sozialistischer Humanismus und Betreuung Geschädigter (= Medizin und Gesellschaft 14, Beihefte zur „Zeitschrift für ärztliche Fortbildung". Hrsg. von Kurt Winter, Alfred Keck, Rolf Löther und Horst Spaar), Jena 1981.

Atzel, Isabel; Hess, Volker; Schnalke, Thomas (Hrsg.): Zeitzeugen Charité. Arbeitswelten der Psychiatrischen und Nervenklinik 1940–1999, Münster 2005.

Atzel, Isabel; Hess, Volker; Schnalke, Thomas (Hrsg.): Zeitzeugen Charité 2. Arbeitswelten des Instituts für Pathologie 1952–2005, Münster 2006.

Atzel, Isabel (Hrsg.): Who Cares? Geschichte und Alltag der Krankenpflege, Frankfurt am Main 2011.

Bach, Heinz: Geistigbehindertenpädagogik, Berlin 1968.

Barsch, Sebastian: Geistig behinderte Menschen in der DDR. Erziehung, Bildung, Betreuung, (= Lehren und Lernen mit behinderten Menschen, Band 12) Oberhausen 2007.

Benz, Wolfgang (Hrsg.): Legenden, Lügen, Vorurteile. Ein Wörterbuch zur Zeitgeschichte, 7. Auflage, München 1995.

Bode, Sabine: Nachkriegskinder. Die 1950er Jahrgänge und ihre Soldatenväter, Stuttgart 2011.

Bode, Sabine: Kriegsenkel. Die Erben der vergessenen Generation, Stuttgart 2009, 14. Auflage 2015.

Bodenheimer, Aron Ronald: Versuch über die Elemente der Beziehung, Basel 1967.

Boeters, Margarete: Mein langer Weg zur Versöhnung. Heilendes Erinnern nach 60 Jahren Schweigen. In: Drößler, Stefan; Hillringhaus, Klaus; Tanner, Magdalena (Hrsg.): Erzähl mir für morgen. Frauen und Männer berichten von Zerbrüchen und Neuanfängen um 1945, Bad Salzuflen, 2. überarbeitete und erweiterte Auflage 2007, 93–97.

Braune, Werner: Erfahrungen und Erlebnisse als Leiter der Stephanus-Stiftung vor, während und nach der Wende, in: Jahrbuch für Berlin-Brandenburgische Kirchengeschichte (Sonderdruck), Berlin 2005, 321–339.

Braune, Werner: Abseits der Protokollstrecke. Erinnerungen eines Pfarrers an die DDR, Berlin 2009.

Bütow, Birgit, Stecker, Heidi (Hrsg.): EigenArtige Ostfrauen. Frauenemanzipation in der DDR und den neuen Bundesländern (= Theorie und Praxis der Frauenforschung, Schriftenreihe des Instituts Frau und Gesellschaft, Hrsg. Robert Schreiber, 22), Bielefeld 1994.

Büttner, Annett: Diakonissenanstalt Dresden 1844–2014. Zuwendung leben, Dienst leisten, Zusammenarbeit gestalten. Vorstand der Ev.-Luth. Diakonissenanstalt Dresden e. V. (Hrsg.), Essen 2014.

Diakonisches Werk der EKD (Hrsg.): Diakonische Partnerschaften im geteilten Deutschland. Zeitzeugenberichte und Reflexionen, bearbeitet von Michael Häusler und Christian Oelschlägel, Leipzig 2012.

Drößler, Stefan; Hillringhaus, Klaus; Tanner, Magdalena (Hrsg.): Erzähl mir für morgen. Frauen und Männer berichten von Zerbrüchen und Neuanfängen um 1945, Bad Salzuflen, 2. überarbeitete und erweiterte Auflage 2007.

Eckart, Wolfgang Uwe; Jütte, Robert: Medizingeschichte. Eine Einführung, Köln 2007.

Ernst-Bertram, Bettina; Planer-Friedrich, Jens: Pfarrerskinder in der DDR. Außenseiter zwischen Benachteiligung und Privilegierung, 2. Aufl., Berlin 2013.

Eßbach, Sigmar und Autorenkollektiv: Ein Kind kann keine Schule besuchen, hat es überhaupt eine Entwicklungschance? Eine Information zur Bildung und Erziehung schulisch nicht mehr bildbarer, rehabilitationspädagogisch jedoch noch förderungsfähiger hirngeschädigter Kinder. Mit 21 Abbildungen und 3 Tabellen (= Beiträge zum Sonderschulwesen und zur Rehabilitationspädagogik. Begründet von Reinhold Dahlmann. Hrsg. von Klaus-Peter Becker, Band 35), Berlin 1981.

Eßbach, Sigmar und Autorenkollektiv: Rehabilitationspädagogik für schulbildungsunfähige förderungsfähige Intelligenzgeschädigte. Einführung. Mit 4 Abbildungen und 1 Tabelle (= Schriftenreihe Beiträge zum Sonderschulwesen und zur Rehabilitationspädagogik. Begründet von Reinhold Dahlmann. Hrsg. von Klaus-Peter Becker, Band 43), Berlin 1985.

Falcke, Heino: Die unvollendete Befreiung. Die Kirchen, die Umwälzung in der DDR und die Vereinigung Deutschlands (= Ökumenische Existenz heute. Hrsg. von Wolfgang Huber, Dietrich Ritschl, Theo Sundermeier), München 1991.

Findeis, Hagen: Das Licht des Evangeliums und das Zwielicht der Politik. Kirchliche Karrieren in der DDR, Frankfurt am Main 2002.

Findeis, Hagen; Pollack, Detlef (Hrsg.): Selbstbewahrung und Selbstverlust. Bischöfe und Repräsentanten der evangelischen Kirchen in der DDR über ihr Leben – 17 Interviews, Berlin 1999.

Frank, Rahel: „Realer-Exakter-Präziser"? Die DDR-Kirchenpolitik gegenüber der Evangelisch-Lutherischen Landeskirche Mecklenburgs von 1971 bis 1989. Der Landesbeauftragte für Mecklenburg Vorpommern für die Unterlagen des Staatssicherheitsdienstes der ehemaligen Deutschen Demokratischen Republik (Hrsg.), 2. überarbeitete Auflage, Schwerin 2008.

Frings, Bernhard; Kaminsky, Uwe: Gehorsam – Ordnung – Religion. Konfessionelle Heimerziehung 1945–1975, Münster 2012.

Geißel, Ludwig: Unterhändler der Menschlichkeit. Erinnerungen, Stuttgart 1991.

Goffmann: Erving: Asyle. Über die soziale Situation psychiatrischer Patienten und anderer Insassen, Frankfurt am Main 1973.

Grebing, Helga (Hrsg.): Geschichte der sozialen Ideen in Deutschland. Sozialismus, Katholische Soziallehre, Protestantische Sozialethik. Ein Handbuch (= Veröffentlichungen des Instituts für soziale Bewegungen (vormals: Institut zur Erforschung der europäischen Arbeiterbewegung), Schriftenreihe A: Darstellungen Band 13), Essen 2000.

Greschat, Martin: Die evangelische Kirche in der deutschen Zusammenbruchgesellschaft. In: Lepp, Claudia; Nowak, Kurt (Hrsg.): Evangelische Kirche im geteilten Deutschland (1945–1989/90), Göttingen, 2001, 11–16.

Hahn, Susanne; Rieske, Brigitte: Das Arzt-Schwester-Patient-Verhältnis im Gesundheitswesen der DDR. Mit 15 Tabellen (= Medizin und Gesellschaft. Beihefte zur „Zeitschrift für ärztliche Fortbildung." Hrsg. von Kurt Winter, Alfred Keck, Rolf Löther, Horst Spaar, Band 7), Jena 1980.

Hähner-Rombach, Sylvelyn (Hrsg.): Alltag in der Krankenpflege, Stuttgart 2009.

Hähner-Rombach, Sylvelyn (Hrsg.): Quellen zur Geschichte der Krankenpflege. Mit Einführungen und Kommentaren, unter Mitarbeit von C. Schweikardt, mit CD-Rom. Frankfurt am Main, 2. Aufl. 2011.

Hähner-Rombach, Sylvelyn: „Das ist jetzt das erste Mal, dass ich darüber rede ..." Zur Heimgeschichte der Gustav-Werner Stiftung zum Bruderhaus und der Haus am Berg gGmbh 1945–1970, Frankfurt am Main 2013.

Haupt, Ursula; Fröhlich, Andreas: Entwicklungsförderung schwerstbehinderter Kinder. Bericht über einen Schulversuch, Teil I (= Kultusministerium Rheinland-Pfalz. Schulversuche und Bildungsforschung, Berichte und Materialien), Mainz 1982.

Herrn, Rainer; Hottenrott, Laura (Hrsg.): Die Charité zwischen Ost und West (1945–1992) Zeitzeugen erinnern sich, Berlin 2010.

Heuke, Anne: Vielfältig ist der Dienst an Kranken. In: Fröhlich Helfen. Handreichung der Inneren Mission und Hilfswerk der Evangelischen Kirchen in der DDR, Berlin 1973, 22–23.

Hildebrandt, Karin: Historischer Exkurs zur Frauenpolitik der SED, in: Bütow, Birgit, Stecker, Heidi (Hrsg.): EigenArtige Ostfrauen. Frauenemanzipation in der DDR und den neuen Bundesländern (=Theorie und Praxis der Frauenforschung, Schriftenreihe des Instituts Frau und Gesellschaft, Hrsg. Robert Schreiber, 22), Bielefeld 1994, 12–31.

Hochhuth, Rolf: Hochhuth: Wer eine Geschichte erzählt.... In: Niethammer, Lutz (Hrsg.): Lebenserfahrung und kollektives Gedächtnis. Die Praxis der „Oral History", Frankfurt/Main, 1985, 254–259.

Huber, Florian: Kind versprich mir, dass du dich erschießt. Der Untergang der kleinen Leute, Berlin 2015.

Hübner, Ingolf; Kaiser, Jochen-Christoph (Hrsg.): Diakonie im geteilten Deutschland, Stuttgart 1999.

Hübner, Ingolf: Die Neinstedter Anstalten im DDR-Krisenjahr 1953. In: Verband Evangelischer Diakonen-, Diakoninnen und Diakonatsgemeinschaften in Deutschland e. V. – VEED (Hrsg.): Umbrüche 1953. Beiträge zur Diakoniegeschichte der DDR. Mit Aufsätzen von Dr. Ingolf Hübner und D. Hans Seehase. (= IMPULS. Positionen und Konzepte aus dem Verband Evangelischer Diakonen-Diakoninnen- und Diakoniegemeinschaften in Deutschland, II), Berlin 2013, 8–19.

Hübner, Ricarda: Die Rehabilitationspädagogik in der DDR. Zur Entwicklung einer Profession (= Europäische Hochschulschriften Reihe XI Pädagogik, Band 799), Frankfurt am Main 2000.

Hülsemann, Wolfram: „Wer waren eigentlich die Juden?" – „Das weiß ich nicht" Pfarrer Wolfram Hülsemann über seinen Kriegsvater und den Umgang der DDR mit der NS-Zeit. In: Sabine Bode: Nachkriegs-kinder . Die 1950er Jahrgänge und ihre Soldatenväter, Stuttgart 2015, 206–217.

Hoffmann, Dierck: Am Rande der sozialistischen Arbeitsgesellschaft. Rentner in der DDR 1945-1990, Erfurt 2010.

Holz, Martin: Evakuierte, Flüchtlinge und Vertriebene auf der Insel Rügen 1943 bis 1961 (= Veröffentlichungen der Historischen Kommission für Pommern. Hrsg. von Roderich Schmidt, Reihe V: Forschungen zur Pommerschen Geschichte Band 38) Köln 2003.

Holz, Martin: Evakuierte, Flüchtlinge und Vertriebene in Mecklenburg-Vorpommern 1945 bis 1961 am Beispiel der Insel Rügen, Schwerin 2004.

Ihmels, Elisabeth: Lebendiges Lernen. Partnerschaft im Bereich der Fortbildung, in: Diakonisches Werk der EKD (Hrsg.): Diakonische Partnerschaften im geteilten Deutschland. Zeitzeugenberichte und Reflexionen, bearbeitet von Michael Häusler und Christian Oelschlägel, Leipzig 2012, 103–110.

Jenner, Harald: Aus der Mitte heraus. 150 Jahre Stift Bethlehem Ludwigslust, Ludwigslust 2001.

Judt, Matthias: Der Bereich Kommerzielle Koordinierung. Das DDR-Wirtschaftsimperium des Alexander-Schalck-Golodkowski. Mythos und Realität, Berlin 2013.

Jütte, Robert: Medizin und Nationalsozialismus. Bilanz und Perspektiven der Forschung. In Verbindung mit Wolfgang U. Eckart, Hans-Walter Schmuhl und Winfried Süß, Göttingen, 2. Auflage 2011.

Jun, Gerda: Probleme geistig behinderter im Kindesalter. In: Autorenkollektiv unter Leitung von Wolfgang Presber und Rolf Löther: Sozialistischer Humanismus und Betreuung Geschädigter (= Medizin und Gesellschaft 14, Beihefte zur „Zeitschrift für ärztliche Fortbildung." Hrsg. von Kurt Winter, Alfred Keck, Rolf Löther und Horst Spaar), Jena 1981, 84–96.

Jun, Gerda: Kinder, die anders sind. Ein Elternreport, 2. bearbeitete Auflage, Berlin 1983.

Jun, Gerda: Kinder, die anders sind. Ein Elternreport, Frankfurt am Main 1994.

Kaiser, Jochen-Christoph: Die große Krise 1952/53, in: Cantow, Jan; Kaiser, Jochen-Christoph (Hrsg.): Paul Gerhard Braune (1887–1954). Ein Mann der Kirche und Diakonie in schwieriger Zeit, Stuttgart 2005, 235–251.

Kaminsky, Anna: Frauen in der DDR, Erfurt 2014.

Kaminsky; Annette: Wohlstand, Schönheit, Glück. Kleine Konsumgeschichte der DDR, München 2001.

Katscher, Liselotte: Krankenpflege und das Jahr 1945. Der Zusammenbruch und seine Folgen am Beispiel der Schwesternschaft des Evangelischen Diakonievereins, Reutlingen 1993.

Katscher, Liselotte: Krankenpflege 1945–1965. Einige ihrer damaligen Probleme, dargestellt an der überverbandlichen Zusammenarbeit jener Zeit insbesondere der Arbeitsgemeinschaft Deutscher Schwesternverbände (ADS). In Erinnerung an Hanna Erckel, Oberin im Vorstand des EvDV von 1947–1967, Reutlingen 1997.

Kitsch, Anne (Hrsg.): Wir sind so frei. Biographische Skizzen von Diakonissen. Herausgegeben und bearbeitet von Anne Kitsch im Auftrag der Westfälischen Diakonissenanstalt Sarepta, Bielefeld 2001.

Kracker von Schwarzenfeldt, Ingrid: Auftrag und Wagnis. Der Weg des Evangelischen Diakonievereins 1894 1969 (= Buch und Schriftenreihe aus der Evangelischen Diakonie. Hrsg. von Pastor Warns Direktor des Ev. Diakonievereins 13), Berlin 1969.

Klein, Olaf Georg: Ihr könnt uns einfach nicht verstehen! Warum Ost- und Westdeutsche aneinander vorbeireden, Frankfurt am Main 2001.

Kraul, Margret; Schumann, Dirk; Eulzer, Rebecca; Kirchberg, Anne: Zwischen Verwahrung und Förderung. Heimerziehung in Niedersachsen 1949–1975, Opladen 2012.

Kreutzer, Susanne: Vom „Liebesdienst" zum modernen Frauenberuf. Die Reform der Krankenpflege nach 1945 (= Geschichte und Geschlechter, Hrsg. von Claudia Opitz-Belakhal, Angelika Schaser und Beate Wagner-Hasel, Band 45), Frankfurt /Main, 2005.

Kruse, Anna-Paula: Der Anfang nach dem Ende. Krankenpflegealltag in den Nachkriegsjahren, Berlin 2008.

Lepp, Claudia; Nowak, Kurt (Hrsg.): Evangelische Kirche im geteilten Deutschland (1945–1989/90), Göttingen 2001.

Lepp, Claudia: Entwicklungsetappen der Evangelischen Kirche, in: Lepp, Claudia; Nowak, Kurt (Hrsg.): Evangelische Kirche im geteilten Deutschland (1945-1989/90), Göttingen 2001, 46–93.

Lepp, Claudia: Tabu der Einheit? Die Ost-West-Gemeinschaft der evangelischen Christen und die deutsche Teilung. 1945–1969, Göttingen 2005.

Niethammer, Lutz (Hrsg.): Lebenserfahrung und kollektives Gedächtnis. Die Praxis der „Oral History", Frankfurt/Main, 1985.

Mayring, Philipp: Einführung in die qualitative Sozialforschung. Eine Anleitung zu qualitativem Denken, 3. überarbeitete Auflage, Weinheim 1996.

Maser, Peter: Die Kirchen in der DDR, Bonn 2000.

Meckel, Markus; Gutzeit, Martin: Opposition in der DDR. Zehn Jahre kirchliche Friedensarbeit – kommentierte Quellentexte, Köln 1994.

Mehlhausen, Joachim; Siegele-Wenschkewitz, Leonore (Hrsg.): Zwei Staaten – zwei Kirchen? Evangelische Kirche im geteilten Deutschland. Ergebnisse und Tendenzen der Forschung, Leipzig 2000.

Metz, Reno; Schwarz, Eckehard: gustaf nagel – der barfüßige Prophet vom Arendsee. Eine Lebens- und Wirkungsgeschichte, (= Beiträge zur Kulturgeschichte der Altmark und ihrer Randgebiete Band 6) Oschersleben 2001.

Mildt, Dick de (Hrsg.): Tatkomplex: NS-Euthanasie. Die ost- und westdeutschen Strafurteile seit 1945. Band I, Amsterdam 2009.

Neinstedter Anstalten in Zusammenarbeit mit dem Diakonischen Werk – Innere Mission und Hilfswerk – der Evangelischen Kirchen in der DDR (Hrsg.): Ich glaube. Geistig behinderte Menschen aus den Neinstedter Anstalten malen biblische Geschichten zum Glaubensbekenntnis, Zwickau 1987.

Neuhaus, Christine: Schwesterndienst im Michaelshof in: Michaelshof Rostock (Hrsg.): 150 Jahre Michaelshof, Rostock 1995, 140–141.

Neumann, Reinhard: Die Westfälische Diakonenanstalt Nazareth 1914–1954. Jahrzehnte der Krise. Mit Beiträgen von Matthias Benad und Hans-Walter Schmuhl, (= Beiträge zur Westfälischen Kirchengeschichte, Band 36), Bielefeld 2010.

Neumann, Reinhard: In ZEIT-BRÜCHEN diakonisch handeln 1945–2013, Bielefeld 2013.

Peetz, Renate: Partnerschaft im Bereich der Gemeinschaftsdiakonie, in: Diakonisches Werk der EKD (Hrsg.): Diakonische Partnerschaften im geteilten Deutschland. Zeitzeugenberichte und Reflexionen, bearbeitet von Michael Häusler und Christian Oelschlägel, Leipzig 2012, 167–169.

Pollack, Detlef: Kirche in der Organisationsgesellschaft. Zum Wandel der gesellschaftlichen Lage der evangelischen Kirchen in der DDR, Stuttgart 1994.

Pruß, Ursula: Die Jugendweihe im Konfliktfeld zwischen Staat und katholischer Kirche in der DDR. In: Jugendweihe- ein Ritual im Wandel der politischen Systeme. Hrsg. von der Gesellschaft zur Förderung vergleichender Staat-Kirche-Forschung e. V. (= Schriftenreihe des Instituts für vergleichende Staat-Kirche-Forschung, Heft 15), Berlin 2004, 33–49.

Rathke, Heinrich: „Wohin sollen wir gehen?" Der Weg der Evangelischen Kirche in Mecklenburg im 20. Jahrhundert. Erinnerungen eines Pastors und Bischofs und die Kämpfe mit dem Staat, Kiel 2014.

Röper, Ursula; Jüllig, Carola (Hrsg.): Die Macht der Nächstenliebe. Einhundertfünfzig Jahre Innere Mission und Diakonie 1848–1998, Berlin 1998.

Röper, Ursula (Hrsg.): Die Kunst der Nächstenliebe. Fotografien aus der Diakonie in der DDR, Berlin 2013.

Rüter, C. F.: DDR-Justiz und NS-Verbrechen. Sammlung ostdeutscher Strafurteile wegen nationalsozialistischer Tötungsverbrechen, Band VI: Die Verfahren Nr. 1264–1326 des Jahres 1950. Bearbeitet im Seminarium voor Strafrechtpleging ‚Van Hamel' der Universität Amsterdam. Unter Mitwirkung von L. Hekelaar Gombert und D.W. de Mildt, Amsterdam 2004.

Timm, Ingmar: Dem Michaelshof zum 150. Geburtstag, in: Michaelshof Rostock (Hrsg.): 150 Jahre Michaelshof, Rostock 1995, 99–108.

Schmuhl, Hans-Walter: Der „Kirchenkampf". In: Neumann, Reinhard: Die Westfälische Diakonenanstalt Nazareth 1914–1954. Jahrzehnte der Krise. Mit Beiträgen von Matthias Benad und Hans-Walter Schmuhl, (= Beiträge zur Westfälischen Kirchengeschichte, Band 36), Bielefeld 2010, 159–162.

Schmuhl, Hans-Walter: Diakonie und Nationalsozialismus. In: Neumann, Reinhard: Die Westfälische Diakonenanstalt Nazareth 1914–1954. Jahrzehnte der Krise. Mit Beiträgen von Matthias Benad und Hans-Walter Schmuhl, (= Beiträge zur Westfälischen Kirchengeschichte, Band 36), Bielefeld 2010, 184–187.

Schmuhl, Hans-Walter; Winkler, Ulrike: Gewalt in der Körperbehindertenhilfe. Das Johanna-Helenen-Heim in Volmarstein von 1947 bis 1967 (= Schriften des Instituts für Diakonie- und Sozialgeschichte an der Kirchlichen Hochschule Wuppertal/Bethel, Band 18), Bielefeld 2010.

Schwartz; Michael: Vertriebene und „Umsiedlerpolitik". Integrationskonflikte in den deutschen Nachkriegs-Gesellschaften und die Assimilationsstrategien in der SBZ/DDR 1945–1961, (= Quellen und Darstellungen zur Zeitgeschichte. Herausgegeben vom Institut für Zeitgeschichte Band 61), München 2004.

Seehase, Hans: Die Pfeifferschen Stiftungen – Die Evangelische Stiftung Neinstedter Anstalten – Schloss Mansfeld und das Jahr 1953. In: Verband Evangelischer Diakonen-, Diakoninnen und Diakonatsgemeinschaften in Deutschland e. V. – VEED (Hrsg.): Umbrüche 1953. Beiträge zur Diakoniegeschichte der DDR. Mit Aufsätzen von Dr. Ingolf Hübner und D. Hans Seehase. (IMPULS. Positionen und Konzepte aus dem Verband Evangelischer Diakonen-Diakoninnen- und Diakoniegemeinschaften in Deutschland, II), Berlin 2013, 20–43.

Silomon, Anke: Anspruch und Wirklichkeit der „besonderen Gemeinschaft". Der Ost-West-Dialog der deutschen evangelischen Kirchen 1969–1991 (= Arbeiten zur Kirchlichen Zeitgeschichte. Hrsg. im Auftrag der Evangelischen Arbeitsgemeinschaft für Kirchliche Zeitgeschichte von Siegfried Hermle und Harry Oelke, Reihe B: Darstellungen, Band 45), Göttingen 2006.

Strohm, Theodor: „Die besondere Gemeinschaft der Evangelischen Christenheit in Deutschland" in den Jahren der Teilung, in: Diakonische Partnerschaften im geteilten Deutschland. Zeitzeugenberichte und Reflexionen. Hrsg. vom Diakonischen Werk der EKD, bearbeitet von Michael Häusler und Christian Oelschlägel, Leipzig 2012, 27–53.

Thiekötter, Andrea: Pflegeausbildung in der Deutschen Demokratischen Republik. Ein Beitrag zur Berufsgeschichte der Pflege. Mit einem Vorwort von Prof. Dr. Sabine Bartholomeyczik (Mabuse Verlag Wissenschaft 92), Frankfurt am Main, 2006.

Thiekötter, Andrea: Macht und Pflege in der DDR. In: Braunschweig, Sabine (Hrsg.): Pflege – Räume, Macht und Alltag. Beiträge zur Geschichte der Pflege, Zürich 2006.

Ueberschär, Ellen: Junge Gemeinde im Konflikt. Evangelische Jugendarbeit in SBZ und DDR 1945–1961 (= Konfession und Gesellschaft. Beiträge zur Zeitgeschichte, Band 27), Stuttgart 2003.

Ueberschär, Ellen: Die Einführung der Jugendweihe- Provokation im Staat-Kirche-Konflikt 1954 bis 1958. In: Jugendweihe- ein Ritual im Wandel der politischen Systeme. Hrsg. von der Gesellschaft zur Förderung vergleichender Staat-Kirche-Forschung e. V. (= Schriftenreihe des Instituts für vergleichende Staat-Kirche-Forschung, Heft 15), Berlin 2004, 21–32.

Vanderbeke, Birgit: Friedliche Zeiten. München 2012.

Verband Evangelischer Diakonen-, Diakoninnen und Diakonatsgemeinschaften in Deutschland e. V. – VEED (Hrsg.): Die Zeit der Krisen. (= IMPULS. Positionen und Konzepte aus dem Verband Evangelischer Diakonen-, Diakoninnen- und Diakoniegemeinschaften in Deutschland, IV), Berlin 2012.

Verband Evangelischer Diakonen-, Diakoninnen und Diakonatsgemeinschaften in Deutschland e. V. – VEED (Hrsg.): „Vierzig Tage in der Wüste". (= IMPULS. Positionen und Konzepte aus dem Verband Evangelischer Diakonen-Diakoninnen- und Diakoniegemeinschaften in Deutschland, I), Berlin 2013.

Verband Evangelischer Diakonen-, Diakoninnen und Diakonatsgemeinschaften in Deutschland e. V. – VEED (Hrsg.): Umbrüche 1953. Beiträge zur Diakoniegeschichte der DDR. Mit Aufsätzen von Dr. Ingolf Hübner und D. Hans Seehase. (= IMPULS. Positionen und Konzepte aus dem Verband Evangelischer Diakonen-Diakoninnen- und Diakoniegemeinschaften in Deutschland, II), Berlin 2013.

Weber, Hermann: Geschichte der DDR, München 1989.

Welzer, Harald; Moller, Sabine; Tschuggnall, Karoline: „Opa war kein Nazi" Nationalsozialismus und Holocaust im Familiengedächtnis. Unter Mitarbeit von Olaf Jensen und Thorsten Koch, Frankfurt am Main 2002, 8. Auflage 2012.

Winkler, Gunnar (Hrsg.): Sozialreport DDR. Daten und Fakten zur sozialen Lage in der DDR, Stuttgart 1990.

Winkler, Ulrike; Schmuhl, Hans-Walter: Heimwelten. Quellen zur Geschichte der Heimerziehung in Mitgliedseinrichtungen des Diakonischen Werkes der Ev.-Luth. Landeskirche Hannovers e. V. von 1945 bis 1978, (= Schriften des Instituts für Diakonie- und Sozialgeschichte an der Kirchlichen Hochschule Wuppertal/Bethel, Band 20), Bielefeld 2011.

Wolf, Christa: Leibhaftig, München 2002.

Wohlhüter, Herbert: Akademischer Aufbruch. Partnerschaft im Bereich der Fortbildung, in: Diakonisches Werk der EKD (Hrsg.): Diakonische Partnerschaften im geteilten Deutschland. Zeitzeugenberichte und Reflexionen, bearbeitet von Michael Häusler und Christian Oelschlägel, Leipzig 2012, 95–101.

Wolff, Horst-Peter, Jutta Wolff: Zur Geschichte der Krankenpflegeausbildung in der DDR 1945 bis 1989, in: Horst-Peter-Wolff (Hrsg.): Studien zur deutschsprachigen Geschichte der Pflege. Unter Mitarbeit von Jutta Wolff, Arno Kalinich und Adelheid Kastner, Frankfurt am Main 2002.

Wolle, Stefan: Aufbruch nach Utopia. Alltag und Herrschaft in der DDR 1961–1971. Mit Fotos von Detlev und Uwe Steinberg, Berlin 2001.

Wolle, Stefan: DDR. Eine kurze Geschichte. Frankfurt am Main 2004.

Zimmer, Friedrich: Frauennot und Frauendienst. Der Ev. Diakonieverein und seine Zweiganstalten, 6. neubearbeitete Auflage, Berlin 1901.

Zippert, Thomas: Geschichte der Ausbildung von Diakonen und Diakoninnen, in: Neumann, Reinhard: In ZEIT-BRÜCHEN diakonisch handeln 1945–2013, Bielefeld 2013, 447–488.

Internetressourcen

https://de.wikipedia.org/wiki/Heinz_Bach, aufgerufen am 27.07.2015.

Hoh, Woo-Jung: Theologie und Praxis der Diakonie in der SBZ und DDR 1945–1989. Das Erbe der Diakonie im geteilten Deutschland mit Perspektive auf das geteilte Korea. Dissertation der Universität Heidelberg, 2005, in: http://archiv.ub.uni-heidelberg.de/volltextserver/5924/1/Meine_Doktorarbeit_Palatino_Linotype.pdf

Ropers, Cornelia: Katholische Krankenpflegeausbildung in der SBZ/DDR und im Transformationsprozess, Dissertation der Universität Erfurt, 2009, in: http://www.db-thueringen.de/servlets/DerivateServlet/Derivate-18839/front.html

Sturm-Martin, Imke: Rezension zu: Schwartz, Michael: Vertriebene und „Umsiedlerpolitik". Integrationskonflikte in den deutschen Nachkriegs-Gesellschaften und die Assimilationsstrategien in der SBZ/DDR 1945–1961. München 2004, in: H-Soz-Kult, 13.12.2004, <http://www.hsozkult.de/publicationreview/id/rezbuecher-5137>.

www.oberlinhaus.de/informationen/geschichte/die-anfaenge-ab-1871/, aufgerufen am 29.04.2015.

Horst-Peter Wolff,
Jutta Wolff

Krankenpflege: Einführung in das Studium ihrer Geschichte

2. Aufl. 2011, 328 Seiten,
34,90 Euro
ISBN 978-3-940529-01-5

Das Buch beschreibt die Geschichte der Krankenpflege als akademisches Lehr- und Forschungsgebiet. Besonders berücksichtigt werden dabei Ergebnisse der jüngsten biografischen Forschung und die Entwicklungen in den beiden deutschen Nachkriegsstaaten. Abschließend werden Anregungen zu möglichen Forschungszielen vermittelt.

Sylvelyn Hähner-
Rombach (Hrsg.)

Quellen zur Geschichte der Krankenpflege

Mit Einführungen und
Kommentaren
(mit CD-ROM)
3. Aufl. 2013, 739 Seiten,
59,95 Euro
ISBN 978-3-940529-11-4

Umfangreiches Quellenmaterial zu den Themenschwerpunkten Pflegealltag, Professionalisierung, Geschlechterbeziehungen, Religion/Ethik/Caritas und Eugenik/Nationalsozialismus. Einführungen in die Themenbereiche stellen die übergeordneten Zusammenhänge dar, Kommentare zu jeder Quelle leisten eine historische Einordnung.

Isabel Atzl (Hrsg.)

Who Cares?

Geschichte und Alltag
der Krankenpflege
(Ausstellungskatalog)
2011, Format 21 × 21 cm,
128 Seiten, 19,90 Euro
ISBN 978-3-86321-009-0

Die demografische Entwicklung verlangt neue Strukturen in der pflegerischen Versorgung und angemessene Lösungen für einen steigenden Pflegebedarf. Der Begleitband zur Wanderausstellung „WHO CARES – Geschichte und Alltag der Krankenpflege" gewährt Einblick in die historische Entwicklung und alltägliche Arbeit eines Berufsstandes, der zu den tragenden Säulen des Gesundheitswesens zählt.

Mabuse-Verlag

Postfach 900647 • 60446 Frankfurt am Main
Tel.: 069 – 70 79 96-16 • Fax: 069 – 70 41 52
buchversand@mabuse-verlag.de • www.mabuse-verlag.de

Ulrike Gaida

Zwischen Pflegen und Töten

Krankenschwestern im Nationalsozialismus. Einführung und
Quellen für Unterricht und Selbststudium

5. Aufl. 2015, 220 S., 29,95 Euro, ISBN 978-3-938304-39-6

Dieses Buch richtet sich an ein interessiertes Fach- und Laienpubli-
kum und ist eine wertvolle Unterrichtshilfe. Es fasst den aktuellen For-
schungsstand zu diesem Themengebiet zusammen und bietet lang-
jährig erprobte Quellen für unterschiedlich lange Lerneinheiten zum
Themenkomplex der »Krankenpflege im Nationalsozialismus«. Die Einführung gibt Unterrichtenden einen guten Einstieg in das komplexe
Thema, und vor dem Quellenteil erhalten die an »Problem-orientiertem-
Lernen« Interessierten Anregungen zur Gestaltung von Lerneinheiten.
Neben der Analyse der konstitutiven Elemente des Pflegeberufes wird
die große Bereitschaft vieler Pflegender, im Nationalsozialismus im
Sinne des rassenhygienischen Paradigmas tätig zu werden, neu betont.

Mabuse-Verlag

Postfach 90 06 47 • 60446 Frankfurt am Main
Tel.: 069–70 79 96-16 • Fax: 069–70 41 52
buchversand@mabuse-verlag.de • www.mabuse-verlag.de